NATUR UND TECHNIK

Physik 5/6

Ein neues
Arbeits-und Informationsbuch

Cornelsen-Velhagen & Klasing

NATUR UND TECHNIK

Physik 5/6

Ein neues Arbeits- und Informationsbuch

Verfasser:

Uwe Hampel, Mainz
Bernd Heepmann, Herford
Rolf Kloppert, Gelsenkirchen
Wolfgang Kunze, Osnabrück
Wilhelm Schröder, Herford
Dr. Leonhard Stiegler, Fürth

Berater und Gutachter

Dietrich Herbst, Ennepetal
Dietwald Kipp, Welver-Schwefe
Manfred Kumbrink, Nordwalde
Gerhard Oberschelp, Porta Westfalica
Friedrich Puchtinger, Solingen
Hans-Jürgen Schwarz, Unna
Detlef Zimmer, Bad Oeynhausen

Herbert Faber, Kaiserslautern
Ute Hole, Stuttgart
Elke Ihns, Berlin
Jörg-Dietrich Kaufmann, Bad Bevensen
Günter Klein, Marbach a.N.
Manfred Lessel, Irrel
Heinz Muckenfuß, Ravensburg
Marlies Ramien, Gifhorn
Heidrun Slama, Wolfenbüttel
Rolf Volbon, Neustadt/Weinstraße
Wilfried Wentz, Homburg/Saar
Erich Wolf, Kirrweiler

Redaktion und Gestaltung

Helmut Dreißig
(redaktionelle Leitung)
Christa Greger
Jürgen Hans Kuchel
Erika Sichelschmidt
Reinhold Wolter
Christian Wudel
Knut Waisznor
(Layout und Einbandentwurf)

Illustrationen

Gabriele Heinisch (CVK), Berlin
Studio Meske, Berlin
Fotostudio Mahler, Berlin
(Auftragsfotos CVK)
Sonstige Fotoquellen siehe
Verzeichnis der Text- und
Bildquellen

1. Auflage – 2. Druck 1987
Alle Drucke dieser Auflage können im Unterricht nebeneinander benutzt werden.

© 1985 Cornelsen-Velhagen & Klasing GmbH & Co. Verlag für Lehrmedien KG, Berlin

Satz: Gleißberg & Wittstock, Berlin
Repro: DUFA-Grafik, Berlin
Druck: CVK-Druck, Berlin
Buchbinderei: Fritzsche/Ludwig, Berlin

Vertrieb: Cornelsen-Velhagen & Klasing
Verlagsgesellschaft Bielefeld

Verzeichnis der Bild- und Textquellen

Ammon, Schönau: 149.9; Anthony, Starnberg: 26.2; Artreference, Frankfurt/Main: 204.1; Asta Ullrich, Annweiler: 112.3; Bavaria, Gauting: 76.1, 118.3, 166.1; BSR Berlin: 200.1; Bundesanstalt f. Materialprüfung (Haid), Berlin: 11.9; Bundesmin. d. Verteidigung, Bonn: 58.2; Conen, Gonzerath: 127.8 (Magnettafel); Das neue Blatt, Hamburg: „Unwissenheit und Leichtsinn", S. 16; Deutsches Institut f. Auslandsforschung, München: 197.6; Deutsches Museum, München: 28.2–4, 37.12, 39.7, 68.5 u. 6, 87.6, 124.5, 162.1 u. 3, 194.1 u. 2; dpa, Frankfurt/Main: 62.4, 96.1, 121.4, 153.10 u. 13; Eichdirektion Rheinland-Pfalz, Bad Kreuznach: 190.1; Electronic Sound, Zürich (Schweiz): 164.1 u. 2; EWAG, Nürnberg: 114.10 u. 11; Wilhelm-Foerster-Sternwarte, Berlin: 54.2, 64.2–4, 197.7; Frankfurter Rundschau, Frankfurt/Main: „Haartrockner im Bad", S. 16; Gronefeld, München: 128.1–3; Grünzweig + Hartmann, Ludwigshafen: 108.2 u. 3, 108.5–7, 119.4; Hagemeister, Berlin: 94.3 u. 4; Horstmann, Mönchengladbach: 35.9; Howaldtswerke, Hamburg; 206.3; Interfoto, München: 76.3; IVB Report, Heiligenhaus: 171.7, 180.7; KLN Ultraschall, Heppenheim: 158.2; Krauss-Maffei, München: 96.5; Krautkrämer, Köln: 152.3 u. 4; Kretztechnik, Zipf (Österreich): 152.7; Krupp Atlas-Elektronik, Bremen: 152.2; KWU, Erlangen: 30.1; Lufft, Stuttgart: 101.11; MagnaC, Wendlingen: 127.8 (Haftmagnete); MAN, Nürnberg: 8.4; Mauritius, Mittenwald: 96.4, 112.2, 153.12; Moos, München: 141.9; Museo di Storia della Scienza, Florenz (Italien): 87.5; Nieders. Landesverwaltungsamt, Landesvermessung (B5–640/81 und B5–387/82), Hannover: 138.1 u. 172.7; Nieders. Staats- u. Universitätsbibliothek, Göttingen: 118.1; Osram, München: 38.5; Pabst, Uhingen: 58.1; Perennatorwerk, Wiesbaden: 98.2; Philips, Hamburg: 152.6; Photo-Center, Braunschweig: 79.7; Physikalisch-Technische Bundesanstalt, Braunschweig: 173.10 u. 11, 188.1; Preussag Bauwesen, Hannover: 82.4a u. 5; Preussag Boliden-Blei, Goslar: 206.4; Preußischer Kulturbesitz, Berlin: 118.2; Roth-Technik, Gaggenau: 168.2; Ruhrgas, Essen: 206.1; Sawelski: Die Masse u. ihre Messung, Thun, Frankfurt/Main: „Urkunde" u. „Anweisung", S. 190; Sehen und Begreifen: Lernen im Deutschen Museum, Abt. München: Maß u. Gewicht, Nr. 450, München: „Vom Gewichte", S. 188; Siemens, Berlin u. Erlangen: 9.6, 33.4; Simon, Essen: 65.6, 180.3; Stäcker & Olms, Hamburg: 196.4; Stalling, Oldenburg: 37.9 u. 10; STERN, Hamburg: 85.4, 186.1; Tagesspiegel, Berlin: „Kind erlitt tödl. Stromschlag", S. 30; Thienemanns Verlag, Stuttgart: 124.1, 125.2–4; USICA, Bonn: 55.5; Walther, Köln: 82.1–4; Wolloner, Mannheim: 113.9; ZEFA, Düsseldorf: 54.1, 122.2; Zitzmann, Wertheim: 122.1. Alle anderen Fotos: Cornelsen—Velhagen & Klasing (Lox & Bergmann, Mahler), Berlin.

Für hilfreiche Unterstützung danken wir außerdem:

autopress, Neckarsulm (Abb. 84.1); Herrn Börker, PTB, Braunschweig (Informationen zum Eichwesen); Herrn Dehn, EMI Electrola, Köln (Textbegutachtung S. 163); Herrn Dr. Esterer, Helsa (Abb. 84.2); der Firma Experimenta Gambke, Berlin (Versuchsgeräte); Frau Ihns, Georg-von-Giesche-Schule, Berlin (verschiedene Versuchsaufbauten); der Firma Optac, Rödermark (Abb. 167.4); der Firma Phywe, Göttingen (Versuchsgeräte) und dem Studio tolon, Fürth (Bearbeitung einiger historischer Abbildungen).

Inhaltsverzeichnis

Der elektrische Stromkreis

1 Die Fahrradbeleuchtung wird überprüft

Wie können wir vor einer solchen Kontrolle unsere Fahrradbeleuchtung überprüfen, damit keine Mängel festgestellt werden? – Dazu müssen wir wissen, *wo*
in der Beleuchtungsanlage Fehler auftreten können.

2 Sind die Glühlampen in Ordnung? Sitzen sie richtig in ihren Fassungen?

V 1 Untersuche einige Glühlampen mit einem Vergrößerungsglas. Achte besonders auf den Glühdraht.

V 2 Die Bilder 2–5 zeigen einige Möglichkeiten, eine
Glühlampe auch „elektrisch" zu überprüfen. Bei welchen
dieser Vorschläge wird die Glühlampe *bestimmt nicht* aufleuchten, auch wenn sie in Ordnung ist? Begründe deine
Vermutung, und überprüfe sie!

V 3 Verwende nicht nur eine *Flachbatterie* (Bild 7), sondern auch die viel häufigere *Stabbatterie* (Bild 8) als Stromquelle. Schaffst
du es, auch mit
der Stabbatterie
eine Glühlampe
zum Leuchten
zu bringen?

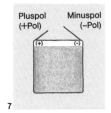
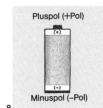

Pluspol (+Pol)   Minuspol (–Pol)

Pluspol (+Pol)

Minuspol (–Pol)

7   8

V 4 Als Stromquelle kann auch ein *Netzgerät* eingesetzt
werden. Es muß aber auf *4 Volt* eingestellt worden sein!

Andere Stromquellen darfst du nicht verwenden (Bild 9).
Experimentieren mit der Steckdose ist lebensgefährlich!

Es wäre auch
lebensgefährlich,
wenn du ein an-
geschlossenes
Netzgerät (zum
Beispiel einen
Eisenbahntrafo)
öffnen würdest.

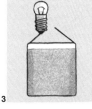

2   3

4   5   6

9

Achtung!

Wenn du Batterie
und Glühlampe
so zusammenhältst,
wird die Batterie
nach 2 – 3 Minuten
unbrauchbar.

Vermeide also
diesen Aufbau!

Diese Information über Glühlampen und Fassungen wird dir bei deinen Untersuchungen helfen:

Glaskolben

Glühdraht

Gewinde

10

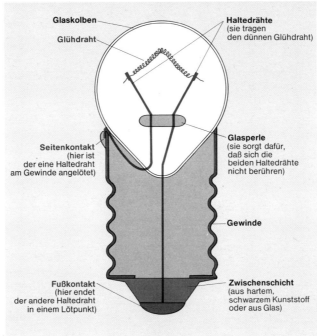

Glaskolben

Glühdraht

Haltedrähte
(sie tragen
den dünnen Glühdraht)

Seitenkontakt
(hier ist
der eine Haltedraht
am Gewinde angelötet)

Glasperle
(sie sorgt dafür,
daß sich die
beiden Haltedrähte
nicht berühren)

Gewinde

Fußkontakt
(hier endet
der andere Haltedraht
in einem Lötpunkt)

Zwischenschicht
(aus hartem,
schwarzem Kunststoff
oder aus Glas)

11

12

So heißen einige
Teile der Glühlampe.

Und so sieht eine Glühlampe innen aus.

Manchmal sieht eine
Glühlampe auch so aus.
Was ist hier anders?

So sehen Lampenfassungen von innen aus:

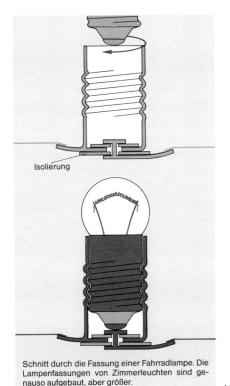

Isolierung

Schnitt durch die Fassung einer Fahrradlampe. Die
Lampenfassungen von Zimmerleuchten sind genauso aufgebaut, aber größer.

13

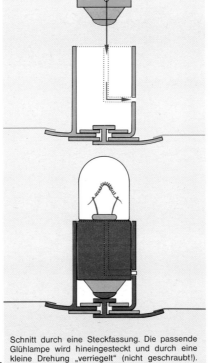

Schnitt durch eine Steckfassung. Die passende
Glühlampe wird hineingesteckt und durch eine
kleine Drehung „verriegelt" (nicht geschraubt!).

14

Hinweis auf Bauanleitungen

Für unsere weiteren Versuche mit
dem elektrischen Strom kannst du dir
praktische **Geräte selber bauen**. Du
brauchst dafür nur ein bißchen Ge-
schick im Umgang mit einfachen Bau-
teilen. Diese erhältst du für wenig
Geld in Bastelläden.

Am Schluß dieses Kapitels sind
einige **Bauanleitungen** zusammengestellt worden.

Sieh einmal dort nach, und versuche es! Es wird dir sicherlich Spaß
machen. Und du wirst sehen, wie
praktisch es ist, wenn man mit eigenen Geräten Experimente machen
kann. Als Stromquelle darfst du aber
nicht die Steckdose benutzen!

Vielleicht beginnst du gleich mit
dem Bau eines **Lampenhalters**. Dabei wird eine Lampenfassung auf ein
Brettchen geschraubt und mit Steck-
kontakten versehen. So kann die
Fassung bequem in einen Stromkreis
eingebaut werden.

5

3 Experimente zu zeichnen muß nicht schwer sein!

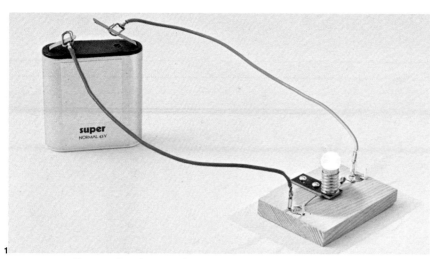

Fotografie eines einfachen elektrischen Stromkreises

Zeichnung desselben Stromkreises

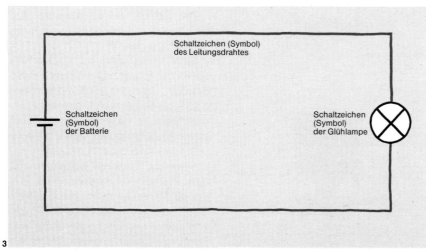

Schaltskizze (Schaltplan) desselben Stromkreises

Aufgaben

1 Sieh dir die drei Bilder dieser Seite an. Was haben sie gemeinsam, worin unterscheiden sie sich?

2 Nenne Vor- und Nachteile aller drei Darstellungsarten.

3 Welches Bauteil des Stromkreises wurde bei der *Schaltskizze* nicht berücksichtigt? Kannst du einen Grund dafür nennen?

4 Wenn du den Begriff *Stromkreis* wörtlich nimmst, müßte die Schaltskizze eigentlich ganz anders aussehen! Zeichne einmal einen solchen Strom*kreis*. Warum haben sich Techniker wohl auf die Darstellungsart wie im unteren Bild geeinigt?

5 Daß die drei Abbildungen einen *geschlossenen* Stromkreis zeigen, erkennst du am Foto: Die Glühlampe würde ja sonst nicht leuchten. Was mußt du an der Schaltskizze ändern, wenn du jetzt einen *unterbrochenen* Stromkreis zeichnen willst?

6 Elektrotechniker kennen weitere *Schaltsymbole (Schaltzeichen),* mit denen sie Schaltskizzen anlegen. Du wirst einige davon auf den folgenden Seiten kennenlernen. (Im Anhang des Buches sind sie zusammengestellt.)

a) Zum Beispiel sieht das Symbol für eine beliebige Stromquelle (Netzgerät, Steckdose usw.) so aus: –o o– . Weshalb ist man wohl gerade auf dieses Schaltzeichen gekommen?

b) Suche auch nach einer Erklärung für das Schaltzeichen der Batterie.

7 Zeichne die Schaltskizze eines geschlossenen Stromkreises aus einem Netzgerät, einer Glühlampe und Leitungsdrähten.

8 Wie würdest du die Schaltskizze eines Stromkreises zeichnen, bei dem die Glühlampe einfach auf die beiden Pole einer Flachbatterie aufgesetzt wurde?

4 Sind die Leitungsdrähte der Fahrradbeleuchtung in Ordnung?

V 5 Um Leitungsdrähte überprüfen zu können, benötigen wir eine *Prüfschaltung.*

a) Die in Bild 4 gezeichnete Prüfschaltung ist nicht vollständig; sie muß noch verbessert werden. Überlege dir, wie der Versuchsaufbau ergänzt werden muß. Begründe deine Änderung!

b) Mit der verbesserten Prüfschaltung können die Drähte der Fahrradbeleuchtung überprüft werden.

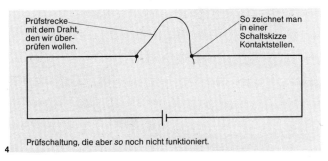

Prüfstrecke mit dem Draht, den wir überprüfen wollen.

So zeichnet man in einer Schaltskizze Kontaktstellen.

Prüfschaltung, die aber *so* noch nicht funktioniert.

4

V 6 Die Prüfschaltung kann auch noch zu einem anderen Zweck eingesetzt werden:

a) Schalte einige Drähte aus verschiedenen Materialien (Stoffen) in die Prüfstrecke ein. Notiere deine Ergebnisse in einer Tabelle:

Untersuchter Gegenstand (Körper)	Material (Stoff), aus dem der Körper besteht	Die Lampe leuchtet	Lampe leuchtet nicht
Kupferdraht	Kupfer	x	
. . .			

b) Überprüfe auch Gegenstände (Körper), die nicht aus Metall sind. Nimm z.B. einen Kugelschreiber aus Kunststoff, eine Bleistiftmine, ein Stück Glas, ein Taschentuch oder ein Blatt Papier. Leiten sie den elektrischen Strom, oder leiten sie ihn nicht?

c) Unterstreiche die Stoffe farbig, bei denen die Lampe aufleuchtet. Was fällt dir auf?

5 Stimmen die Anschlüsse am Fahrraddynamo?

5

V 7 Den Versuchsaufbau zeigt Bild 6. Leuchtet die Glühlampe, wenn das Rad gedreht wird?

6

7

V 8 Der Fahrraddynamo wird jetzt durch eine Flachbatterie ersetzt (Bild 7).

a) Was ist zu tun, damit die Lampe aufleuchtet?

b) Führe den Versuch auch mit dem Rücklicht durch. Zeichne die dazugehörige Schaltskizze.

V 9 Bei diesem Versuch (Bild 8) soll die Lampe aufleuchten, obwohl du – wie beim Fahrrad – nur *ein* Kabel benutzt!

a) Welcher Teil dieses unterbrochenen Stromkreises entspricht dem Fahrradrahmen bei der Fahrradbeleuchtung?

b) Warum leuchtet die Lampe nicht immer auf, wenn der zweite Batteriepol an den Laubsägebügel gehalten wird?

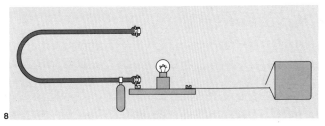

8

Aufgaben

1 Der Stromkreis einer Taschenlampe enthält keine Leitungsdrähte. Gib an, aus welchen Teilen er gebildet wird. Die beiden Bilder helfen dir dabei.

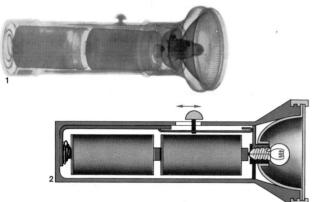

2 In diesem Foto kannst du sehen, daß ein Pol der Autobatterie mit der Karosserie verbunden ist. Was meinst du, was der Grund dafür ist?

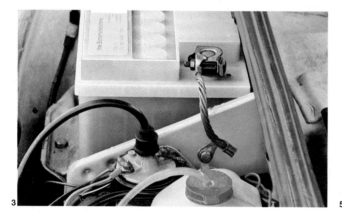

3 Elektroloks und Straßenbahnen erhalten den Strom über einen Metallbügel von *einem* Oberleitungsdraht. Damit ist ihr Elektromotor aber erst mit *einem* Pol der Stromquelle verbunden. Suche nach der Leitung, die zu dem anderen Pol der Stromquelle führt. Warum braucht aber ein Oberleitungsbus (unteres Foto) *zwei* Fahrdrähte?

Checkliste zur Überprüfung der Fahrradbeleuchtung

Wenn du selbst herausbekommen willst, *ob* oder *wo* Fehler in deiner Fahrradbeleuchtung liegen, kannst du folgendermaßen verfahren:

Klappe den Dynamo an, und drehe kräftig das Rad. Beobachte dabei den Scheinwerfer. Ein anderer überwacht das Rücklicht.

1 Wenn *eine* Lampe *nicht* aufleuchtet, kannst du folgendes tun:

a) Überprüfe die Anschlüsse an Dynamo und Scheinwerfer (Rücklicht): Sind die Drähte richtig angeklemmt? Sind die Kontaktstellen frei von Rost?

Mit einem Messer kann der Belag abgekratzt werden.

b) Probiere aus, ob die Glühlampe fest in ihrer Fassung sitzt.

c) Untersuche, ob vielleicht der Glühdraht der Lampe durchgebrannt ist. Bei dieser Gelegenheit kannst du gleich nachsehen, ob die Fußkontakte der Lampe und auch der Lampenfassung noch blank aussehen.

d) Kontrolliere auch das Lampenkabel – insbesondere die Kabelschuhe, mit denen oftmals die Enden des Kabels versehen sind. Es könnte sein,

daß der Draht irgendwo unterbrochen ist. Das kann auch unter der Isolierung oder im Kabelschuh der Fall sein, so daß du es nicht ohne weiteres siehst.

2 Wenn *beide* Lampen *nicht* aufleuchten:

a) Verfahre wie unter 1, indem du nun aber beide Lampen überprüfst.

b) Vielleicht ist der Dynamo defekt. Schließe stattdessen eine Flachbatterie als Stromquelle an. Denke dabei an den zweiten Anschluß!

6 Auch Nichtleiter sind wichtig!

Von den verschiedenen Leitungskabeln, die es gibt, sind hier nur drei abgebildet.
Alle Kabel haben etwas gemeinsam!

V 10 Bild 9 zeigt den Versuchsaufbau.

a) Warum leuchtet die Lampe nicht, solange sich die beiden *blanken* Drähte berühren?

b) Was würde geschehen, wenn die Drähte durch isolierte Leitungen ersetzt werden würden? (Du könntest zum Beispiel Kupferlackdrähte nehmen.)

c) Tina meint, daß die Isolierung den elektrischen Strom daran hindert, seinen Weg im Draht zu verlassen. Was meinst du dazu? Überlege, wie du das überprüfen kannst.

Aus der Geschichte: **Wie elektrische Leitungen früher isoliert wurden**

Noch vor 60 oder 70 Jahren, als deine Großeltern kleine Kinder waren, hatte man nur in den modernsten Wohnungen elektrisches Licht.

Bei den meisten Familien wurde abends das Gaslicht angezündet, und zum Kochen nahm man einen Kohle- oder Gasherd. Elektrische Kaffeemaschinen, Staubsauger oder gar Elektrorasierer waren noch unbekannt.

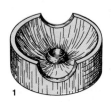
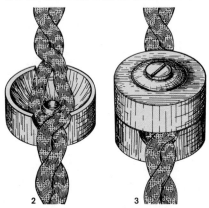

Damals wurde also die Elektrizität im Haushalt viel weniger eingesetzt als heute. Trotzdem kam es häufiger zu Schäden an den Leitungen! Was war der Grund dafür?

In jener Zeit wurden Zimmerleuchten an *Glühlichtleitungen* angeschlossen. Diese Leitungen waren so an Decken oder Wänden befestigt, wie die Bilder 1–3 es zeigen. (Heute sind Leitungen meistens nicht mehr zu sehen; sie liegen *unter Putz*.)

Wenn eine vorhandene Gasbeleuchtung durch elektrisches Licht ersetzt werden sollte, führte man die Leitungen einfach durch die Gasrohre.

Die Leitungen bestanden innen aus Litzen, bei denen 20 und mehr sehr feine Kupferdrähte zusammengedreht waren. Die Litzen waren mit dünnen Baumwollfäden ein- oder zweimal dicht umwickelt; darauf folgte eine dünne Gummischicht. Ergänzt wurde diese Isolierung durch schmale Baumwollbänder, die um jede einzelne Leitung geflochten waren (Bilder 4 u. 5).

Mit der Zeit wurden sowohl die Baumwollfäden als auch die Gummischicht der Leitungen brüchig. Dort, wo die Leitungen stark geknickt waren, berührten sich die Litzen, und es kam zu einem „Kurzschluß".

Besonders häufig wurde die Isolierung der Leitungen in der Nähe von Glühlampen schadhaft (Bild 6). Dort erwärmte sie sich stärker als an anderen Stellen des Stromkreises.

Wenn man die Glühlampe auswechseln mußte, konnte es sein, daß man blanke Drähte berührte. Das führte dann zu lebensgefährlichen Unfällen.

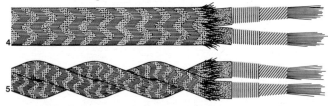

Heute sind elektrische Leitungen mit Spezialkunststoffen isoliert, die extra dafür entwickelt wurden. Sie sind hitzebeständig, elastisch und werden auch nach Jahren noch nicht brüchig.

Daß die Elektrizität heute so häufig eingesetzt werden kann, ist auch diesen **Nichtleitern** oder **Isolatoren** aus Kunststoff zu verdanken. Sie sind genauso wichtig wie die Metalle, die als **Leiter** des elektrischen Stromes benötigt werden!

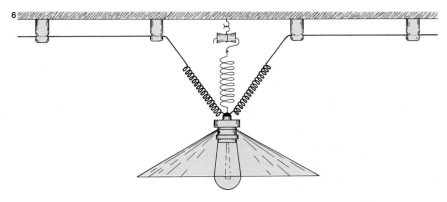

Alles klar?

1 In einer Schaltung aus Batterie und Glühlampe mit Fassung leuchtet die Lampe nicht. Gib einige mögliche Gründe dafür an.

2 Wie kannst du am einfachsten überprüfen, ob eine Glühlampe in Ordnung ist?

3 Bei den untersuchten Stromkreisen führten stets *zwei* Leitungen von der Lampe zur Stromquelle. Bei der Tischlampe oder Küchenmaschine sieht man aber nur *eine*. Harry Schlaumeier behauptet deshalb: „Hier ist gar kein geschlossener Stromkreis erforderlich. Die funktionieren auch so!"

4 In dem hier gezeigten Stromkreis ist kein Draht zu sehen. Trotzdem muß er geschlossen sein, denn die Glühlampe leuchtet. Hast du eine Erklärung dafür?

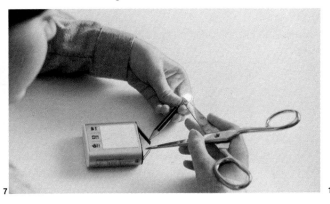

7

5 Zeichne den Schaltplan der Prüfschaltung auf, mit der wir die Drähte der Fahrradbeleuchtung überprüft haben.

6 Drähte, die bei der Fahrradbeleuchtung verwendet werden, sind Litzen. Im nächsten Bild siehst du, daß sie aus vielen feinen Drähtchen bestehen, die zusammengedreht und gemeinsam isoliert sind. Warum werden nicht alle elektrischen Leitungen aus massiven Drähten hergestellt? (Du kommst sicher darauf, wenn du einen massiven Draht ein paarmal hin- und herbiegst.) Sieh dir dazu auch das untere Bild an.

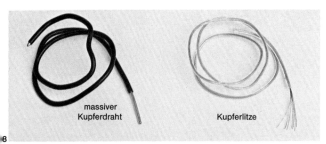

massiver
Kupferdraht   Kupferlitze

8

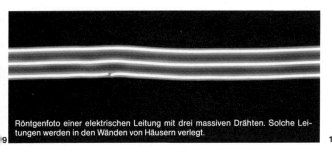

Röntgenfoto einer elektrischen Leitung mit drei massiven Drähten. Solche Leitungen werden in den Wänden von Häusern verlegt.

9

7 Warum müssen die Kontaktstellen von Glühlampen und Fassungen stets blank sein?

8 Welche der hier fotografierten Werkzeuge könnte wohl ein Elektriker gebrauchen?

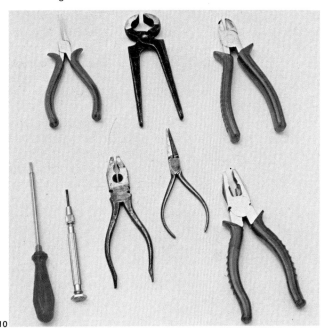

10

9 Erdkabel sind besonders gut isoliert. Warum ist das überhaupt erforderlich? In der Erde können sie doch von niemandem berührt werden!

10 Wenn du ein Stück Kupferlackdraht in eine Prüfschaltung klemmst, leuchtet die Glühlampe nicht auf. Woran liegt das?

11 Bei modernen Bügeleisen ist das Anschlußkabel am Bügeleisen durch ein biegsames Kunststoffrohr geschützt. Welche Aufgabe hat dieses Rohr?

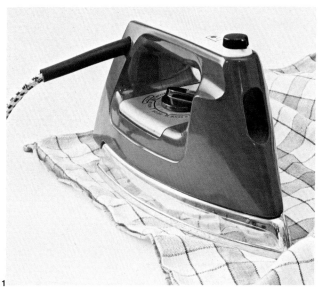

11

7 Zusammenfassung

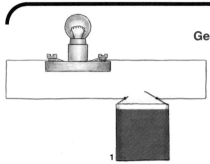

Geschlossene und unterbrochene Stromkreise

Ein Elektrogerät kann nur dann funktionieren, wenn es mit *beiden* Polen der Stromquelle verbunden ist. Man spricht dann von einem **geschlossenen Stromkreis.** Das gilt auch für die Glühlampe im Scheinwerfer oder im Rücklicht der Fahrradbeleuchtung.

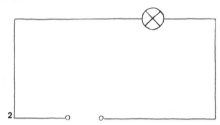

Die Teile eines Stromkreises brauchen nicht immer durch Drahtleitungen verbunden zu sein. Ein Stromkreis kann auch andere leitende Teile enthalten (z.B. den Fahrradrahmen).

Durch Fehler in der Beleuchtungsanlage kann eine Lampe des Fahrrads ausfallen. Dann ist der **Stromkreis unterbrochen.**

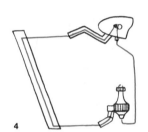

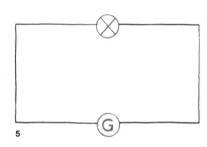

Die Bilder 6–11 zeigen mögliche Fehler der Fahrradbeleuchtung. Wie beim Fahrrad, wird auch beim Moped oder Auto ein Teil des Stromkreises durch den Rahmen (die Karosserie) gebildet. Das ist möglich, weil Metalle (z.B. Eisen oder Aluminium) den elektrischen Strom leiten.

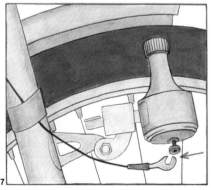

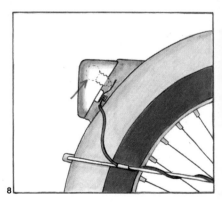

Ein elektrischer **Strom fließt** nur, wenn der **Stromkreis geschlossen** ist.

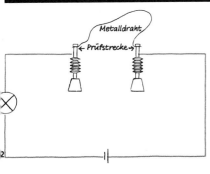

Leiter und Nichtleiter

Zu den *Leitern* des elektrischen Stromes gehört neben den Metallen auch der Kohlestab (Graphit).

Metalle und Kohlenstoff
leiten den elektrischen Strom.
Man bezeichnet sie als **Leiter.**

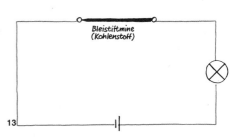

Die meisten anderen Stoffe (z.B. Holz, Kunststoff, Wolle, Leinen, Seide, Porzellan, Papier, Gummi, Glas) leiten den elektrischen Strom nicht. Sie werden *Nichtleiter* oder *Isolatoren* genannt.

Isolatoren heißen auch besonders geformte Körper aus isolierenden Stoffen. Zum Beispiel sind Überlandleitungen an solchen Isolatoren aus Porzellan befestigt.

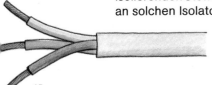

Unter den Nichtleitern sind die modernen Kunststoffe besonders wichtig. Sie werden zur Isolation der verschiedenen elektrischen Kabel verwendet. So kann man die Kabel gefahrlos berühren, und der elektrische Strom fließt nicht von einer Leitung auf die andere über.

Fast alle festen Stoffe, die keine Metalle (und kein Kohlenstoff) sind, sind **Nichtleiter**.
Auch Nichtleiter (Isolatoren) spielen in der Technik eine wichtige Rolle.

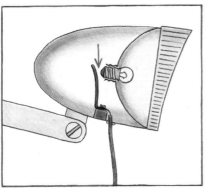

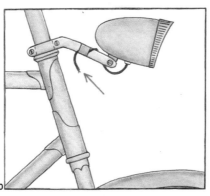

Flüssigkeiten als elektrische Leiter?

1 Es gibt elektrische Feuchtigkeitsanzeiger!

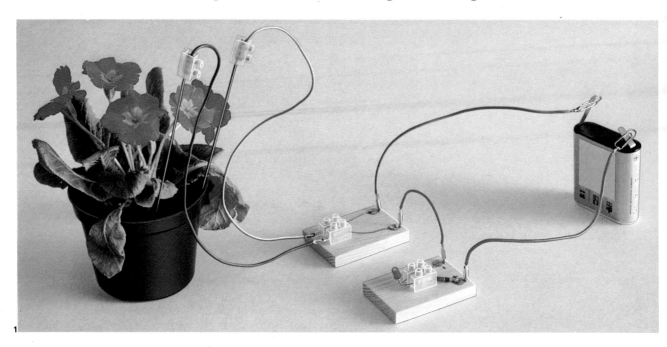

Freunde von Topfpflanzen wissen, daß es aufs richtige Gießen ankommt, wenn Pflanzen gut gedeihen sollen. Die meisten Pflanzen können Trockenheit nicht vertragen und welken dahin, wenn sie nicht feuchtgehalten werden. Andere Pflanzen verkümmern, wenn sie zu stark gegossen werden.

Es ist gar nicht so einfach herauszubekommen, ob der Wurzelballen einer Pflanze in feuchter oder in trockener Erde steckt. Mit dem Finger können wir sie ja nur an der Oberfläche befühlen.

Wenn du hier „auf Nummer Sicher gehen" möchtest, kannst du auch den elektrischen Strom einsetzen: Mit seiner Hilfe kann man feststellen, ob die Erde unten im Topf feucht oder trocken ist (Bild 1). *Wie ist das möglich*?

V 1 Als „Feuchtigkeitsanzeiger" wird auch hier unsere Prüfschaltung für elektrische Leitungen eingesetzt (Bild 2). Ob wir damit feuchte von trockener Erde unterscheiden können? Überlege, wie in diesem Versuch die Feuchtigkeit angezeigt werden könnte.

V 2 In den Stromkreis wird nun ein *Strommesser* eingeschaltet; er ist empfindlicher als die Glühlampe.

Die Bilder 3 und 4 geben den Versuchsaufbau einmal gezeichnet und einmal als Schaltskizze wieder. (Dem Bild 4 kannst du das Schaltsymbol des Strommessers entnehmen.)

a) Wie ändert der Zeiger im Meßgerät seine Stellung, wenn du die Stricknadeln in trockene Erde steckst?

b) Was geschieht, wenn langsam Leitungswasser hinzugegossen wird?

c) Überlege, welchen Weg der Strom nimmt, den der Strommesser anzeigt.

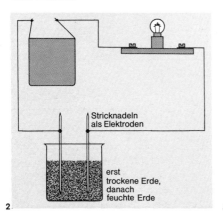

Stricknadeln als Elektroden

erst trockene Erde, danach feuchte Erde

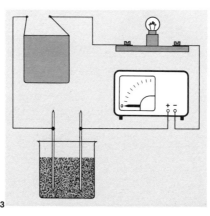

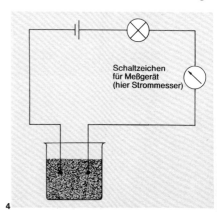

Schaltzeichen für Meßgerät (hier Strommesser)

2 Durch welche Flüssigkeiten fließt der elektrische Strom?

Auch hier kann die Prüfschaltung von Versuch 2 benutzt werden. Du kannst aber auch genauso gut den selbstgebauten Feuchtigkeitsmesser einsetzen. Stelle alle Versuchsergebnisse in einer solchen Tabelle zusammen:

Flüssigkeit	leitet den Strom	leitet den Strom nicht
Leitungswasser	x	
. . .		

Unterstreiche in deiner Tabelle diejenigen Flüssigkeiten farbig, die den elektrischen Strom leiten.

V 3 Überprüfe einige Getränke, ob sie den elektrischen Strom leiten.

V 4 Auch Flüssigkeiten, die beim Kochen oder Braten verwendet werden, kannst du untersuchen (z. B. Essig, Öl): Leiten sie alle den elektrischen Strom?

V 5 Überprüfe auch den Saft von Früchten, indem du die Elektroden einfach in die Früchte (oder in Scheiben davon) hineinsteckst. Achte aber darauf, daß sich die Elektroden in der Frucht nicht berühren (Bild 5). Danach solltest du die Früchte dann nicht mehr essen.

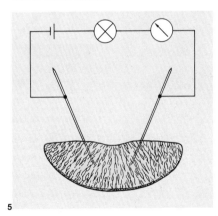

5

V 6 Du weißt ja bereits, daß elektrische Leitungen früher mit trockenen Baumwollfäden isoliert wurden. Sind auch *nasse* Baumwollfäden zum Isolieren geeignet? Probiere es aus! (Du kannst auch einen Bindfaden dazu nehmen.)

V 7 Auch mit destilliertem Wasser, mit dem z. B. die Autobatterie nachgefüllt werden muß, kannst du experimentieren. (Destilliertes Wasser ist ein besonders reines Wasser.)

a) Gieße destilliertes Wasser in ein gut gesäubertes Becherglas. Reinige dann sorgfältig die Elektroden, und stelle sie in die Flüssigkeit. Was zeigt das Meßgerät an?

b) Gib nun – zunächst nur körnchenweise – Kochsalz hinzu (Bild 6). Rühre mit einem sauberen Glasstab um. Was beobachtest du am Meßgerät?

c) Ergänze den folgenden Satz: „Je mehr Kochsalz im Wasser gelöst wird, desto . . ."

d) Prüfe schließlich nach, ob auch trockenes Kochsalz den elektrischen Strom leitet.

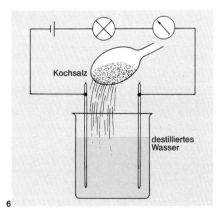

6

V 8 Der Mensch besteht zu zwei Dritteln aus Wasser, in dem geringe Mengen von Kochsalz gelöst sind. (Denke nur an den salzigen Schweiß!) Du solltest also auch überprüfen, ob *du selbst* ein Leiter oder ein Nichtleiter bist:

Halte dich am besten an den in Bild 7 dargestellten Versuchsaufbau. Verwende auf keinen Fall eine andere Stromquelle als die Batterie! Andere Stromquellen – z. B. die Steckdose – wären lebensgefährlich!

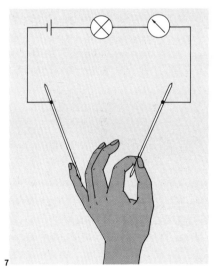

7

Hinweis auf Bauanleitungen

Am Ende dieses Kapitels findest du die Bauanleitung eines **elektrischen Feuchtigkeitsanzeigers.** Dort siehst du, wie man einen Feuchtigkeitsmesser auch *ohne das teure Meßgerät* bauen kann.

3 Gefahren des elektrischen Stromes

Haartrockner im Bad brachte den Tod
39jähriger und 67jährige erlitten Stromstöße

Unvorstellbarer Leichtsinn beim Umgang mit Haartrockengeräten hat in den letzten Tagen zwei Menschen im Rhein-Main-Gebiet das Leben gekostet. Die tödlichen Stromstöße veranlaßten die Kriminalpolizei und den Verband Deutscher Elektrotechniker (VDE), erneut auf die Gefahren des fahrlässigen Hantierens mit Haartrocknern in feuchten Räumen hinzuweisen.

Am Montag wurde in einer Wohnung in Frankfurt die Leiche eines 39 Jahre alten Mannes gefunden. Der Mann lag in der gefüllten Badewanne – der eingeschaltete und noch unter Strom stehende Haartrockner im Wasser. Unter ähnlichen Umständen wurde am Mittwoch die Leiche einer 67 Jahre alten Frau in deren Bad Sodener Wohnung entdeckt.

Die Polizei schloß ihre Ermittlungen mit dem Ergebnis ab, daß Fremdverschulden als Todesursache ausscheidet. Überdies stellte sie fest, daß die Geräte keine technischen Mängel aufwiesen.

Der VDE kommentierte die gar nicht so seltene Gewohnheit, sich in der Badewanne die Haare zu trocknen, als „potentiellen Selbstmord". Sobald der Haartrockner in die Badewanne rutscht, wird ein Stromkreis geschlossen, und ein starker Strom fließt durch den Körper – eine tödliche Dosis! Die Elektrotechniker weisen darauf hin, daß ein Haartrockner grundsätzlich für feuchte Räume nicht geeignet ist.

Fatale Unfälle können sich bereits bei weniger extremen Bedingungen als in den geschilderten Fällen ereignen. Es genügt, wenn man feuchte Stellen des Gerätes berührt und gleichzeitig in Kontakt mit einer Wasserleitung kommt. Die VDE-Devise lautet: Der Haartrockner hat im Badezimmer nichts zu suchen!

Unwissenheit und Leichtsinn – Ursachen des Stromtodes

Über 200 Menschen sterben jährlich in der Bundesrepublik an Stromschlägen. Wie der VDE feststellte, waren häufig Leichtsinn und Unwissenheit im Spiel. Immer noch werden Elektroreparaturen von Laien ausgeführt. Besondere Gefährdung herrscht dort, wo Wasser und Strom einander begegnen! Die untersuchten Fälle deckten tödlichen Leichtsinn auf: Da wurden Bügeleisen als Tauchsieder verwendet, beim Baden rasierte oder fönte man sich, beim Geschirrspülen trug man eine Trockenhaube …

Der VDE forderte deshalb erneut zur Vorsicht beim Umgang mit Strom auf und gab dazu diese Tips:

- Beim Kauf beachten, ob ein Gerät VDE-geprüft ist!
- Vor Benutzung Gebrauchsanweisung lesen!
- Nach Gebrauch den Stecker aus der Steckdose ziehen!
- Elektrische Geräte nie mit Wasser reinigen!
- Beim Reinigen von Deckenlampen die Sicherung heraus!
- Sind Kinder da, Steckdosen durch einen Einsatz sichern! In feuchten Räumen Steckdosen mit Deckel versehen!
- Stecker nicht an der Leitung aus der Steckdose ziehen!
- Leitungen nicht unter Teppiche (Heizkörper) legen oder durch Türritzen quetschen! Die Isolierung wird beschädigt.
- Von der Badewanne aus keinen Haartrockener oder das Radio bedienen! Das kann tödlich sein! Auch Heizgeräte oder Nachttischlampen gehören nie ins Badezimmer!
- Schadhafte Teile sofort vom Fachmann ausbessern lassen!

Fragen und Aufgaben zum Text

1 Die hier gezeichneten Situationen sind auch in den Zeitungsartikeln erwähnt. Was wird hier falschgemacht?

Haaretrocknen in der Badewanne – das ist lebensgefährlich! Fällt das eingeschaltete Gerät ins Wasser, bekommt die Heizspirale Verbindung mit dem Badewasser. Der Strom wird durch das Wasser zur Erde geleitet, dabei fließt er auch durch den menschlichen Körper.

VDE ist die Abkürzung des Namens „Verband Deutscher Elektrotechniker". Dieser Verband hat es sich unter anderem zur Aufgabe gemacht, die wichtigen Sicherheitsbestimmungen für elektrische Anlagen und Geräte zu erlassen. Außerdem prüft er an Mustern von neuentwickelten Elektrogeräten, ob sie diesen Bestimmungen entsprechen (so z. B., ob keine Isolationsfehler gemacht wurden).

2 Warum ist es dort so gefährlich, „wo Wasser und Strom einander begegnen"? Denke an das Beispiel des Haaretrocknens in der Badewanne!

3 Suche nach VDE-Prüfzeichen auf elektrischen Geräten.

4 Wie funktionieren Steckdoseneinsätze („Kindersicherungen"), die zum Schutz von Kleinkindern konstruiert wurden? Was sollen sie verhindern?

5 Warum müssen Steckdosen in feuchten Räumen (z. B. im Keller oder in der Waschküche) einen Deckel haben?

6 Warum kann eine elektrische Leitung beschädigt werden, wenn sie in der Nähe einer Heizung liegt?

Alles klar?

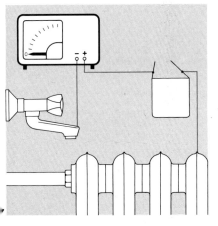

1 Ob der Strommesser in einem solchen Stromkreis einen elektrischen Strom anzeigt? (Die roten Verbindungslinien stellen Kupferdraht dar.)

a) Gib die Antwort, und begründe sie.

b) Wie könnte man das ändern?

2 „Bei Gewitter ist das Schwimmbecken unverzüglich zu verlassen!" Was hältst du von dieser Anweisung in einem Freibad?

3 In Versuch 6 konntest du einen feuchten Bindfaden daraufhin untersuchen, ob er den elektrischen Strom leitet oder nicht. Was für eine Regel zum Drachensteigen kannst du aus dem Versuchsergebnis ableiten?

4 Du hast einen *geschlossenen* Stromkreis, wenn du den unten abgebildeten Stromkreis aufbaust.

a) Gib an, warum dies möglich ist.

b) Zeichne den geschlossenen Stromkreis, und gib die Bestandteile dieses Stromkreises an.

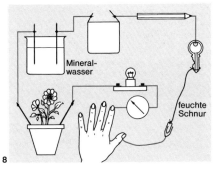

5 Tina Pfiffig macht sich's bequem: Sie zieht den Stecker am Kabel aus der Steckdose. Was hältst du davon?

6 Harry Schlaumeier meint: „Je besser Wasser den Strom leitet, desto ungenießbarer ist es!" Hat er recht?

7 Beim Umgang mit dem elektrischen Strom muß man einige wichtige Dinge beachten. Was weißt du darüber?

4 Zusammenfassung

Auch unter den Flüssigkeiten gibt es Leiter und Nichtleiter

Das ist eine Prüfschaltung für Flüssigkeiten.

Das Meßgerät ist ein empfindlicherer Stromanzeiger als die Glühlampe. Es zeigt den Strom an, der durch den Stromkreis fließt. Ein Teil des Stromkreises kann auch eine Flüssigkeit sein.

Leitende Flüssigkeiten	Nichtleitende Flüssigkeiten
Trinkwasser Salzwasser Fruchtsäfte Essig u. a.	destill. Wasser Öle Petroleum Benzin u. a.

Elektrischer Strom ist gefährlich

Der Körper des Menschen enthält Wasser, in dem geringe Mengen Kochsalz gelöst sind. Deshalb leitet er auch den elektrischen Strom.

Wenn ein Mensch Teil des Stromkreises ist, wird er vom Strom durchflossen. Schon bei einem sehr geringen Strom können gesundheitliche Schäden auftreten – es besteht Lebensgefahr!

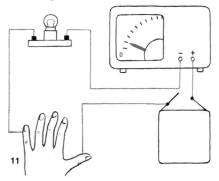

Versuche mit elektrischem Strom darfst du niemals mit der Steckdose durchführen!

Achte darauf, daß die Isolierung der elektrischen Kabel nicht beschädigt ist! Eine gute Isolierung ist der beste Schutz gegen Unfälle mit dem elektrischen Strom.

Was du beim Umgang mit dem elektrischen Strom beachten mußt, findest du auf der linken Seite.

Wenn jemand einen Stromschlag erhalten hat und ohnmächtig an der Leitung hängt, darfst du ihn nicht berühren! Du mußt sofort die Sicherungen ausschalten und die Feuerwehr rufen (Angabe: Stromunfall).

Der Schalter – ein praktisches Gerät

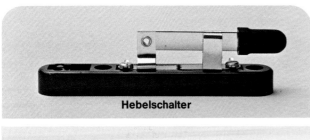

Hebelschalter

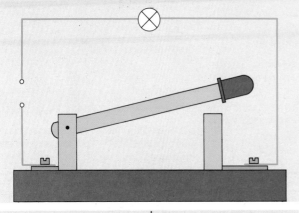

2

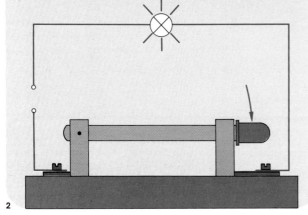

1

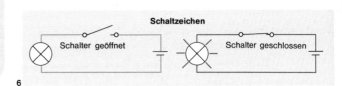

Schaltzeichen

Schalter geöffnet   Schalter geschlossen

6

Wippschalter

3

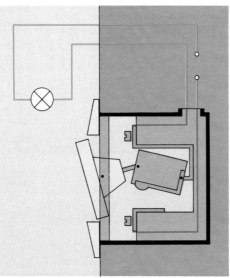

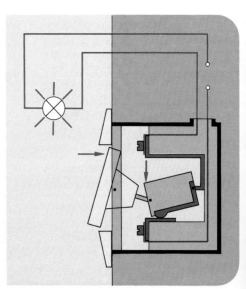

an Schalter?

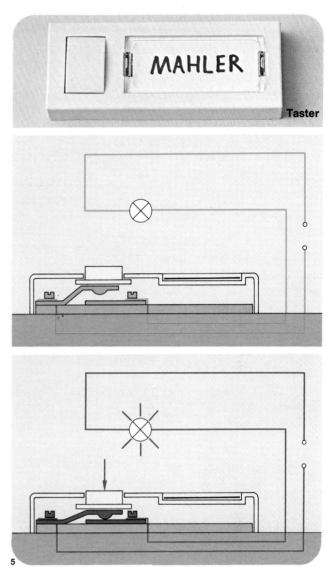

Taster

5

Hinweis auf Bauanleitungen

Am Schluß dieses Kapitels findest du die Bauanleitung für einen **Schalter**. Du kannst ihn gut in deinen Versuchen mit dem elektrischen Strom einsetzen.

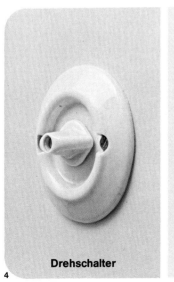

Drehschalter

4

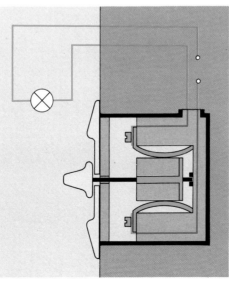

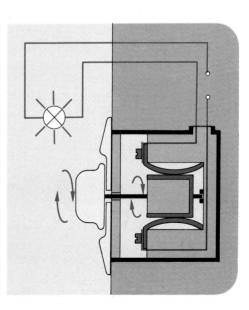

19

Aufgaben

1 Auf den vorherigen Seiten hast du verschiedene Schaltertypen gesehen. Mache dir an den Bildern klar, wie jeder Schalter den Stromkreis schließt und unterbricht.

2 Übertrage die folgende Tabelle in dein Heft, und ergänze sie:

Schalter-stellung	Schalt-zeichen	Strom-kreis	Glüh-lampe
„aus"	?	offen	?
„ein"	?	?	?

3 Probiere in einem **Versuch** aus, ob der Schalter immer an einer ganz bestimmten Stelle des Stromkreises eingebaut sein muß.

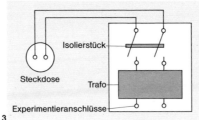

3

4 Das Netzgerät (der Experimentiertrafo) besitzt einen besonders sicheren Schalter. Das zeigt die obenstehende Schemazeichnung. Erkläre seine Wirkungsweise.

5 Zeichne den Stromkreis dieser leuchtenden Tischlampe als Schaltskizze auf.

6 An den folgenden Sätzen ist einiges falsch. Schreibe sie richtig auf.

a) *Bei der Schalterstellung „ein"*: Der Stromkreis ist geschlossen → Die Glühlampe leuchtet nicht auf → Der Schalter unterbricht den Stromfluß.

b) *Bei der Schalterstellung „aus"*: Der Stromkreis ist geschlossen → Der Schalter unterbricht den Stromfluß nicht → Die Glühlampe leuchtet auf.

7 Wir haben gesehen, daß eine Lampe *an*geht, wenn ein Schalter geschlossen wird. Harry Schlaumeier will aber eine Schaltung entdeckt haben, bei der die Lampe *aus*geht, wenn der Schalter geschlossen wird:

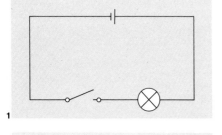

1

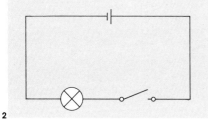

2

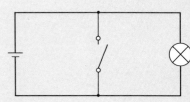

4

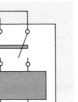

5

a) Verfolge anhand der Schaltskizze den Weg des Stromes bei offenem und geschlossenem Schalter.

b) Wird durch den geschlossenen Schalter der Strom unterbrochen, der durch die Glühlampe fließt? Probiere es aus – aber nur ganz kurz, sonst ist deine Batterie verdorben!

Alles klar?

1 Tina Pfiffig sagt: „Der Schalter ist ein Gerät, das einmal ein Leiter und einmal ein Nichtleiter ist." Wie kommt sie zu dieser Behauptung?

2 Normalerweise funktioniert ein Tastschalter so: Wenn er *gedrückt* wird, schließt sich ein Stromkreis; das heißt: Eine Lampe oder ein anderes elektrisches Gerät wird vom Strom durchflossen. Der Tastschalter der Kühlschrankbeleuchtung arbeitet aber anders. Finde heraus, wie!

3 Ob du den Schaltplan lesen kannst, der rechts von diesem Text abgebildet ist?

a) Welche Lampe (a, b oder c) leuchtet auf?

b) Welche der im Schaltplan eingezeichneten Schalter muß man schließen, damit nur die Lampe a (b, c) leuchtet?

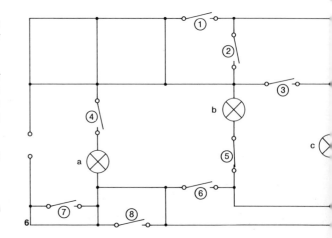

6

Aus der Geschichte: **Wie die Lichtschalter früher aussahen**

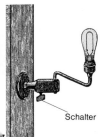

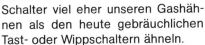

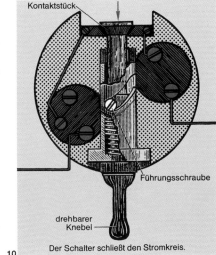

Wenn wir heute ein Zimmer im Dunkeln betreten, wissen wir sofort, wo der Lichtschalter ist: Wir finden ihn fast immer in Griffhöhe neben der Zimmertür.

Das war um die Jahrhundertwende, als man die ersten elektrischen Beleuchtungen baute, ganz anders: Die Schalter waren meistens an den Leuchten selber oder auch an den Lampenfassungen angebracht. Jede Leuchte hatte also ihren eigenen Schalter.

Das zeigen auch die Bilder 7 u. 8, in denen Wandleuchten aus der damaligen Zeit gezeichnet sind. An den Glühlampen erkennst du, daß es sich tatsächlich um *elektrische* Leuchten handelt und nicht um Gaslichte – obwohl die Schalter viel eher unseren Gashähnen als den heute gebräuchlichen Tast- oder Wippschaltern ähneln.

Diese ersten elektrischen Lichtschalter wurden auch ähnlich wie Gashähne betätigt: Eine kurze Drehung nach rechts unterbrach z. B. den Stromkreis.

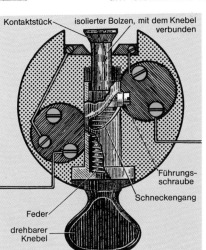

Der Schalter unterbricht den Stromkreis.

Der Schalter schließt den Stromkreis.

Fragen und Aufgaben zum Text

1 Wie die damaligen Schalter den Stromkreis unterbrachen oder schlossen, zeigen die Bilder 9 u. 10. Überlege, wie die Schalter funktionierten.

2 Mit welchen moderneren Schaltertypen sind die ersten Lichtschalter noch am ehesten zu vergleichen?

2 Zusammenfassung

Ein *Schalter* ist ein Gerät, das einen Stromkreis schließen und unterbrechen kann:

Ein Schalter kann an jeder Stelle des Stromkreises eingebaut werden:

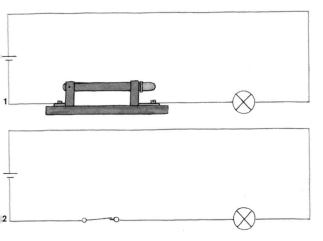

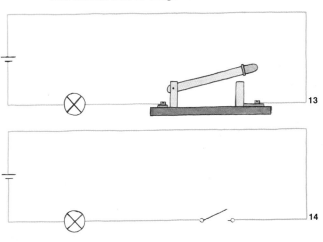

Der Schalter hat die Stellung „ein", der Stromkreis ist geschlossen.

Der Schalter hat die Stellung „aus", der Stromkreis ist unterbrochen.

21

Knifflige Stromkreise

1 Ein Stromkreis als „Sicherheitsschaltung"

Eine Papier-Schneidemaschine im Einsatz (Bild 1). Aber die Maschine läuft nur, wenn der Arbeiter *beide Tastschalter gleichzeitig* nach unten drückt! …

Aufgaben

1 Sicherlich hätte man die Maschine auch mit nur *einem* Schalter konstruieren können. Die beiden weit auseinander liegenden Schalter stellen aber einen bestimmten Schutz für den Arbeiter dar! Welche Unfälle sollen so verhütet werden?

2 Wie müssen die Schalter eingebaut sein, damit der Motor erst dann läuft, wenn *beide* Schalter betätigt werden? (Schaltskizze!)

Baue diese „Sicherheitsschaltung" als **Versuch** auf, evtl. mit einer Glühlampe statt des Motors.

Halte das Ergebnis in einer Tabelle fest (s.u.), und formuliere dann: „Das Gerät arbeitet erst, wenn …"

1. Schalter	2. Schalter	Lampe
offen	offen	?
…	…	?

3 In einem Versuch hat Carola zwei Schalter rechts und links neben die Stromquelle gesetzt (Bild 2). Frank aber hat beide Schalter nebeneinander in den Stromkreis eingefügt (Bild 3). Wer hat es richtig gemacht?

Probiere deine Vermutung in einem **Versuch** aus.

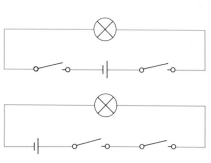

4 Warum bezeichnet man wohl die „Hintereinanderschaltung" von Schaltern als UND-Schaltung?

2 Ein Stromkreis als „Klingelschaltung"

Zwei Klingelknöpfe (Taster) für die gleiche Klingel (Bild 2). Und sie funktioniert – ganz gleich, ob an der Wohnungstür oder an der Haustür auf den Taster gedrückt wird! …

Aufgaben

1 Auch für diese „Klingelschaltung" sind zwei Schalter und nur eine einzige Stromquelle nötig. Ob das wieder eine UND-Schaltung ist?

2 Wie sind die beiden Schalter eingebaut worden? (Denke daran, daß der Stromkreis schon durch *einen* Schalter geschlossen wird; der andere kann dabei offen bleiben.)

a) Fertige dazu erst wieder eine Schaltskizze an (Bild 5).

b) Zum Ausprobieren in einem **Versuch** kannst du statt der Klingel eine Glühlampe nehmen. Trage dein Ergebnis wieder in eine Tabelle ein.

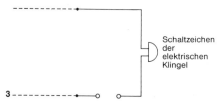

Schaltzeichen der elektrischen Klingel

3 Warum nennt man diese Schaltung auch ODER-Schaltung?

4 Die Innenbeleuchtung von Autos wird meistens durch Tastschalter an den Rahmen der Vordertüren betätigt (Bild 6): Öffnet man eine oder beide Türen, so leuchtet im Wagen das Licht. Sind beide Autotüren geschlossen, leuchtet es nicht. Wie sind hier die Schalter angeordnet? Lege eine Schaltskizze an.

3 Wie Lampen geschaltet werden können

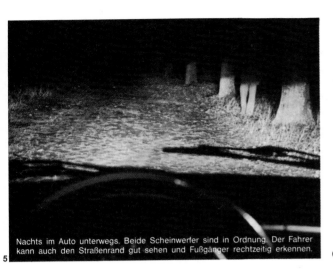

Nachts im Auto unterwegs. Beide Scheinwerfer sind in Ordnung. Der Fahrer kann auch den Straßenrand gut sehen und Fußgänger rechtzeitig erkennen.

Ein Scheinwerfer ist ausgefallen. Die Straße wird nur noch zum Teil beleuchtet. Spätestens an der nächsten Tankstelle muß die Lampe erneuert werden.

Die Scheinwerferlampen müssen in bestimmter Weise geschaltet sein, damit *eine* Lampe weiterleuchtet, wenn die andere ausfällt. Bedenke: Das Auto hat nur *eine* Stromquelle, an die die Lampen angeschlossen sind!

V 1 Versuche, *zwei* Glühlampen an nur *eine* Stromquelle anzuschließen. Es gibt mehrere Möglichkeiten. Vielleicht findest du die Schaltung der Autoscheinwerfer, bei denen eine Lampe weiterleuchtet, wenn die andere ausfällt.

Aufgaben

1 Sieh dir die folgenden Schaltskizzen an. Was unterscheidet die drei Schaltungen voneinander? Was haben sie gemeinsam?

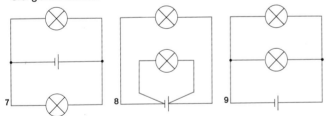

2 Hier sind jeweils *drei* Glühlampen an eine Stromquelle angeschlossen:

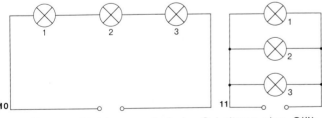

a) Was geschieht, wenn in jeder Schaltung eine Glühlampe lockergedreht wird?

b) Eine der Schaltungen wird **Hintereinanderschaltung** (oder **Reihenschaltung**) genannt, die andere **Parallelschaltung**. Ordne die Namen den Schaltskizzen zu.

3 Bei allen drei Schaltungsarten der Aufgabe 1 spricht man von einem *verzweigten* Stromkreis. (Der Stromkreis hat einen weiteren „Zweig" für den Weg des Stromes.) Mach dir an den Schaltskizzen klar, in welchen „Zweigen" der Strom jeweils fließen kann.

4 In den untenstehenden Schaltskizzen einer Hintereinanderschaltung und einer Parallelschaltung ist angegeben, wo jeweils ein Schalter eingebaut werden könnte.

a) Wohin muß bei der Hintereinanderschaltung der Schalter, wenn man mit ihm beide Lampen gleichzeitig ein- und ausschalten will? Überlege dir auch eine Begründung!

b) Wo würdest du bei der Parallelschaltung einen Schalter einsetzen, mit dem beide Lampen gemeinsam ein- und ausgeschaltet werden können? Begründe!

c) Tina Pfiffig hat ihren Schalter in der Parallelschaltung bei C geplant. Was erreicht sie damit?

d) Was geschieht, wenn sie den Schalter bei B einbaut?

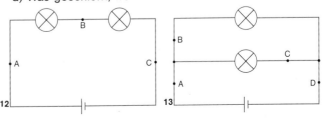

Aus Umwelt und Technik: **Verborgene Schalter**

Mit einem Fahrstuhl oder Aufzug zu fahren, ist eine feine Sache: Ohne auch nur eine einzige Treppenstufe steigen zu müssen, ist man im Nu in einem anderen Stockwerk.

Manchmal scheint der Fahrstuhl aber nicht richtig zu funktionieren – das ist dir vielleicht auch schon so ergangen:

Du stehst in der Kabine (Bild 1) und hast längst schon die Taste für das gewünschte Stockwerk gedrückt; die Außentür des Fahrstuhls ist zugegangen, und auch die Innentür schließt sich – doch nichts geschieht!

Du weißt dir aber zu helfen: Einmal kurz an der Innentür gerüttelt oder geschoben, und schon geht die Fahrt los – nach oben oder nach unten.

Fragen und Aufgaben zum Text

1 Warum müssen erst alle Fahrstuhltüren fest verschlossen sein, bevor der Fahrstuhl zu fahren beginnt? Bedenke, was passieren könnte, wenn eine der Türen offen bleibt.

2 Die Stockwerktaste, die vor der Fahrt gedrückt wird, ist deutlich als Tastschalter erkennbar. Offenbar sind aber noch weitere Schalter vorhanden.

Überlege, wo diese Schalter verborgen sein müssen.

3 Zeichne eine Schaltskizze der Schaltung, mit der diese „Fahrstuhlschaltung" zu vergleichen ist.

Handelt es sich deiner Meinung nach um eine UND-Schaltung oder um eine ODER-Schaltung?

1

Alles klar?

1 Die Spülmaschine in der Küche beginnt noch nicht zu arbeiten, wenn nur die „Ein"-Taste gedrückt ist. Erst muß noch die Tür fest verschlossen sein, und der Wasserhahn muß aufgedreht werden.

a) Warum hat man hier diese drei „Schalter" eingebaut?

b) Ist hier eine UND- oder eine ODER-Schaltung gewählt worden?

2 Überlege, bei welchen anderen Geräten Schalter in einer UND- oder ODER-Schaltung eingebaut sein müßten.

3 Manche Haartrockner besitzen zwei Schalter: einen für den Ventilator (S_1 für Kaltluft) und einen für den Heizdraht, der die Kaltluft erhitzen soll (S_2, für Heißluft). Das zeigt die folgende Zeichnung.

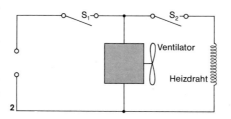

2

a) Was geschieht, wenn der Schalter S_1 eingeschaltet wird?

b) Was ändert sich, wenn zusätzlich der Schalter S_2 geschlossen wird?

c) Gibt der Haartrockner auch dann Heißluft ab, wenn nur S_2 geschlossen ist?

d) Könntest du mit dem Schalter S_2 das ganze Gerät abschalten?

e) Was unterscheidet diese Schaltung von denen, die wir bisher untersucht haben? Ist es eine Schaltung von der Art einer UND- oder einer ODER-Schaltung?

4 Ordne die Schaltskizzen (Bilder 3 u. 4) den Versuchszeichnungen (Bilder 5, 6 u. 7) zu.
Gib auch den Namen der jeweiligen Schaltung an.

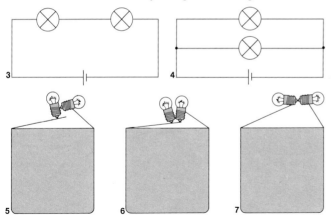

6 Um eine Glühlampe ausschalten zu können, wird ein Schalter in den Stromkreis eingefügt. Muß er parallel oder hintereinander mit der Glühlampe geschaltet werden?

7 Unten siehst du eine „gemischte" Schaltung.

a) Welche Lampen sind hintereinander, welche sind parallel geschaltet?

b) Nimm an, die Lampe L_3 brennt durch. Welche Lampen leuchten dann weiter?

c) Was geschieht, wenn nur die Lampe L_5 durchbrennt?

d) Nur die Lampe L_6 soll abgeschaltet werden können. Wo muß der Schalter eingebaut werden?

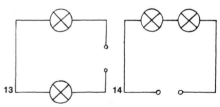

5 Welche Schaltungsart liegt bei der Fahrradbeleuchtung vor (Scheinwerfer *und* Rücklicht)? Zeichne den Schaltplan der Fahrradbeleuchtung.

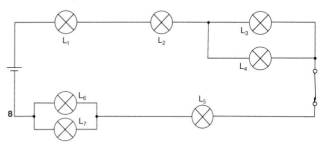

4 Zusammenfassung

Eine „Sicherheitsschaltung"

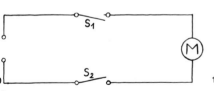

Die beiden Schalter sind *hintereinander* in den Stromkreis eingebaut.

Diese Anordnung von Schaltern heißt auch **UND-Schaltung,** weil Schalter 1 *und* 2 gleichzeitig auf „ein" geschaltet sein müssen, wenn der Stromkreis geschlossen sein soll.

Die „Klingelschaltung"

Die beiden Schalter sind *parallel* in den Stromkreis eingesetzt.

Diese Anordnung von Schaltern wird auch **ODER-Schaltung** genannt; hier kann nämlich der Stromkreis durch den einen *oder* den anderen Schalter geschlossen werden.

Zweierlei „Lampenschaltungen"

Das sind **Hintereinanderschaltungen.**

Lockert man eine der Glühlampen, so daß sie erlischt, geht auch die andere aus; der Stromkreis ist dann unterbrochen.

Das sind **Parallelschaltungen.**

Wenn eine von mehreren parallel geschalteten Glühlampen gelockert wird, so daß sie erlischt, leuchten die anderen weiter.

Verschiedene Stromquellen

1 Elektrizität aus dem Apfel?

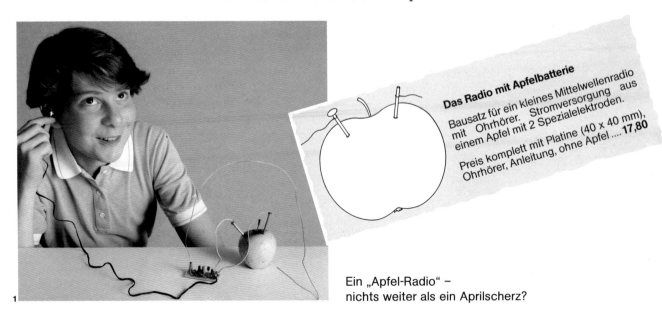

Das Radio mit Apfelbatterie
Bausatz für ein kleines Mittelwellenradio mit Ohrhörer. Stromversorgung aus einem Apfel mit 2 Spezialelektroden.
Preis komplett mit Platine (40 x 40 mm), Ohrhörer, Anleitung, ohne Apfel **17,80**

Ein „Apfel-Radio" –
nichts weiter als ein Aprilscherz?

V 1 Stecke einen eisernen Nagel und ein Stück dicken Kupferdraht in einen Apfel.

a) Schließe an den Nagel und an den Draht einen empfindlichen Strommesser an (Bild 2). Was kannst du beobachten?

b) Verwende nun anstelle des Apfels eine Zitrone oder auch eine Kartoffel.

c) Stecke diesmal zwei Nägel aus dem gleichen Material (oder zwei Kupferdrähte) in den Apfel.

d) Führe den Versuch auch mit anderen Metallen als Eisen und Kupfer durch.

V 2 Ob bei dem Versuchsaufbau in Bild 3 der Motor tatsächlich laufen wird? Verwende statt des Zitronensaftes auch Apfelsaft, Kartoffelsaft und Leitungswasser.

V 3 Fülle ein Becherglas halb mit Wasser. Gib nach und nach so viel Kochsalz hinein, daß es sich schließlich nicht mehr auflöst.

a) In das Salzwasser werden jetzt (wie in Bild 4 gezeigt) eine Zinkplatte und eine Kupferplatte getaucht. Zeigt der angeschlossene Strommesser einen Strom an?

b) Ändert sich der Meßwert, wenn die Kupferplatte gegen einen Kohlestab (Kohleplatte) ausgetauscht wird?

c) Ersetze den Strommesser durch ein Lämpchen. Leuchtet es auf?

d) Funktioniert der Versuch auch mit *trockenem* Salz statt der Salzlösung?

V 4 Wir verwenden statt des Salzwassers andere Flüssigkeiten: verdünnte Salzsäure, verdünnte Schwefelsäure und verdünnte Natronlauge. (Vorsicht, diese Flüssigkeiten sind gefährlich; sie wirken ätzend!) Die Zinkplatte und der Kohlestab müssen vor jedem Eintauchen in eine neue Flüssigkeit sorgfältig mit Wasser abgespült werden.

Bei welchen Flüssigkeiten leuchtet das Lämpchen auf? Beobachte während des Versuches auch die Zinkplatte und den Kohlestab.

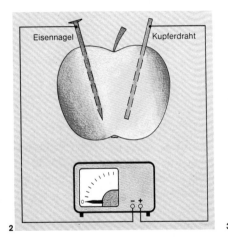

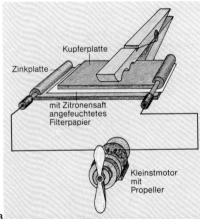

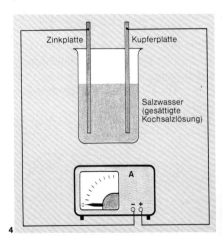

2 Wie sind Batterien aufgebaut?

5

Eine Stromquelle, die aus *mehreren* Batterie*zellen* besteht, nennt man **Batterie**.

Aus welchem Grund beschränkt man sich hier nicht auf eine einzige Batteriezelle?

V 5 Schließe ein Glühlämpchen aus einer Taschenlampe an eine einzelne Batteriezelle (*Monozelle*) an. Wie hell leuchtet das Lämpchen?

V 6 Füge nun eine zweite Batteriezelle in den Stromkreis ein:

a) Ordne dabei die Batteriezellen unmittelbar *hintereinander* an – wie bei einer Stabtaschenlampe. Was beobachtest du? Müssen sich die beiden Zellen berühren, oder darf ein Zwischenraum vorhanden sein? Probiere es aus!

b) Ob auch in dieser Schaltung (Bild 6) das Lämpchen hell aufleuchtet?

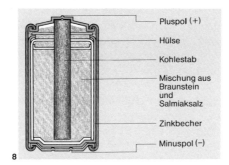

6

c) Wie könnte man die Batteriezellen sonst noch anordnen? Überlege dir verschiedene Möglichkeiten, und fertige Schaltskizzen an. Überprüfe, wie hell das Lämpchen jeweils leuchtet.

V 7 Ein ungewöhnlicher Stromkreis (Bild 7): Die beiden ersten Batteriezellen sind durch einen Holzklotz getrennt. An seinen beiden Seiten sind Metallbleche befestigt, mit denen das Lämpchen verbunden ist.

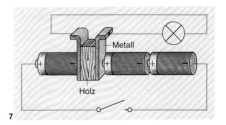

7

a) Leuchtet das Lämpchen, wenn der Schalter geschlossen ist?

b) Beschreibe den Stromweg.

c) Schließe das Lämpchen auch zwischen der zweiten und der dritten Monozelle an.

d) Könnte man das Lämpchen und den Schalter auch gegeneinander austauschen?

Aufgaben

1 Bild 8 zeigt, wie eine Monozelle aufgebaut ist.

a) Nenne ihre wichtigsten Teile.

b) Vergleiche die Monozelle mit der Stromquelle in Bild 4.

c) Suche auch Gemeinsamkeiten zwischen Monozelle und „Apfelzelle" (Versuch 1).

2 Die beiden Pole (Anschlußstellen) von Monozellen sind mit + und – gekennzeichnet (Pluspol: Anschluß am Kohlestab, Minuspol: Anschluß am Zinkbecher).

Beschreibe, wie die Batteriezellen einer Stabtaschenlampe oder einer Flachbatterie (Bild 5) miteinander verbunden sind.

3 Sandra hat eine Schaltung wie in Bild 9 aufgebaut, aber das Lämpchen leuchtet nicht. Daher vermutet sie: „Das Lämpchen muß durchgebrannt sein." Was meinst du dazu?

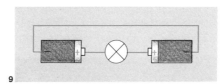

8

9

4 Harry schließt ein Lämpchen erst an *eine* Monozelle an, dann an *zwei*. Aber es leuchtet nicht heller!

a) Ist das möglich? Wie könnte Harrys Schaltung ausgesehen haben?

b) Wie muß die zweite Monozelle eingebaut werden, damit das Lämpchen doch heller leuchtet?

5 Tina Pfiffig meint: „Wenn ein Glühlämpchen an eine Batterie angeschlossen wird, fließt der elektrische Strom auch durch die einzelnen Batteriezellen."

a) Was hältst du von Tinas Behauptung? Ist sie richtig?

b) Du kennst bereits verschiedene Batteriezellen, darunter auch recht ungewöhnliche (Versuche 1–5). Überlege, ob die Bestandteile dieser Batteriezellen überhaupt den elektrischen Strom leiten können.

6 Silke versteht nicht, warum dieses Lämpchen nicht leuchtet (Bild 10). Es wurde doch an einen Pluspol und an einen Minuspol angeschlossen ...

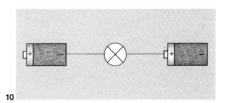

10

Warum Batterien unbrauchbar werden

Wenn eine Taschenlampe sehr lange eingeschaltet ist, leuchtet sie immer schwächer und verlischt schließlich. Man sagt dann häufig: „Die Batterie ist leer."

Aber kann denn eine Batterie überhaupt *leer* werden?

Sicherlich nicht, denn **der elektrische Strom** kommt ja nicht aus der Batterie heraus, sondern **fließt nur durch sie hindurch**.

1

Trotzdem werden Batterien mit der Zeit unbrauchbar. Woran das liegt, erkennst du, wenn du eine verbrauchte Batterie öffnest (Bild 1): Ihr Zinkbecher ist durch chemische Vorgänge während des Stromflusses allmählich umgewandelt worden. Außerdem trocknet die Salzlösung mit der Zeit ein. Trockenes Salz aber leitet den elektrischen Strom nicht.

Aus der Geschichte: **Mit Froschschenkeln fing alles an . . .**

Im Jahr 1789 machte der italienische Medizinprofessor *Luigi Galvani* eine schier unglaubliche Beobachtung:

Er führte gerade Untersuchungen über die Nerven von Menschen und Tieren durch. Dazu hatte er einen Frosch getötet und dessen große Beinnerven freigelegt. In der Hand hielt er einen Drahtbügel, der aus zwei unterschiedlichen Metallen bestand. Berührte er nun mit dem einen Drahtende (aus Kupfer) den Beinnerv und mit dem anderen (aus Eisen) das Froschbein selbst (Bild 2) – so zuckte das Bein heftig zusammen. *„Wie kann ein totes Tier noch so heftige Bewegungen ausführen",* so fragte er sich immer wieder.

Dieses Experiment erregte großes Aufsehen. War Galvani vielleicht einer geheimnisvollen „Lebenskraft" auf der Spur, mit der sich die „Lebensgeister" in einem toten Körper wiedererwecken ließen?

Auch *Alessandro Volta*, ein berühmter italienischer Physikprofessor, hörte von Galvanis Beobachtungen. Da er nicht recht glaubte, was er nicht gesehen hatte, wiederholte er Galvanis Versuch. Bald erkannte er, daß nichts

Übernatürliches im Spiele war. Vielmehr riefen die beiden **unterschiedlichen Metalle** sowie die **Flüssigkeit** in Nerven und Muskeln die elektrische Wirkung hervor! Der Froschschenkel selbst zeigte durch sein Zucken nur an, daß elektrischer Strom durch ihn hindurchfloß; er war sozusagen der „Stromanzeiger".

Volta führte noch viele weitere Experimente durch. Dabei entwickelte er zwei Apparate, die elektrischen Strom lieferten. Sie erst ermöglichten die Erforschung des elektrischen Stromes und seiner Wirkungen. Nach einiger Zeit waren diese „Voltaschen Apparate" (Bilder 3 u. 4) in jedem physikalischen „Kabinett" zu finden (so nannte man damals die Laboratorien). Volta wurde durch seine Erfindung innerhalb weniger Jahre ein berühmter Mann.

Bald zeigten sich jedoch Nachteile der Voltabatterien: Baute man sie nämlich in einen Stromkreis ein, so lieferten sie nur in den ersten Minuten einen starken Strom; bald wurde er schwächer und schwächer. Die Metallplatten mußten nun sorgfältig gereinigt oder gegen neue ausge-

tauscht werden. Das war bei großen Batterien mit oft über 100 Trögen eine zeitraubende Arbeit.

Daher versuchten bald viele Physiker, bessere Batteriezellen oder – wie man sagte – **galvanische Elemente** zu entwickeln. Bild 5 zeigt eine solche verbesserte Batteriezelle. Batterien aus zwei dieser Zellen wurden noch um die Jahrhundertwende als Stromquellen für elektrische Klingeln verwendet, die damals in Mode kamen. Ohne große Störungen versorgten sie die Klingeln monatelang mit Strom, wenn man nur ab und zu etwas Wasser nachgoß.

Doch diese Batterien konnte man kaum transportieren, ohne daß die Salzlösung auslief. Der Arzt *Gassner* aber bekam dieses Problem in den Griff: Er stellte aus Wasser, Salmiaksalz, Zinkoxid und „geheimen Stoffen" einen *Teig* her und füllte damit die Batteriezellen. Diese sogenannten **Trockenelemente** verschloß er mit einer pechartigen Mischung. Gassner hatte auch die Idee, den Becher der Batteriezelle aus Zink herzustellen und so das Glasgefäß einzusparen. Damit war unsere heutige **Trockenbatterie** geboren.

Kupfer

Eisen

2

Voltascher Trogapparat

Voltasäule
3   4

Kohleplatte

Gemisch aus
Braunstein und Kohle

Zinkstab

Lösung von
Salmiaksalz
in Wasser

5

3 Eine andere Stromquelle: der Dynamo

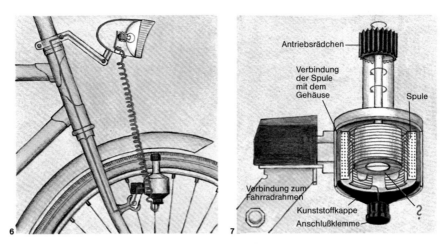

Antriebsrädchen

Verbindung der Spule mit dem Gehäuse

Spule

Verbindung zum Fahrradrahmen

Kunststoffkappe

Anschlußklemme

6

7

Beschreibe, wie der Fahrraddynamo aufgebaut ist.
Gibt es Gemeinsamkeiten von Fahrraddynamo und Batterie?
Nenne auch wesentliche Unterschiede.

V 8 Wenn Monozellen oder Batterien Teil eines Stromkreises sind, werden sie vom elektrischen Strom durchflossen. Ob auch *durch einen Dynamo* Strom fließen kann? Überlege dir dazu einen Versuch.

V 9 Damit ein Lämpchen, das an eine Monozelle angeschlossen ist, heller leuchtet, braucht man eine zweite Monozelle. Wie erreichst du, daß ein Lämpchen heller leuchtet, das an einen *Fahrraddynamo* angeschlossen ist?

Aus der Geschichte: **So sah die Fahrradbeleuchtung früher aus**

Zwar ist das Fahrrad – so wie wir es kennen – schon rund 80 Jahre alt – die elektrische Fahrradbeleuchtung gibt es aber erst seit ungefähr 50 Jahren.

In den Jahren davor rüstete man die Fahrräder mit kleinen **Petroleumlampen** aus; sie wurden am Lenker befestigt (Bild 8). Ihr Licht reichte kaum aus, um nachts den Weg zu beleuchten. So mancher Fahrer wird wohl ein Hindernis nicht rechtzeitig erkannt haben ...

Nachtfahrten wurden erst sicherer, als man **Karbidlampen** einführte. In diesen Lampen brannte ein Gas mit heller Flamme. (Es wurde dadurch erzeugt, daß Wasser aus einem kleinen Tropfventil auf einen festen Stoff, das Karbid, tropfte. Das Gas strömte dann durch eine feine Düse, den Brenner.)

Sobald es dunkel wurde, mußte man absteigen und die Karbidlampe „einschalten", also: 1. das Tropfventil öffnen und 2. das ausströmende Gas

8

anzünden. Voraussetzung war allerdings, daß überhaupt Gas ausströmte. Wenn das nicht der Fall war, dann hatte man vielleicht vergessen, vor der Fahrt Wasser und Karbid einzufüllen. Oder der Brenner war wieder einmal verstopft.

Welch ein Fortschritt ist dagegen die **elektrische Fahrradbeleuchtung**! Man muß nur den **Dynamo** ans Vorderrad klappen – fertig.

Die ersten Fahrraddynamos waren etwa doppelt so groß und viel schwerer als die Dynamos heute.

Der Magnet im Dynamo bestand noch aus reinem Stahl. Durch das dauernde Rütteln während der Fahrt ließ seine magnetische Kraft mit der Zeit nach. Bald leuchtete der Scheinwerfer selbst bei schneller Fahrt nur noch schwach! Man brauchte also einen neuen Dynamo.

Moderne Magnete haben diese unangenehme Eigenschaft nicht mehr; außerdem sind sie erheblich kräftiger als die damaligen Magnete. Daher stellen Dynamos heute zuverlässige und leistungsfähige kleine „Elektrizitätswerke" dar.

Aus Umwelt und Technik: **Der Generator – ein riesiger Dynamo**

1   Montage eines Generators in einem Kraftwerk

Auch in den Elektrizitätswerken gibt es „Dynamos", allerdings sind diese riesengroß. Sie heißen **Generatoren** (Bild 1). Solche Generatoren versorgen ganze Stadtviertel und Landstriche mit Elektrizität.

Obwohl die Generatoren so gewaltige Ausmaße haben, funktionieren sie fast genauso wie ein Fahrraddynamo. Durch Wasser- oder Dampfkraft wird in ihnen ein mächtiger Magnet gedreht; er befindet sich im Innern des Generators. Dadurch fließt Strom in den Drahtspulen, von denen der Magnet umgeben ist.

Die Anschlüsse dieser Drahtwindungen haben über viele Kabel und Zwischenstationen Verbindung mit jeder **Steckdose** in den Wohnungen.

Man kann sagen: *Die beiden Pole einer Steckdose sind die verlängerten Anschlußstellen des großen Dynamos im Kraftwerk.*

Einen ganz wichtigen Unterschied zwischen Fahrraddynamo und Generator mußt du aber kennen: Wenn man die Anschlußstellen eines Dynamos anfaßt, spürt man nichts – auch wenn sein Rädchen sehr schnell gedreht wird. Dabei fließt nämlich so wenig Strom durch den Körper, daß kein Schmerz und keine körperlichen Schäden auftreten.

Ganz anders wäre das aber, wenn man die Pole einer Steckdose berührte. Dann würde ein Strom durch den Körper fließen, der etwa 50mal stärker ist als beim Fahrraddynamo! Die Folge wäre Tod durch Herzversagen. **Deshalb darfst du niemals selbständig Experimente mit der Steckdose als Stromquelle durchführen.** Sonst besteht *Lebensgefahr!*

Kind erlitt tödlichen Stromschlag

Durch einen elektrischen Schlag wurde in der Nacht zum Sonnabend ein dreijähriges Mädchen in der Wohnung seiner Eltern in der Fritz-Reuter-Allee in Britz getötet. Das Kind war nach Mitteilung der Polizei in der Nacht, als sein Vater die Wohnung verlassen hatte, um die Mutter von der Arbeit abzuholen, aus dem Bett aufgestanden. Es hatte aus dem Nachtschrank zwei Stricknadeln geholt und in eine Steckdose gesteckt. Das Unglück wurde von den heimkehrenden Eltern entdeckt, als sie in ihrer Wohnung einen Kurzschluß feststellten. Die Feuerwehr versuchte noch eine Mund-zu-Mund-Beatmung, aber das Mädchen war nicht mehr zu retten.

Alles klar?

1   In Bild 2 ist eine Glühlampe sowohl an einen Pluspol als auch an einen Minuspol angeschlossen. Was meinst du, leuchtet die Glühlampe auf, oder leuchtet sie nicht auf? Begründe deine Antwort!

2   Harry behauptet: „Jede Batteriezelle enthält zwei verschiedene Metalle." Hat er recht?

3   In Karins Kassettenrecorder sind die drei Monozellen verbraucht. Sie tauscht aber nur zwei Zellen gegen neue aus. Nun wundert sie sich, denn das Gerät spielt keineswegs besser als vorher ...

4   Ein Motor ist an eine Monozelle angeschlossen. Wie würde er schneller laufen!

5   In den Bedienungsanleitungen vieler Elektrogeräte steht: „Batterien aus dem Gerät nehmen, wenn es längere Zeit nicht benutzt wird." Begründe diesen Hinweis.

6   Marco hat zwei Monozellen zwischen zwei Eisenbleche geklemmt. An die Bleche hat er ein Lämpchen angeschlossen (Bild 3). Leuchtet das Lämpchen nun heller als mit nur *einer* Monozelle als Stromquelle?

7   Petra hat in ihr Taschenradio drei neue Batteriezellen eingesetzt. Nun funktioniert es nicht mehr – dabei hat sie doch gerade noch mit den alten Zellen eine Sendung empfangen. Was könnte Petra falschgemacht haben?

8   Bild 4 zeigt einen Feuchtigkeitsmesser für Topfpflanzen. Er besteht aus einem Fühler, der in die Blumenerde gesteckt wird, und einem Strommesser. (Die Skala des Strommessers ist in drei Bereiche aufgeteilt:

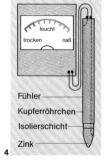

„trocken", „feucht" und „naß".) Das Gerät soll ohne Stromquelle funktionieren ...

9   Wer eine Plombe im Zahn hat, spürt manchmal ein Kribbeln im Mund, wenn er eine Gabel oder einen Löffel hineinsteckt. Wie kommt das?

4 Zusammenfassung

Batteriezellen und Batterien

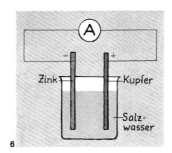

Jede **Batterie** setzt sich aus mehreren **Batteriezellen** zusammen. Diese Zellen bezeichnet man häufig auch als **Elemente** (oder als *galvanische* Elemente).

In vielen Batteriezellen tauchen zwei **verschiedene Metallplatten** in eine **leitende Flüssigkeit** ein (zum Beispiel in Salzwasser oder in eine verdünnte Säure).

Häufig werden heute **Monozellen** verwendet. Bei diesen Zellen ist die eine Metallplatte durch einen **Zinkbecher** ersetzt worden, die andere durch einen **Kohlestab**.

Batteriezellen können auf verschiedene Weise zu einer Batterie zusammengesetzt werden:

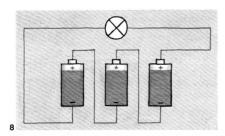

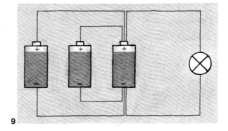

Normalerweise wird so der *Pluspol* der einen Batteriezelle *mit dem Minuspol* der anderen Zelle verbunden. (Das ist eine **Hintereinanderschaltung**.)

Auf diese Weise kann man auch *gleiche Pole* miteinander verbinden **(Parallelschaltung)**.

Je mehr Zellen die Batterie hat, desto *heller* leuchtet die Lampe.

Diese Lampe leuchtet *länger*. Ihre *Helligkeit* hängt aber *nicht* davon ab, wie viele Zellen die Batterie hat.

Der Strom fließt nicht nur durch die Leitungen, sondern auch durch die Batteriezellen hindurch.

Dynamos und Generatoren

Der **Fahrraddynamo** ist eine andere Art von Stromquelle:

Je *schneller* sich der Magnet im Dynamo dreht, desto *heller* leuchtet die Lampe.

Wenn die Lampe leuchtet, fließt der Strom auch hier *durch die Stromquelle*. Die Anschlüsse des Dynamos sind nämlich durch den Draht der Spule miteinander verbunden.

Die **Generatoren** in Kraftwerken sind nichts anderes als sehr große Dynamos.

Die Pole der **Steckdosen** unserer Wohnungen sind praktisch verlängerte Anschlußstellen dieser Dynamos.

Experimentiere niemals mit der Steckdose als Stromquelle! Das wäre lebensgefährlich!

Der elektrische Widerstand

1 Das Kupfer – ein besonderes Metall für die Elektrizität?

In den Kriegsjahren 1939–1945 wurde das **Kupfer** knapp. Deshalb ging man dazu über, Stromkabel aus **Aluminium** (statt des sonst üblichen Kupfers) in Neubauten zu verlegen. Nach dem Krieg wurden die Aluminiumkabel oft wieder herausgerissen und durch Kupferkabel ersetzt. Damit war ein ziemlicher Arbeitsaufwand verbunden (Bild 1).

Doch nicht nur das! Kupfer ist fast 1,5mal so teuer wie Aluminium, so daß auch höhere Materialkosten in Kauf genommen wurden. (Das gesamte Kupfererz, das in der Industrie benötigt wird, muß ja vor allem aus Afrika und Südamerika eingeführt werden.)

Warum hat man diesen Aufwand betrieben? Hätte man nicht wenigstens das billigere Eisen nehmen können?

V 1 Plane einen Versuch, der dir zeigt, ob *Kupfer* oder *Eisen* den Strom besser leitet. Du kannst außerdem auch noch einen Draht aus Konstantan (einer Mischung aus Kupfer, Nickel und Mangan) hinzunehmen.

Zur Verfügung stehen dir: 1 Kupfer-, 1 Eisen- und 1 Konstantandraht – je 1,5 m lang und 0,2 mm dick. Als Stromanzeiger kannst du zusätzlich zur Glühlampe noch einen Strommesser verwenden.

a) Führe den Versuch durch, und trage deine Ergebnisse in eine Tabelle ein.

b) Überlege dir, warum die untersuchten Drähte jeweils gleich lang und gleich dick sein mußten.

Aufgaben

1 Dieses Schaubild zeigt dir, wie gut ein Metall – im Vergleich zu anderen – den elektrischen Strom leitet: Je länger die Streifen gezeichnet sind, desto besser leitet das Metall. Wir können auch sagen, desto größer ist seine **elektrische Leitfähigkeit**.

a) Aus welchem Metall müßten elektrische Leitungen bestehen, wenn sie den Strom besonders gut leiten sollen? Du kannst deine Antwort aus dem Schaubild ablesen.

b) Warum wird dieses Metall nur sehr selten zur Stromleitung benutzt?

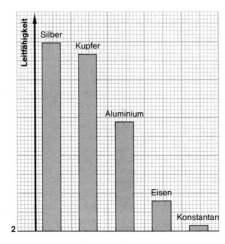

2 Erkläre nun, warum nach dem Krieg Aluminiumleitungen durch Kupferleitungen ersetzt wurden.

3 Lies aus dem Schaubild ab: Leitet ein Kupferdraht ungefähr 2mal, 5mal oder 10mal so gut wie ein gleichlanger und gleichdicker Eisendraht?

4 Nenne einige Vor- und Nachteile von Leitungen aus Eisendraht.

5 Erkläre die Ergebnisse von Versuch 1, indem du auch den Begriff *Leitfähigkeit* verwendest.

Woran liegt es, daß manche Metalle den Strom gut leiten, andere dagegen weniger gut?

Dieser **Gedankenversuch** (Bild 3) wird dir helfen, dafür eine Erklärung zu finden:

a) In ein Glasrohr mit Trichter wird etwas Holzwolle gestopft, so daß diese das Rohr locker ausfüllt. Dann wird etwa 1 Liter Wasser in den Trichter gegossen. Die Folge ist: Das Wasser strömt mit einer bestimmten Stärke durch das Glasrohr.

b) Der Vorgang wird wiederholt, nachdem weitere Holzwolle in das Rohr gestopft wurde. Ob der Wasserstrom noch die gleiche Stärke wie beim ersten Mal hat?

c) Was ist der Grund für den Unterschied?

d) Welchen Versuchsteil könnte man der Elektrizitätsleitung in Kupfer zuordnen? Welcher paßt besser zum Eisen?

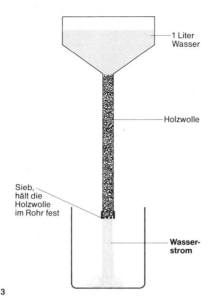

1 Liter Wasser

Holzwolle

Sieb, hält die Holzwolle im Rohr fest

Wasserstrom

3

Die Ergebnisse dieses in Bild 3 gezeigten Gedankenversuches übertragen wir nun auf die **Elektrizitätsleitung in Drähten** aus unterschiedlichen Metallen:

In einem Kupferdraht ist die Behinderung, die der elektrische Strom erfährt, sehr gering. In einem Eisen- oder Konstantandraht dagegen wird er viel stärker behindert und in seinem Fluß gebremst.

So wie die Holzwolle dem Wasserstrom einen Widerstand entgegensetzte, setzt jedes Metall dem elektrischen Strom einen **elektrischen Widerstand** entgegen. Er ist beim Eisen und Konstantan recht groß, beim Silber und Kupfer dagegen sehr gering.

○ Gute Leiter (z. B. Silber, Kupfer)
  → große elektrische Leitfähigkeit
  → geringer elektrischer Widerstand.
○ Weniger gute Leiter (z. B. Konstantan)
  → geringe elektrische Leitfähigkeit
  → größerer elektrischer Widerstand.

2 Warum verwendet man Leitungsdrähte mit unterschiedlichem Durchmesser?

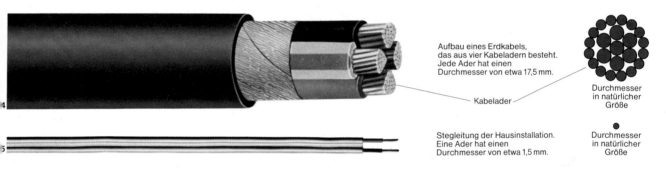

Aufbau eines Erdkabels, das aus vier Kabeladern besteht. Jede Ader hat einen Durchmesser von etwa 17,5 mm.

Kabelader

Durchmesser in natürlicher Größe

Stegleitung der Hausinstallation. Eine Ader hat einen Durchmesser von etwa 1,5 mm.

Durchmesser in natürlicher Größe

V 2 In einem Versuch kannst du überprüfen, ob der Widerstand eines Drahtes von seinem Durchmesser abhängt. Dafür stehen dir zwei Eisendrähte mit unterschiedlichen Durchmessern zur Verfügung (0,2 mm ⌀ und 0,5 mm ⌀). Außerdem hast du zwei Konstantandrähte, die ebenfalls unterschiedliche Durchmesser haben.

a) Überlege dir vorher, wie die Schaltung aussehen muß und was du bei der Wahl der Drähte beachten mußt. Zeichne die Schaltskizze auf.

b) Führe dann den Versuch durch, und trage deine Beobachtungen in eine solche Tabelle ein:

Untersuchter Leitungsdraht		Stromstärke
Eisen:	0,2 mm ⌀	?
	0,5 mm ⌀	?
Konstantan:	0,2 mm ⌀	?
	0,5 mm ⌀	?

c) Ergänze: „Je dicker der Leitungsdraht, desto ... der Strom und desto ... der Widerstand des Leitungsdrahtes (bei gleicher Drahtlänge und Stromquelle)."

Aufgaben

1 Erkläre, warum die Kabeladern der Erdkabel einen so großen Durchmesser haben. (Dazu mußt du wissen, daß oft ganze Stadtteile über ein einziges Erdkabel mit elektrischem Strom versorgt werden.)

2 In welcher der folgenden Schaltungen wird der Strommesser den größeren Ausschlag zeigen? Begründe!

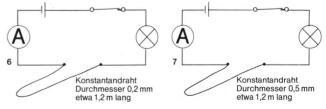

6

7

Konstantandraht Durchmesser 0,2 mm etwa 1,2 m lang

Konstantandraht Durchmesser 0,5 mm etwa 1,2 m lang

3 Auch im Haushalt werden Leitungsdrähte mit unterschiedlichem Durchmesser verwendet: Der Durchmesser eines Anschlußdrahtes für Lampen beträgt 1 mm; der Anschlußdraht eines Elektroherdes ist dagegen fast 2 mm dick. Versuche, eine Erklärung dafür zu finden.

3 Die „Kinoschaltung" – was könnte damit gemeint sein?

V 3 Die Bilder 2 u. 3 zeigen einen Versuch mit einem Schiebewiderstand. Der Draht ist bei dem Schiebewiderstand (Bild 1) auf eine Walze aufgewickelt. Oben wird die Drahtwalze mit einem Schieber abgetastet.

Was beobachtest du, wenn der Schieber langsam hin- und hergeschoben wird? Erkläre das Verhalten der Glühlampe bei diesem Versuch.

V 4 Plane jetzt einen Versuch, mit dem du deine Erklärung von Versuch 3 überprüfen kannst:

a) Nimm statt des Schiebewiderstandes Konstantandraht (1,2 m lang; 0,2 mm ⌀), eine Glühlampe und einen Strommesser als Stromanzeiger.

b) Führe den Versuch auch mit einem Eisendraht gleicher Länge und gleichen Durchmessers durch.

c) Formuliere dein Versuchsergebnis so: „Je länger der Draht, desto ... der Strom und desto ... der Widerstand des Drahtes."

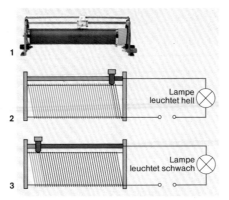

1

Lampe
leuchtet hell

2

Lampe
leuchtet schwach

3

Durchmesser 1,2 mm Kupferstab
Durchmesser 1,6 mm Aluminiumstab
Durchmesser 2,9 mm Eisenstab
Konstantanstab Durchmesser 6,5 mm
Durchmesser 75 mm Kohlestab

4

Aufgaben

1 Ein Stück Kupferdraht ist doppelt so lang wie ein zweites Stück, aber genauso dick. Welcher Draht hat den größeren Widerstand?

2 In einem Stromkreis muß ein Stück Kupferdraht gegen ein anderes ausgewechselt werden. Wie ändert sich der Widerstand, wenn der neue Kupferdraht gleich lang wie der bisherige, dafür aber etwas dicker ist?

3 Nenne die drei Bedingungen, die den Widerstand eines Leitungsdrahtes bestimmen.

4 Hier sind sechs Stäbe aus unterschiedlichen Stoffen gezeichnet. Alle Stäbe sollen 1 m lang sein, nur ihr Durchmesser ist verschieden. Es heißt, daß diese Stäbe den elektrischen Strom gleich gut leiten, daß ihr Widerstand also gleich ist. Ist das überhaupt möglich? Was schließt du daraus, daß der Kohlestab so dick ist?

Aus der Geschichte: **Helligkeit nach Wunsch**

5

In manchen Wohnungen kann man die Helligkeit elektrischer Glühlampen durch einen Drehknopf am Lichtschalter einstellen.

Etwas ähnliches gab es schon vor über 80 Jahren, als man gerade erst begann, die Wohnungen elektrisch zu beleuchten. Damals gab es Steh- oder Tischlampen, in denen man die Glühlampen ganz nach Belieben mal hell, mal weniger hell oder auch nur ganz schwach leuchten lassen konnte. In Bild 5 ist eine solche Tischlampe dargestellt.

Im hohlen Fuß der Tischlampe ist die Vorrichtung verborgen, mit der man die Helligkeit einstellen kann. Bild 6 zeigt, daß diese Vorrichtung aus einer drehbaren Scheibe besteht, auf der sieben im Kreis stehende Kohlestifte angeordnet sind. Die Kohlestifte sind gleich lang, aber unterschiedlich dick.

Auch Kohlestifte setzen dem elektrischen Strom einen Widerstand entgegen, genauso wie Stifte aus Metall. Er wird um so größer, je dünner die Kohlestifte sind. Mit Kohlestiften unterschiedlicher Dicke kann also die Stärke des Stroms, der durch die Lampe fließt, beeinflußt werden.

Die drehbare Scheibe dient dazu, den Strom mal durch den einen und mal durch den anderen Kohlestab zu leiten.

Sicher wirst du dich nun fragen, warum man diese einfache Vorrichtung nicht auch heute noch in Stehlampen einbaut. Die Erfindung hatte aber ihren schwachen Punkt: Wenn die Lampe in Betrieb war, erhitzte sich der Kohlestab, durch den der Strom geleitet wurde, und brannte schließlich durch. Da half auch wenig, daß der Lampenfuß mit Löchern versehen war, so daß kühle Luft an dem heißen Kohlestab vorbeiströmen konnte.

Einstellvorrichtung
(vergrößert
dargestellt)

Kohlestäbe

drehbare
Scheibe

Kontaktfeder

6

Fragen und Aufgaben zum Text

1 Weshalb waren die Kohlestifte im Lampenfuß auf einer *drehbaren* Scheibe angeordnet?

2 Was geschah, wenn statt eines dünnen Kohlestabes ein dickerer in den Stromkreis hineingedreht wurde? Antworte mit dem Begriff *Widerstand*.

Alles klar?

1 Leitungen aus reinem Silber leiten den elektrischen Strom am besten. Heißt das, daß sie dem Strom *gar keinen* Widerstand entgegensetzen?

2 Einen Schalter können wir als Gerät ansehen, dessen Widerstand plötzlich verändert werden kann. Wie ist das wohl gemeint?

3 Hochspannungsleitungen werden aus dicken Aluminiumdrähten hergestellt. In das Aluminium sind dünne Stahlseile eingefügt worden. Weshalb wird hier kein Kupfer verwendet? (Denke an Gewicht, Leitfähigkeit, Kosten und Festigkeit.)

7

4 Tina Pfiffig behauptet: „Ein dickes Kabel kann auch den gleichen Widerstand haben wie ein dünnes!"
Was meinst *du* dazu?

5 Was geschieht, wenn in der folgenden Schaltung der Schieber bewegt wird?

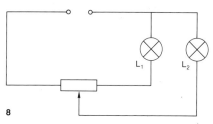

8

4 Zusammenfassung

Die elektrische Leitfähigkeit

Unter den Metallen gibt es gute und weniger gute Leiter:
Gute Leiter (z. B. Silber, Kupfer) → große elektrische Leitfähigkeit.
Weniger gute Leiter (z. B. Eisen, Konstantan) → geringere elektrische Leitfähigkeit.

Der elektrische Widerstand

Drähte aus unterschiedlichen Metallen leiten den Strom unterschiedlich gut. Das erklären wir uns so: Jeder Leiter behindert den Strom bei seinem Durchgang durch den Draht. Diese Eigenschaft ist bei jedem Leitermaterial verschieden. Je nachdem, um welches Material es sich handelt, fließt ein stärkerer oder schwächerer Strom.

Die Behinderung, die der elektrische Strom in jeder Leitung erfährt, wird **elektrischer Widerstand** genannt.

Manche Metalle leiten den elektrischen Strom besonders gut; sie haben einen geringen elektrischen Widerstand. Andere Metalle (und die Kohle) leiten ihn weniger gut; ihr elektrischer Widerstand ist größer.

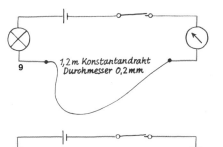

9 1,2 m Konstantandraht Durchmesser 0,2 mm

Der Widerstand ist auch von der Dicke (vom Durchmesser) des Leiters abhängig, durch den der Strom fließt: Je dicker der Draht, desto geringer sein Widerstand.

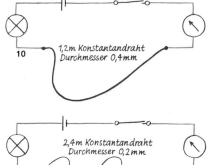

10 1,2 m Konstantandraht Durchmesser 0,4 mm

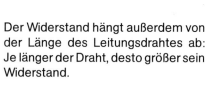

11 1,2 m Konstantandraht Durchmesser 0,2 mm

Der Widerstand hängt außerdem von der Länge des Leitungsdrahtes ab: Je länger der Draht, desto größer sein Widerstand.

12 2,4 m Konstantandraht Durchmesser 0,2 mm

Der elektrische Widerstand ist nicht in jedem Leiter gleich.
Er hängt ab vom **Material** des Leiters, von seinem **Durchmesser** und von seiner **Länge**.

Wirkungen des elektrischen Stromes

1 Der elektrische Strom erzeugt Wärme

Hier wird Styropor® mit einem scharfen Messer geschnitten. Was gibt das für eine Schnittkante …

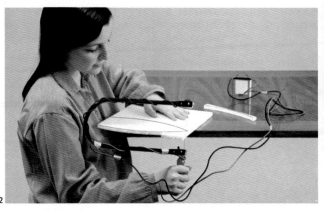

Und so sieht die Schnittkante aus, wenn man mit einem Styroporschneider arbeitet.

V 1 Wenn du sehen willst, wie ein Styroporschneider funktioniert, dann baust du am besten den folgenden Versuch auf:

Nimm als Heizdraht 50 cm Konstantandraht mit einem Durchmesser von 0,2 mm, und spanne ihn in eine Prüfstrecke ein. (Konstantan ist – wie du schon weißt – eine Metallmischung; sie entsteht, wenn Kupfer, Nickel und Mangan zusammengeschmolzen werden.) Nimm ein Netzgerät als Stromquelle. Stelle das Netzgerät zunächst so ein, daß der Draht gerade zu glühen beginnt.

Du kannst die Temperatur des Drahtes an der Farbe abschätzen, mit der er glüht:

Aussehen des Glühdrahtes	Temperatur des Drahtes
Er beginnt zu glühen.	ca. 600 °C
Er glüht kirschrot.	ca. 850 °C
Er glüht hellrot.	ca. 1000 °C
Er glüht gelb.	ca. 1100 °C
Er glüht weiß.	über 1500 °C

V 2 Mit diesem Versuch (Bild 3) kannst du untersuchen, ob sich auch die *Anschlußdrähte* so stark erhitzen; durch sie fließt ja auch Strom. Notiere ihre Temperatur vor dem Einschalten.

Dann wird das Netzgerät so eingestellt, daß der Konstantandraht zu glühen beginnt (ca. 600 °C). Wie hoch steigt daraufhin die Temperatur des Anschlußdrahtes innerhalb einer halben Minute?

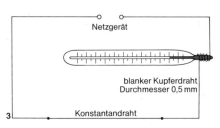

Netzgerät

blanker Kupferdraht, Durchmesser 0,5 mm

Konstantandraht

V 3 Vielleicht liegt die unterschiedliche Erwärmung des Heizdrahtes und der Anschlußdrähte am *Material,* aus dem sie bestehen – das kannst du wieder selbst überprüfen (Bild 4). Dazu werden jeweils 12 cm lange und

gleich dicke Drahtstücke aus Eisen, Konstantan und Kupfer an ihren Enden zusammengedreht und in die Prüfstrecke eingesetzt. Auf jedem Drahtstück sitzt eine Kugel aus Kerzenwachs (Stearin). Überlege, bevor du den Versuch durchführst:

Auf welche Weise kann hier ohne Thermometer nachgewiesen werden, welcher der drei Drähte sich am stärksten erhitzt?

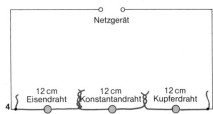

Netzgerät

12 cm Eisendraht   12 cm Konstantandraht   12 cm Kupferdraht

V 4 Ob die Temperatur des Heizdrahtes auch von der Stärke des Stromes abhängig ist? Überlege dir eine Schaltung, mit der du das nachprüfen kannst (Konstantandraht, 50 cm lang, 0,2 mm ∅).

Aus Umwelt und Technik: **Elektrische Heizgeräte**

Hier geht es heiß her (Bilder 5–8 auf der Nachbarseite)! Mehr als 800 °C müssen solche **Heizdrähte** in elektrischen Heizgeräten aushalten – und das nicht nur für kurze Zeit.

Schau einmal in einen Toaster hinein, der seit kurzer Zeit eingeschaltet ist: Seine Heizdrähte glühen kirschrot. Das entspricht – wie du weißt – einer Temperatur von etwa 850 °C.

Nicht jeder Metalldraht hält solche Temperaturen längere Zeit aus; er schmilzt schließlich oder verbrennt. Das ist einer der Gründe, weshalb Heizdrähte nicht aus reinen Metallen (z. B. Eisen) hergestellt werden. Man nimmt vielmehr Metall-Legierungen (Metallgemische), bei denen Chrom, Nickel und Eisen zusammengeschmolzen sind. Sie halten Temperaturen von über 1100 °C aus.

Aus der Geschichte: **Die ersten elektrischen Haushaltgeräte**

In einem Buch aus dem Jahr 1905 heißt es, daß die Elektrizität damals nur selten zu Koch- und Heizzwecken eingesetzt wurde. Das ist eigentlich erstaunlich, denn schon zu jener Zeit hatte man die Vorteile des Kochens mit dem elektrischen Strom deutlich erkannt.

Tatsächlich war die „elektrische Küche" um die Jahrhundertwende noch eine Seltenheit.

Einer der Gründe dafür war der erhebliche Preis, den man für die damaligen Pfannen und Töpfe zu entrichten hatte (Bilder 9 u. 10). Das lag daran, daß es Elektroherde wie heute noch nicht gab, sondern daß jeder Topf und jede Pfanne mit eigenen Heizdrähten ausgestattet war.

Für diese Heizdrähte kannte man die Chrom-Nickel-Eisen-Legierungen noch nicht. Sie wurden aus Platin hergestellt – einem Metall, das etwa so teuer ist wie Gold.

9   10

Der „elektrische Herd" war damals nichts anderes als ein ganz gewöhnlicher Holztisch mit Anschlußleitungen für Töpfe und Pfannen (Bild 12). Diese Leitungen waren nötig, weil es noch keine Steckdosen gab. Mit großen Hebelschaltern konnte der Strom für die gesamte „elektrische Küche" ein- und ausgeschaltet werden.

Auch das Bügeln mit einem elektrischen Bügeleisen war zu jener Zeit nicht einfach. Wegen der fehlenden Steckdosen mußte das Zuleitungskabel des Bügeleisens an die elektrische Zimmerleuchte angeschlossen werden. Zu diesem Zweck besaß die Bügeleisenschnur an ihrem Ende nicht einen Stecker, sondern ein Schraubgewinde, wie wir es heute von Glühlampen kennen (Bild 11).

Um das Bügeleisen anschließen zu können, mußte man also zunächst die Glühlampe aus der Fassung der

11

Zimmerleuchte herausschrauben! Dann erhitzte sich zwar das Bügeleisen und man konnte bügeln, an dieser Stelle hatte man aber kein elektrisches Licht mehr.

Daß dieses Anschließen des Bügeleisens gar nicht so ungefährlich war, kannst du dir sicher vorstellen. Wie einfach und gefahrlos ist es dagegen heute: Man steckt den Stecker des Bügeleisens einfach in die nächste Steckdose!

12

Fragen und Aufgaben zum Text

1 Worin bestehen die Vorteile des elektrischen Kochens gegenüber dem Kochen auf einem Holz- oder Kohleherd?

2 Die hier beschriebenen Elektrogeräte sind rund 80 Jahre alt. Wenn du sie mit heutigen Geräten vergleichst, siehst du die technische Entwicklung, die auf diesem Gebiet stattgefunden hat. Welche Veränderungen hältst du für besonders vorteilhaft?

3 Bild 13 zeigt dir ein Bügeleisen, wie es noch deine Großmutter verwendet hat. Beheizt wurde es durch einen glühenden Stahl, der die Form des Bügeleisens hatte, jedoch etwas kleiner war. Überlege, wie es wohl funktionierte! Welche Nachteile hatte es gegenüber heutigen Bügeleisen?

13

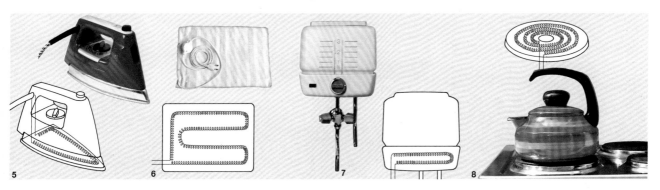

5   6   7   8

2 Der elektrische Strom erzeugt Licht

Daß Glühlampen
so heiß werden können?!

V 5 Stelle fest, welch eine Farbe der Glühdraht der Glühlampe hat, wenn diese leuchtet. Welche Temperatur hat er ungefähr? (Sieh in der Tabelle von Versuch 1 nach.)

V 6 Schau dir einmal den Glühdraht einer Haushaltglühlampe mit einem Vergrößerungsglas an.

a) Vergleiche ihn mit der Darstellung in Bild 2.

b) Man sagt: „Der Glühdraht dieser Lampe ist *gewendelt*." Suche eine Erklärung für dieses Wort.

c) Als Wendel hat der Glühdraht eine Länge von etwa 5,5 cm. Wenn er jedoch ausgezogen ist, erreicht er eine Länge von fast 70 cm. Du kannst diese Strecken gut miteinander vergleichen: Miß sie einfach mit dem Lineal an einer Tischkante aus.

V 7 Untersuche, warum Glühdrähte in modernen Glühlampen gewendelt, oft sogar doppelt gewendelt sind:

a) Schalte 50 cm Konstantandraht (0,2 mm ∅) in einen Stromkreis ein, und setze einen Papierreiter darauf (Bild 3). Regle dann das Netzgerät hoch, bis die Drahttemperatur so ansteigt, daß das Papier zu qualmen beginnt. Da der Draht noch nicht glüht, ist seine Temperatur niedriger als 600 °C. Merke dir jetzt die Anzeige des Strommessers.

b) Das Netzgerät wird nun abgeschaltet und der Konstantandraht über einer Stricknadel aufgewendelt (Bild 4). Baue dann den gewendelten Draht wieder in den Stromkreis ein, und schalte das Netzgerät an. Achte darauf, daß der Strommesser den gleichen Strom anzeigt wie vorher. Welche Temperatur hat der gewendelte Draht ungefähr? (→ dazu die Tabelle von Versuch 1.)

c) Ziehe nun – bei eingeschaltetem Netzgerät – die Wendel des Konstantandrahtes auseinander. Ändert sich dabei die Anzeige am Strommesser? Wie ändert sich die Temperatur des Konstantandrahtes?

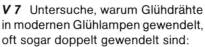

3

5

Der **Glühdraht** einer 40-Watt-Lampe ist etwa 70 cm lang. Durch das Wendeln des Drahtes wird er auf 5,5 cm verkürzt. Ein Glühdraht ist dünner als ein Menschenhaar. Erst ein Bündel von 45 Glühdrähten hat einen Durchmesser von 1 mm!

Wenn die Glühlampe eingeschaltet ist, erreicht sie eine Temperatur von 2600 °C (Eisen schmilzt schon bei 1300 °C!). Deshalb muß der Glühdraht aus einem schwer schmelzbaren Metall, nämlich dem Wolfram, hergestellt werden; es schmilzt erst bei einer Temperatur von 3380 °C.

Über 10 Jahre arbeitete man, bis es gelang, aus dem spröden und harten Wolfram so dünne Drähte zu ziehen, wie du sie in einer Glühlampe siehst.

Die **Glaskolben** der heutigen Glühlampen sind nicht – wie früher üblich – luftleer gepumpt. Sie sind mit Stickstoff gefüllt – einem Gas, das auch in der Luft enthalten ist und in dem eine Flamme erstickt. Dadurch wird die „Lebensdauer" des Glühdrahtes erhöht. Wäre der Kolben mit Luft gefüllt, würde der Draht durchbrennen. Das zeigt auch der unten abgebildete **Lehrerversuch**.

Die normale Haushaltglühlampe hat eine **„Lebensdauer"** von ca. 1000 Betriebsstunden: Sie könnte 41 Tage und Nächte eingeschaltet sein, ehe sie „durchbrennt". Es schadet ihr nicht, wenn sie häufig ein- und wieder ausgeschaltet wird.

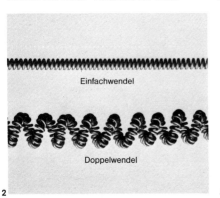

2

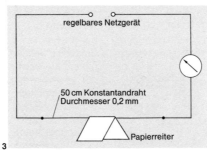

4

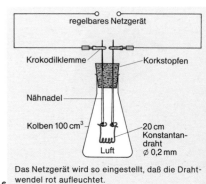

Das Netzgerät wird so eingestellt, daß die Drahtwendel rot aufleuchtet.

6

Aus der Geschichte: **1979 hatte die Glühlampe ihren 100. Geburtstag**

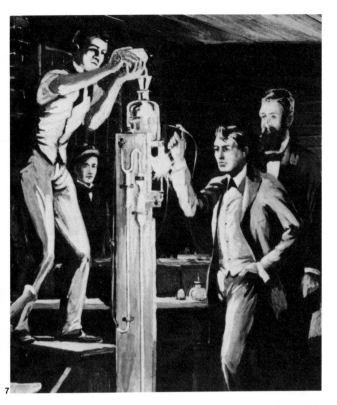

7

Die erste brauchbare Glühlampe leuchtete vom 19. bis 21. Oktober 1879 im Laboratorium des amerikanischen Erfinders Edison (Bild 7).

Doch schon vor Edison hatten sich Techniker und Physiker mit dem Bau eines „elektrischen Glühlichts" befaßt, so vor allem der Deutsch-Amerikaner *Heinrich Göbel.* Er pumpte Parfümflaschen luftleer und brachte in ihnen mit Hilfe des elektrischen Stromes einen verkohlten Faden zu heller Glut.

Diese „leuchtenden Flaschen" wurden überall bestaunt. Aber sie konnten sich nicht durchsetzen. Es fehlte noch die Stromquelle, die den Strom für eine größere Zahl von Lampen liefern konnte. Und auch ein Kabelnetz gab es noch nicht.

Da begann *Thomas Alva Edison* im September 1878, sich in seinem Laboratorium in Menlo Park bei New York mit den Problemen des elektrischen Lichts zu beschäftigen. Er wußte, daß zuerst geeignetes Material für den Glühfaden gefunden werden mußte.

Monatelang experimentierte er ohne rechten Erfolg mit verschiedenen Metallfäden. Andere Forscher vor ihm hatten recht brauchbare Ergebnisse mit verkohlten Pflanzenfasern erzielt. (Du weißt ja, daß Kohle ein elektrischer Leiter ist!) Edison verfolgte auch diese Spur.

Ermutigend waren schließlich die Versuche mit Nähgarn, das verkohlt wurde und einen dünnen Kohlefaden ergab. Dieser glühte hell auf, wenn er vom Strom durchflossen wurde. Zudem war er fest genug, um bei Erschütterungen nicht gleich abzubrechen.

Nach mehr als einjähriger Arbeit – nach Fehlschlägen, Enttäuschungen und sogar Anfeindungen – war es endlich soweit. Darüber berichtet ein Mitarbeiter Edisons:

„Am 19. Oktober 1879, einem Sonntag, hatte man in Menlo Park wieder einmal eine Lampe mit einem verkohlten Faden aus Nähgarn an die Pumpe angeschlossen. Die Luft sollte jetzt aus dem Glaskolben abgesaugt werden. Nach etwa fünf Stunden war die Luft in der Lampe schon so dünn geworden, daß wir es wagten, die Lampe an die Batterie anzuschließen: Der Kohlefaden strahlte in hellem Licht. Dennoch wurde – bei eingeschalteter Lampe – noch weitere fünf Stunden lang gepumpt, bis das Glasrohr zur Pumpe schließlich zugeschmolzen wurde.

Nun galt es, nur noch abzuwarten, bis der Kohlefaden durchbrennen würde. Er wurde genau beobachtet, und jede Unregelmäßigkeit mußte sorgfältig aufgeschrieben werden. Doch nichts geschah. Als wir am Montagmorgen abgelöst wurden, leuchtete die Lampe noch immer so hell wie in der ersten Stunde. Sie leuchtete auch noch den Tag über ohne Störung. Ja, die Dauer von 24 Stunden wurde sogar überschritten.

Unsere Begeisterung steigerte sich von Stunde zu Stunde. Als dann die Lampe auch die folgende Nacht hindurch hell und ruhig leuchtete, war Edison überzeugt. Er wußte, daß er jetzt endlich eine solide Grundlage für die elektrische Beleuchtung geschaffen hatte.

Ununterbrochen leuchtete die Lampe auch noch am Dienstag, dem 21. Oktober. Es war gegen 14 Uhr. Sie hatte nun mit 45 Stunden eine Brenndauer erreicht, die man nie zuvor bei einer Glühlampe beobachtet hatte. Erst als Edison jetzt den Strom erhöhte, brannte sie durch. Wir öffneten den Kolben, so daß der Glühfaden sehr sorgfältig mit der Lupe untersucht werden konnte."

Edison war mit diesem Erfolg noch nicht zufrieden. Noch in der gleichen Woche wurde ein Glühfaden aus verkohlter Pappe ausprobiert. Und der erreichte sogar eine Brenndauer von 170 Stunden!

Edisons „Kohlefadenlampe" war zwar nicht die erste Lampe dieser Art, sie hatte aber einen großen Vorteil: Mit ihrem Glühfaden, der fein wie ein Menschenhaar war, benötigte sie einen so geringen Strom, daß man sie gleich vielfältig einsetzen konnte.

Schon um die Jahrhundertwende wurden die „Kohlefadenlampen" durch „Metallfadenlampen" ersetzt. Da war es nämlich gelungen, aus dem spröden und harten Wolfram-Metall einen dünnen, noch dauerhafteren Glühdraht zu fertigen.

In unserer Zeit werden jährlich weltweit etwa 7 Milliarden Glühlampen hergestellt, davon 2 Milliarden Autolampen. Das ist eine unvorstellbar große Zahl. Wenn du einmal annimmst, daß eine Glühlampe durchschnittlich 10 cm lang ist, dann könnte man aus diesen 7 000 000 000 Lampen eines Jahres eine Lampenkette bilden, die am Äquator fast 18mal um die Erde gelegt werden kann!

Aus Umwelt und Technik: **Unsere „Lampenparade"**

Von den vielen verschiedenen Lampen, die es gibt, ist hier eine Auswahl zusammengestellt worden.

Die Miniaturlampen

Die kleinsten unter den Glühlampen: Sie sind nur 4 mm hoch und 1,1 mm dick. Diese Lampen haben keinen Sockel; sie werden in den Stromkreis eingelötet. Verwendet werden sie als Skalenlampen in Uhren, Meßgeräten, Radios usw.

Die Zwerglampen

Wir haben sie in vielen Versuchen benutzt. Sie werden in Taschenlampen, Warnleuchten, zur Fahrradbeleuchtung usw. eingesetzt.

2

3

Die Halogenlampen

Halogenlampen senden ein Licht aus, das besonders hell und blendend ist. Das liegt daran, daß ihr Glühfaden eine höhere Temperatur erreicht als der von Normallampen. Deshalb besteht der Glaskolben aus einem schwer schmelzbaren Glas. Diese Lampen werden in Projektoren und bei der Autobeleuchtung eingesetzt.

4

Die Kraftfahrzeuglampen

Kraftfahrzeuglampen besitzen keine Schraubsockel, sondern *Stecksockel.* Die Steckvorrichtung bewirkt, daß sich die Lampen bei Erschütterungen nicht lockern.

Diese Scheinwerferlampe (Autolampe) ist eine sogenannte *Bilux-Lampe* (lat. *bis*: zweimal; *lux*: das Licht). Sie hat zwei Glühfäden für Abblendlicht und Fernlicht.

5

Das ist eine *Kugellampe.* Sie wird als Brems- und Schlußlichtlampe eingesetzt.

6

7

Diese *Soffittenlampe* finden wir bei der Kennzeichenbeleuchtung.

8

Hier siehst du eine *Anzeigelampe* für die Innenbeleuchtung.

Die Normallampen

10

Die *Kerzenlampe* wird z. B. in schmalen Badezimmerleuchten verwendet.

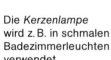

9

Die *Reflektorlampe* ist an der Unterseite des Glaskolbens verspiegelt. Sie wirkt deshalb wie der Reflektor eines Scheinwerfers; das heißt, sie lenkt das Licht in eine bestimmte Richtung.

Diese *Haushaltglühlampe* gibt es in Klarglas und in Mattglas.

11

Die *Röhrenformlampe* besitzt zwei auseinanderliegende Sockel (Kontaktstellen). Im Unterschied zur Leuchtstofflampe, der sie ähnlich sieht, hat sie einen Glühdraht. Sie findet z. B. zur Dekoration Verwendung.

12

Alles klar?

1 Wenn ein Diaprojektor eingeschaltet ist, hört man deutlich ein Motorengeräusch. Kannst du das erklären?

2 Harry Schlaumeier behauptet: „Der Glühdraht einer Lampe ist nur deshalb gewendelt, weil er sonst nicht in den Lampenkolben paßt." Was meinst du dazu?

3 Bei einer „durchgebrannten" Glühlampe ist immer der Glühdraht unterbrochen; er ist durchgeschmolzen.

a) Warum erlischt dann die Lampe?

b) Warum schmilzt nie einer der Haltedrähte, die doch auch vom Strom durchflossen werden?

4 Die Glühdrähte der Lampen werden aus Wolfram hergestellt, das erst bei 3380 °C schmilzt. Warum verwendet man dafür nicht Eisendraht, der viel billiger und einfacher herzustellen wäre?

5 Nenne Lampen, die sich nur so erwärmen, daß man sie noch berühren kann.

3 Zusammenfassung

Der elektrische Strom erzeugt Wärme

13

Wenn elektrischer Strom durch die Heizdrähte eines Heizgerätes fließt (Kochplatte, Bügeleisen, Heizstrahler usw.), *erwärmt* sich der Draht.

Der dünne Heizdraht besteht aus einem Metall, dessen *elektrischer Widerstand* sehr groß ist. Er ist viel größer als der Widerstand der kupfernen Leitungsdrähte. Während die Heizdrähte schließlich aufglühen, erwärmt sich die Zuleitung aus dem dicken Kupferdraht kaum.

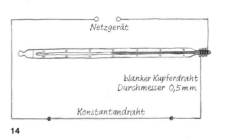
14
Netzgerät
blanker Kupferdraht Durchmesser 0,5 mm
Konstantandraht

In einem Stromkreis findet dort die **stärkste Erwärmung** statt, wo der **Widerstand am größten** ist.

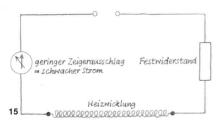
15
geringer Zeigerausschlag = schwacher Strom — *Festwiderstand*
Heizwicklung

Die Erwärmung eines Drahtes ist aber nicht nur vom Widerstand des Drahtes abhängig (also vom Material, vom Durchmesser und von der Länge des Drahtes). Sie hängt auch davon ab, ob ein starker oder schwacher *Strom* durch den Stromkreis fließt.

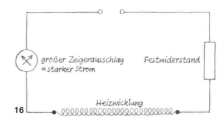
16
großer Zeigerausschlag = starker Strom — *Festwiderstand*
Heizwicklung

Je stärker der **Strom** ist, der durch die Heizdrähte fließt, desto größer ist ihre Erwärmung.

Der elektrische Strom erzeugt Licht

Wenn ein Heizdraht durch den elektrischen Strom so stark erhitzt wird, daß er hell aufglüht, erhalten wir **Licht**.

Das ist bei den Glühlampen der Fall. Ihr Glühdraht ist über einen halben Meter lang und gewendelt.

Durch die Wendelung heizen sich die einzelnen Windungen des Heizdrahtes gegenseitig auf.

Kurzschluß und Sicherung

1 „Die Sicherung ist durchgebrannt!"

„War das gestern eine Aufregung bei uns!" erzählt Claudia ihrer Freundin auf dem Schulweg. „Wir haben uns nach dem Abendessen die Tagesschau angesehen, und meine Mutter hat nebenbei gebügelt. Da ging's auf einmal los: Ein Knall, Funken sprühten am Bügeleisen, und wir saßen plötzlich alle im Dunkeln. Ein Glück nur, daß wenigstens noch das Licht in der Küche an war!"

„Und dann?"

„Na ja, meine Mutter wußte sich schon zu helfen: Sie zog erstmal den Stecker des Bügeleisens aus der Steckdose und setzte dann eine neue **Sicherung** in den Sicherungskasten ein. Da wurde es wieder hell. ‚Ich kann mir schon denken, wie es zu diesem **Kurzschluß** gekommen ist', meinte sie, nachdem sie sich das verschmorte Kabel des Bügeleisens angesehen hatte. Ehrlich gesagt, so ganz verstehe ich das nicht! Weißt *du* vielleicht, wie sie das gemeint hat?"

V 1 Löse mit einer Zange Kopfkontakt und Fußkontakt einer Schmelzsicherung (Sicherungspatrone) ab:

a) Untersuche die einzelnen Teile der Sicherung. Sieh in den Bildern 2 u. 3 nach, wie man sie nennt.

b) Worin liegt der Unterschied zwischen einer durchgebrannten Sicherung und einer Sicherung, die noch in Ordnung ist?

V 2 Die Bilder 4–7 zeigen dir Vorschläge, wie man eine Sicherung in einen Stromkreis einbauen könnte. Da du den inneren Aufbau einer Schmelzsicherung kennst, kannst du bestimmt schon angeben, welche Vorschläge davon falsch sind. Baue die *richtige(n)* Anordnung(en) nach!

V 3 Setze nun eine *durchgebrannte* Sicherung in deinen Stromkreis ein.

V 4 So kannst du feststellen, was mit dem Schmelzdraht bei einem Kurzschluß geschieht (Bild 8).

a) Überzeuge dich, daß die Lampe aufleuchtet, wenn der Versuch aufgebaut ist. (Der Strom fließt also durch den Lamettafaden.)

b) Drehe die Lampenfassung so, daß sich die blanken Drähte berühren. Was geschieht?

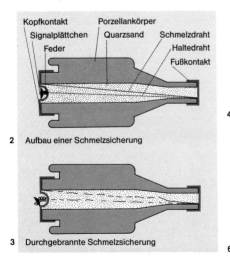

2 Aufbau einer Schmelzsicherung

3 Durchgebrannte Schmelzsicherung

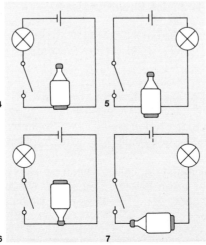

4

5

6

7

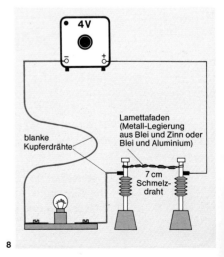

8

Aufgaben

In jedem Stromkreis einer Wohnung muß eine Sicherung eingebaut sein

1 Erkläre die Vorgänge in Claudias Bericht.

2 Zeichne den Schaltplan von Versuch 4 für den Augenblick, in dem sich die blanken Drähte berühren. Setze dabei für den Lamettafaden das Schaltzeichen der Sicherung ein. Ziehe den Weg des Stromes farbig nach.

Schaltzeichen einer Sicherung **9**

3 Gib an, warum die Glühlampe von Versuch 4 auch dann dunkel bleibt, wenn man die Kupferdrähte wieder voneinander trennt.

4 Versuche zu erklären, warum in Versuch 4 nur unser Lamettafaden durchgeschmolzen ist, nicht aber die blanken Kupferdrähte. (Ein Tip: Der Lamettafaden leitet den Strom viel schlechter als der Kupferdraht.)

5 Wo findest du bei euch zu Hause die Sicherungen? Sieh nach, ob die Stromkreise eurer Wohnung mit Schmelzsicherungen oder mit Sicherungsautomaten versehen sind.

6 In Bild 10 sind die elektrischen Leitungen eines Hauses zu erkennen.

a) Zähle die Sicherungen im Sicherungskasten. Wie viele Stromkreise hat also das Haus?

b) Stelle fest, wie viele Stromkreise bei euch zu Hause installiert sind.

7 Ergänze den folgenden Satz: „Die Erwärmung eines Leiters ist um so stärker, je größer . . . und . . . sind."

8 Gib an, was alles bei einem Kurzschluß geschieht.

9 Auch in Autos und manchen Elektrogeräten sind Schmelzsicherungen eingebaut. Vergleiche eine Gerätesicherung mit einer Autosicherung.

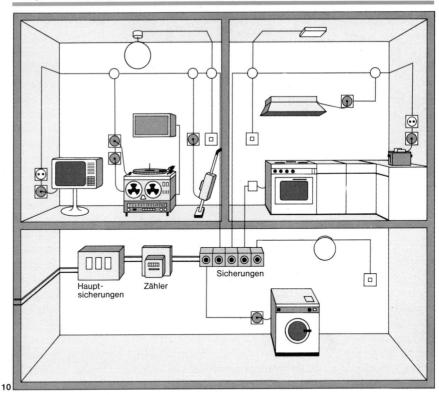

Haupt-
sicherungen   Zähler   Sicherungen

10

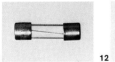

11

12

Elektriker, die Leitungen für einen Neubau planen, achten sehr darauf, daß jeder Stromkreis einer Wohnung auch eine Sicherung bekommt (Bild 10). Das ist eine Vorschrift, an die sie sich halten müssen; sonst wird der Neubau nicht an die städtische Stromversorgung angeschlossen.

○ *Warum muß diese Vorschrift so gewissenhaft beachtet werden?*

Die Antwort darauf gibt Versuch 4: Solange sich die blanken Kupferdrähte nicht berührten, floß nur ein schwacher Strom durch die Leitungen. Er wurde durch den feinen Glühdraht der Lampe begrenzt. Der schwache Strom floß auch durch den Lamettafaden, den wir ja als „Schmelzdraht" eingesetzt hatten.

Dann berührten sich die beiden blanken Drähte: Der Strom wurde erheblich stärker, denn er floß kaum noch durch den Glühdraht der Lampe, sondern nur durch die Leitungsdrähte und den Lamettafaden. Der Elektriker nennt dies einen *Kurzschluß*. Der Lamettafaden erhitzte sich in wenigen Sekunden so stark, daß er schließlich durchschmolz. Der Stromkreis wurde somit unterbrochen.

Aufgabe des Schmelzdrahtes ist es, einen Stromkreis zu unterbrechen, wenn der Strom zu stark geworden ist.

(Der Strom wird auch dann zu stark, wenn zu viele Elektrogeräte in einen Stromkreis geschaltet sind. Dann spricht die Sicherung wegen *Überlastung* an.)

○ *Was wäre passiert, wenn der Stromkreis von Versuch 4 nicht durch den Lamettafaden abgesichert worden wäre?*

Ersetze doch einfach den Lamettafaden durch einen Kupferdraht: Wenn du dann einen Kurzschluß verursachst, wirst du die Antwort erhalten; du brauchst nur den Kupferdraht zu berühren.

Ohne Lamettafaden wäre der starke Stromfluß nicht unterbrochen worden. Die Leitungen hätten sich stark erhitzt.

○ *Was passiert, wenn ein Stromkreis der Wohnung keine Sicherung hat?*

Bei einem Kurzschluß erhitzen sich die Leitungen, denn der Stromfluß wird nicht durch die Sicherung unterbrochen. Die Isolierungen fangen an zu brennen.

Es besteht Brandgefahr für das ganze Haus! Das zu verhindern ist die Aufgabe der Sicherung.

○ *Was bedeutet es, wenn eine Sicherung „geflickt" wird?*

Eine Sicherung zu „flicken" heißt, einen durchgeschmolzenen Schmelzdraht durch einen anderen Draht zu ersetzen. Damit will man den Stromkreis in der Sicherung wieder schließen.

Dadurch wird aber die Schutzwirkung der Sicherung unwirksam! Bei einem weiteren Kurzschluß würde der Stromkreis nicht wieder unterbrochen werden.

Eine „geflickte" Sicherung einzusetzen bedeutet Brandgefahr! Sicherungen zu „flicken" ist deshalb streng verboten!

Aus der Geschichte: **Von der Bleisicherung zum Sicherungsautomaten**

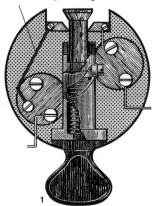

Bleidraht als „Sicherung"

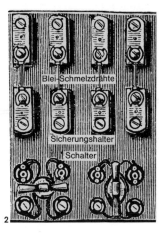

Blei-Schmelzdrähte
Sicherungshalter
Schalter

Nicht immer konnte man Sicherungen so leicht und gefahrlos auswechseln wie heute. Die Sicherungen, die es vor rund 90 Jahren gab, waren nicht in einem Sicherungskasten untergebracht. Vielmehr befanden sie sich in den Schaltern der Steh- oder Tischlampen, die damit abgesichert werden sollten. Jeder Leuchter hatte also in seinem Schalter eine eigene Sicherung.

Die Sicherung selbst bestand aus einem kurzen Stückchen *Bleidraht* (Bild 1). Ihre Aufgabe war es, die damals noch recht teuren Glühlampen vor zu starken Strömen zu schützen. Traten sie z. B. wegen eines Fehlers im E-Werk auf, so schmolz der Bleidraht im Schalter durch, ehe die Kohlefäden in den teuren Glühlampen durchbrannten.

Wenn der Bleidraht einmal durchgeschmolzen war, konnte man ihn nicht einfach gegen einen anderen auswechseln. Man mußte dafür extra einen Elektriker rufen, der den Schalter öffnete.

Mit dem Absichern der Lampen war es aber bald nicht mehr getan. Gerade die Leitungsdrähte waren damals noch schlecht isoliert und deshalb besonders anfällig für Kurzschlüsse. Man brauchte also Sicherungen, die die Leitungen mit absicherten.

Deshalb ging man allmählich dazu über, die Bleisicherungen auf ein *Sicherungsbrett* zu montieren. Von dort aus führten die Leitungen zur Lampe, so daß die Leitungsdrähte in den Schutz mit einbezogen waren.

Im *Schaltkasten* (Bild 2) waren die Sicherungen aller Stromkreise der Wohnung untergebracht. Jede Sicherung bestand aus zwei Sicherungshaltern, zwischen denen der Bleidraht in den Stromkreis geklemmt war. Wenn er einmal durchschmolz, konnte er nun leichter als zuvor gegen einen anderen ausgewechselt werden. Vorher mußte man aber den Stromkreis mit einem Schalter unterbrechen, um den Bleidraht gefahrlos einsetzen zu können.

Noch einfacher und schneller geschieht das Auswechseln von Sicherungen, seit die *Schmelzsicherung* in Gebrauch ist. In einer solchen „Sicherungspatrone" ist der Schmelzdraht von einer Porzellanhülle umgeben. An der „Trickaufnahme" von Bild 3 siehst du deutlich, daß die Sicherungspatrone nach dem Einschrauben berührungssicher abgedeckt ist (durch die Schraubkappe).

Eine weitere Verbesserung stellt der *Sicherungsautomat* (Bild 4) dar, der heute vielfach verwendet wird. Diese Sicherung braucht überhaupt nicht mehr ausgewechselt zu werden. Sie funktioniert wie ein Schalter, der den Stromkreis automatisch unterbricht, wenn der Strom zu stark wird. Ist der Fehler dann behoben, braucht man nur einen kleinen Schalthebel zu betätigen, und der Stromkreis ist wieder geschlossen.

Alles klar?

1 Woran erkennst du eine durchgebrannte Schmelzsicherung?

2 Claudia erzählte, bei dem Kurzschluß sei das Licht ausgegangen, nur in der Küche habe es noch funktioniert. Ist das denn überhaupt möglich? Begründe auch deine Antwort!

3 Welchen Sinn hat diese Versuchsanordnung?

4 Ergänze: „Die Isolierung eines Bügeleisens ist schadhaft → Die beiden Leitungsdrähte (Hin- und Rückleitung) berühren sich → . . . → . . . → . . ."

5 Auch in der Umgangssprache spricht man manchmal von einem *Kurzschluß*. Man sagt z. B., daß jemand eine „Kurzschlußhandlung" begangen hat. Erkläre diesen Begriff! Findest du ihn passend?

6 Warum gibt es im Auto nicht nur eine, sondern mehrere Sicherungen?

7 Harry Schlaumeier behauptet: „Auch die Schmelzsicherung ist ein *Schalter*, der den Stromkreis bei zu hohen Strömen unterbricht!" Hat er recht?

8 Tina Pfiffig meint: „Wenn es einen Kurzschluß gibt, dann muß es auch einen *Langschluß* geben!" Was hältst du davon?

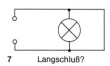

6 Kurzschluß 7 Langschluß?

2 Zusammenfassung

Der Kurzschluß

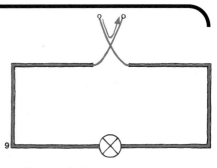

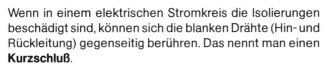

Wenn in einem elektrischen Stromkreis die Isolierungen beschädigt sind, können sich die blanken Drähte (Hin- und Rückleitung) gegenseitig berühren. Das nennt man einen **Kurzschluß**.

9

Dann fließt der Strom praktisch nur noch durch die Leitungsdrähte und nicht mehr durch die angeschlossenen Geräte (z. B. durch die Glühlampe). Da die Leitungsdrähte dem Strom nur einen geringen Widerstand entgegensetzen, steigt die Stärke des Stromes sehr stark an. Vorher war er durch den hohen Widerstand der Elektrogeräte begrenzt. Durch diesen starken Strom werden die Leitungsdrähte bald stark erhitzt. Es besteht **Brandgefahr**!

8

Bei einem **Kurzschluß** fließt der elektrische Strom nicht durch das angeschlossene Elektrogerät, sondern direkt von einem Leitungsdraht zum anderen. Dabei erwärmen sich die Leitungen so stark, daß Brandgefahr besteht.

Die Sicherung

10

11

Um die Brandgefahr abzuwenden, muß der Stromkreis rechtzeitig unterbrochen werden. Dies besorgt die **Sicherung** (Schmelzsicherung oder Sicherungsautomat).

Zu diesem Zweck wird in jeden Stromkreis zu Hause oder in der Industrie eine Sicherung eingebaut. Dabei ist der **Schmelzdraht** der Sicherung **ein Teil des Stromkreises**.

Wenn nun in einem Stromkreis mit Schmelzsicherung ein Kurzschluß geschieht, **schmilzt** infolge der entstehenden Wärme zuerst der Schmelzdraht der Sicherung durch. Damit ist der Stromkreis unterbrochen: Der elektrische Strom kann nun nicht mehr fließen, und die Wärmeentwicklung ist gestoppt.

12

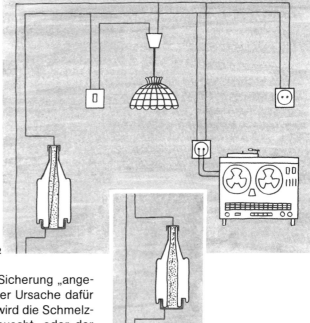

Immer wenn in einer Wohnung eine Sicherung „angesprochen" hat, muß man zuerst nach der Ursache dafür suchen und diese beheben. Dann erst wird die Schmelzsicherung gegen eine andere ausgetauscht, oder der Sicherungsautomat wird wieder eingeschaltet.

13

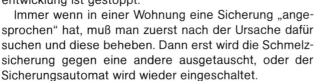

Die **Sicherung** in einem Stromkreis schützt uns vor Brandgefahr. Bevor die Leitungen (bei Kurzschluß oder Überlastung des Stromkreises) übermäßig erhitzt werden, unterbricht die Sicherung den Stromkreis.

Bauanleitungen für einfache Versuchsgeräte

1 Werkzeuge und Materialien

Diese Werkzeuge benötigst du:

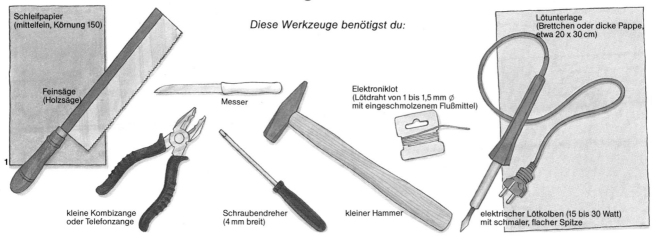

Schleifpapier
(mittelfein, Körnung 150)

Feinsäge
(Holzsäge)

Messer

Elektroniklot
(Lötdraht von 1 bis 1,5 mm ⌀
mit eingeschmolzenem Flußmittel)

Lötunterlage
(Brettchen oder dicke Pappe,
etwa 20 x 30 cm)

kleine Kombizange
oder Telefonzange

Schraubendreher
(4 mm breit)

kleiner Hammer

elektrischer Lötkolben (15 bis 30 Watt)
mit schmaler, flacher Spitze

So erhältst du die Materialien:

Für die Grundbrettchen nimmst du am besten das Holz einer Leiste. Du wirst sie dir leicht in einem Heimwerkerladen oder bei einem Tischler beschaffen können. Holzschrauben und Reißnägel (Reißzwecken) bekommst du in jedem Geschäft für Haushaltsartikel.

Die anderen Teile mußt du in einem Elektro-Bastelladen kaufen. Wenn es in eurem Ort solch ein Geschäft nicht gibt, dann frage deinen Lehrer. Er wird dir Adressen von Versandgeschäften nennen, bei denen du alles bestellen kannst. Diese Adressen stehen auch in Elektronik-Zeitschriften.

2 Löten ist leicht!

Materialliste:
1 elektrischer Lötkolben mit schmaler, flacher Spitze
  (15–30 Watt)
1 Lötunterlage (Brettchen oder dicke Pappe; ca. 20 cm x 30 cm)
Elektroniklot; das ist Lötdraht von 1–1,5 mm ⌀; er besteht aus
  Lötzinn mit eingeschmolzenem Flußmittel. (Verwende kein
  Klempnerlot, kein Lötwasser und kein Lötfett!)

Einige Tips:
Reinigen der Lötstelle: Die Teile, die zusammengelötet werden sollen, müssen an der Berührungsstelle sauber und fettfrei sein. Am besten schabst du die Stellen mit dem Messer blank. Bei Lötstiften und Steckschuhen ist das nicht nötig.

Der Lötständer: Zum gefahrlosen und bequemen Ablegen des Lötkolbens solltest du dir aus zwei langen Nägeln und einem Brettchen einen Lötständer basteln (Bild 2).

Die unsaubere Lötkolbenspitze: Sie läßt sich reinigen, indem du die heiße Spitze in einem feuchten Lappen abstreifst.

Die „dritte Hand": Schlinge um die Griffe deiner Kombi- oder Flachzange einen kräftigen Gummiring. Die Zange kann jetzt kleine Teile beim Löten „selber" festhalten (Bild 3).

Vorsicht! Fasse den Lötkolben nur am Griff an. Die Spitze wird etwa 400 °C heiß; an ihr kannst du dich heftig verbrennen. Löte deshalb auch nur über der Lötunterlage.

So wird gelötet:
Versuche es zuerst mit einigen kleinen Drahtstücken, bevor du richtig mit der Arbeit beginnst. So kannst du deine ersten Erfahrungen sammeln.

Die einzelnen Teile, die zusammengelötet werden sollen, müssen so liegen, daß sie beim Lötvorgang nicht verrutschen können. Kleinere Teile beschwerst du am besten mit einer Zange auf der Lötunterlage.

Schalte den Lötkolben ein, und warte zwei bis drei Minuten. Dann ist er warm genug.

Berühre nun die heiße Kolbenspitze kurz mit dem Lötdraht. Dabei schmilzt etwas Zinn und bleibt an der Kolbenspitze hängen. Halte dann den Kolben mit dem Zinntropfen an die Stelle, die gelötet werden soll (Bild 4). Sie erhitzt sich schnell, und das Lötzinn verbindet die Teile miteinander.

Nimm jetzt den Lötkolben wieder weg. Dabei darf sich die Lage der verbundenen Teile nicht mehr ändern. In wenigen Sekunden erstarrt das Lötzinn, und es entsteht somit eine feste Verbindung (Bild 5).

Sieh dir deine Lötstelle noch einmal genau an: Das Lötzinn muß blank aussehen und die Lötstelle eng umschließen. Wenn es grau und tropfenförmig ist, war der Lötkolben zu kalt; es kann auch sein, daß du seine Spitze nicht lange genug an die Lötstelle gehalten hast.

2

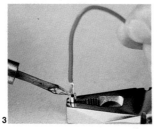

3

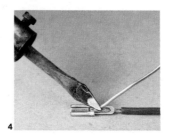

4

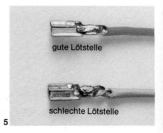

gute Lötstelle

schlechte Lötstelle

5

3 Erste Arbeiten

Batterie- und Verbindungskabel

So sollen die Kabel aussehen:

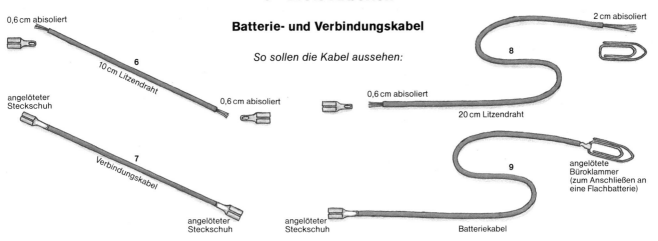

0,6 cm abisoliert

10 cm Litzendraht

6

angelöteter Steckschuh

7
Verbindungskabel

0,6 cm abisoliert

angelöteter Steckschuh

angelöteter Steckschuh

Batteriekabel

2 cm abisoliert

8

0,6 cm abisoliert

20 cm Litzendraht

9

angelötete Büroklammer (zum Anschließen an eine Flachbatterie)

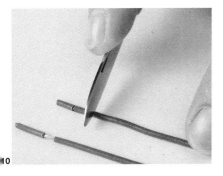

10

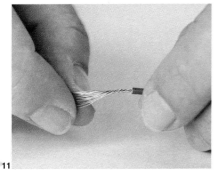

11

Für 2 Batteriekabel und für 6 Verbindungskabel brauchst du:
1 Litzendraht
    (1 m lang; 0,75 mm² Querschnitt),
2 Büroklammern,
14 Steckschuhe
    (1,3 mm Innendurchmesser).

Einige Tips:
Bevor du deine Litzendrähte anlötest, mußt du sie an ihren Enden abisolieren. Das heißt, du mußt die Isolierung vorsichtig rundherum einschneiden und dann abziehen (Bild 10).

Die abisolierten Litzendrähte solltest du vor dem Anlöten verdrillen, d.h. mit zwei Fingern umeinanderdrehen (Bild 11).

Steckschuhe und Lötstifte stellen eine gut leitende und leicht trennbare Verbindung zwischen einem Gerät und einem Kabel her (Bild 12). Du kannst auch zwei Kabel miteinander verbinden (Bild 13).

12

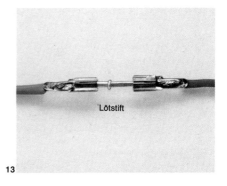

Lötstift

13

Grundbrettchen

So sollen die Grundbrettchen aussehen:

14

Für mehrere Brettchen brauchst du:
1 Leiste (5 cm breit; 1 cm dick; 1 m lang)

So wird's gemacht:
Für jedes Gerät, das du bauen willst, sägst du dir ein 7 cm langes Stück von der Leiste ab. Glätte alle Seiten und Kanten mit Schleifpapier, besonders die Schnittflächen.

Um die Brettchen gegen Feuchtigkeit und Schmutz zu schützen, kannst du sie mit Kerzenwachs einreiben. Poliere anschließend alle Seiten mit einem weichen Lappen. Stelle dir am besten gleich mehrere Grundbrettchen her.

4 Diese Geräte kannst du bauen

Der Lämpchenhalter

Materialliste:
1 Grundbrettchen
1 Zwergfassung (zum Einbauen mit Lötfahnen; Sockel E 10)
1 Glühlampe (3,5 V; 0,2 A; Sockel E 10)
2 Holzschrauben (ca. 10 mm lang)
2 Reißnägel (Reißzwecken)
2 Lötstifte (1,3 mm ∅)

Schalter und Taster

Materialliste:
1 Grundbrettchen
1 langes Polblech einer verbrauchten Flachbatterie
2 Reißnägel
3 Lötstifte

Ein Tip:
  Schlage den Reißnagel für den Schaltkontakt nur so weit ins Grundbrettchen, daß du den Schalthebel seitlich drunterschieben kannst. So kannst du das Gerät entweder als Schalter benutzen oder auch als Taster (wenn du den Schalthebel noch nach oben biegst).

Die Prüfstrecke

Materialliste:
1 Grundbrettchen
1 zweiteilige Lüsterklemme
1 Holzschraube (ca. 10 mm lang)
2 nicht isolierte Kupferdrähte (ca. 5 mm lang)
2 Reißnägel
2 Lötstifte
2 Nägel (3–5 cm lang; Köpfe abgekniffen)

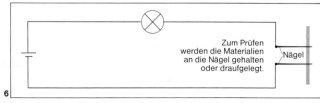

Zum Prüfen werden die Materialien an die Nägel gehalten oder draufgelegt.

Nägel

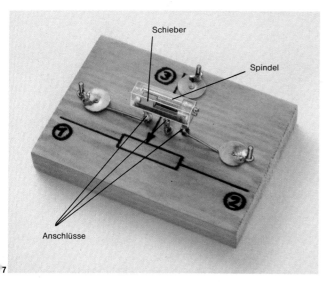

Schieber

Spindel

Anschlüsse

7

Der Helligkeitsregler

Materialliste:
1 Grundbrettchen
1 Spindeltriebwiderstand (100–500 Ohm)
3 nicht isolierte Kupferdrähte (ca. 3 cm lang)
3 Reißnägel
6 Lötstifte

Einige Tips:
  Stelle den Widerstand mitten auf das Brettchen, und markiere die 3 Anschlüsse. An jeder Markierung schlägst du einen Lötstift ein, an den du je einen Draht anlötest.
  Wenn du die Lötfahnen des Widerstandes an die 3 Lötstifte des Grundbrettchens anlötest, darfst du den Lötkolben nur ganz kurz dranhalten; sonst wird der Widerstand zerstört.

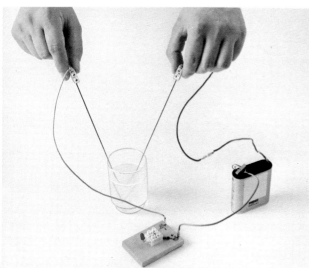

8

Der elektrische Feuchtigkeitsanzeiger

Materialliste
für die Leuchtanzeige:
1 Grundbrettchen
1 Leuchtdiode (rot)
1 Widerstand (220 Ohm)
1 zweiteilige
  Lüsterklemme
1 Holzschraube (10 mm)
1 nicht isolierter
  Kupferdraht (ca. 3 cm lang)
2 Reißnägel
2 Lötstifte (1,3 mm ∅)

Materialliste für zwei
Feuchtigkeitsfühler:
2 Stricknadeln (Stahl)
1 zweiteilige Lüsterklemme
  (auseinandergeschnitten)
3 Litzendrähte (30 cm lang)
2 Steckschuhe (1,3 mm ∅ innen)
2 Büroklammern

Einige Tips:
  Pluspol und Minuspol der Leuchtdiode erkennst du an den unterschiedlichen Zuleitungen; das ist wichtig für den Einbau.
  Um Schaltfehler zu vermeiden, solltest du die Anschlüsse mit + und – beschriften.

Der Styroporschneider

Materialliste:
1 Laubsägebügel
1 zweiteilige Lüsterklemme (auseinandergeschnitten)
1 Konstantandraht (0,2 mm ∅; ca. 16 cm lang)
2 Litzendrähte (0,75 mm² Querschnitt; ca. 1 m lang)
2 Büroklammern oder Bananenstecker
1 Flachbatterie (besser: 1 Trafo)
Klebeband

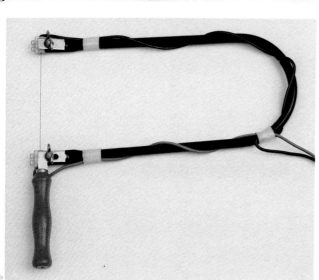

Licht und Sehen

1 Was ist zum Sehen notwendig?

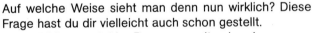

Auf welche Weise sieht man denn nun wirklich? Diese Frage hast du dir vielleicht auch schon gestellt.

Die Bilder 1 u. 2 (der Bergmann mit seiner Lampe am Helm und der Supermann, der „Sehstrahlen" aussendet) zeigen zwei unterschiedliche Meinungen darüber, *wie* man sieht. Beide Meinungen gleichzeitig können doch aber wohl nicht richtig sein! Oder?

Thomas und Stefan suchen heimlich Limonade im Keller. Im Dunkeln sind die Flaschen aber schwer zu finden. Deshalb hat Thomas eine Taschenlampe mitgebracht (Bild 3).
○ Was sieht Stefan?
○ Was sieht Thomas?
○ Warum sehen die beiden Jungen immer noch nicht *alles* klar und deutlich?

V 1 Kann man Licht eigentlich sehen? Nimm einmal an, du siehst eine Experimentierlampe so von der Seite, wie Bild 4 sie zeigt. Im Raum ist es hell, und die Lampe wird ein paarmal an- und ausgeschaltet.

a) Kannst du *von der Seite aus erkennen,* ob die Lampe gerade ein- oder ausgeschaltet ist?

b) Wann nur könntest du von deinem Platz aus (bei Helligkeit) feststellen, ob die Lampe an ist?

c) Wie stellst du es fest, wenn du deinen Platz verlassen darfst?

d) Suche eine Erklärung für die Beobachtungen, die du bei diesem Versuch gemacht hast.

Verschiedene Lichtempfänger

Es gibt Körper, die in besonderer Weise reagieren, wenn sie beleuchtet werden. Es sind sogenannte **Lichtempfänger.** Man sagt: Das Licht ruft im Lichtempfänger eine **Wirkung** hervor.

Es gibt verschiedene Arten von Lichtempfängern. Das Licht ruft bei ihnen jeweils andere Wirkungen hervor:

Das **Auge** (Bild 5) ist solch ein Lichtempfänger. Das Licht trifft auf die *Netzhaut* des Auges. In ihr befinden sich Zellen, die auf Licht reagieren. Wenn sie vom Licht getroffen werden, melden sie diese Information über den Sehnerv an das Gehirn weiter.

So nehmen wir wichtige Dinge über unsere Umwelt mit Hilfe des Lichtes wahr: z.B. Farben, Formen, Entfernungen und auch Gefahren. Mit Hilfe dieser Meldungen steuert das Gehirn unser Verhalten.

Fast alle Lebewesen sind auf das Licht angewiesen. Wir können aber nur Licht sehen, das *in* unsere Augen fällt.

Ein weiterer Lichtempfänger ist der **Fotoapparat** (Bild 6). Er ist ähnlich aufgebaut wie das Auge. Anstelle der Netzhaut fängt hier ein lichtempfindlicher *Film* das Licht auf. Der Film wird dabei verändert, so daß – wenn er entwickelt wird – ein Bild auf ihm sichtbar wird.

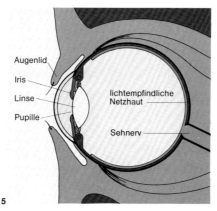

Augenlid
Iris
Linse
Pupille
lichtempfindliche Netzhaut
Sehnerv

5

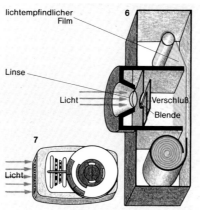

lichtempfindlicher Film   6
Linse
Licht
Verschluß
Blende

7

Licht

Ein anderes Gerät, das auf Licht reagiert, ist der **Belichtungsmesser** (Bild 7). Man braucht ihn beim Fotografieren. Oft ist er schon in den Fotoapparat eingebaut. Er mißt das einfallende Licht. Ein Zeiger gibt an, ob genügend Licht zum Fotografieren da ist: Ein *kleiner* Zeigerausschlag bedeutet *wenig Licht*, ein *großer* Zeigerausschlag *viel Licht*. Auf einer Skala liest man am Belichtungsmesser ab, wie der Fotoapparat für die Aufnahme eingestellt werden muß.

Daß der Belichtungsmesser in den meisten Fotoapparaten schon eingebaut ist, ist natürlich praktisch. Er stellt den Fotoapparat automatisch richtig ein, so daß das Bild nachher nicht zu hell und nicht zu dunkel wird.

Manche **Papiersorten** verändern ihr Aussehen, wenn sie längere Zeit dem Licht ausgesetzt sind: Du hast sicher schon gesehen, daß Zeitungen und viele Tapeten mit der Zeit vergilben. (Man sieht es z.B., wenn ein Bild abgenommen wird.) Auch sie sind sozusagen Lichtempfänger.

Pflanzen brauchen Licht, damit sie gut wachsen können und grüne Blätter bekommen. Zimmerpflanzen wenden sich deshalb häufig dem Licht zu. Auch sie sind also Lichtempfänger.

Verschiedene Lichtsender

Wenn Licht vorhanden ist, muß immer eine **Lichtquelle** da sein, die das Licht aussendet. Die Lichtquelle nennt man auch **Lichtsender.**

Manche dieser Lichtquellen erzeugen das Licht *selbst* (Bilder 8–11).

Diese Lichtquellen sind heiß. Das heißt, sie geben außer dem Licht auch noch Wärme an ihre Umgebung ab. Man bezeichnet sie als **warme Lichtquellen.**

Nur wenige Lichtquellen erzeugen „kaltes Licht; man nennt sie **kalte Lichtquellen.** Dazu gehören z.B. Glühwürmchen (Bild 12), manche Tiefseefische (Bild 13) sowie die Leuchtziffern und Leuchtzeiger vieler Armbanduhren.

Alle Körper, die *selbst* Licht erzeugen und dann auch aussenden, bezeichnet man als **selbstleuchtende Körper** oder **Lichtquellen 1. Ordnung.**

Von den meisten anderen Gegenständen, die du siehst, geht zwar auch Licht aus – sie erzeugen das Licht aber nicht selbst. Nur wenn Licht auf sie fällt und dann in deine Augen zurückgeworfen wird, kannst du sie sehen.

Weil diese Körper *beleuchtet* sein müssen, damit Licht von ihnen zu dir gelangt, nennt man sie **beleuchtete Körper** oder **Lichtquellen 2. Ordnung** (Bilder 14–17).

9

12

14   15

11

13

16

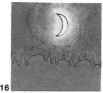

17

Aufgaben

1 Vergleiche die Lichtquellen der Bilder 8 u. 9 mit denen der Bilder 14 u. 15 (auf der Vorseite).

2 Worin unterscheiden sich die Lichtquellen der Bilder 10 und 11 (auf der Vorseite) voneinander?

3 Ordne die folgenden Lichtquellen in eine Tabelle ein: Sonne, ausgeblasene Kerze, Baum, Hand, eingeschaltete Glühlampe, Buch, Kerzenflamme, Glühwürmchen, Rückstrahler am Fahrrad, Feuer, Tisch, Fahrradscheinwerfer in Betrieb, ausgeschaltete Straßenlaterne, abgebranntes Streichholz, du selbst.

So könnte deine Tabelle aussehen:

Lichtquellen	selbstleuchtende Körper	beleuchtete Körper
natürliche Lichtquellen	Blitz	Augen einer Katze ...
künstliche Lichtquellen	Projektor (in Betrieb) ...	Fotoalbum ... ...

4 Selbstleuchtende Körper (Lichtquellen 1. Ordnung) spielen auch eine wichtige Rolle im Straßenverkehr. Nenne dafür alle Beispiele, die dir einfallen. Überlege außerdem, weshalb hier *selbstleuchtende* Körper oft besser geeignet sind als beleuchtete.

5 Sieh dir ein Fahrrad genau an, dein eigenes oder das unten abgebildete. Wo findest du an ihm Lichtquellen erster und zweiter Ordnung?

1

6 Die beiden folgenden Fotos haben etwas Gemeinsames: Links erkennst du deutlich einen *Schallsender* und einen *Schallempfänger*. Auch im rechten Bild sind Sender und Empfänger zu sehen. Welches ist jeweils der Sender und welches der Empfänger?

2

3

7 Im Straßenverkehr kann Licht Leben retten. Damit du nicht in Gefahr kommst, mußt du „die Augen aufmachen" und aufpassen. Die Autofahrer ihrerseits müssen dich möglichst gut sehen. Nenne Lichtquellen 2. Ordnung im Straßenverkehr, und gib ihren Zweck an.

8 Wie du schon gemerkt hast, ist Licht in vielen Bereichen wichtig. Welche Aufgaben haben die folgenden Lichtquellen erster Ordnung?

4

5

6

7

Aus der Geschichte: **Lampen früher und heute**

Licht ist für uns heute selbstverständlich. Kaum einmal denken wir darüber nach, was wohl wäre, wenn wir auf einmal kein Licht mehr hätten.

Mach doch einfach die Augen zu und versuche, dich ohne Licht zurechtzufinden! Dann merkst du deutlich, wie wichtig Licht für uns Menschen ist.

Tagsüber gibt die **Sonne** das nötige Licht. Nachts aber und in geschlossenen Räumen braucht der Mensch andere Lichtquellen, wenn er etwas sehen will.

Es war schon ein großer Fortschritt, als der Mensch lernte, ein **Feuer** zu entzünden. Das Feuer gab ihm Licht und Wärme.

Erst wurde mit der offenen Flamme Licht erzeugt: Außer dem **Lagerfeuer** dienten Kienspan und Fackel als Lichtquellen: Der **Kienspan** (Bild 8) ist ein harzreiches Holzstück, das mit heller Flamme brennt. Die **Fackel** (Bild 9) besteht aus einem Stab, der ein gut und hell brennendes Material trägt.

Funken und herabfallende Glut können gefährlich sein. Deshalb kamen **Öllampen** (Bild 10) und später auch **Kerzen** als Lichtquellen auf (Bild 11).

Die *künstlichen Lichtquellen* erlaubten es den Menschen, auch nach Sonnenuntergang zu arbeiten. Durch sie wurde der Tag „länger"; die Menschen wurden unabhängiger von den Tages- und Jahreszeiten.

Vor ungefähr 100 Jahren begann eine neue und schnelle Entwicklung der **Lampentechnik.** Die Lampen wurden immer besser (Bild 12): Sie waren nun einfacher zu handhaben und ungefährlicher, außerdem spendeten sie ein helleres und gleichmäßigeres Licht.

10

11

8

9

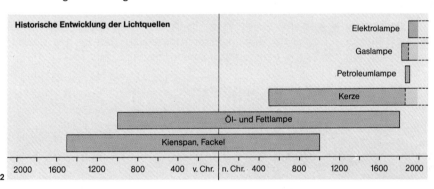

Historische Entwicklung der Lichtquellen

Elektrolampe

Gaslampe

Petroleumlampe

Kerze

Öl- und Fettlampe

Kienspan, Fackel

2000 1600 1200 800 400 v. Chr. n. Chr. 400 800 1200 1600 2000

12

Die **Petroleumlampe** (Bild 13): Mit Hilfe eines Dochtes wird Petroleum verbrannt. Die rußfreie Flamme leuchtet in einem Glaszylinder recht hell.

Die **Gaslampe** (Bild 14): Als *Straßenbeleuchtung* erhält sie Brennstoff aus einer Gasleitung, als *Campingleuchte* aus Stahlflaschen oder Kartuschen.

Die **Glühlampe** (Bild 15): Für uns ist es selbstverständlich, daß wir zur Beleuchtung *elektrisches Licht* verwenden. Viele Erfindungen und Entwicklungen waren aber erforderlich, bis schließlich eine brauchbare Glühlampe gebaut werden konnte.

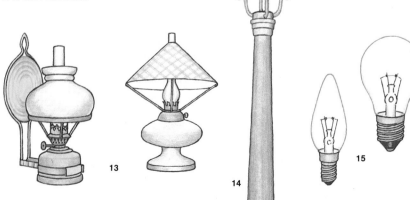

13

14

15

Aus Umwelt und Technik: **Der Mond ist aufgegangen ...**

... aber heute ist er nur halb zu sehen (Bild 1). Wann scheint wieder der Vollmond?

Jede Nacht sehen wir den kugelförmigen Mond in veränderter Gestalt. Nur alle vier Wochen erscheint er als **Vollmond.** Danach sieht er Nacht für Nacht schmaler aus (**abnehmender Mond**); nach etwa zwei Wochen ist er gar nicht mehr zu sehen (**Neumond**). Schon am nächsten Abend erscheint aber wieder eine schmale Sichel: Der Mond nimmt wieder zu (**zunehmender Mond**) und rundet sich in zwei weiteren Wochen erneut zum Vollmond (Bild 2).

Auf vielen Kalendern wird mit den Symbolen ○ ◑ ● ◐ ○ angegeben, an welchen Tagen diese **Mondphasen** zu beobachten sind.

Der Zeitraum zwischen zwei gleichen Mondphasen heißt **Monat.** Daran ist die Verbindung zum Wort *Mond* deutlich zu erkennen.

zunehmender Mond   Vollmond   abnehmender Mond

Wie kommt es, daß der Mond von Nacht zu Nacht etwas anders aussieht? Er selbst verändert sich doch nicht!?

Die Antwort hat etwas mit dem *Licht* zu tun: Der Mond selbst erzeugt kein Licht; er ist also ein **beleuchteter Körper.** Das Licht, das er ausstrahlt, kommt von der Sonne; es wird von der Mondoberfläche zurückgeworfen. Ein Teil dieses Lichtes gelangt zur Erde. Daher können wir stets nur den Teil des Mondes sehen, der von der Sonne beleuchtet wird und uns zugewandt ist.

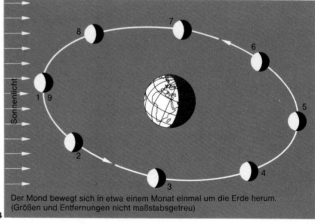

Der Mond bewegt sich in etwa einem Monat einmal um die Erde herum. (Größen und Entfernungen nicht maßstabsgetreu)

Bild 3 zeigt einen **Versuch,** mit dem du dir die Beleuchtungsverhältnisse im Weltraum klarmachen kannst: Du befindest dich in einem abgedunkelten Raum und sollst die „Erde" darstellen. Um dich herum kreist ein Ball von etwa 15 cm Durchmesser; das soll der „Mond" sein. In einiger Entfernung steht eine Lampe als „Sonne" und beleuchtet „Mond" und „Erde".

Die Seite des Mondes, die der Sonne zugewandt ist, wird immer beleuchtet. Die Mondrückseite bekommt kein Licht, sie ist deshalb von der Erde aus nicht zu sehen (Bild 4). Die Grenze zwischen der beleuchteten und der unbeleuchteten Hälfte erkennst du deutlich in Bild 3.

Da der Mond die Erde umkreist, sehen wir ihn im Laufe eines Monats jede Nacht aus einer etwas anderen Richtung. Dadurch erscheint uns der Mond jedesmal in einer anderen Form.

Alles klar?

1 Stell dir vor, an einem Wintertag fällt um 18 Uhr das elektrische Licht aus, und ihr habt keine Kerzen oder andere Leuchten zur Hand. Was alles könnt ihr dann *nicht* mehr tun?

2 Das Foto unten zeigt den Blick aus einem Raumschiff, das gerade den Mond umkreist: Im Vordergrund erkennst du die Mondoberfläche und am „Mondhimmel" die Erde.

a) Welche Lichtquelle beleuchtet Mond und Erde, und wo ungefähr steht sie?

b) Überlege, warum der „Mondhimmel" schwarz erscheint.

3 Wenn ein Autofahrer tagsüber durch einen Tunnel fährt, schaltet er die Scheinwerfer ein. Tina Pfiffig meint nun: „Nach der Ausfahrt aus dem Tunnel kann der Fahrer nicht erkennen, ob die Scheinwerfer seines Autos leuchten." Stimmt das? Begründe deine Antwort!

4 Von 582 bis 497 v. Chr. lebte in Griechenland der Mathematiker *Pythagoras*. Er gehörte zu den wenigen Menschen, die sich zu jener Zeit mit der Erforschung der Natur beschäftigten. Man versuchte damals, Erscheinungen aus der Umwelt allein durch Beobachten und Nachdenken zu erklären; Experimente führte man also noch nicht durch.

Pythagoras hat beschrieben, wie er und seine Zeitgenossen sich das Sehen vorstellten: „Vom Auge gehen ‚Sehstrahlen' aus. Treffen diese Strahlen auf einen Gegenstand, so werden sie von ihm zurückgeworfen und gelangen wieder ins Auge. Die Sehstrahlen tasten den Gegenstand ab, der dadurch sichtbar wird."

Ähnliche Ansichten sind auch noch heute zu hören: z.B. wenn Leute behaupten, daß die Augen einer Katze nachts leuchten. Wie kannst du solche Ansichten über das Sehen widerlegen?

5 Harry Schlaumeier behauptet: „Das Rücklicht an meinem Fahrrad ist sowohl eine Lichtquelle erster Ordnung als auch eine Lichtquelle zweiter Ordnung!" ...

6 Den Hund bezeichnet man als „Nasentier", den Adler als „Augentier". Was verstehst du darunter?

7 Man sagt: „Der Tag wurde länger, als die Menschen begannen, künstliche Lichtquellen zu benutzen." ...

8 Wie kommt es, daß wir auf diesem Foto auch Gegenstände erkennen, die nicht von der Sonne beschienen werden?

2 Zusammenfassung

Was braucht man zum Sehen?

Zum Sehen braucht man **Licht**.
Wenn Licht von einem Gegenstand in unsere Augen fällt, können wir diesen Gegenstand sehen.

Woher kommt das Licht?

Alle Körper, die Licht aussenden, bezeichnet man als **Lichtquellen** oder **Lichtsender**.

Das Auge ist das lichtempfindlichste Sinnesorgan des Menschen; es ist ein **Lichtempfänger**. Andere Lichtempfänger sind zum Beispiel der Belichtungsmesser, Fotopapier und Pflanzen. Licht, das nicht in unsere Augen fällt, können wir nicht wahrnehmen.

Erzeugen die Körper das Licht selbst, so spricht man von **selbstleuchtenden Körpern** (Lichtquellen 1. Ordnung).

Die meisten Körper werfen nur das Licht zurück, das von einer anderen Lichtquelle auf sie fällt. Sie sind **beleuchtete Körper** (Lichtquellen 2. Ordnung).

Die Ausbreitung des Lichtes

1 Wie verläuft der Weg des Lichtes?

Aus der Geschichte: Dringende Nachricht für Moguntiacum (Mainz)

Es war an einem Novembertag vor etwa 1800 Jahren. Der römische Hauptmann Marcus Salinator eilte über den Innenhof des Kastells Saalburg. (Ein Kastell ist ein befestigtes römisches Lager.) Alles schien darauf hinzudeuten, daß die Germanen einen Angriff planten.

Salinator schimpfte vor sich hin: „Warum geben die Germanen eigentlich keine Ruhe?"

Unteroffizier Corbulo lachte aber nur: „Beruhige dich doch! Seitdem

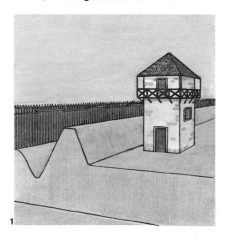

der *Limes* fertig ist, kann uns doch nicht mehr viel passieren."

Der Limes war ein Befestigungswall entlang der nördlichen Grenze des römischen Reiches. Ein hoher Holzzaun und ein tiefer Graben bildeten fast unüberwindliche Hindernisse (Bilder 1 u. 2). In unterschiedlichen Abständen gab es Wachtürme, auf denen Legionäre (Soldaten) Wache hielten. Untereinander konnten sich die Wächter durch Feuerzeichen verständigen.

Unteroffizier Corbulo hatte einen Vorschlag: „Benachrichtige doch einfach das Oberkommando der Legion in Moguntiacum. Die sollen uns Verstärkung schicken."

Hauptmann Salinator schüttelte den Kopf: „Wenn du meinst, daß ein Bote schnell genug dort hinkommt, dann hast du dich getäuscht!"

„Da hast du recht! Aber gib doch deine Nachricht einfach mit Feuersignalen durch." riet Corbulo.

Hauptmann Salinator kratzte sich hinterm Ohr: „Man könnte es versuchen, Corbulo. Hoffentlich kommen

unsere Lichtzeichen einigermaßen gut über die Strecke."

Fragen und Aufgaben zum Text

1 Wie mußten die Wachtürme angeordnet sein, damit eine Nachricht durch Lichtzeichen weitergegeben werden konnte?

2 Überlege, wie ein Berg oder ein dichter Wald mit Lichtzeichen überwunden werden konnte.

3 Welches Wetter könnte die Übermittlung der Lichtzeichen stören?

Aufgaben

1 Zwei Personen wollen sich über eine größere Entfernung hinweg Lichtzeichen geben. Beschreibe, wie sie sich aufstellen müssen.

2 Versuche, in *einem* Satz zu sagen, wie sich das Licht ausbreitet.

3 Von zwei Freunden wirft einer einen Ball, der andere leuchtet mit einer Lampe. Welche Wege nehmen Ball und Licht?

4 Es gibt Experimentierleuchten, bei denen sich die Glühlampe im Gehäuse verschieben läßt. Betrachte die Bilder 9 u. 10, und gib an, wo sich die Glühlampe jeweils befinden muß: vorne an der Gehäuseöffnung oder hinten im Gehäuse. Begründe deine Meinung mit einer Zeichnung.

5 Das Licht einer kleinen Glühlampe fällt durch eine Mehrfachschlitzblende (Bild 11). Hier ist nur der Weg des Lichtes *hinter* der Blende eingezeichnet worden.

a) Beschreibe, wie du herausbekommen kannst, wo sich die Lichtquelle befindet.

b) Übertrage Bild 11 auf ein Blatt Papier, und zeichne die Lichtquelle ein (kleine Glühlampe).

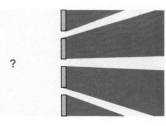

V 1 In einem abgedunkelten Raum kannst du mit deinen Freunden einen Geschicklichkeitswettbewerb durchführen: Ein „Zielschießen" mit einer Taschenlampe.

Zunächst vereinbart ihr ein Ziel an der Wand, z.B. eine Uhr oder ein kleines Bild. Dann stellt ihr euch einige Meter entfernt auf und versucht, das Ziel mit dem Licht der Taschenlampe zu treffen. (Es soll nur ganz kurz geblinkt werden!)

Sieger dieses Wettbewerbes ist, wer das Ziel am genauesten trifft.

V 2 In Versuch 1 waren nur der Licht*sender* und der Licht*empfänger* zu sehen. Überlege dir jetzt, wie du auch den *Weg* des Lichtes sichtbar machen kannst.

V 3 Auch dieser Versuch soll den Weg des Lichtes zeigen. Das Wasser im Becken ist mit Farbstoff oder Badesalz gefärbt worden (Bild 3).

a) Verfolge den Weg des Lichtes, indem du ein Lineal anlegst.

b) Verläuft der Weg genauso, wenn du das Licht durch Kreidestaub sichtbar machst?

V 4 Das breite Lichtbündel einer Lampe kann man mit einer **Lochblende** schmaler machen.

a) Stelle eine Lochblende so auf, daß das Licht einer Experimentierlampe durch das Loch auf einen dahinterstehenden Schirm fällt (Bild 4).

b) Stelle nun mehrere Blenden hintereinander auf, bevor du das Licht einschaltest (Bild 5). Prüfe dann mit Licht nach, ob du sie richtig angeordnet hast.

c) Ziehe von der Lampe aus eine Schnur durch die Lochblenden. Was kannst du dadurch feststellen?

d) Zeichne (vereinfacht) von oben den gesamten Versuchsaufbau und den Weg des Lichtes.

V 5 Ein kleiner Ball wird halbiert und mit Löchern versehen. So kann das Licht einer kleinen Glühlampe nach außen gelangen (Bild 6).

a) Beschreibe den Weg des Lichtes.

b) Zeichne Bild 7 ab, und trage bei jeder Öffnung den Weg des Lichtes in deine Zeichnung ein.

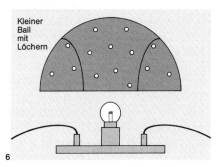
6

4

7

3

5

Was ist ein „Lichtstrahl?"

In Bild 12 ist der **Weg des Lichtes** dargestellt, das durch mehrere Lochblenden geschickt wird.

Die Öffnungen werden von Blende zu Blende kleiner; dadurch wird immer mehr Licht ausgeblendet. Schließlich erhält man ein ganz schmales **Lichtbündel.**

Man kann es mit einem Lineal als Strahl oder Strecke zeichnen. Entsprechend nennt man dieses gezeichnete, schmale Lichtbündel dann **Lichtstrahl.**

Der Lichtstrahl geht von einem Anfangspunkt (von der Lichtquelle) aus und verläuft vollkommen **geradlinig.**

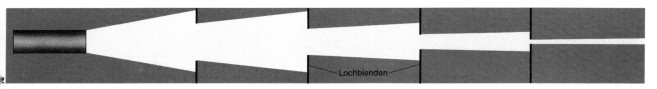
Lochblenden

Aus der Geschichte: **Sechs Balken für 4096 Zeichen**

Vor der Erfindung des Telefons und des elektrischen Telegrafen spielten optische Signale (das sind sichtbare Zeichen) eine große Rolle bei der Nachrichtenübermittlung. Dafür ist der **optische Telegraf** aus dem vorigen Jahrhundert ein Beispiel.

In Sichtweite voneinander standen einzelne **Signalstationen** (Bild 1). Das Besondere an ihnen war ein hoher Mast mit sechs beweglichen Signalflügeln. Jede Flügelstellung hatte eine ganz bestimmte Bedeutung, die allerdings nur am Anfang und am Ende der optischen Telegrafenlinie bekannt war.

Mit den sechs Flügeln konnte man 4096 verschiedene Signale übermitteln. Von Station zu Station wurden sie durch ein fest eingestelltes Fernrohr beobachtet. Sie mußten genauso weitergegeben werden, wie sie empfangen wurden.

Eine **optische Telegrafenlinie** bestand zum Beispiel zwischen Berlin und Koblenz. Diese beiden Städte sind ungefähr 700 km voneinander entfernt. Eine Nachricht durchlief die

1

61 Stationen dieser Linie in nur etwa einer halben Stunde!

In der Außenstelle des Kölner Stadtmuseums ist eine Signalstation der ehemaligen optischen Telegrafenlinie Berlin – Koblenz zu sehen. Sie funktioniert heute noch wie vor hundert Jahren!

Fragen und Aufgaben zum Text

1 Der optische Telegraf hieß auch *Balkentelegraf*. Erkläre diesen Namen!

2 Weshalb waren die Signalflügel an hohen Masten befestigt?

3 Mußten die 61 Signalstationen zwischen Berlin und Koblenz auf einer *geraden* Linie zwischen diesen beiden Städten errichtet sein?

4 Warum war die Bedeutung der Flügelstellungen nur am Anfang und am Ende der Telegrafenlinie bekannt?

5 Weshalb mußte der beobachtende Telegrafist genau hinsehen und die Flügelstellungen gewissenhaft weitergeben?

6 Konnten Nachrichten mit diesem Telegrafen *immer* übermittelt werden?

Aus Umwelt und Technik: **Morsen mit Lichtsignalen**

Heutzutage gibt es mehrere unterschiedliche Möglichkeiten, Nachrichten zu übermitteln. Trotzdem spielt auch heute noch vor allem in der Seefahrt das **Morsen mit Lichtsignalen** eine große Rolle:

Die Morsescheinwerfer sind so gebaut, daß sie sich schnell auf- und abblenden lassen (Bild 2). Damit können die Nachrichten zielgerichtet von

einem Schiff zu einem anderen übermittelt werden.

Jeder Buchstabe hat ein bestimmtes Lichtzeichen. Alle Lichtzeichen sind im sogenannten **Morsealphabet** zusammengestellt (Bild 3).

Für jeden Punkt wird das Licht einmal *kurz* aufgeblendet; ein Strich bedeutet ein *längeres* Aufblenden des Lichtes.

Fragen und Aufgaben zum Text

1 Weshalb bietet sich das Morsen mit Lichtsignalen bei der Seefahrt an?

2 Zwischen zwei Schiffen wird durch Morsen mit Lichtsignalen eine Nachricht übermittelt. Kann diese Nachricht außerdem noch von einem dritten Schiff empfangen werden?

3 Versuche, das folgende Wort zu entziffern: .--. .... .-.- ... -.-

2

3

Morsealphabet		Morsezeichen	
A · —	P · — — ·	0 — — — — —	' · — — — — ·
B — · · ·	Q — — · —	1 · — — — —	: — — — · · ·
C — · — ·	R · — ·	2 · · — — —	— · · · · —
D — · ·	S · · ·	3 · · · — —	? · · — — · ·
E ·	T —	4 · · · · —	(— · — — ·
F · · — ·	U · · —	5 · · · · ·	) — · — — · —
G — — ·	V · · · —	6 — · · · ·	+ · — · — ·
H · · · ·	W · — —	7 — — · · ·	= — · · · —
I · ·	X — · · —	8 — — — · ·	" · — · · — ·
J · — — —	Y — · — —	9 — — — — ·	/ — · · — ·
K — · —	Z — — · ·		
L · — · ·	Ä · — · —		
M — —	Ö — — — ·		
N — ·	Ü · · — —		
O — — —		Anfangszeichen · — · — ·	
		Schlußzeichen · · · — · —	
		bitte warten — · · · —	

Alles klar?

1 Marco steht an einem Bauzaun. Er ärgert sich, daß er den Bagger zwar hören, aber nicht sehen kann. An welchem Unterschied zwischen der Licht- und der Schallausbreitung liegt das?

2 Auf großen Plätzen ist oft nur eine einzige hohe Laterne aufgestellt. Warum reicht das zur Beleuchtung des ganzen Platzes aus?

3 Während es am Abend auf der Erde bereits zu dämmern beginnt, kann man manchmal noch Flugzeuge hoch am Himmel in strahlendem Sonnenlicht sehen. Wie ist das zu erklären?

4 Von welchem Schiff aus kann man das Richtfeuer dieses Leuchtturms sehen (Bild 4)? Begründe deine Antwort!

5 Die Türen vieler Aufzüge (Bild 5) werden durch Lichtschranken gesichert. In Bild 6 siehst du ein Förderband an der Kasse eines Einkaufsmarktes.

a) Warum spricht man hier wohl von *Lichtschranken?*

5

b) Suche bei einer Lichtschranke Lichtquelle und Lichtempfänger; verfolge den Weg des Lichtes.

Welche Eigenschaft des Lichtes wird dabei genutzt?

6 Harry Schlaumeier behauptet: „Wenn man durchs Schlüsselloch in ein Zimmer sieht, kann man nicht alles sehen, was sich darin befindet, obwohl das Zimmer hell erleuchtet ist." Stimmt das?

7 Die Pyramiden in Ägypten wurden oft so gebaut, daß die Sonnenstrahlen bei einem bestimmten Stand der Sonne durch einen schmalen Schacht in die Grabkammer fielen. Bei welchem Sonnenstand wird hier die Grabkammer beleuchtet?

Was wußten die Ägypter also über die Ausbreitung des Lichtes?

4

6

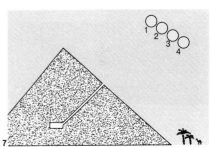

7

3   Zusammenfassung

Wie breitet sich das Licht aus?

Um den Weg des Lichtes von einer Lichtquelle aus verfolgen zu können, muß man ihn durch Hilfsmittel sichtbar machen.

Licht breitet sich **geradlinig** und **nach allen Seiten** hin aus.

8

9

Aus einem breiten Lichtbündel kann man soviel Licht ausblenden,
daß ein ganz **schmales Lichtbündel** entsteht.
Man spricht dann auch von einem **Lichtstrahl.**

10

Licht und Schatten

1 Wo Licht ist, ist auch Schatten

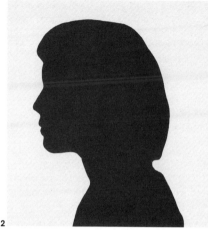

Der Junge in Bild 1 malt gerade ein Schattenportrait von seiner kleinen Schwester. Das ist eigentlich ganz einfach, selbst für einen ungeübten Zeichner.

Wenn du dir dieses Bild genau ansiehst, erkennst du, wie es gemacht wird. Ob du das auch fertigbringst?

V 1 Laß das Licht einer Taschenlampe auf einen weißen Karton scheinen. Nimm aber dazu vorher den vorderen Teil der Taschenlampe mit dem Reflektor der Lampe ab. So kann sich das Licht deiner Taschenlampe nach allen Seiten hin ausbreiten.

a) Halte zum Beispiel einen Bleistift zwischen Taschenlampe und Karton. Wo ist jetzt Licht? Wo ist kein Licht, also Schatten?

b) Ersetze den Bleistift durch andere Gegenstände. Vergleiche den jeweils entstehenden Schatten mit dem Gegenstand.

V 2 Diesmal beleuchtest du den Bleistift nacheinander mit verschiedenen Lichtquellen (z.B. Schreibtischlampe, Deckenleuchte, Kerze, Taschenlampe). Sind die Schatten immer gleich?

V 3 Zunächst knickst du ein Stück weißer Pappe so um, daß eine Hälfte senkrecht hochsteht. Dann stellst du eine Streichholzschachtel aufrecht vor die Pappe.

a) Beleuchte die Schachtel mit der Taschenlampe (Bild 3).

b) Zeichne alle Grenzen zwischen den Licht- und Schattenflächen nach.

c) Schiebe die Schachtel näher an die Lichtquelle heran. Wie verändert sich der Schatten?

d) Was beobachtest du, wenn du die Schachtel von der Lichtquelle entfernst?

V 4 Erzeuge wieder ein Schattenbild der Streichholzschachtel. Fertige dann einen Lampenschirm aus Pergamentpapier (Butterbrotpapier), und setze ihn auf die Lichtquelle (Bild 4). Wie verändert sich der Schatten?

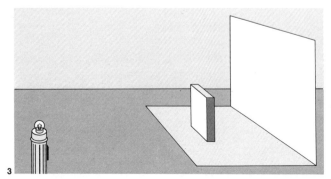

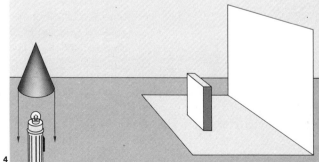

V 5 Beleuchte einen Gegenstand gleichzeitig mit *zwei* Lichtquellen (Bild 5).

a) Zuerst stellst du die Lichtquellen weit auseinander. Beschreibe das Schattenbild!

b) Schiebe nun die Lichtquellen aufeinander zu. Wie verändert sich der Schatten?

V 6 Vergleiche das Schattenbild einer Mattglasscheibe mit dem einer gleich großen Pappscheibe. Worin ähneln und unterscheiden sich beide Schatten?

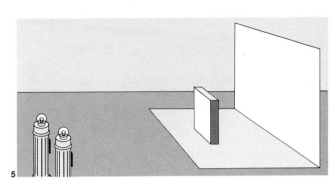

5

Aufgaben

1 Zeichne Versuch 3 so, als ob du ihn von oben siehst. Dann zeichnest du zwei Lichtstrahlen, die von der Lampe ausgehen und gerade noch am Gegenstand vorbeiführen. Alle Stellen, die beleuchtet sind, malst du gelb aus. Alle anderen Stellen malst du schwarz.

2 Zeichne eine Versuchsskizze wie in Bild 6: Von jeder der zwei Lichtquellen zeichnest du wieder nur die beiden Lichtstrahlen, die gerade noch am Gegenstand vorbeigehen. Nimm zur Unterscheidung der Lichtquellen unterschiedliche Farben! Überlege: Wo ist nur Licht? Wo sind gleichzeitig Licht *und* Schatten? Wo ist nur Schatten?

3 Manche Gegenstände sind zwar nicht so *durchsichtig* wie z.B. eine Glasscheibe, sie lassen aber trotzdem noch Licht durch. Man bezeichnet solche Gegenstände als *durchscheinende* Körper.

a) Überlege, wie das Schattenbild eines durchscheinenden Körpers aussieht.

b) Folgende und andere Körper kann man nach ihrer **Lichtdurchlässigkeit** unterscheiden: Holzbrett, Glasscheibe, dünnes weißes Papier, dickes Papier, Karton, Butterbrotpapier, Alufolie, Mattglasscheibe, Plastiktüte, Frischhaltefolie, Hand.

Ordne die Gegenstände in eine Tabelle nach folgendem Muster ein:

Licht geht ungehindert hindurch: *durchsichtig*	Licht geht nur zu einem Teil hindurch: *durchscheinend*	Licht geht nicht hindurch: *undurchsichtig*
Glas	...	...
...	...	...

Lichtquelle 1 ⊗

Lichtquelle 2 ⊗

Gegenstand

Schirm

6

Wir lernen neue Begriffe kennen

Ein undurchsichtiger Gegenstand hindert das Licht an seiner geradlinigen Ausbreitung. Hinter dem Gegenstand befindet sich ein lichtarmer Raum. Man nennt ihn **Schattenraum.**

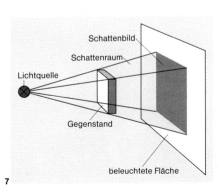

Dunkle Schatten mit scharfen und deutlichen Rändern heißen **Schlagschatten.** Schatten mit recht verschwommenen und undeutlichen Rändern bezeichnet man als **Übergangsschatten.**

Auch ein durchscheinender Körper erzeugt einen Schatten. Er ist heller als der Schatten eines undurchsichtigen Gegenstandes, denn der durchscheinende Körper läßt einen Teil des Lichtes durch; dieses hellt den Schatten auf.

Wird ein Gegenstand von zwei Lichtquellen gleichzeitig beleuchtet, entstehen *drei* Schattenbereiche (Bild 8): In der Mitte erkennt man deutlich einen dunklen **Kernschatten,** rechts und links davon je einen helleren **Halbschatten.** Diese Halbschatten entstehen so: Die eine Lichtquelle erzeugt ein Schattenbild des

Gegenstandes, gleichzeitig kann aber das Licht der anderen Lichtquelle am Gegenstand vorbei auf den Schatten fallen; es hellt ihn damit auf. Halbschatten sind also „beleuchtete Schatten".

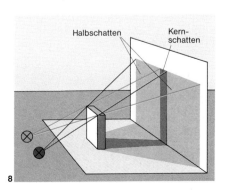

7

8

Aus Umwelt und Technik: **Licht und Schatten im Haus**

Sieh dir die Beleuchtungskörper an der Decke deines Klassenzimmers an. Sie unterscheiden sich von deiner Taschenlampe:

Zum Beispiel strahlt die Taschenlampe ihr Licht von einer fast punktförmigen Glühwendel ab. Das Licht der Deckenleuchten geht dagegen von einer größeren Fläche aus. Die Taschenlampe erzeugt scharf abgegrenzte **Schlagschatten** (Bild 1). Die Leuchten im Klassenraum werfen verschwommene und ziemlich weiche **Übergangsschatten** (Bild 2).

Dunkle, scharf abgegrenzte Schatten können störend wirken. Weiche Übergangsschatten sind dagegen angenehmer für das Auge. Zur Beleuchtung des Arbeitsplatzes bevorzugt man deshalb **flächige Lichtquellen.** Das sind z. B. Glühlampen mit mattem Glaskolben oder Leuchtstoffröhren. Meist sind sie zusätzlich durch einen Lampenschirm abgedeckt oder mit einer Glocke aus Milchglas oder durchscheinendem Kunststoff versehen. Damit erhält man weiche Schattenübergänge.

Eine Lichtquelle muß auch **an der richtigen Stelle** des Raumes angebracht sein. Das ist wichtig für eine gute Ausleuchtung: Stell dir z. B. vor, im Bad wäre nur eine einzige Leuchte an der Decke befestigt! Wenn du dann in den Spiegel schauen würdest, läge dein Gesicht im Schatten. Damit es aber auch von vorn beleuchtet wird, befindet sich über dem Spiegel eine zusätzliche Leuchte.

Zusätzliche Leuchten ermöglichen auch am Schreibtisch oder in der Küche ein angenehmeres Arbeiten.

1

2

Aus Umwelt und Technik: **Schattenspiele**

Manchmal ist ein scharf abgegrenzter Schatten auch erwünscht, zum Beispiel beim **Schattentheater.** Deshalb ist es hier auch sinnvoll, eine starke und *punktförmige* Lichtquelle einzusetzen.

In Bild 3 siehst du, wie ein Schattentheater funktioniert: Die Zuschauer sitzen vor einer durchscheinenden Leinwand, hinter der sich die Lichtquelle befindet. Zwischen Lichtquelle und Leinwand können die Spielfiguren bewegt werden.

Bereits im alten China gab es Schattentheater. Die Chinesen fertigten dazu kunstvolle Spielfiguren (Bild 4), mit denen sie ganze Theaterstücke aufführten.

Fragen und Aufgaben zum Text

1 Welche beiden Arten von selbstleuchtenden Körpern kennst du? Beschreibe die Schatten, die sie erzeugen.

2 Erkläre, warum beim Schattentheater punktförmige (und keine flächigen) Lichtquellen verwendet werden.

3 Suche zu Hause drei verschiedene Lichtquellen.
a) Beschreibe, was diese Lichtquellen beleuchten sollen.
b) Welche Schatten erzeugen sie?
c) Stören diese Schatten? Wenn ja, wie könntest du die störenden Schatten aufhellen oder ganz beseitigen?

4 Nimm an, du solltest an dem Tisch, an dem du deine Schularbeiten machst, eine Schreibtischleuchte anbringen. Wo wäre dafür der günstigste Platz? Ist es dabei von Bedeutung, ob du ein Rechts- oder ein Linkshänder bist?

3   Zuschauer · durchscheinende Leinwand · Spielfiguren · Lichtquelle · vor der Leinwand · hinter der Leinwand

4

2 Licht und Schatten im Weltraum

Eine **Sonnenfinsternis** oder auch eine **Mondfinsternis** ist ein beinahe unheimliches Ereignis. Viele Naturvölker, z.B. die Indianer, glaubten dabei an Zauberei und an übernatürliche Kräfte.

Der Schriftsteller *Hans Baumann* berichtet in seinem Roman „Der Sohn des Columbus", wie sich *Christoph Columbus* einmal eine Mondfinsternis zunutze machte: Die Eingeborenen hatten sich geweigert, seine Schiffe mit Lebensmitteln zu versorgen – da kam ihm dieses bevorstehende Naturereignis, von dem er wußte, gerade recht:

„Chia, die Mondgöttin, zürnt euch für euer Verhalten! Sie wird deshalb in dieser Nacht den Mond verhüllen!"

Die Eingeborenen verhöhnten Columbus zunächst. Doch dann kam die Nacht:

Columbus hatte das große Sandglas (eine Sanduhr) mit. Er hielt es vor sich hin. Der Sand war bis auf einen kleinen Teil aus dem oberen Trichter geronnen. Da hob Columbus den Arm und deutete auf den Mond.

Lange stand er da mit erhobenem Arm. Die Indianer starrten zum Mond hinauf. Ein Klagelaut aus tausend Kehlen ließ die Luft erzittern. Über die helle Mondscheibe begann sich ein dunkler Schatten zu schieben.

Die Weiber warfen sich mit dem Gesicht auf die Erde, die Männer wateten ins Wasser und umdrängten das Boot, in dem der mächtige Mann, der mit Chia geredet hatte, stand. Die Indianer hielten den Atem an.

Columbus sagte mit starker Stimme: „Ihr seht, Chia zürnt!" ...

V 7 Die Entstehung einer Mond- oder Sonnenfinsternis kann leicht im Versuch nachgestellt werden (Bild 6):

Eine Lichtquelle soll die „Sonne" darstellen, ein Globus ist die „Erde". Als „Mond" dient ein kleiner Ball, der an einem Stab mit einem dünnen Bindfaden befestigt ist.

Ordne die obengenannten „Himmelskörper" so an, daß
a) eine Mondfinsternis,
b) eine Sonnenfinsternis entsteht.

Wie kommt eine Mondfinsternis oder eine Sonnenfinsternis zustande?

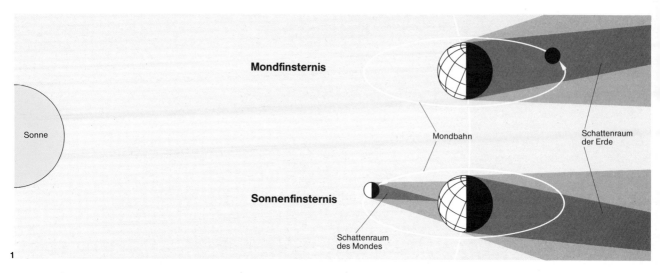

Mondfinsternis

Sonne

Mondbahn

Schattenraum
der Erde

Sonnenfinsternis

Schattenraum
des Mondes

1

Du weißt, daß die Erde ihr Licht dadurch erhält, daß sie von der Sonne angestrahlt wird. Die Erde selbst ist aber ein undurchsichtiger Körper. Deshalb befindet sich hinter ihr (von der Sonne aus gesehen) ein **Schattenraum** von gewaltigem Ausmaß. Er reicht Hunderttausende von Kilometern in den Weltraum hinein.

Der Mond umkreist bekanntlich die Erde. Dabei gerät er manchmal auch in diesen Schattenraum. Er wird dann also nicht mehr von der Sonne beschienen.

Das heißt: Von der Erde aus ist er nicht mehr zu sehen, da er kein Sonnenlicht auf die Erde werfen kann. Man spricht in diesem Fall von einer **Mondfinsternis.** Sie dauert ungefähr 90 Minuten.

Eine **Sonnenfinsternis** ist noch faszinierender: Am hellichten Tage schiebt sich plötzlich eine schwarze „Scheibe" vor die Sonne und verdunkelt diese für ein paar Minuten (Bilder 2-4). Dabei wird es draußen so dunkel, daß die Straßenbeleuchtung eingeschaltet werden muß.

Eine Sonnenfinsternis entsteht, wenn sich der **Mond** auf seiner Umlaufbahn genau **zwischen Sonne und Erde** schiebt. Der Mondschatten fällt dann auf die Erde.

Dieser Schatten hat einen Durchmesser von etwa 200 Kilometern; das bedeutet, daß die Sonnenfinsternis nur an einer ganz bestimmten Stelle der Erde beobachtet werden kann.

Erst am 11. August 1999, um 9.36 Uhr, wird in Deutschland wieder eine Sonnenfinsternis zu beobachten sein.

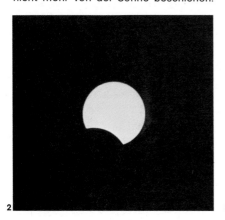

2

3

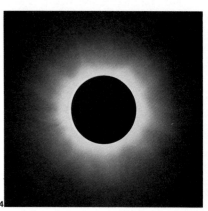

4

Die Entfernungen in dem riesigen Weltall sind so unvorstellbar groß, daß man sie in Bild 1 **nicht maßstabsgetreu** darstellen konnte. Genauso ist es mit der Größe der einzelnen Himmelskörper:

Stell dir einmal vor, die Erde hätte nur die Größe eines Fußballs! Könnte man die Sonne im gleichen Maßstab verkleinern, so wäre sie immer noch eine mächtige Kugel mit einem Durchmesser von 15 m!

Die Entfernung Sonne – Erde betrüge bei einer solchen Verkleinerung immer noch 15 km. Der Mond hätte dann die Größe eines Tischtennisballs und würde die Erde in 3,8 m Entfernung umkreisen.

Sonnenrand
Durchmesser der Sonne 1 392 000 km

Erde
Durchmesser 12 756 km

Entfernung
Erde—Mond 384 000 km

Mond
Durchmesser 3 476 km

Entfernung Erde—Sonne 150 000 000 km

5

Alles klar?

1 Überlege, ob das hier abgebildete Fußballspiel am Tage oder an einem späten Abend stattfindet. Begründe!

2 Tina Pfiffig meint: „Der Schatten hängt von der Kleidung ab: Helle Kleidung erzeugt einen hellen Schatten, und dunkle Kleidung einen dunklen Schatten." Stimmt das?

3 Im Sommer hast du im Freibad endlich einen schattigen Liegeplatz unter einem Baum gefunden. Nach einiger Zeit merkst du auf einmal, daß du wieder in der Sonne liegst …

4 Harry Schlaumeier behauptet: „Die Länge eines Schattens ist von der Tageszeit abhängig." Was meinst du dazu?

6

5 Überlege, wo du eine Schreibtischlampe aufstellen würdest: direkt vor dein Heft, links davon oder rechts davon. Begründe deine Antwort!

6 Bei welchen Lichtquellen erhältst du einen scharf abgegrenzten Schatten, bei welchen einen weichen Schattenrand?
Überlege auch, welche der Lichtquellen sich als Schreibtischbeleuchtung eignen könnte.

7 Manuela geht abends nach Hause. Es ist schon dunkel. An ihrem Weg stehen in regelmäßigen Abständen Straßenlaternen. Während Manuela geht, sieht sie, wie sich ihr Schatten verändert: Einmal ist er groß, dann wieder klein, dann hat sie zwei Schatten. Wie kommt das?

3 Zusammenfassung

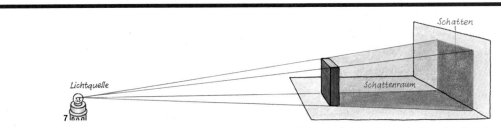

Als **Schattenraum** bezeichnet man den lichtarmen Raum hinter einem beleuchteten Gegenstand.

Punktförmige Lichtquellen erzeugen scharf begrenzte, dunkle **Schlagschatten**.
Flächige Lichtquellen erzeugen weiche, fließende **Übergangsschatten**.
Die **Schattengröße** hängt ab von den Entfernungen zwischen Lichtquelle, Gegenstand und Schatten.

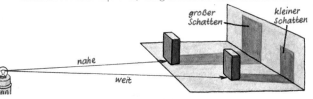

Ist der beleuchtete Gegenstand durchscheinend, so wird sein Schatten aufgehellt.

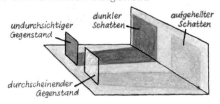

Wird ein Gegenstand von *zwei Lichtquellen* gleichzeitig beleuchtet, sieht man unter bestimmten Bedingungen *drei Schatten* von unterschiedlicher Helligkeit: In der Mitte befindet sich ein dunkler **Kernschatten**, rechts und links jeweils ein aufgehellter **Halbschatten**.

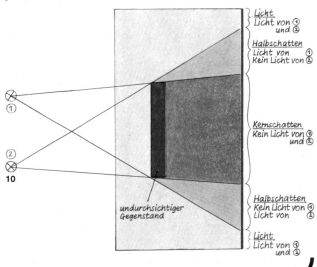

10

Die Lochkamera

1 Fotografieren mit der Blechdose?

Dieses Mädchen soll fotografiert werden. Es ist das **Motiv**.

Hier wird gerade fotografiert. Kaum zu glauben: Der ganze Fotoapparat besteht aus einer einfachen Dose mit einem kleinen Filmstück auf der Innenseite des Deckels! Man nennt diesen Apparat **Lochkamera**.

Und das ist beim Fotografieren mit der Lochkamera herausgekommen: das **Bild**.

Bauanleitung: **Eine Lochkamera zum Experimentieren**

Du brauchst:
1 Konserven- oder Teedose (oder 1 undurchsichtigen, dunklen Becher aus Pappe oder Kunststoff;
1 Stück Pergamentpapier;
1 kleines Stück (2 x 2 cm) Alufolie (oder schwarzen Heftkarton);
1 Bogen dunklen Bastelkarton (DIN A 3);
1 starken Gummiring (z.B. vom Einweckglas), der stramm um die Konservendose paßt;
1 Hammer;
1 dicken Nagel;
1 dünne Nähnadel;
Tesafilm®.

So wird's gemacht:
In die Mitte des Dosenbodens schlägst du mit dem Nagel ein Loch. (Bei einem Kunststoffbecher stichst du das Loch mit einer heißen Nadel in den Boden.)

Dieses Loch überklebst du mit Alufolie. Dann stichst du nur mit der dünnen Spitze

der Nähnadel vorsichtig ein *kleines* Loch in die Folie.

Die offene Seite der Dose bespannst du mit feuchtem Pergamentpapier. Ein kräftiges Gummiband hält das Papier fest. Nach dem Trocknen muß das Pergamentpapier straff und faltenfrei sein.

Zum Schutz gegen Seitenlicht rollst du eine Röhre aus Bastelkarton. Sie soll sich über die Dose schieben lassen.

Hinweis:
Für den Fall, daß du mit deiner Lochkamera richtig fotografieren willst, findest du auf der Nachbarseite eine Erweiterung.

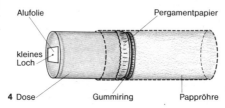

Alufolie   Pergamentpapier

kleines Loch

4 Dose   Gummiring   Papröhre

V 1 Mit diesem Versuch kannst du deine Lochkamera ausprobieren.

Richte die Öffnung der Lochkamera auf ein Fenster (oder auf eine Kerzenflamme), und betrachte das Pergamentpapier, den *Schirm*. (So nennt man den Teil des Versuchsaufbaus, auf dem schließlich das entstehende Bild zu sehen ist.)

a) Bewege die Lochkamera ein wenig hin und her, und beobachte dabei das Bild auf dem Schirm.

b) Laß jemanden zwischen Kamera und Fenster (oder Kerzenflamme) hindurchgehen. Was siehst du auf dem Schirm?

V 2 Die wichtigsten Teile der Lochkamera sind das Loch und die Rückwand aus durchscheinendem Papier.

Wenn du die selbstgebaute Lochkamera nicht zur Verfügung hast, nimmst du eine Lochblende (z.B. einen mit einer Nadel durchbohrten, quadratischen Bierdeckel) und ein Blatt Zeichenpapier; es dient dir als Schirm.

a) Versuche, das Fenster mit Hilfe der Lochblende auf dem Schirm abzubilden.

b) Stelle vor die Lochblende eine brennende Kerze (Bild 5). Vergleiche dann die Kerzenflamme mit ihrem Bild auf dem Schirm.

c) Was geschieht mit dem Bild, wenn du die Kerze vor der Lochblende seitlich hin- und herbewegst?

d) Nimm die Lochblende weg. Hast du dann auch noch ein Bild der Kerze auf dem Schirm?

V 3 In ein Brett sind durchsichtige Glasperlen so eingelassen, daß sie die Form einer **1** bilden. (Man nennt dieses Gerät *Perl-1.*) Werden die Perlen von hinten beleuchtet (Bild 6), wirkt jede einzelne Perle wie eine Lichtquelle (ein *selbstleuchtender* Körper).

a) Die Perl-1 wird auf dem Pergamentpapier der Lochkamera oder – wie in Versuch 2 – auf dem Zeichenpapier abgebildet. Was beobachtest du, wenn Perle für Perle mit einem Pappstreifen abgedeckt wird?

Dann werden nacheinander die Perlen freigegeben, so daß die **1** wieder vollständig wird.

b) Zeichne den Weg des Lichtes von der roten und von der blauen Perle bis hin zu ihrem Bild (Bild 8).

V 4 Die Eins in Bild 7 besteht nicht aus „selbstleuchtenden" Perlen, sondern aus weißen, aufgeklebten Papierscheibchen. Wenn sie von der starken Experimentierleuchte angestrahlt werden, werfen sie als *beleuchtete* Körper Licht auf die Blende und den Schirm.

Welche Ergebnisse wirst du erhalten, wenn Versuch 3 mit diesen beleuchteten Scheibchen durchgeführt wird?

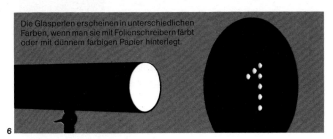

Die Glasperlen erscheinen in unterschiedlichen Farben, wenn man sie mit Folienschreibern färbt oder mit dünnem farbigen Papier hinterlegt.

6

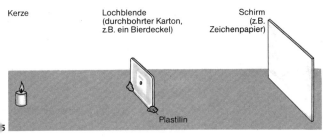

Kerze | Lochblende (durchbohrter Karton, z.B. ein Bierdeckel) | Schirm (z.B. Zeichenpapier) | Plastilin

5

7

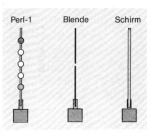

Perl-1 | Blende | Schirm

8

Erweiterung der Bauanleitung: **Eine Lochkamera zum Fotografieren**

So mußt du deine Lochkamera umbauen, wenn du mit ihr richtig fotografieren willst:
Das gelingt am besten mit einer etwas größeren Teedose (Bild 2). Sie muß einen dicht schließenden Deckel haben und so groß sein, daß in den Deckel *die Kassette mit dem Film für ein Sofortbild* paßt. Außerdem brauchst du eine *Sofortbildkamera*, um den belichteten Film nach dem Fotografieren zu entwickeln.

Befestige zunächst auf der Innenseite des Deckels ein Stück doppelseitiges Klebeband (z.B. Teppichklebeband); es soll später die Kassette festhalten.

Dann klebst du über das kleine Loch im Boden der Teedose von außen ein Stück Alufolie. Nimm entweder selbstklebende Folie, oder klebe Folie mit Tesafilm® fest. Sie muß dicht schließen und mehrmals auf der Dose haften können; so kannst du das Loch nach Belieben öffnen und wieder schließen.

Klebe nun die Sofortbildkassette an, und zwar *in einem völlig dunklen Raum!*

Wenn du ein Motiv zum Fotografieren gefunden hast, stellst du die Kamera auf eine feste Unterlage; sie darf während der Aufnahme nicht wackeln. Ziehe dann die Alufolie gerade so weit ab, daß das Loch frei wird: Jetzt fällt Licht durch das kleine Loch auf den Film im Innern der Dose; d.h., der Film wird *belichtet.*

Wenn du bei sonnigem Wetter fotografierst, mußt du etwa 30 s lang belichten. Bei bewölktem Wetter (oder wenn du einen dunklen Gegenstand fotografierst) belichtest du etwa 40 s lang. Anschließend wird das Loch wieder zugeklebt.

Du darfst die Dose erst wieder in einem dunklen Raum öffnen! Dort nimmst du die Kassette heraus und legst sie in eine Sofortbildkamera ein. Wenn du dann auf den Auslöser der Kamera drückst, wird das Bild entwickelt.

Aufgaben

1 Nenne Lichtquellen, die beim Fotografieren eine Rolle spielen.

2 Von drei Schülern wirft einer einen Ball, einer leuchtet mit einer Lampe und einer spritzt mit einem Wasserschlauch.

Welche Wege nehmen der Ball, das Licht und das Wasser?

3 Zeichne dieses Schnittbild einer Lochkamera ab (Bild 1). Ergänze dann die Lichtwege von Kopf und Fuß der Figur bis hin zum Schirm.

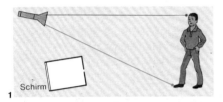

1

4 Wie kommt es, daß das Bild auf dem Pergamentpapier der Lochkamera (auf dem Schirm) seitenverkehrt ist und auf dem Kopf steht?

5 Manche Fotografen richten beim Fotografieren das Blitzlicht gegen die Decke. Überlege, auf welchem Weg dann das Licht zum Film gelangt.

6 Der **Versuch** in Bild 2 zeigt, wie sich Licht ausbreitet.

a) Beschreibe die Ausbreitung des Lichtes im Bereich der Lampe und dann zwischen Blende und Schirm.

b) Warum erscheint das Bild der Lampe an *dieser* Stelle auf dem Schirm und nicht etwas höher oder tiefer?

2

7 In Bild 3 siehst du eine Lochkamera mit zwei Löchern. Wie wird das Bild auf dem Schirm aussehen?

Fertige dazu eine Zeichnung an (ähnlich wie die in Bild 1), und überprüfe dann deine Vermutung in einem **Versuch.**

8 Diesmal stehen *drei* Kerzen 1, 2 und 3 vor der Lochkamera. Bild 4 zeigt den **Versuch** von oben. Übertrage die Zeichnung in dein Heft, und zeichne die Bilder der Lichtpunkte (hier als Kreuze gezeichnet) ein.

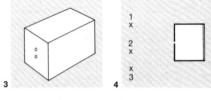

3   4

9 Eine Kerzenflamme vor der Lochkamera flackert und bewegt sich dabei nach links. Wohin bewegt sich das Bild auf dem Schirm?

Aus der Geschichte: **Die Camera obscura**

Um das Jahr 1000 machte der arabische Naturforscher *Ibn al-Haitham* eine Entdeckung: Durch ein kleines Loch in der Wand fiel Licht in ein dunkles Zimmer. Es ließ auf der gegenüberliegenden Wand ein Bild von der Landschaft vor dem Hause entstehen. Ibn al-Haithams Erfindung nannte man später **Camera obscura** (lat.: dunkle Kammer).

Die erste Zeichnung einer Camera obscura (Bild 5) stammt aus dem Jahr 1544. Sie wurde von dem Holländer *Frisius* angelegt. Auch er stellte dar, wie man mit Hilfe der Camera obscura eine Sonnenfinsternis beobachten kann: Durch ein Loch in einer der Außenwände fallen Sonnenstrahlen in einen sonst abgedunkelten Raum. Sie entwerfen ein Bild der Sonne auf der Rückwand des Raumes. So konnte man dort die Sonnenfinsternis beobachten, ohne direkt in die Sonne sehen zu müssen.

Zu jener Zeit gab es die Camera obscura auch schon als kleines tragbares Häuschen (Bild 6). Es wurde z.B. von Malern benutzt: Sie bespannten zunächst die Rückwand des Häuschens mit einem Stück Leinen. Dann malten sie die Umrisse der von der Sonne beschienenen Gebäude oder Landschaft nach. Anschließend nahmen sie die Leinwand ab und malten ihr Bild im Atelier mit Farben aus. Natürlich mußten sie die Leinwand erst wieder umdrehen, denn das von ihnen skizzierte Bild stand auf dem Kopf.

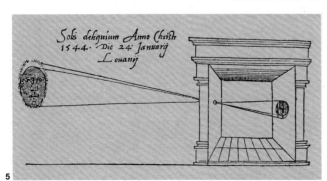

5

6

Punkt für Punkt

Sieh dir einmal ein Zeitungsbild mit der Lupe an. Du wirst erkennen, daß es aus vielen gedruckten Punkten zusammengesetzt ist. Je kleiner diese Punkte sind und je dichter sie beieinanderliegen, desto klarer und schärfer ist das Bild.

Wenn wir einen Gegenstand sehen, können wir uns das folgendermaßen vorstellen: Von jeder Stelle (jedem **Punkt**) seiner Oberfläche wird **Licht ausgesandt.** Die Kerzenflamme z.B. stellen wir uns aus unendlich vielen Lichtpunkten zusammengesetzt vor; und von jedem dieser Punkte breitet sich Licht nach allen Seiten geradlinig aus (Bild 7).

Damit wir besser verstehen können, wie das Bild einer Kerzenflamme entsteht, betrachten wir nur *zwei* Lichtpunkte dieser Flamme. Wir verfolgen die Lichtstrahlen, die allein von diesen beiden Punkten ausgehen. (In den Bildern 8 u. 9 wurden sie zur besseren Unterscheidung *rot* und *blau* gezeichnet.)

Wenn wir die Kerze einfach vor einen Schirm stellen, fallen die Strahlen völlig ungeordnet darauf (Bild 8). Ein Bild der Flamme ist nicht zu entdecken.

Erst wenn wir einige Lichtstrahlen „auswählen", erhalten wir ein Bild. Das gelingt mit einer **Lochblende:** Sie hindert die meisten Strahlen daran, auf den Schirm zu fallen; nur wenige treffen durch das Loch und erreichen den Schirm (Bild 9).

Der (rot gezeichnete) Lichtstrahl, der von der Flammenspitze durch das Loch gelangt, trifft auf eine ganz bestimmte Stelle des Schirms; das ergibt dort einen hellen Punkt. Nur an dieser einen Stelle auf dem Schirm entsteht – aus vielen Einzelpunkten zusammengesetzt – ein Bild der Flammenspitze.

Genauso ist es mit dem (blau gezeichneten) Lichtstrahl, der von einem Punkt am Flammensaum ausgeht. Auch von ihm entsteht nur an einer bestimmten Stelle ein Bild, nämlich ein heller Punkt.

Da jedoch von *allen* Punkten der Kerzenflamme Lichtstrahlen durch das Loch auf den Schirm fallen, ergibt sich dort „Punkt für Punkt" ein vollständiges Bild der Flamme.

Diese Überlegungen zur Abbildung eines Körpers gelten nicht nur für selbstleuchtende Körper wie die Kerzenflamme. Genauso werden **beleuchtete Körper** abgebildet – nur werfen sie (ebenfalls „Punkt für Punkt") Licht einer *anderen* Lichtquelle zurück (Bilder 10–12).

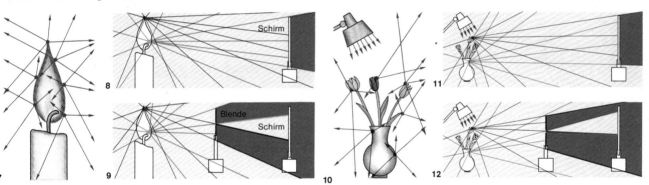

7 8 9 10 11 12

2   Zusammenfassung

Die Lochkamera

Das Licht breitet sich nach allen Seiten hin **geradlinig** aus.
Damit ist die **Bildentstehung in der Lochkamera** zu erklären (Bild 13).

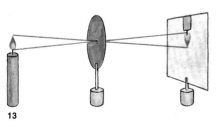

Das Licht der obersten Perle (Bild 14) fällt durch das Loch hindurch nach *unten* auf die Rückwand; das Licht der untersten Perle fällt nach *oben* auf die Rückwand. Damit ergibt sich:

Das **Bild** der Eins ist **seitenverkehrt** und steht auf **dem Kopf.**

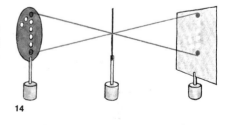

13 14

Ein *kleines Loch* in der Lochkamera läßt nur wenige Lichtstrahlen hindurch: Auf dem Schirm erscheinen kleine Bildpunkte. Das Bild ist zwar scharf, aber lichtschwach.

Ein *großes Loch* läßt dagegen viele Lichtstrahlen hindurch: Es bilden sich große Lichtflecken auf dem Schirm. Das so entstehende Bild ist zwar hell, aber unscharf.

Spiegelung und Spiegelbild

1 Licht geht um die Ecke

Hoffentlich kommen Jochens Lichtzeichen beim richtigen Mädchen an!

V 1 Kannst du die Richtung schätzen, in die ein Spiegel das Lichtbündel deiner Taschenlampe umlenkt? Als „Ziel" dient dir dazu ein Gegenstand (z.B. eine Tintenpatrone, ein Anspitzer oder ein Radiergummi).

Wie mußt du Spiegel und Taschenlampe aufstellen, damit das Licht genau auf den Gegenstand fällt? Schalte nun die Lampe ein! Getroffen?

V 2 Klebe deine Taschenlampe vorne mit schwarzem Klebeband so weit zu, daß nur noch ein Spalt offenbleibt. Wenn du jetzt das Licht an einem Blatt Papier entlangscheinen läßt, kannst du es in seinem Verlauf gut verfolgen (Bild 2).

a) Stelle zunächst einen Taschenspiegel senkrecht auf ein Blatt Zeichenpapier. Richte dann das Licht der Taschenlampe darauf. Wie verläuft das Lichtbündel? Du kannst es auf dem Zeichenpapier verfolgen.

b) Drehe den Taschenspiegel ein wenig herum. Was kannst du jetzt beobachten?

c) Beleuchte den Spiegel mit deiner Taschenlampe nacheinander aus verschiedenen Richtungen (Bild 3). Mit unterschiedlichen Farbstiften kannst du auf dem Zeichenpapier den Verlauf des Lichtes nachzeichnen. Gib dabei auch jedesmal die Stellung des Spiegels an.

V 3 Hier ist ein Versuch mit einer optischen Scheibe dargestellt worden (Bild 4). Erkennst du die Ähnlichkeit der Versuchsgeräte mit deinen aus den Versuchen 1 und 2?

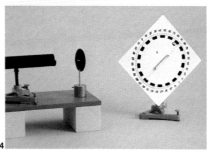

a) Welchen Weg wird das Licht von der Experimentierleuchte bis hin zum Spiegel nehmen? Versuche, auch die Richtung zu schätzen, in die es gespiegelt wird.

b) Du siehst, daß auf der optischen Scheibe genau senkrecht zum Spiegel eine schwarze Linie verläuft. Man bezeichnet sie als **Lot**.

Richte das Lichtbündel der Experimentierleuchte so auf den Spiegel, daß es an diesem Lot entlangscheint. Was beobachtest du?

c) Drehe nun die optische Scheibe (und damit den Spiegel) ein wenig. Wie ändert sich der Lichtweg?

Wie viele Skalenteile zählst du zwischen dem Lot und dem Lichtbündel, das von der Experimentierleuchte kommt (Bild 5)?

Zähle auch die Skalenteile zwischen dem Lot und dem gespiegelten Lichtbündel.

d) Drehe die Scheibe ein Stück weiter. Was fällt dir auf, wenn du wiederum die Skalenteile zählst?

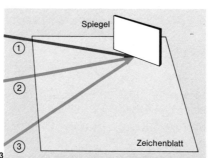

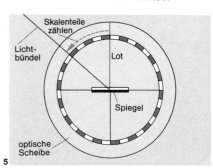

Wir lernen neue Begriffe kennen

Wenn Licht auf einen Spiegel fällt, wird es umgelenkt. Man sagt, es wird **reflektiert** (lat. *reflectere:* zurückbiegen). Unsere Beobachtungen an der optischen Scheibe haben gezeigt, daß diese **Reflexion** nach einer ganz bestimmten **Gesetzmäßigkeit** erfolgt (Bild 6).

Trifft das Licht **entlang dem Lot** senkrecht auf den Spiegel, so wird es **in sich selbst** reflektiert.

Fällt es hingegen **schräg** auf den Spiegel, so wird es **in eine andere Richtung** umgelenkt.

Einfallswinkel = Reflexionswinkel

6

Dabei bildet das einfallende Licht zusammen mit dem Lot den **Einfallswinkel**. Der dazu gehörende **Reflexionswinkel** (auch *Ausfallswinkel* genannt) wird zwischen dem Lot und dem reflektierten Licht gemessen.

Messungen ergeben, daß der Reflexionswinkel immer **genauso groß** ist wie der Einfallswinkel. Diesen Zusammenhang bezeichnet man als das **Reflexionsgesetz**. Man sagt:

„**Einfallswinkel = Reflexionswinkel**".

Gerichtete und ungerichtete Reflexion

In Bild 1 wird das Sonnenlicht zu einem der drei Mädchen – also *in eine ganz bestimmte Richtung* – umgelenkt. Man sagt daher auch: Licht wird von der Spiegeloberfläche **gerichtet reflektiert** (Bild 7).

Nicht nur Spiegel haben „spiegelglatte" Oberflächen: Sicherlich hast du schon oft dein Spiegelbild z. B. in einer Glasscheibe oder einer polierten Holzfläche gesehen.

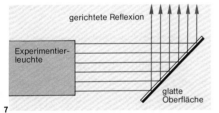

7

Diese glatten Oberflächen reflektieren also das Licht wie ein Spiegel; das heißt, das Licht wird durch sie *gerichtet* reflektiert.

Die meisten Körper haben keine glatten, sondern **rauhe** Oberflächen. (Denke z. B. an ein Blatt Papier, deine Kleidung oder eine Ledertasche.) Auch von solchen Oberflächen wird auftreffendes Licht zurückgeworfen; sonst könnten wir diese Körper ja nicht sehen. Aber spiegeln kann man sich in deren Oberflächen nicht. Einfallendes Licht wird nämlich nicht in eine bestimmte Richtung, sondern *nach allen Seiten* hin reflektiert. Man spricht deshalb hier von einer **ungerichteten Reflexion** oder von einer **Streuung**.

Die ungerichtete Reflexion können wir auf folgende Weise erklären:

Eine rauhe Oberfläche besteht aus vielen winzigen Ebenen, die – jede für sich – das Licht wie Spiegel reflektieren (Bild 8). Weil die einzelnen Ebenen unterschiedlich schräg zum einfallenden Licht stehen, wird das Licht in alle möglichen Richtungen umgelenkt.

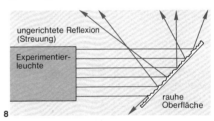

8

Aufgaben

1 Nenne einige Körper, an deren Oberflächen Licht *gestreut* wird. Welche Beispiele für *gerichtete* Reflexion kennst du?

2 Miß aus, wie groß in Bild 9 der Einfallswinkel ist. Wie groß ist der Reflexionswinkel?

3 Ein Lichtstrahl fällt auf einen Spiegel (Einfallswinkel: 40°) und wird von diesem reflektiert. Fertige eine genaue Zeichnung dazu an.

4 Bild 10 zeigt die Skizze eines Versuchsaufbaus. Auf welchen der drei Punkte (a, b oder c) wird das reflektierte Licht fallen? Schätze zunächst, und miß dann nach.

5 Bei diesem Versuchsaufbau fällt das gespiegelte Licht nicht auf die Stelle, auf die es fallen soll (Bild 11). Wie könntest du das korrigieren? (Es gibt drei Möglichkeiten.)

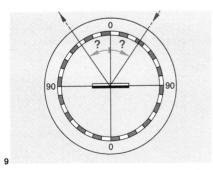

9

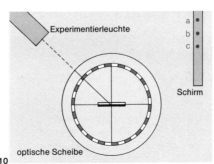

10

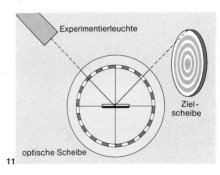

11

2 Spiegelbilder können täuschen

Holger behauptet:

„Ich kann meinen Vor- und Zunamen in Druckbuchstaben schreiben, obwohl ich meine Hand dabei in einem Spiegel beobachte!

Wetten, daß *du* das nicht fertigbringst?!"

V 4 Lege eine Buchseite mit der linken Kante an einen Spiegel. Was fällt dir auf, wenn du die Seite mit ihrem Spiegelbild vergleichst? Gelingt es dir, die Schrift im Spiegel zu lesen?

V 5 Findest du dieses Foto nicht auch sehr merkwürdig? Eine Kerze soll unter Wasser brennen?! Das geht doch überhaupt nicht!...

Wie ist wohl dieses „Zauberkunststück" möglich? Probiere es selbst einmal aus!

Aufgaben

1 Welchen Unterschied erkennst du zwischen dem Jungen und seinem Spiegelbild?

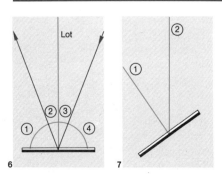

2 Überlege dir eine Möglichkeit, wie du die untenstehende „Geheimschrift" entziffern könntest.

Spiegelschrift lesen ist nicht schwer

3 Bei diesen Wörtern wurde aus Versehen die obere Hälfte abgeschnitten ...

Alles klar?

1 Wie lautet das Reflexionsgesetz?

2 Wo liegt in Bild 6 der Einfallswinkel, bei 1, 2, 3 oder 4?

3 Welches Lot ist in Bild 7 falsch eingezeichnet?

4 In einem Kasten sind mehrere Spiegel so angeordnet, wie Bild 8 es zeigt. Welchen der drei Gegenstände wirst du sehen, wenn du bei A hineinblickst?

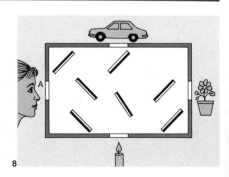

Aus der Geschichte: **Spiegelfechtereien**

Mit Hilfe von Spiegeln lassen sich viele interessante Zauberkunststücke durchführen. Ein Beispiel dafür hast du in Versuch 5 kennengelernt, und vielleicht kennst du noch andere.

Die Eigenschaft einer Glasscheibe, Licht gleichzeitig zu reflektieren *und* auch durchzulassen, nutzten früher viele Schausteller, zum Beispiel auf Jahrmärkten. Während ihrer Vorstellungen erzeugten sie damit geheimnisvolle „Geisterbilder", mit denen sie ihre Zuschauer oft maßlos verblüfften.

Hier siehst du, wie sie das anstellten: Bei diesem „Duell" war der Schauspieler, der das Gespenst spielte, für die Zuschauer nicht zu sehen. Er lag auf einem schrägen Brett unterhalb der Bühne (Bild 9). Wenn man ihn aber mit einem Scheinwerfer anstrahlte, wurde sein Spiegelbild auf der Glasscheibe für die Zuschauer sichtbar. Das heißt, auf der Bühne erschien plötzlich, wie aus dem Nichts, das „Gespenst" (Bild 10).

Nach dem Abschalten der Lichtquelle verschwand das „Gespenst" wieder auf ebenso unheimliche Weise.

9

10

3   Zusammenfassung

Mit Hilfe eines **Spiegels** läßt sich eingestrahltes Licht in beliebige Richtungen **umlenken**. Diese Erscheinung heißt **(gerichtete) Reflexion**.

Für die Reflexion des Lichtes am Spiegel gilt das Reflexionsgesetz:
Einfallswinkel = Reflexionswinkel.

An Körpern mit rauher Oberfläche wird das einfallende Licht nach allen Seiten gestreut. Man spricht hier von **ungerichteter Reflexion**.

1

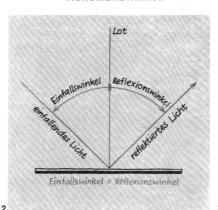
12

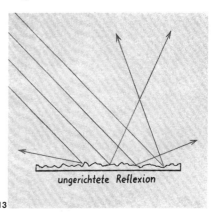
13

Wärmequellen und Verbrennung

1 Was brennt eigentlich in einer Flamme?

V 1 Besorge dir eine Kerze, bei der der Docht abgebrochen ist. Stelle sie auf eine feuerfeste Unterlage.

a) Versuche, die *Kerze ohne Docht* zu entzünden.

b) Ersetze den Docht durch ein Stückchen Holz. Dazu steckst du ein Streichholz ohne Kopf neben dem Dochtrest in die Kerze. Das Hölzchen soll nur etwa 1 cm aus dem Kerzenwachs herausragen.

Läßt sich deine Kerze nun mit dem Hölzchen als „Docht" anzünden?

V 2 Erhitze etwas *Kerzenwachs* in einem Porzellantiegel (Bild 2).

a) Versuche mehrmals, das Wachs zu entzünden (Bilder 3 u. 4).

b) Beschreibe genau, was mit dem Wachs geschieht. Wann beginnt es zu brennen?

V 3 Zünde eine Kerze an und warte, bis das Wachs rund um den Docht geschmolzen ist. Blase dann die Flamme aus. Vom Docht steigt jetzt weißer *Wachsdampf* auf.

a) Entzünde schnell ein Streichholz, und halte es etwa *2 cm* über dem Docht in den Wachsdampf (Bild 5).

b) Halte die Streichholzflamme jetzt *5 cm* hoch über dem Docht in den Wachsdampf (Bild 6).

c) Stülpe ein Glasrohr über die brennende Kerze, so daß der obere Glasrand etwa 10 cm vom Docht entfernt ist. Wenn du die Kerzenflamme ausgeblasen hast, hältst du die Streichholzflamme am oberen Glasrand in den Wachsdampf (Bild 7).

V 4 Sieh dir einmal eine *Kerzenflamme* genau an. Du kannst zwei *Zonen* deutlich unterscheiden.

a) Halte für etwa eine Sekunde ein Streichholz quer in die Flamme (Bild 8). Achte darauf, daß du es dicht über dem Docht in die dunkle Zone der Flamme hältst!

b) Halte einen Streichholzkopf für knapp eine Sekunde in die innere Zone der Flamme (Bild 9). Halte ihn dann genauso lange in die Spitze der Flamme.

c) Versuche, deine Beobachtungen zu erklären.

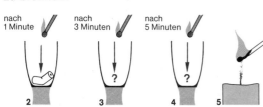

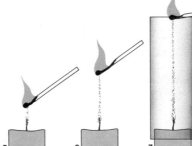

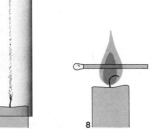

Wir vergleichen die Flammen von Gasbrenner und Kerze

1 Beim **Gasbrenner** kann man **zwei Flammen** einstellen:

a) die leuchtende Flamme

Das **Luftloch** unten am Brenner bleibt zunächst **geschlossen**. Der Gashahn wird geöffnet und das ausströmende Gas am oberen Brennerrand entzündet.

Das Gas verbrennt mit gelber, leuchtender Flamme. Daher nennt man diese Flamme auch **Leuchtflamme**. Sie hat eine Temperatur von etwa 1000 °C.

b) die nichtleuchtende Flamme

Während die Leuchtflamme brennt, wird das **Luftloch** unten am Brenner langsam **geöffnet**. Durch die kleine Öffnung strömt Luft von außen in das Brennerrohr ein. Dadurch entsteht das deutlich hörbare Rauschen.

Die Luft vermischt sich mit dem Gas, das aus der Düse austritt. Je weiter das Luftloch geöffnet wird, desto mehr Luft vermischt sich mit dem Gas. Das Gas verbrennt immer heftiger, und die Flamme wird heißer. Aus der Leuchtflamme wird eine schwachblaue **Heizflamme**.

An der Heizflamme sind deutlich **zwei Zonen** zu unterscheiden: Es gibt einen inneren **Kern** und einen äußeren **Mantel**. Eine der nebenstehenden Zeichnungen zeigt, wo die Heizflamme am heißesten ist.

2 Die **Kerzenflamme** und die Heizflamme des Brenners ähneln einander. Die Kerzenflamme ist jedoch weniger heiß.

Auch an der Kerzenflamme können wir Kern und Mantel deutlich unterscheiden. Die innere Zone (Kern) ist nicht so heiß wie die äußere Zone (Mantel), weil sich im Kern unverbrannte Wachsdämpfe befinden. Erst in der äußeren Zone kommt soviel Luft an die Dämpfe heran, daß sie verbrennen können.

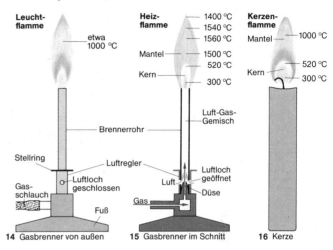

Leuchtflamme — etwa 1000 °C

Heizflamme — 1400 °C / 1540 °C / 1560 °C
Mantel — 1500 °C / 520 °C
Kern — 300 °C

Kerzenflamme
Mantel — 1000 °C
Kern — 520 °C / 300 °C

Luft-Gas-Gemisch
Brennerrohr
Stellring
Luftregler
Luftloch geöffnet
Gas-schlauch
Luftloch geschlossen
Luft
Düse
Gas
Fuß

14 Gasbrenner von außen
15 Gasbrenner im Schnitt
16 Kerze

V 5 In Bild 10 lassen wir etwas *Holz* in einem Reagenzglas *verschwelen*. Das Feuer kann so nicht direkt an das Holz herankommen.

a) Beobachte genau, wie sich das Holz beim Verschwelen verhält. Was verändert sich? Was passiert, wenn du nach kurzer Zeit ein brennendes Streichholz an die Öffnung des Glasröhrchens hältst?

b) Erhitze auch einige Papierkügelchen oder etwas Steinkohle im Reagenzglas. Was ist dabei genauso wie beim Verschwelen von Holz?

c) Erhitze auf die gleiche Weise etwas Holzkohle (Zeichenkohle oder Grillkohle). Vergleiche wieder mit dem Verschwelen des Holzes.

V 6 Wir erhitzen eine kleine Menge Kerzenwachs in einem Tiegel, bis eine Flamme entsteht (Bild 11).

a) Dann nehmen wir den Brenner weg und decken den Tiegel mit dem Deckel zu (Bild 12). Nach ein paar Sekunden heben wir den Deckel mit der Tiegelzange wieder ab (Bild 13).

b) Das Öffnen und Schließen des Tiegels kann man mehrere Male wiederholen – mit dem gleichen Ergebnis.

Wie kannst du dieses Ergebnis erklären?

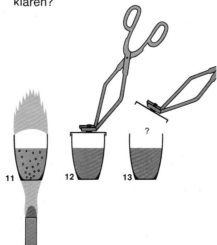

11 **12** **13**

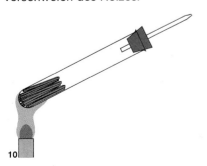

10

Aufgaben

1 Was brennt nun eigentlich, wenn du eine Kerze angezündet hast?

2 Beschreibe, welche Aufgabe der Docht bei der Kerze hat.

3 Du weißt bereits, daß die innere Zone der Kerzenflamme etwas kälter ist als die äußere Zone. Versuche, das zu erklären.

4 Die Versuche 2 u. 6 haben etwas gemeinsam. Verwende bei deiner Erklärung den Begriff *Entzündungstemperatur*.

5 Warum ist die Leuchtflamme des Gasbrenners nicht so heiß wie die Heizflamme?

6 Schreibe auf, was die Kerzenflamme und die Heizflamme des Gasbrenners gemeinsam haben. Worin unterscheiden sie sich?

7 Die Flammen von Gasbrenner und Kerze sind *Wärmequellen*. Nenne noch weitere Beispiele.

Aus Umwelt und Technik: **Die Kohlenmeiler schwelen wieder!**

Eigenartig! Im Wald riecht's nach geräuchertem Schinken! Wer diesem Geruch nachgeht, steht plötzlich vor einem **Kohlenmeiler** (Bild 1). In einigen Dörfern der Pfalz und Oberbayerns hat man das Handwerk des **Köhlers** wiederentdeckt.

Vor ein paar tausend Jahren fanden die Menschen heraus, daß **verkohltes Holz** mehr Hitze entwickelt als frisches. Seitdem stellten die Köhler in **Meilern** Holzkohle her.

So ein Meiler muß fachmännisch **aufgebaut** werden: Zuerst wird der *Kamin* errichtet. Dazu steckt der Köhler vier Stangen im Abstand von 30 cm in den Boden. Um dieses Quadrat herum wird das Holz möglichst dicht aufgestellt (Bild 2). Es darf in einem

Meiler nur *eine* Holzart verwendet werden, weil sonst das Holz nicht gleichmäßig verschwelt.

Wenn das Holz fertig aufgeschichtet ist, wird es mit Reisig, Laub und Erde luftdicht abgedeckt (Bild 3). Um dann den Meiler anzuzünden, füllt der Köhler Reisig und glühende Holzkohle in den Kamin.

Zehn bis vierzehn Tage lang schwelt nun das Holz bei einer Temperatur von ungefähr 500 °C. Dabei entweichen beißende Rauchschwaden durch die Abdeckung ins Freie. (Daher der Geruch nach geräuchertem Schinken!) In dieser Zeit muß der Köhler Tag und Nacht Wache halten, damit der Meiler nicht irgendwo Luft bekommt und zu brennen anfängt.

Wenn die Holzkohle „gar" ist, wird der Meiler abgeräumt: Der Köhler trägt die Erdschicht ab und breitet die heiße Holzkohle aus. Dann besprüht er sie mit Wasser, damit sie an der frischen Luft nicht verglüht. Schließlich wird sie in Säcke abgepackt und als **Grillkohle** verkauft.

Die meiste Holzkohle wird heute in der **Industrie** in riesigen Kesseln (Retorten) hergestellt. Hier verwendet man Holzabfälle, die aus Möbelfabriken, Sägewerken und anderen holzverarbeitenden Betrieben angeliefert werden.

Der Köhler braucht 14 Tage, um Holzkohle herzustellen; die Retorte schafft es in 15 Stunden! Sie ist dabei „umweltfreundlicher" als der Meiler.

Alles klar?

1 Es gibt *natürliche* und *künstliche* Wärmequellen. Ordne die folgenden Wärmequellen entsprechend: Sonne, Heizstrahler, Brennerflamme, Vulkan, heiße Quelle (Geysir), Kerzenflamme.

2 Dies ist ein zweckmäßiges Gerät, mit dem man Kerzen löschen kann. Wie funktioniert es?

3 Harry Schlaumeier behauptet: „Ich kann eine Kerzenflamme auslöschen, ohne sie auszublasen oder zu berühren." Schafft er das wirklich?

4 Du weißt, was notwendig ist, damit etwas brennt. Wenn nur eine der Voraussetzungen nicht erfüllt ist, erlischt das Feuer wieder. Wie kann man demnach ein *Feuer löschen*?

5 Holz kann verschwelen oder verbrennen; Holz*kohle* dagegen verglüht nur. Worin unterscheiden sich diese drei Vorgänge voneinander?

6 Manche Gefäße (z. B. für Farben, Lacke, Lösungsmittel) tragen dieses Gefahrensymbol. Welche Eigenschaft hat also der Inhalt?

7 Oft sagt man: „Das *Feuer* brennt." – Was meinst du dazu, nachdem du jetzt mehr darüber weißt?

8 Was ist die *Entzündungstemperatur*?

9 Die Feuerversicherung für ein Haus mit Strohdach ist viel teurer als für ein Haus mit Ziegeldach. Warum nimmt die Versicherung eine höhere Brandgefahr beim Strohdach an?

10 Im Kunstunterricht erhitzte die „Batikgruppe" Wachs in einem Gefäß auf einer *elektrischen* Kochplatte. Dabei entstand ein gefährlicher Zimmerbrand. Wie konnte das geschehen?

2 Zusammenfassung

Was brennt in einer Flamme?

Das **feste Kerzenwachs** im Tiegel brennt nicht. Wenn man es mit einem Brenner erhitzt, wird es flüssig. Das heißt, das feste Kerzenwachs schmilzt.

Das **flüssige Kerzenwachs** brennt auch nicht. Wenn man es weiter erhitzt, beginnt es zu sieden und wird gasförmig: Das Kerzenwachs verdampft.

Erst **Wachsdampf** entzündet sich – und zwar dann, wenn seine Entzündungstemperatur erreicht wird und der Dampf mit der Luft in Berührung kommt.

Der **Docht** sorgt dafür, daß das flüssige Wachs nach oben steigt und zur Kerzenflamme gelangt. Der Docht allein würde sehr schnell verglühen.

Was für Kerzenwachs gilt, trifft auch auf viele andere Brennstoffe zu:

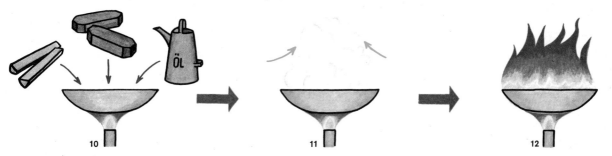

Ein brennbarer Stoff
(z. B. Holz, Kohle, Benzin, Heizöl)
wird erhitzt.

Der Brennstoff bildet Dämpfe.
Sie vermischen sich
mit der Luft.

Die Entzündungstemperatur
wird erreicht: Die Dämpfe brennen.
Man sieht eine Flamme.

Nur **Gase** oder **Dämpfe** brennen.

Wann brennt etwas – wann erlischt ein Feuer?

Drei **Voraussetzungen** müssen erfüllt sein, damit etwas brennt:	Daraus ergeben sich drei **Löschmethoden**:
1. Ein brennbarer Stoff muß vorhanden sein. **und** **2.** Die Entzündungstemperatur des Stoffes muß erreicht sein. **und** **3.** Es muß Luft (Sauerstoff) an das Feuer herankommen.	**1.** Alle brennbaren Stoffe müssen vom Brandherd entfernt werden. **oder** **2.** Die brennenden Stoffe müssen bis unter die Entzündungstemperatur abgekühlt werden. **oder** **3.** Man muß dafür sorgen, daß keine Luft an das Feuer herankommen kann. Es muß erstickt werden.

Thermometer und Temperaturen

1 Warm oder kalt?

Andreas und Bert sind vom Duschen gekommen.
Andreas hat heiß geduscht,
Bert erst heiß und dann kalt.
Ob das der Grund dafür ist,
daß sie so unterschiedlicher Meinung
über die Wassertemperatur sind?

Aufgaben

1 Wer von beiden ist Bert? Beweise es mit einem **Versuch**.

2 Du weißt bestimmt, daß es verschiedene **Thermometer** gibt, mit denen man **Temperaturen** messen kann. Unten sind vier sogenannte *Flüssigkeitsthermometer* abgebildet.

a) Was ist an den Thermometern gleich, was ist unterschiedlich?

b) Warum reichen drei Skalen bis unterhalb des Nullpunkts?

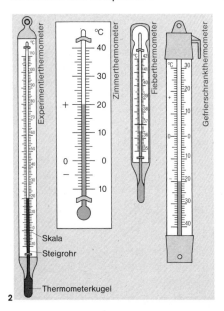

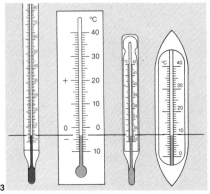

3 Bei den Thermometern oben steht die Thermometerflüssigkeit gleich hoch. Bedeutet das, daß sie dieselbe Temperatur anzeigen?

4 Petra und Frank sollen die Temperatur des Erdbodens messen. Wer von den beiden macht es falsch?

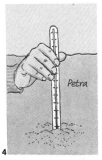

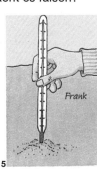

5 Weißt du, was das Zeichen „C" bedeutet, das auf unseren Thermometern an der Skala steht?

6 Bei welcher Temperatur wird Wasser zu Eis? Wie heiß ist kochendes (siedendes) Wasser?

7 Beim Messen von Temperaturen sind mehrere Fehler möglich. So ergeht's Marion, die die Temperatur des Badewassers mißt: Sie steckt ihr Thermometer ganz kurz ins Wasser und liest dann ab.

Findest du heraus, was sie falsch gemacht hat?

An der Zeichnung unten erkennst du einen zweiten Fehler!

2 Farben als Temperaturanzeiger?

Lange hat Bernd diesem Tag entgegengefiebert. Und alle haben hart gearbeitet, um diesen Augenblick zu ermöglichen: Das große Rennen beginnt (Bild 7).

Tatsächlich, die Sekunden vor dem Start sind die schlimmsten. Nervös läßt Bernd den Motor aufheulen. Wird alles gutgehen? Vor allem der *Motor* – wird er den hohen Belastungen standhalten und nicht etwa ausfallen, weil er zu heiß geworden ist?

Werden die *Bremsen* sicher funktionieren? Oder werden sie schon nach wenigen Kurven so heiß werden, daß sie schließlich – wenn sie gebraucht werden – versagen?

Ob die Mechaniker das richtige Öl gewählt haben? Das *Getriebe* des Rennwagens mit seinen schnellaufenden Zahnrädern muß doch bis zuletzt gut geschmiert bleiben!

Diese Fragen sind entscheidend, zunächst einmal für Bernd, der dieses Rennen durchstehen will.

7

Autorennen sind aber nicht nur spannende Sportereignisse, die man gebannt verfolgt. Vor allem sind es regelrechte „Härtetests" für Motoren, Bremsanlagen und Getriebe. Man gewinnt dabei Erfahrungen, die man sich auch bei der Konstruktion „normaler" Autos zunutze macht.

Viel hängt auch davon ab, welche Schlüsse man aus den Meßergebnissen während der Entwicklung des Fahrzeugs zieht. Oft werden deshalb sogar noch während der Trainingsrunden die **Temperaturen** überprüft. Dabei konzentriert man sich auf einige der „kritischen Punkte" des Rennwagens.

Daß man keine Flüssigkeitsthermometer einsetzen kann, um während der Fahrt zum Beispiel die Temperatur der Bremsen zu überprüfen, ist dir sicherlich klar. Man verwendet statt dessen manchmal sogenannte **Temperaturmeßfarben**. Sie sind als Farbstifte oder Farbstreifen (*Thermo-Meßstreifen*) im Handel.

V 1 Geben Farben tatsächlich Hinweise auf Temperaturänderungen?

a) Halte etwas Schreibpapier etwa eine Handbreit über eine Kerzenflamme. Es darf auf keinen Fall verschwelen oder gar zu brennen anfangen. Der Papierstreifen soll nur erwärmt werden. Verfärbt sich das Papier dabei?

b) Schneide nun eine *Zwiebel* durch. Warte, bis der Papierstreifen abgekühlt ist, und drücke die Schnittfläche der Zwiebel gegen das Papier (Bild 8). Dabei dringt der Zwiebelsaft in das Papier ein. Was geschieht, wenn du das Papier noch einmal über der Kerzenflamme erwärmst?

V 2 In diesem Versuch wollen wir *graue Temperaturmeßfarbe* verwenden. Schneide dir zur Vorbereitung erst einmal drei gleich große Papierstreifen zurecht (ca. 10 cm lang, 4 cm breit), und zeichne je einen pfenniggroßen Kreis darauf. Alle drei Kreise malst du mit der grauen Temperaturmeßfarbe aus. Dann erwärmst du den ersten Papierstreifen über einer Kerze.

a) Den zweiten Papierstreifen legst du um ein Reagenzglas, das siedend heißes Wasser enthält (Bild 9).

b) Den dritten drückst du fest gegen deine warme Hand (Bild 10).

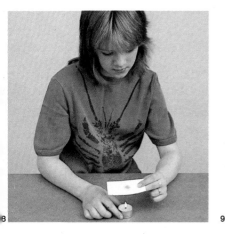

8

9

10

Aufgaben

1 Wie können wir herausfinden, bei welcher Temperatur die verwendete Meßfarbe *umschlägt*? Plane einen **Versuch**, mit dem du das herausfinden kannst. Er kann Ähnlichkeit mit Versuch 2 b haben.

2 Unten ist ein **Versuch** abgebildet, bei dem der gläserne Kolben einer Glühlampe mit einem Papierstreifen beklebt wurde. Das Stück Papier ist mit Temperaturmeßfarbe bestrichen. Was kannst du mit diesem Versuch feststellen?

3 Untersuche, wie lange der Farbumschlag der Meßfarbe anhält, nachdem das Papier wieder Zimmertemperatur erreicht hat. Kontrolliere den Streifen nach einer Stunde, nach vier Stunden, nach einem Tag.

4 Du weißt ja jetzt schon, daß in der Autoentwicklung *Thermo-Meßstreifen* eingesetzt werden, um Temperaturen zu messen. Da die Temperaturen unterschiedlich hoch sind, verwendet man Meßstreifen verschiedener Temperaturbereiche.

5 Das hier abgebildete „Farbthermometer" wird *Digitalthermometer* genannt. Versuche zu erklären, wie dieses Thermometer arbeitet.

6 Unten ist das Digitalthermometer auf einen Stahlreifen aufgeklebt; es dient als „Weinthermometer". Welche Vorteile hat es hier gegenüber einem Flüssigkeitsthermometer?

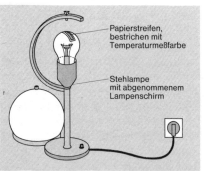

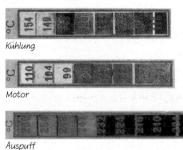

Kühlung

Motor

Auspuff

a) Welche Temperatur wurde hier jeweils erreicht?

b) Nenne Vor- und Nachteile der Thermo-Meßstreifen gegenüber den Flüssigkeitsthermometern.

c) Warum darf sich der Farbumschlag des Thermo-Meßstreifens nicht verändern, wenn sich das damit beklebte Autoteil wieder abkühlt?

d) Ist die Temperaturanzeige durch einen Meßstreifen so genau wie bei einem Flüssigkeitsthermometer?

Alles klar?

1 Wir sind mit einem Temperatursinn ausgestattet. Warum ist es trotzdem gut, daß wir Thermometer haben?

2 In einer Sommernacht fiel die Temperatur von 22,5 °C auf 11,4 °C ab. Wie groß war der Temperaturunterschied?

3 Wie groß war der „Temperatursturz", als einmal die Temperatur von +8,5 °C auf −9,6 °C fiel?

4 „Heute nacht hatten wir eine Temperatur von −12 °C, sagt Dirk. „Das ist falsch", behauptet Karin, „wir hatten 12 Grad unter Null!" Wer von beiden hat recht?

5 Welche Temperatur ist auf der Skala des Fieberthermometers rot eingetragen? Weshalb wurde sie so gekennzeichnet?

6 Jochen hat Fieber; seine Körpertemperatur beträgt 38,7 °C. Wie hoch liegt sie über der Normaltemperatur?

7 Die Temperatur eines Kellers empfindest du im Sommer als kühl, im Winter als warm – auch wenn der Keller nicht geheizt ist. Würde das die Messung mit einem Thermometer bestätigen?

8 Tina meint: „Das Digitalthermometer ist nichts anderes als ein Thermo-Meßstreifen." Meinst du das auch?

3 Zusammenfassung

Temperaturen

Die **Temperatur** eines Körpers gibt uns an, wie warm der Körper ist.

Wenn du gesund bist, hast du eine Körpertemperatur von 37 °C. Bei Fieber steigt sie aber an: Eine Temperatur von fast 41 °C ist schon bedenklich hoch, so daß schnellstens der Arzt geholt werden muß.

| Körper-temperatur eines gesunden Menschen: 37 °C | Temperatur, die ohne Schmerz gerade noch zu ertragen ist: 45 °C | Höchste auf der Erde gemessene Lufttemperatur: 59 °C | Tiefste auf der Erde gemessene Lufttemperatur: −88,3 °C | Tag-temperatur auf dem Mond: etwa 150 °C | Nacht-temperatur auf dem Mond: etwa −150 °C |

Thermometer

Unser Temperaturempfinden ist sehr trügerisch: Wir irren uns oft, wenn wir etwas als *warm* oder als *kalt* bezeichnen sollen.

Zuverlässig können wir Temperaturen nur mit Hilfe von **Thermometern** messen.

Wie das Meter die Maßeinheit für die Länge eines Körpers ist, so ist das **Grad Celsius (1 °C)** die Maßeinheit für seine Temperatur. Diese Maßeinheit steht an unserer Thermometerskala.

Mit **Thermometern** mißt man die **Temperatur** von Körpern.
Unsere Thermometer geben die Temperatur in **Grad Celsius (°C)** an.

Je nachdem, für welchen Zweck sie gebaut sind, sehen Thermometer ganz verschieden aus. Sie unterscheiden sich in ihrer **Form** und in ihrem **Meßbereich**.

Flüssigkeitsthermometer sind entweder mit Quecksilber oder gefärbtem Alkohol gefüllt. Sie sind alle gleich aufgebaut, auch wenn sie recht unterschiedlich aussehen.

Wenn du die Temperatur eines Körpers messen willst, muß die ganze Thermometerkugel Kontakt mit dem Körper haben.

Abgelesen wird die Temperatur erst dann, wenn sich die Thermometerflüssigkeit nicht mehr im Steigrohr bewegt. Am genauesten liest du in Augenhöhe ab.

Es gibt moderne Thermometer, bei denen keine Flüssigkeit, sondern ein **wärmeempfindlicher Farbstoff** verwendet wird. Dieser ändert seine Farbe immer dann, wenn eine bestimmte Temperatur überschritten wurde.

Flüssigkeiten werden erwärmt und abgekühlt

1 Ein Großbrand wurde verhindert

Brand im Möbellager

In der Nacht vom Montag zum Dienstag brach gegen 3 Uhr morgens bei Möbel-Hartmann ein Schwelbrand aus. Trotz starker Rauchentwicklung wurde er erst spät bemerkt.

Als schließlich die automatische Berieselungsanlage (Sprinkleranlage) einsetzte, wurde auch der Nachtwächter des Gebäudes aufmerksam. Er alarmierte sofort die Feuerwehr.

Die Feuerwehrleute brauchten jedoch nur noch mit dem Handlöscher einzugreifen. Der Brandherd war bereits durch die Berieselungsanlage gelöscht worden.

Wie ist es möglich, daß die Berieselungsanlage in Tätigkeit tritt, ohne von jemandem eingeschaltet zu werden? (Das Wort „Sprengflüssigkeit" in Bild 5 gibt darauf einen Hinweis.)

Anschluß an Löschwasserleitung

5

Röhrchen, gefüllt mit Sprengflüssigkeit

V 1 Einen Hinweis darauf, wie sich eine Flüssigkeit verhält, die erwärmt wird, gibt dieser Versuch.

Während du schon Wasser in einem Topf erwärmst, füllst du eine leere Limonadendose mit kaltem Wasser. Sie soll so voll werden, daß das Wasser mit dem Trinkloch auf einer Höhe steht. Mit einer Serviette oder etwas Löschpapier trocknest du den Deckel der Dose ab.

Wenn das Wasser im Topf siedet, nimmst du den Topf vom Kochherd. Stelle nun vorsichtig die Dose mit dem kalten Wasser hinein (Bild 6).

Was siehst du, wenn du die Dosenöffnung beobachtest, während sich das Wasser in der Dose erwärmt?

6

V 2 Kann man auf diese Weise feststellen, wie sich Wasser beim Erwärmen verhält (Bilder 7-9)?

a) Überlege dir, wie der Versuch ablaufen müßte, und führe ihn durch!

b) Ändert sich der Wasserstand im Glaskolben, während sich das Wasser erhitzt (Bild 9)?

c) Überlege, wie du den Versuchsaufbau verbessern könntest, damit du ein deutlicheres Ergebnis erhältst. (Denke an die Form des Thermometers!)

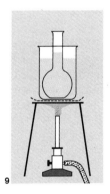

markieren→

100 ml Wasser von Zimmertemperatur

Wasser siedet

7   8   9

V 3 Bild 10 zeigt dir den Aufbau eines weiteren Versuches.

a) Was soll hier wohl untersucht werden?

b) Warum werden die drei Flüssigkeiten nicht einzeln, sondern in einem gemeinsamen *Wasserbad* erhitzt?

c) Wie müßte deiner Meinung nach der Versuch durchgeführt werden?

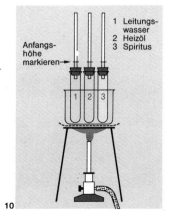

Anfangshöhe markieren→

1 Leitungswasser
2 Heizöl
3 Spiritus

10

Aufgaben

1 Sieh nach, was in der Tabelle unten auf dieser Seite steht. So kannst du die Angaben lesen: „Wird 1 Liter Wasser von Zimmertemperatur um 1 Grad Celsius erwärmt, dehnt es sich um (das Volumen von) 0,2 ml aus. Das entspricht ungefähr der Größe von 4 Wassertropfen."

2 Ergänze die folgenden Sätze:
„Wenn wir eine Flüssigkeit *erwärmen*, ..."
„Wenn wir eine Flüssigkeit *abkühlen*, ..."

3 Wenn die Flüssigkeiten gleich stark erwärmt werden, kann man auch sagen:
„Heizöl dehnt sich stärker aus als ..."
„Wasser dehnt sich genauso stark aus wie ..."
„Alkohol dehnt sich weniger stark aus als ..."
„Benzol dehnt sich ... mal so stark aus wie Wasser."

4 Die unterschiedliche Ausdehnung der sechs Flüssigkeiten bei Erwärmung kann man auch zeichnen und dann miteinander vergleichen! Das nebenstehende Bild zeigt, wie man das macht.

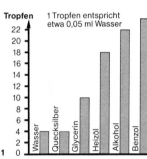
Tropfen   1 Tropfen entspricht etwa 0,05 ml Wasser
11

5 Als der Kolben in Versuch 2b erwärmt wurde, konntest du das Ansteigen des Wassers kaum bemerken. In Versuch 2c stieg es aber erheblich über die Markierung. Wie erklärst du dir das?

6 Nachdem der Kolben in Versuch 2 einen Stopfen mit Steigrohr bekommen hatte, sah er aus wie ein „Wasserthermometer" ohne Skala.

Erkläre, warum die Flüssigkeit auch in einem „richtigen" Thermometer bei wachsender Temperatur ansteigt.

Warum sinkt die Thermometerflüssigkeit, wenn die Temperatur fällt?

7 Stelle eine „Wirkungskette" auf, die angibt, was beim Messen in einem Thermometer passiert: „Das Thermometer wird in heißes Wasser gestellt. → Die Thermometerflüssigkeit in der Thermometerkugel ... → ... → ..."

Flüssigkeiten werden um 1 °C erwärmt:

Flüssigkeiten von 20 °C (Zimmertemperatur)	Ausdehnung der Flüssigkeiten um
1 Liter Wasser	0,2 ml (ca. 4 Tropfen)
1 Liter Quecksilber	0,2 ml (ca. 4 Tropfen)
1 Liter Glycerin	0,5 ml (ca. 10 Tropfen)
1 Liter Heizöl	0,9 ml (ca. 18 Tropfen)
1 Liter Alkohol	1,1 ml (ca. 22 Tropfen)
1 Liter Benzol	1,2 ml (ca. 24 Tropfen)

1 Liter = 1000 ml ≈ 20 000 Wassertropfen

Aus Umwelt und Technik: **Wenn der Tank zu voll ist ...**

Bei Hitze nicht volltanken

Tanken bei sommerlichen Temperaturen ist nicht ungefährlich. Darauf wies dieser Tage der Automobilclub *Kraftfahrer-Schutz (KS)* hin. Denn wie alle festen und flüssigen Stoffe dehnt sich auch Benzin bei Erwärmung aus. Ist der Tank voll, muß ein Teil des Treibstoffes auslaufen, und das kann zu einer erheblichen Brandgefahr führen.

Beim Tanken sind die Temperaturunterschiede besonders groß, da das Benzin an der Tankstelle in unterirdischen Tanks bei etwa 10 °C lagert. Steht das vollgetankte Fahrzeug in der Sonne, erwärmt sich der Tankinhalt auf die Höhe der Außentemperaturen, die im Sommer oft über 30 °C betragen.

Die Erwärmung des Treibstoffes um 20 °C führt zu einer Ausdehnung, die bei einem 50-Liter-Tank immerhin schon 1 Liter ausmacht.

Ist der Tank bis zum Rand gefüllt, hat der Treibstoff keinen Platz mehr, um sich auszudehnen. So muß er durch das Entlüftungsrohr oder den Tankdeckel entweichen. Dies kann zu Schäden am Lack führen und auch die Ursache für Brände sein. Eine weggeworfene und noch glimmende Zigarette genügt, um das übergelaufene Benzin zu entzünden!

Benzin, das erwärmt wird, dehnt sich aus; es braucht also Platz. Deshalb ist es vorteilhaft, daß bei uns die Benzintanks aller Autos mit **Entlüftungsrohren** versehen sind (Bild 1).

Dieses Rohr dient nicht nur dazu, die Luft beim Einfüllen des Benzins entweichen zu lassen: Wenn nämlich der Tank randvoll gefüllt ist und sich das Benzin in der Sonne erwärmt und ausdehnt, kann ein Teil des Benzins durch dieses Rohr hindurch abfließen.

Tankwagen, mit denen Heizöl, Benzin oder andere Flüssigkeiten transportiert werden, haben nicht diese Entlüftungsrohre; stattdessen besitzen sie **Sicherheitsventile**. Sie befinden sich oben an jeder Kammer, aus denen sich der Tank eines Tankwagens zusammensetzt. (Die größten Straßentankwagen, die bis zu 35 000 Liter Flüssigkeit fassen können, besitzen sechs solcher Kammern.)

Wo die Sicherheitsventile angebracht sind, zeigt Bild 2.

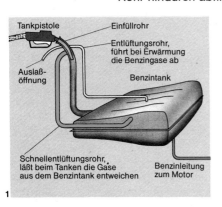

1

Tankpistole — **Einfüllrohr** — **Entlüftungsrohr,** führt bei Erwärmung die Benzingase ab — **Auslaßöffnung** — **Benzintank** — **Schnellentlüftungsrohr,** läßt beim Tanken die Gase aus dem Benzintank entweichen — **Benzinleitung zum Motor**

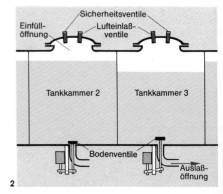

2

Einfüllöffnung — **Sicherheitsventile** — **Lufteinlaßventile** — **Tankkammer 2** — **Tankkammer 3** — **Bodenventile** — **Auslaßöffnung**

Fragen und Aufgaben zum Text

1 Vielleicht hast du das schon erlebt: Du willst an einem heißen Tag in ein Auto einsteigen und merkst, daß es stark nach Benzin riecht. Warum kann das an der Wärme liegen?

2 Wann muß sich ein Sicherheitsventil eines Tankwagens öffnen?

3 Tankwagen, die Heizöl transportieren, sind mit sogenannten *Grenzwertgebern* ausgestattet. Warum sind diese so eingestellt, daß beim Einfüllen der Flüssigkeit ein Zehntel des Tanks freibleibt (Bild 3)?

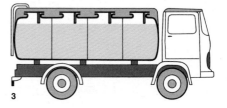

3

Aus Umwelt und Technik: **Eine schreckliche Brandkatastrophe**

4

Am 11. Juli 1978, mitten in der Ferienzeit, geschah das furchtbare Unglück (Bild 4): 210 Urlauber aus Deutschland, Belgien und Frankreich verbrannten auf dem Campingplatz *Los Alfaques* in Spanien.

Der Grund für diese Katastrophe: In unmittelbarer Nähe des Campingplatzes explodierte ein Tankwagen, der mit einer brennbaren Flüssigkeit gefüllt war. Die Explosion verwandelte den Campingplatz innerhalb weniger Sekunden in ein Flammenmeer. Wie konnte es zu dieser Explosion kommen?

Im Untersuchungsbericht wurde später nachgewiesen, daß man schwere Fehler beim Einfüllen der Flüssigkeit begangen hatte: In den Tankwagen waren etwa 4000 Liter *zuviel* eingefüllt worden. Der Tank war praktisch voll bis zum Rand. Das mußte einfach zur Katastrophe führen!

Warum? Beim Einfüllen aus einem Erdtank war die Flüssigkeit noch ziemlich kühl. Bei der hohen Lufttemperatur jenes Julitages erwärmte sie sich aber während der Fahrt im Tankwagen. Dabei dehnte sie sich aus – wie alle Flüssigkeiten, die erwärmt werden. Für diese Volumenvergrößerung war aber in dem Tank, der keine Sicherheitsventile besaß, kein Platz mehr vorhanden.

Als Folge davon drückte die Flüssigkeit immer stärker gegen die Tankwände (Bilder 5 u. 6).

Was nun unweigerlich kommen mußte, passierte auch, und zwar zufällig genau am Campingplatz *Los Alfaques*: Der überfüllte Tank riß plötzlich auf, die brennbare Flüssigkeit spritzte in hohem Bogen heraus – und ein winziger Funke (vielleicht von einem Stein, der gegen den Kotflügel schlug) genügte, um die schreckliche Katastrophe auszulösen ...

210 Menschen starben, und viele andere trugen schwere Verletzungen davon – nur weil man beim Füllen des Tanks einen Fehler gemacht hatte: Man hatte nicht bedacht, daß sich Flüssigkeiten ausdehnen, wenn sie erwärmt werden!

Der Tank ist nicht ganz gefüllt. Die Flüssigkeit hat bei Erwärmung genug Raum zum Ausdehnen.

5

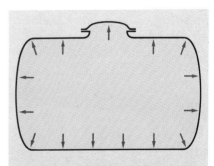

Der Tank ist ganz gefüllt. Bei Erwärmung drückt die Flüssigkeit immer stärker gegen die Tankwände.

6

2 Wie heiß und wie kalt kann Wasser werden?

1 Am Südpol der Erde treten Temperaturen auf, die bei −60 °C liegen. Könnte man sie mit einem Quecksilberthermometer messen? Begründe deine Aussage!

2 Warum sind Hautverbrennungen durch siedendes Fett viel schlimmer, als wenn man sich mit siedendem Wasser verbrennt?

3 Hier siehst du eine Flasche Wein in einem Weinkühler. Wie kommt es, daß der Wein im Weinkühler auch an heißen Sommertagen kühl bleibt?

4 In Kühltaschen bleiben Lebensmittel länger frisch, z. B. bei einem Ausflug. Diese Kühltaschen sind mit sogenannten Kühlakkus ausgestattet. Warum müssen diese eine Zeitlang im Kühlschrank (im Tiefkühlfach) gelegen haben, bevor sie in die Kühltasche kommen?

Martina will Kartoffeln kochen. Nun steht sie schon eine Weile am Herd, und endlich beginnt das Wasser zu sieden. Obwohl es kräftig sprudelt, sind die Kartoffeln aber noch lange nicht gar.

„Du mußt die Platte auf ‚stark' einstellen", meint Peter, der gerade hineinschaut. „Dann wird nämlich das kochende Wasser noch heißer, und wir kommen schneller zum Essen!" …

V 4 Plane einen Versuch, mit dem Peters Behauptung überprüft werden kann. Die Geräte aus Bild 2 stehen dir dafür zur Verfügung.

a) Beschreibe, wie der Versuch deiner Meinung nach ablaufen könnte.

b) Lies nach jeder Minute die Temperatur ab. Trage die Meßwerte in eine Tabelle ein; stelle sie möglichst auch graphisch dar (→ Info auf der übernächsten Seite).

c) Setze auch noch den zweiten Brenner ein, nachdem das Wasser zu sieden begonnen hat. Ändert sich dann etwas an dem Versuchsergebnis?

V 5 In einer *Kältemischung* kannst du Wasser auch außerhalb des Kühlschranks gefrieren lassen (Bild 3).

a) Stelle fest, bei welcher Temperatur das Wasser gefriert.

b) Du weißt, daß Eis auch wieder zu Wasser werden kann. Bei welcher Temperatur geschieht das?

V 6 Die Tabelle der Schmelz- und Siedepunkte (→ Anhang) sagt aus, daß Spiritus bei 78 °C siedet. Plane einen Versuch, mit dem man das überprüfen könnte. (Aber Achtung, der Spiritus ist feuergefährlich! Keine offene Flamme benutzen!)

5 Was sagst du zu Peters Ansicht in der kleinen Geschichte über das Kartoffelnkochen?

6 Martina will die Herdplatte so einstellen, daß das Kartoffelwasser nur eben weitersiedet. Sie hält das für eine Möglichkeit, Strom zu sparen. Was meint sie damit?

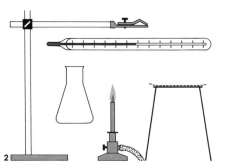

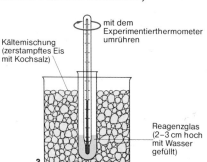

mit dem Experimentierthermometer umrühren

Kältemischung (zerstampftes Eis mit Kochsalz)

Reagenzglas (2–3 cm hoch mit Wasser gefüllt)

Aus der Geschichte: **Die Thermometer sahen früher ganz anders aus!**

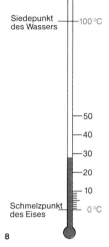

Bild 6 zeigt ein Thermometer, das vor 200 Jahren in der norditalienischen Stadt Florenz hergestellt wurde. Die kunstvolle Glaskrone entspricht der Thermometerkugel unserer Thermometer; sie ist mit Alkohol gefüllt. Das schlanke Steigrohr hat eine Länge von fast einem Meter und stellt – mit seinen aufgeschmolzenen 420 Perlen – die Skala des Thermometers dar.

Natürlich war solch ein Thermometer sehr unhandlich. Man kam deshalb auf den Gedanken, das dünne Röhrchen wie eine Spirale aufzuwinden (Bild 7).

Aber auch diese Thermometer waren nicht einheitlich in Gebrauch. Vielmehr unterschieden sich die Thermometer durch unterschiedlich dicke Steigrohre und verschieden eingeteilte Skalen. Die Messungen der einzelnen Thermometer konnten also nicht miteinander verglichen werden!

So war denn folgender Vorschlag ausgesprochen vorteilhaft: Die Thermometerskalen sollten künftig *einheitlich* mit der **Schmelztemperatur des Eises** beginnen und mit der **Siedetemperatur des Wassers** enden.

Diese beiden „Temperaturpunkte" eignen sich dafür besonders, denn sie sind unter bestimmten Voraussetzungen fest und unveränderlich. Deshalb nennt man sie auch **Fixpunkte** (lat. *fixus*: fest, unveränderlich).

Der Schwede *Anders Celsius* (1701–1744) griff diesen Vorschlag auf. Er schlug außerdem vor, den Abstand zwischen den beiden Fixpunkten in **100 gleiche Teile** einzuteilen (Bild 8).

In allen europäischen Staaten werden heute die Temperaturen mit der von Celsius vorgeschlagenen Skala (also einer **Celsiusskala**) gemessen. Hinter den Temperaturangaben steht deshalb nicht nur das Zeichen °(Grad), sondern stets auch noch ein C (Celsius). Die Angabe „12 °C" zum Beispiel liest man deshalb „zwölf Grad Celsius".

In Amerika gilt eine andere Thermometerskala – die sogenannte **Fahrenheitskala**. Sie wurde von *Daniel Gabriel Fahrenheit*, der aus Danzig stammte, entwickelt.

Die Bilder 9 u. 10 zeigen eine Celsius- und eine Fahrenheitskala. Du siehst z. B.: Die Körpertemperatur des Menschen (37 °C) entspricht einer Temperatur von 98 °F.

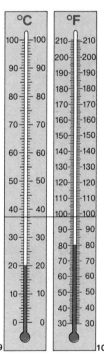

Fragen und Aufgaben zum Text

1 Warum hat man sich in vielen Ländern auf eine einheitliche Skala geeinigt?

2 In dem obenstehenden Text ist von *Fixpunkten* die Rede.
a) Was versteht man darunter?
b) Warum ist man bei der Wahl der Fixpunkte gerade auf die Schmelztemperatur von Eis und die Siedetemperatur von Wasser gekommen?

3 Auch in Amerika geht man allmählich zum Gebrauch der Celsiusskala über. Man spricht dann aber von „Centigraden". Wie kommt man wohl darauf? (Denke an die Maßeinheit „cm"!)

4 Denke dir einen **Versuch** aus, mit dem du ein Thermometer ohne Skala „eichen" könntest. (Man spricht vom **Eichen** eines Thermometers, wenn man es mit einer Skala versieht; sie muß in der betreffenden Maßeinheit – hier das Grad Celsius – aufgeteilt sein.)

a) Die Bilder 11–13 helfen bei der Versuchsplanung. Es genügt, wenn du die Thermometerskala in Schritten von 10 °C unterteilst.
b) Prüfe nach, ob die von dir gefundene Thermometerskala stimmt.

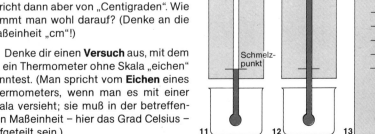

Wir zeichnen Meßergebnisse

Bernd, Ulrike und Wulf haben in einem **Versuch** (Bild 1) genau verfolgt, wie schnell die Temperatur beim Erwärmen des Wassers ansteigt. Dabei hat Ulrike die folgenden **Meßwerte** aufgeschrieben:

Nr.	Zeit nach dem Einschalten	Wassertemperatur
1	0 s	18 °C
2	30 s	27 °C
3	60 s	36 °C
4	90 s	46 °C
5	120 s	55 °C
6	150 s	64 °C

Diese Meßergebnisse kann man zeichnerisch darstellen; man sagt dazu auch **graphisch darstellen** (griech. *graphein*: schreiben, zeichnen).

Die Bilder 2–5 zeigen dir, wie man dabei vorgehen kann: **1**

a) Du könntest diese Meßergebnisse so zeichnen:

b) So wird die Darstellung übersichtlicher:

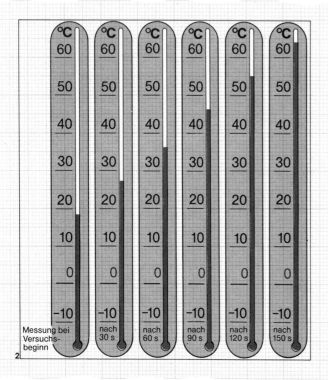

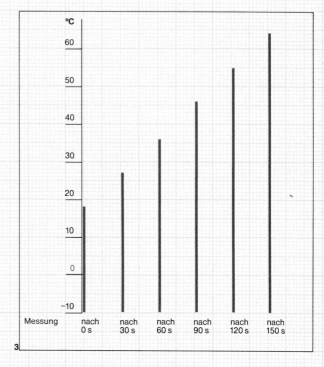

Wenn du Meßergebnisse tatsächlich so zeichnen willst, hast du viel zu tun. Es geht aber auch einfacher!

Du siehst, daß nur noch *ein* Thermometer, das erste, gezeichnet worden ist – und das auch noch vereinfacht. Es genügt ja völlig, wenn man die Skala *einmal* zur Verfügung hat.

Fragen und Aufgaben zum Text

1 Zeichne die Meßwerte, die du in Versuch 4 erhalten hast. Richte dich dabei nach den Bildern 4 oder 5.

2 Ergänze die folgenden Sätze:
„Wenn die Flüssigkeit im Thermometer steigt, wissen wir, daß die Temperatur ..."
„Wenn die Flüssigkeit im Thermometer sinkt, ..."

3 Wenn du die Sätze aus Aufgabe 2 umstellst, stimmen sie ebenfalls. Ergänze auch die umgestellten Sätze:
„Wenn die Temperatur steigt, dann ..."
„Wenn die Temperatur sinkt, dann ..."

4 Stelle fest, um wieviel °C die Wassertemperatur in Versuch 4 innerhalb von 30 s gestiegen ist:
a) nach den Messungen, die du selber vorgenommen hast;
b) nach den Messungen von Ulrike, Bernd und Wulf. Sie haben zu den Bildern 2–5 geführt.

5 In einer zeichnerischen Darstellung kannst du auch *Zwischenwerte* ablesen, die du im Versuch selbst gar nicht gemessen hast. Lies z. B. ab, wie hoch die Temperatur nach 105 s war,
a) in deiner eigenen Darstellung (→ die Aufgabe Nr. 1);
b) in der Darstellung von Bild 5.

6 In Bild 5 liegen nicht alle Meßpunkte genau auf der geraden Linie, die gezeichnet wurde. Woran könnte das liegen? Es gibt mehrere Möglichkeiten.

7 Wie du gesehen hast, kann man Meßwerte aus einem Versuch zeichnerisch darstellen. Man kann sie aber auch in einer Tabelle aufführen. Welche Vorteile hat deiner Meinung nach die zeichnerische Darstellung?

c) Die Darstellung wird weiter vereinfacht:

d) Und so ist die Darstellung am günstigsten:

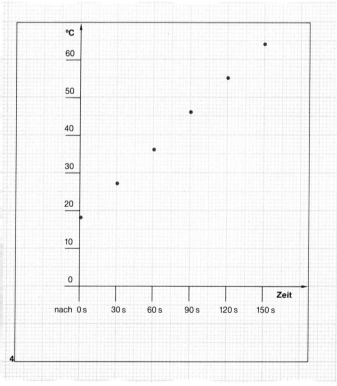

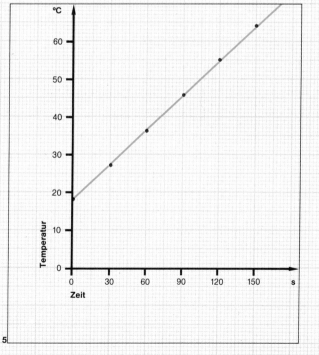

Eigentlich interessiert uns doch nur, bis zu welcher Höhe die Thermometerflüssigkeit *nach* 30 s, 60 s, 90 s usw. gestiegen war. Das wurde hier berücksichtigt.

Die Zeit, in der die jeweilige Messung erfolgte, kann auf einer Linie (*Achse*) angegeben werden.

Du findest sicherlich selber heraus, was jetzt noch an der Darstellung verändert wurde.

Die Linie, die entlang der Meßpunkte gezogen wurde, heißt *Meßkurve* oder einfach *Kurve*. Sie zeigt, wie sich die Temperatur des Wassers im Laufe des Versuchs verändert hat.

Aus Umwelt und Technik: **Das Fieberthermometer**

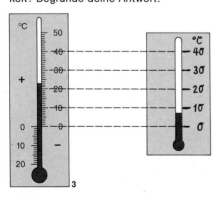

Einen wichtigen Unterschied zwischen einem **Fieberthermometer** und einem Experimentierthermometer siehst du in Bild 1.

Noch etwas anderes unterscheidet das Fieberthermometer von den üblichen anderen Thermometern: Du kannst das Meßergebnis noch lange *nach* der Messung ablesen. Die Quecksilbersäule geht nämlich nach dem Fiebermessen nicht von selbst zurück.

Um das zu erreichen, hat man unten im Steigrohr des Fieberthermometers eine **Verengung** eingebaut (Bild 2). Sie wirkt sich folgendermaßen aus:

Während der Fiebermessung erwärmt sich das Quecksilber. Es dehnt sich – wie alle Körper bei Erwärmung – aus, so daß ein Teil durch die Verengung in das Steigrohr gepreßt wird.

Wenn dann die Messung beendet ist und das Thermometer sich wieder abkühlt, zieht sich das Quecksilber in der Thermometerkugel und im Steigrohr zusammen. Von selbst kann es nicht durch die Engstelle zurückfließen; folglich „reißt" es an dieser Stelle ab und bleibt – fast unverändert hoch – im Steigrohr stehen. Erst wenn man das Quecksilber „zurückschleudert", fließt es durch die Verengung wieder in die Thermometerkugel zurück.

Beim Zurückschleudern muß man aufpassen, daß man das Thermometer nicht zerschlägt, so daß das Quecksilber auf den Fußboden ausläuft! Quecksilber bildet dann nämlich kleine Tröpfchen, die als winzige Kugeln in Spalten und Ritzen des Fußbodens verschwinden. Dort verdunstet das Quecksilber allmählich, so daß man es mit der Atemluft einatmet. Das aber ist sehr gefährlich, denn Quecksilberdämpfe sind giftig!

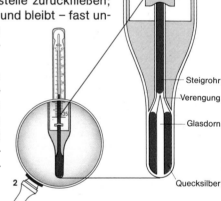

1

2 — Steigrohr — Verengung — Glasdorn — Quecksilber

Alles klar?

1 Warum ist es wichtig, daß das Quecksilber im Steigrohr stehenbleibt, wenn das Fiebermessen beendet ist?

2 Den Auftrag, ein Thermometer ohne Skala zu eichen, erledigt Harry Schlaumeier so: Er nimmt irgendein Thermometer mit Skala und überträgt die Skalenstriche und -ziffern einfach auf sein Thermometer. Hältst du das für eine Möglichkeit? Begründe deine Antwort!

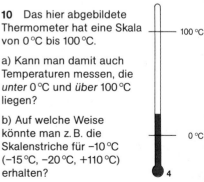

3 Die Skala eines Fieberthermometers geht von 35 °C bis 42 °C. (Man nennt das auch seinen *Meßbereich*.)

a) Warum ist dieser Meßbereich nicht so groß wie bei einem Zimmerthermometer?

b) Weshalb muß der Meßbereich eines Experimentierthermometers viel größer sein als der eines Zimmerthermometers?

4 Gib an, warum eine Fiebermessung falsch sein kann, wenn das Quecksilber vorher nicht zurückgeschleudert wurde.

5 Steigrohre von Thermometern haben innen einen sehr kleinen Durchmesser. Solche engen Röhren nennt man *Kapillaren* („Haarröhrchen"). Warum verwendet man beim Thermometer diese Kapillaren und keine dickeren Röhren?

6 Die Skala eines Thermometers ist abgeblättert. Nur die Marken 10 °C und 40 °C sind noch zu erkennen. Wie könntest du diese Skala reparieren?

7 Warum haben Saftflaschen nach dem Einkochen oben oft einen freien Raum, obwohl sie randvoll gefüllt wurden?

8 Weshalb werden wohl in der Schule Alkoholthermometer und keine Quecksilberthermometer verwendet?

9 Warum kann man einen Benzintank randvoll füllen, wenn man unmittelbar danach eine längere Autofahrt unternimmt?

10 Das hier abgebildete Thermometer hat eine Skala von 0 °C bis 100 °C.

a) Kann man damit auch Temperaturen messen, die *unter* 0 °C und *über* 100 °C liegen?

b) Auf welche Weise könnte man z. B. die Skalenstriche für −10 °C (−15 °C, −20 °C, +110 °C) erhalten?

3 Wasser macht eine Ausnahme, wenn es gefriert

5

Das kann passieren, wenn überraschend der Winter hereinbricht ...

V 7 Für die beiden ersten Versuche brauchst du zwei kleine Aluminiumbecher (z. B. von Teelichtern).

a) Fülle einen der beiden Becher randvoll mit Wasser, und stelle ihn vorsichtig auf einem Untersetzer ins Gefrierfach eures Kühlschranks. Für die Dauer des Versuches sollte der Kühlschrank auf stärkste Leistung eingestellt werden.

b) Nach einigen Stunden kannst du den Becher herausnehmen. Was fällt dir auf?

V 8 Jetzt brauchst du den zweiten Aluminiumbecher.

a) Stelle ihn auf eine warme Kochstelle (schwächste Einstellung!), und schmelze darin so viel Kerzenwachs (Stearin), daß er schließlich bis zum Rand mit flüssigem Wachs gefüllt ist. Laß dann das Wachs in dem Becher wieder abkühlen.

b) Was fällt dir auf, wenn du deine Beobachtung mit der von Versuch 7 vergleichst?

V 9 Fülle ein leeres Tablettenröhrchen bis zum Rand mit kaltem Wasser. Damit beim Verschließen keine Luft eindringen kann, setzt du den Stöpsel am besten unter Wasser auf. Dann steckst du das verschlossene Röhrchen in eine Plastiktüte und legst es in das Gefrierfach eures Kühlschranks.

Nach wenigen Stunden ist das Wasser im Röhrchen gefroren – doch was stellst du außerdem fest?

Aufgaben

1 In den Versuchen 7 und 8 wurden Flüssigkeiten abgekühlt. Nenne die unterschiedlichen Ergebnisse!

2 Wie hat sich das *Volumen* (der *Rauminhalt*) der Flüssigkeiten beim Erstarren verändert?

3 Ob sich das *Gewicht* der beiden Flüssigkeiten verändert hat? Überlege dir einen **Versuch**, mit dem du das überprüfen könntest.

V 10 Hier soll herausgefunden werden, *wie stark* sich das Volumen einer bestimmten Wassermenge ändert, wenn das Wasser gefriert.

Mach dir an Bild 6 klar, wie der Versuch ablaufen soll.

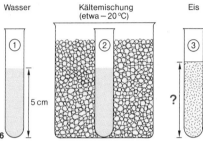

6

V 11 In einer Kältemischung stehen drei Reagenzgläser (Bild 7). Jedes Reagenzglas enthält Leitungswasser; in den Gläsern 2 und 3 wurde dem Wasser noch *Glycerin* beigemischt. (Das ist eine Flüssigkeit, die zum Beispiel in vielen Seifen und Salben enthalten ist.)

Was kann wohl mit diesem Versuch festgestellt werden? (Ein Hinweis: Autofahrer müssen im Winter Frostschutzmittel, das Glycerin enthält, ins Kühlwasser gießen.)

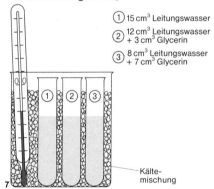

7

V 12 Wer ist stärker: die hohle Eisenkugel oder das Wasser, das in ihr „eingesperrt" ist und unter 0 °C abgekühlt wird, so daß es gefriert (Bild 8)?

8

Eiserne Hohlkugel, die bis zum Rand mit Wasser gefüllt und dann zugeschraubt wird.

91

Aus Umwelt und Technik: **Schäden durch gefrierendes Wasser**

Daß **Wasserrohre** fast einen Meter tief in den Erdboden verlegt werden, hat seinen guten Grund: So tief gefriert bei uns selbst im kältesten Winter der Boden nicht. Und damit gefriert natürlich auch nicht das Wasser, das in den Rohren fließen soll.

Wenn aber Wasserrohre aus dem Boden herausragen – z. B. bei einem Wasserhahn im Garten –, muß noch vor dem ersten Frost das Wasser abgestellt werden. Es genügt aber nicht, daß man einfach den Absperrhahn an der Zuleitung schließt. Man muß auch noch das Wasser aus den Rohren abfließen lassen. Dazu wird außer dem Hahn im Garten meistens noch ein kleiner Hahn geöffnet, der neben dem großen Absperrhahn sitzt (Bild 1).

Wird das alles versäumt, können die Rohre durch gefrierendes Wasser auseinandergesprengt werden (Bild 2).

Bestimmt hast du schon beobachtet, daß manche Asphaltstraßen im Frühjahr tiefe Schlaglöcher zeigen; **Frostaufbrüche** werden sie genannt.

Vielleicht wunderst du dich, daß Frostaufbrüche regelmäßig im Frühjahr auftreten, wenn Eis und Schnee längst abgetaut sind. Wenn du dir aber die Bilder 3–5 ansiehst, findest du sicher von allein eine Erklärung.

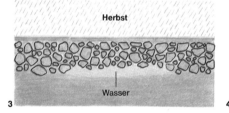

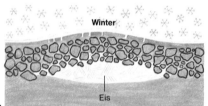

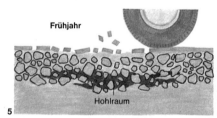

Alles klar?

1 In dem Text „Schäden durch gefrierendes Wasser" wurden Beispiele beschrieben, die etwas mit einem bestimmten Verhalten des Wassers zu tun haben. Nenne die Beispiele, und gib an, welche Besonderheit des Wassers hier eine Rolle spielt.

2 Warum kann man sagen, daß das Verhalten des Wassers beim Gefrieren anomal (nicht normal) ist?

3 Ist es ratsam, eine Flasche Sprudel im Tiefkühlfach eines Kühlschranks aufzubewahren? Meinst du, daß man dort eine Flasche Schnaps kühlen darf?

4 Eine Werbung für Heizöl- und Kohlenhandlungen lautet: „Der nächste Winter kommt bestimmt!"
Dieser Werbespruch wurde aber auch schon an Tankstellen verwendet. Kannst du dir denken, woran der Tankwart damit erinnern möchte?

5 Weshalb eignet sich Wasser nicht als Thermometerflüssigkeit?

6 In diesen beiden Gefäßen sind zwei verschiedene Flüssigkeiten erstarrt. Welches der Gefäße enthält Wasser?

7 Beschreibe, wie es zu den Frostaufbrüchen auf den Straßen kommt. Gib auch an, weshalb Frostaufbrüche vor allem im Frühjahr – und nicht schon im Winter – auftreten.

8 Der Unterbau der Straßen besteht aus grobem Schotter. Kannst du dir denken, weshalb man dafür keinen feinen Sand verwendet?

9 Was bedeutet der Satz „Ein Frostschutzmittel (z. B. Glycerin) setzt den Gefrierpunkt des Kühlwassers herab"?

10 Springbrunnen in städtischen Anlagen werden im Herbst abgestellt. Was ist unter anderem der Grund dafür?

11 Ein Liter Wasser von 0 °C wird zu Eis von 0 °C. Nimmt es jetzt noch den gleichen Raum ein wie vorher, als es noch flüssig war?

4 Zusammenfassung

Was geschieht beim Erwärmen und beim Abkühlen einer Flüssigkeit?

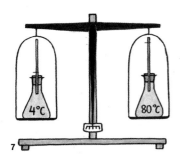

Wenn die Temperatur einer Flüssigkeit (z. B. Wasser, Öl oder Alkohol) ansteigt, **dehnt sich** die Flüssigkeit **aus**. Ihr Volumen wächst; sie nimmt dann einen größeren Raum ein als vor dem Erwärmen. **Schwerer** wird sie aber dabei **nicht**.

Die verschiedenen Flüssigkeiten dehnen sich unterschiedlich stark aus (bei gleicher Erwärmung).

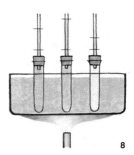

Wenn sich eine Flüssigkeit in ihrem Behälter ausdehnt und für die Ausdehnung kein Raum zur Verfügung steht, kann der Behälter „gesprengt" werden. Es können also bei der Ausdehnung einer Flüssigkeit **große Kräfte** wirken.

Sinkt die Temperatur einer Flüssigkeit, so **zieht sich** die Flüssigkeit **zusammen**. Sie benötigt dann einen geringeren Raum als vor dem Abkühlen.

Wenn Flüssigkeiten erwärmt werden, vergrößert sich ihr Volumen.
Wenn sie abgekühlt werden, verringert es sich.

Ausnahme: Wenn Wasser gefriert,
wächst sein Volumen um etwa ein Zehntel an.

Wie funktioniert ein Flüssigkeitsthermometer?

Die Thermometerflüssigkeit (Quecksilber, Alkohol) dehnt sich beim Erwärmen aus.
→ Die Flüssigkeitssäule wird länger.

Die Thermometerflüssigkeit zieht sich beim Abkühlen zusammen.
→ Die Flüssigkeitssäule wird kürzer.

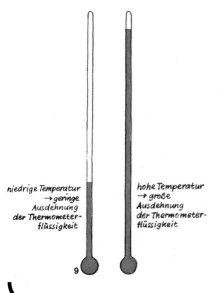

niedrige Temperatur
→ geringe Ausdehnung der Thermometerflüssigkeit

hohe Temperatur
→ große Ausdehnung der Thermometerflüssigkeit

In den meisten Ländern hat man sich heute auf die Thermometerskala von A. Celsius geeinigt; das ist die sogenannte **Celsiusskala**.

Eine Celsiusskala entsteht mit Hilfe von zwei **Fixpunkten**, dem Schmelzpunkt des Eises (0 °C) und dem Siedepunkt des Wassers (100 °C). Diese beiden Marken trägt man neben dem jeweiligen Ende der Flüssigkeitssäule als Skalenstriche auf.

Dann teilt man den Abstand zwischen den beiden Fixpunkten in **100 gleiche Teile**. Jedes dieser Teile entspricht einem Grad Celsius (1 °C).

Die Skala kann auch unter 0 °C und über 100 °C hinaus verlängert werden.

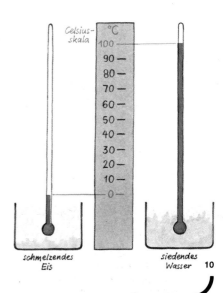

Celsiusskala

schmelzendes Eis

siedendes Wasser

Feste Körper werden erwärmt und abgekühlt

1 Eine Brücke auf Rollen?

Tatsächlich, die eiserne Brücke liegt auf Rollen! ...
Und außerdem: Warum hat man auf der Fahrbahn einen Spalt gelassen?

3 Sommer
4 Winter

V 1 Nimm einen 1,5 m langen Eisen- oder Kupferdraht (0,3 mm ∅), und spanne ihn zwischen die Lehnen zweier Stühle. In der Mitte belastest du den Draht z. B. mit einer schweren Schraube, damit er straff bleibt.

a) Erwärme nun den Draht, und achte dabei auf den Abstand zwischen Schraube und Flasche (Bild 5). Was geschieht, wenn sich der Draht dann wieder abkühlt?

b) Erwärme den Draht gleichzeitig mit mehreren Kerzen.

V 2 Besorge dir zwei gleichgroße Weinflaschen, einen Korken, eine lange Stricknadel, eine Nähnadel und einen Trinkhalm. Mit diesen Geräten kannst du den Versuch nach Bild 6 aufbauen.

a) Erhitze nun mit einer Kerzenflamme die lange Stricknadel. Beobachte dabei die Stellung des Trinkhalmes.

b) Was geschieht, wenn die Flamme gelöscht wird und die Stricknadel sich abkühlt?

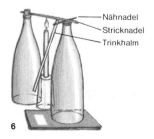

Nähnadel
Stricknadel
Trinkhalm

V 3 So kann man untersuchen, was mit einer eisernen Kugel passiert, wenn sie *erwärmt* wird (Bilder 7-9).

a) *Kühle* die Kugel auch in kaltem Wasser *ab*.

b) Ob die Kugel durch das Erhitzen *schwerer* geworden ist? Man kann es überprüfen.

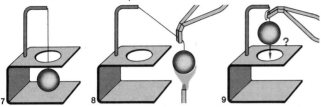

V 4 Bild 10 zeigt ein besonderes Versuchsgerät, mit dem das Verhalten von festen Körpern beim Erwärmen und Abkühlen genau beobachtet werden kann. In den Trichter wird 1 Liter Wasser von 50 °C gegossen; es fließt durch das lange Eisenrohr und erwärmt es dabei.

a) Erkläre, warum sich der Zeiger bewegt.

b) In welcher Richtung muß sich der Zeiger bewegen, wenn das Rohr wieder kälter wird?

c) Jetzt wollen wir den Versuch mit einem eisernen Rohr durchführen, das nur *halb so lang* ist. Wenn wir es genauso erwärmen wie vorher, wird dann der Zeigerausschlag größer oder kleiner sein als bei dem langen Rohr?

d) Ergänze die folgenden Sätze:
„Je höher die Temperatur des Eisenrohres, desto …"
„Je länger das Eisenrohr, desto …"

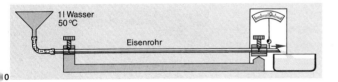

V 5 Wie groß ist denn ungefähr die Ausdehnung des Rohres? Das kann mit diesem Versuchsaufbau untersucht werden (Bild 11).

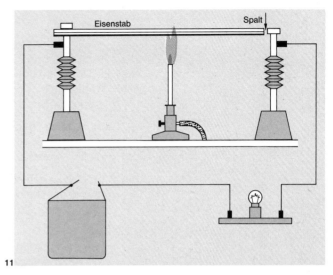

a) Wenn wir den Ständer mit dem Eisenstab nach rechts verschieben, schließt sich der Spalt: Am Aufleuchten der Glühlampe erkennen wir, daß der Eisenstab jetzt den anderen Ständer berührt und daß der Spalt damit geschlossen ist.

b) Nun wird der Spalt auf 5 mm Breite eingestellt und der Eisenstab erhitzt. Dehnt er sich soweit aus, daß der Spalt geschlossen wird?

c) Nachdem sich der Eisenstab abgekühlt hat, machen wir den Spalt nur noch 2 mm breit. Dann wird der Stab erneut erhitzt.

d) Du kannst den Spalt auch so schmal machen, daß gerade noch eine Postkarte dazwischenpaßt. Dann ist er nur noch 0,25 mm (1/4 mm) breit.

Aufgaben

1 Denke noch einmal über Versuch 5 nach:

a) Manchmal leuchtete die Glühlampe nicht auf, obwohl der Stab erhitzt wurde. Was kannst du daraus schließen?

b) Was kannst du ganz sicher behaupten, wenn die Glühlampe aufleuchtet, während der Stab in Versuch 5 erhitzt wird?

2 Ergänze die folgenden Sätze: „Je stärker ein Stab erhitzt wird, desto…"
„Je mehr ein Stab abgekühlt wird, desto …"

3 Warum lagert man Brücken auf Rollen?

4 Eine Tabelle im Anhang gibt an, wie sich einige feste Körper bei Erwärmung verhalten.

a) Dehnen sich nur Metalle aus?

b) Ergänze die folgenden Sätze:
„Eisen dehnt sich bei Erwärmung … aus als Kupfer."
„Eisen dehnt sich bei Erwärmung … … Beton."
„Kupfer … Beton."
„Kupfer … Glas."
„Kupfer … Aluminium."

5 Eine Brücke besteht aus Stahlbeton; sie hat eine Länge von 800 m. In einer kalten Winternacht kühlt sie sich um 20 °C ab. Wie stark ändert sich ihre Länge? Schätze zuerst!
Anleitung:
Bei einer Länge von **1 m** und einer Temperaturabnahme von **100 °C** vermindert sich die Länge um 1,2 mm. Bei einer Länge von **800 m** und einer Temperaturabnahme von 100 °C vermindert sich die Länge der Brücke um wieviel mm? Bei einer Temperaturabnahme von **20 °C** (= 1/5 von 100 °C) vermindert sich die Brückenlänge um wieviel mm?

2 Verbogene Schienen durch Hitze!

„Hitze warf D-Zug aus den Schienen" – so lautete im Juli 1969 eine Schlagzeile ...

V 6 Hier siehst du, welche Kräfte auftreten, wenn Körper erwärmt und abgekühlt werden (Bild 2).

a) Wenn der Strom eingeschaltet ist, erhitzt sich der dünne Draht. Du erkennst es daran, daß er rot aufglüht. Beobachte ihn und das Wägestück, wenn der Strom *abgeschaltet* ist.

b) Spanne den glühenden Draht, indem du die Ständer auseinanderrückst. Klemme ihn gut fest.

c) Was geschieht, wenn der Strom nun abgeschaltet wird und der Draht sich wieder abkühlt?

V 7 Bild 3 zeigt den Aufbau.
a) Warum kann der Keil immer tiefer in den Spalt getrieben werden, wenn das Messingrohr erhitzt wird?

b) Überlege, was mit dem Eisenbolzen geschieht, wenn wir den Brenner wegnehmen und das Messingrohr mit kaltem Wasser kühlen.

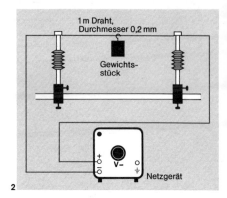

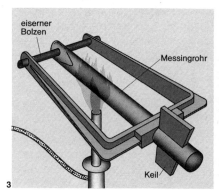

Aus Umwelt und Technik: **Stabile Räder durch Aufschrumpfen**

Räder der Eisenbahn (Bild 4) müssen viele Tausende von Kilometern über harte Stahlschienen rollen. Deshalb wird auf dem Radkörper ein Radreifen aus besonders hartem und damit widerstandsfähigem Stahl befestigt (Bild 5).

Wie kann aber ein Radreifen so fest auf dem Radkörper aufgebracht werden, daß er sich niemals lockert?

Durch Schrauben, Nieten oder Kleben schafft man das nicht. Man erreicht es mit einem Verfahren, das man **Aufschrumpfen** nennt. Und das geht so:

Ein neuer Radreifen und ein neuer Radkörper scheinen zunächst gar nicht aufeinander zu passen: Der Innendurchmesser des Radreifens ist geringer als der Außendurchmesser des Radkörpers (Bild 5).

Der Radreifen, der auf den Radkörper gehört, wird dann jedoch in einem sogenannten Ringofen stark erhitzt. Dabei dehnt sich ...

Nein, das brauchen wir nicht weiter zu beschreiben! Das kennst du schon. Du kannst bestimmt selber schildern, wie die Arbeit weitergeht!

Das Verfahren des Aufschrumpfens wird nicht nur bei der Eisenbahn angewandt. Auch im Maschinenbau ist es üblich. So werden oft Antriebsräder von Motoren auf Motorwellen oder -achsen aufgeschrumpft (Bild 6).

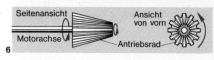

Aus der Geschichte: **Feuer zermürbt Gestein**

Bild 7, das du hier siehst, stammt aus einem alten Bergwerksbuch. Es wurde vor über 450 Jahren von dem Arzt und Naturforscher *Georg Agricola* aus St. Joachimsthal im Erzgebirge geschrieben.

Nur wenige Jahre zuvor waren dort reiche Silbererzlager entdeckt worden. Aus dem gewonnen Edelmetall wurden Silbermünzen geschlagen, die man als „Joachimsthaler" bezeichnete. Später hießen sie dann nur noch „Taler". (Das Wort *Dollar* ist von diesem deutschen Wort *Taler* abgeleitet worden.)

In seinem Buch berichtet Agricola vor allem über die harte Arbeit der Bergleute. Preßlufthämmer und -bohrer gab es damals noch nicht. Und auch das „Zerbrechen der Felsen mit Schießpulver" wurde erst etwa 100 Jahre später eingesetzt.

Die Bergleute mußten deshalb mit Schlägel (Hammer) und Eisen (Meißel) sowie der Brechstange mühsam das harte, erzhaltige Gestein herausschlagen.

Was aber konnte man tun, wenn der Fels zu hart war? Das zeigt die obige Abbildung, die eigentlich aus zwei Teilen besteht:

Im oberen Teil schnitzt ein Bergmann Holzscheite mit dem Messer an, so daß sie regelrechte „Bärte" aus Spänen bekommen.

Darunter siehst du, was unten im Stollen mit den Holzscheiten geschieht. Agricola beschreibt das so:

„Harte Gesteine werden durch das Feuer mürbe gemacht. Dabei werden geschichtete Haufen von trocke-

nem Holz abgebrannt, bis das Feuer die Scheite ganz verzehrt hat. Die Flammen, die vom Windzug im Stollen gegen das Gestein getrieben werden, erhitzen es so stark, daß nach dem Erkalten selbst sehr hartes Gestein leichter als alles andere gebrochen werden kann. Solange aber die durch das Feuer gerösteten Erze und Steinmassen unangenehm riechende Dämpfe von sich geben und Stollen und Schächte Rauch ausstoßen, so lange fahren die Bergleute nicht ein, damit das Gift ihre Gesundheit nicht zerstört. Wenn aber das Feuer erloschen ist, holen sie die Erzbrocken – durch die Gewalt des Feuers gelockert – mit Schlägel und Eisen aus den Stollenwänden heraus."

Dieses **Feuersetzen**, wie es genannt wurde, ist aber nicht erst in St. Joachimsthal erfunden worden, sondern schon mehr als 2000 Jahre zuvor.

Du hast vielleicht schon von dem Karthager *Hannibal* gehört; er zog im Jahr 219 v. Chr. mit seinem Heer und etwa 50 Kriegselefanten von Spanien aus gegen die Römer. Ihm war das Feuersetzen schon von den spanischen Bergleuten her bekannt.

Bei seinem berühmten Zug über die Alpen machte er sich dieses Verfahren zunutze: Sehr oft mußten schmale Pfade verbreitert werden, um Platz für den Durchzug des riesigen Heeres zu schaffen. Zu diesem Zweck ließ Hannibal das harte Kalkgestein lockern, und zwar durch Feuersetzen sowie anschließendes rasches Abkühlen mit Schmelzwasser und Essig. Danach war es dann leicht, die engen Stellen zu verbreitern.

Fragen und Aufgaben zum Text

1 Wie ist zu erklären, daß das harte Gestein nach dem Erhitzen mürbe geworden ist?

2 Zur Zeit Agricolas nahm man an, daß der erhitzte Stein wieder fest wird, wenn man ihn mit kaltem Wasser begießt. Was meinst du dazu?

3 Die Holzscheite wurden zunächst mit dem Messer eingeschnitten. Suche eine Erklärung dafür.

4 Weshalb ließ Hannibal wohl Schmelzwasser über die heißen Steine gießen?

Der unten abgebildete **Versuch** zeigt sein Verfahren in vereinfachter Form (Bilder 8 u. 9).

Aus Umwelt und Technik: **Beim Hausbau**

Wer ein Haus baut, muß über die verschiedenen Baustoffe genau Bescheid wissen. Wenn er z. B. nicht beachtet, wie sich die Stoffe beim Erwärmen verhalten, können später schwere Schäden am Bauwerk auftreten.

Das ist vor allem bei denjenigen Baustoffen wichtig, die starken Temperaturschwankungen ausgesetzt sind, etwa an den Außenwänden des Hauses.

Die Außenmauern und Decken vieler Häuser werden aus **Beton** hergestellt. Beton ist ein Gemisch aus Kies, Zement und Wasser. Es wird noch flüssig in extra vorbereitete Formen gegossen. (Diese Formen nennt man *Verschalungen*.) Wenn der Beton dann nach einigen Tagen gehärtet ist, werden schließlich die Schalbretter entfernt, und die Mauer steht.

Reine Betonmauern sind meist nicht stabil genug. Um den Beton zu verstärken, bringt man deshalb Stahlmatten oder -geflechte in die Verschalungen ein. Dann erst gießt man diese mit Beton aus (Bild 1). Den fertigen Baustoff nennt man deshalb **Stahlbeton**.

Nun wirst du fragen, warum man es riskiert, zwei unterschiedliche Baustoffe (Beton und Stahl) so eng miteinander zu verbinden – und das auch noch in einer Außenwand. Der Grund dafür ist, daß sich Beton und Eisen (Stahl) bei Erwärmung zufällig gleich stark ausdehnen! Das zeigt auch die betreffende Tabelle im Anhang.

Wenn eine Stahlbetonmauer 10 m hoch ist und sich um 30 °C erwärmt, wird der Stahl darin um 3,6 mm länger. Doch auch der Beton dehnt sich um 3,6 mm aus.

Wenn das nicht so wäre, könnte man keine Mauern und Decken aus Stahlbeton bauen.

Wenn eine Hausfassade mit **Platten** verkleidet wird, vermeidet man es, die Platten aneinander zu setzen: Man läßt schmale Fugen dazwischen, die mit einer elastischen Masse ausgespritzt werden (Bild 2).

Fragen und Aufgaben zum Text

1 Wenn man Holz verbaut, ist alles anders – könnte man meinen, wenn man dieses Bild sieht: Zwischen den Brettern klaffen Lücken. Dabei ist es drinnen wärmer als draußen, wo die Bretter vorher lagerten. Suche nach einer Erklärung dafür, daß das Holz geschrumpft ist. (Bedenke, daß Holz in trockener Luft Feuchtigkeit abgibt.)

2 Worauf muß man achten, wenn man verschiedene Baustoffe zusammen verarbeitet? Warum ist das vor allem an Stellen erforderlich, an denen starke Temperaturschwankungen auftreten können?

3 Stell dir einmal vor, man würde die Platten einer Hausfassade dicht aneinandersetzen. Was würde am ersten warmen Sonnentag passieren?

4 Weshalb spritzt man eine *elastische* Masse zwischen die Platten?

5 Beschreibe, was man unter *Stahlbeton* versteht. Weshalb kann man Stahl und Beton zusammen verarbeiten?

6 Überlege, was vielleicht passieren könnte, wenn man Aluminiumstäbe in eine Betonmauer einarbeiten würde.

7 Auch Kunststoffe und Gummi werden häufig beim Bauen verwendet. *Sie* verhalten sich zum Teil tatsächlich anders als z. B. die Metalle. Das kannst du beweisen, indem du diesen **Versuch** durchführst:

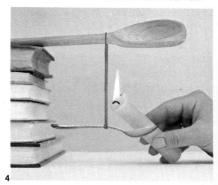

3 Das Bimetall

5

6

Bild 5 zeigt ein Thermometer, das anders aussieht als die üblichen. Es ist ein **Bimetallthermometer.**

Dieses Thermometer besteht aus einer runden Skala und einem Zeiger, der am Ende einer dünnen Spirale (Bild 6) angelötet ist. In der Mitte ist die Spirale befestigt, so daß sie sich insgesamt nicht drehen kann.

Und trotzdem bewegt sich der Zeiger bei Temperaturänderungen ...

V 8 Schneide von dem „Silberpapier" einer Zigarettenpackung einen Streifen ab (ca. 1 cm x 15 cm). Diesen Streifen klemmst du zunächst in ein Streichholz, wie Bild 7 es dir zeigt.

Nun rollst du den Streifen zu einer lockeren Spirale zusammen; dabei soll das weiße Papier außen liegen. Dann hältst du die Spirale in einen heißen Luftstrom einer Kerzenflamme (Bild 8).

Beobachte die Spirale beim Erwärmen und beim Abkühlen.

7

8

V 9 Schneide nun einen zweiten Streifen „Silberpapier" ab, und lege ihn einige Minuten lang ins Wasser. Danach kannst du die beiden Schichten des „Silberpapiers" voneinander trennen. (Das „Silberpapier" besteht aus den Schichten Aluminium und Papier.)

a) Klemme zunächst den Aluminiumstreifen in ein Streichholz, und wickle ihn dann locker zu einer Spirale auf. Was geschieht, wenn du ihn ebenfalls in den heißen Luftstrom der Kerze hältst?

b) Wiederhole den Versuch mit dem Papier oder einem gleich großen Streifen Schreibmaschinenpapier.

c) Trage deine Beobachtungen in eine Tabelle ein:

Erwärmter Stoff	Beobachtung
„Silberpapier" (Metall + Papier)	?
Metall allein	?
Papier allein	?

V 10 In diesem Versuch verwenden wir einen *Bimetallstreifen* (Bild 9). Solch ein Bimetall (lat. *bis*: zweimal) ist ein Blech, das aus *zwei* verschiedenen Metallschichten besteht, die fest miteinander verbunden sind.

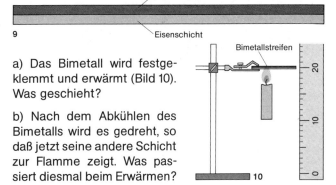

Kupferschicht

9

Eisenschicht

a) Das Bimetall wird festgeklemmt und erwärmt (Bild 10). Was geschieht?

b) Nach dem Abkühlen des Bimetalls wird es gedreht, so daß jetzt seine andere Schicht zur Flamme zeigt. Was passiert diesmal beim Erwärmen?

Bimetallstreifen

10

V 11 Was wird bei diesem Versuchsaufbau (Bild 11) geschehen? Das Bimetall wird erwärmt und abgekühlt.

Ist es dabei gleichgültig, welche Metallschicht des Bimetalls oben ist?

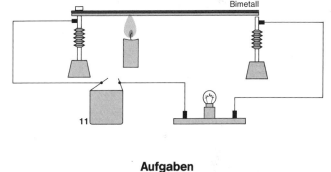

Bimetall

11

Aufgaben

1 Erkläre deine Beobachtungen von Versuch 11.

2 Hier siehst du einen heißen Bimetallstreifen aus Kupfer und Eisen. Welches ist die Kupferschicht und welches die Eisenschicht?

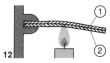

① ②

12

3 Wohin biegt sich in diesen beiden Fällen das Bimetall?

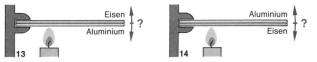

Eisen

Aluminium

?

Aluminium

Eisen

?

13

14

4 Welche Metallpaare eignen sich besser zur Herstellung von Bimetallen: Kupfer/Messing oder Eisen/Zink?

5 Bei dieser Anordnung soll der Ausschlag unseres Bimetallstreifens möglichst groß sein. Wo muß er erwärmt werden?

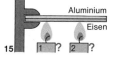

Aluminium

Eisen

15

1 ? 2 ?

Aus Umwelt und Technik: **Bimetalle schalten den elektrischen Strom**

1

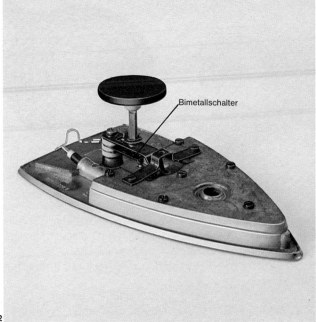

Bimetallschalter

2

In jedem modernen Bügeleisen ist ein **Bimetallschalter** (Bilder 1 u. 2) eingebaut. (Oft wird er auch **Thermostat** genannt.) Dieser Schalter verhindert, daß sich das Bügeleisen zu stark aufheizt und dann beim Bügeln den Stoff versengt. Außerdem könnte es auch durch Überhitzung selbst zerstört werden. Das wäre dann gar nicht so ungefährlich.

Durch den Bimetallschalter wird der Strom automatisch ein- und ausgeschaltet. Das kannst du selbst beobachten, denn ein Bügeleisen mit Bimetallschalter besitzt eine Kontrollampe: Sie leuchtet nur auf, wenn elektrischer Strom durch die Heizdrähte des Bügeleisens fließt. Wenn die eingestellte Temperatur dann erreicht ist, erlischt die Kontrollampe wieder. Das zeigt an, daß der Bimetallschalter den Strom, der durch die Heizdrähte floß, unterbrochen hat.

Außerdem hört man ein Klicken, wenn der Bimetallschalter das Bügeleisen ein- und ausschaltet. Du kannst es selber einmal an euerm eigenen Bügeleisen ausprobieren.

In den Bildern 3 u. 4 ist ein **Versuch** gezeichnet worden. Er hilft dir zu verstehen, wie solch ein Bimetallschalter (oder Thermostat) arbeitet.

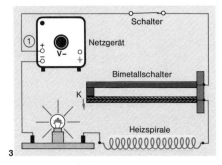

3

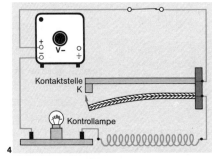

4

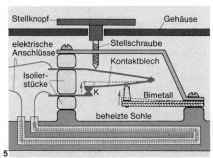

5

Fragen und Aufgaben zum Text

1 Beschreibe den Stromkreis von Bild 3. Beginne bei ①.

2 Was geschieht, wenn der Schalter geschlossen wird?

Du erhältst die Antwort, wenn du die folgenden Sätze in der richtigen Reihenfolge aneinanderreihst. (Der erste und der letzte Satz stehen bereits richtig.)

a) Der Schalter wird geschlossen.
b) Das Bimetall biegt sich nach unten.
c) Das Bimetall wird wieder kalt und biegt sich zurück.
d) Strom fließt durch den Stromkreis.
e) Der Stromkreis wird bei K unterbrochen.
f) Das Bimetall wird warm.
g) Die Lampe leuchtet, und die Heizspirale erhitzt sich.
h) Die Lampe erlischt, und der Heizdraht kühlt sich ab.
i) Der Stromkreis wird bei K wieder geschlossen.

3 Welche Vorteile haben Bügeleisen mit Bimetallschaltern?

4 Mit dem Stellknopf des Bügeleisens kann man den Abstand zwischen dem Bimetall und dem Kontaktblech vergrößern oder verkleinern (Bild 5). Wie erreicht man damit, daß das Bügeleisen mal heißer und mal weniger heiß wird?

5 Worin unterscheidet sich die Schaltung des Bimetalls von Bild 5 und Bild 3?

Aus Umwelt und Technik: **Wie Bimetalle hergestellt werden**

2 Platten aus
unterschiedlichen Metallegierungen

6

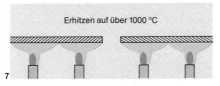

Erhitzen auf über 1000 °C

7

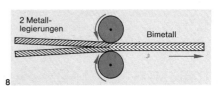

2 Metall-
legierungen

Bimetall

8

Bei der Bimetallherstellung werden für die Metallschichten keine reinen Metalle, sondern Metallegierungen (Metallgemische) verwendet.

So besteht z. B. die Schicht, die sich beim Erwärmen stärker ausdehnt, aus einer Legierung von Eisen, Chrom und Nickel. Die Schicht mit der geringeren Ausdehnung besteht überwiegend aus Nickel.

Wenn wir einen Bimetallstreifen ansehen, können wir selbst mit einem Vergrößerungsglas keine Grenze zwischen den Schichten entdecken. Wie schafft man es bloß, die beiden Metallschichten so eng miteinander zu verbinden (Bilder 6–8)?

Die Metallegierungen werden in Form dicker Platten auf mehr als 1000 °C erhitzt: Sie glühen hellrot und

werden mit großer Kraft aufeinandergepreßt. Dabei „verschweißen" sie, so daß sie nicht mehr voneinander zu trennen sind.

Der so entstandene Metallblock wird noch mehrmals erhitzt und zwischen Stahlwalzen ausgewalzt. Dadurch entsteht ein dünnes Blech, das je nach Verwendungszweck in Streifen geschnitten wird.

Aus der Geschichte: **Metallthermometer früher und heute**

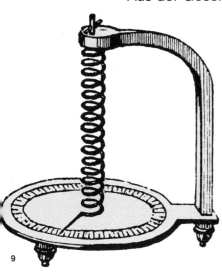

9

ein Zeiger sitzt; er kann sich über einer kreisförmigen Skala bewegen.

Die Wendel selbst ist aus einem schmalen und dünnen Metallstreifen gedreht. Er besteht aus *drei* unterschiedlichen Metallbändern (Bild 10):

Platin
Gold
Silber

10

Das Gold dehnt sich beim Erwärmen etwa eineinhalbmal so stark aus wie Platin, das Silber sogar mehr als zweimal so stark. Deshalb dreht sich die Metallwendel stets, wenn sich die Temperatur ändert.

Metallthermometer mit einer solchen Wendel – allerdings aus nur *zwei* Metallen – gibt es auch heute noch (Bild 11). Mit diesem Bimetall-

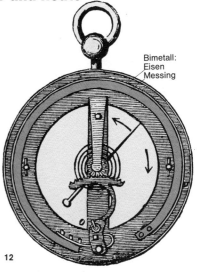

Bimetall:
Eisen
Messing

12

thermometer wird die Temperatur in Gefäßen überwacht. Das Skalengehäuse liegt außen an der Gefäßwand, das Rohr mit der Bimetallwendel ragt durch ein Loch ins Innere.

Vor rund 100 Jahren gab es sogar schon Taschenthermometer. Sie sahen auf den ersten Blick wie Taschenuhren aus (Bild 12) und wurden wie diese auch an Kettchen getragen.

Der wärmeempfindliche Teil dieser Thermometer war ein kreisförmig gebogenes Bimetall aus Eisen und Messing. Die Bewegung des Bimetallstreifens, die bei jeder Temperaturänderung erfolgte, wurde über Hebel und Zahnrad auf einen Zeiger übertragen.

In den letzten Jahren sind sogenannte **Metallthermometer** in verschiedenen Ausführungen in den Handel gekommen. Manchmal haben sie die sonst üblichen Quecksilberthermometer verdrängt. Vielleicht habt ihr selber solch ein Metallthermometer in euerm Kühlschrank.

Deshalb meinen viele Leute, das Metallthermometer (oder das *Bimetallthermometer*) sei eine Erfindung aus unserer Zeit. Das stimmt aber nicht! Metallthermometer waren bereits vor rund 150 Jahren in Gebrauch.

Bild 9 zeigt eines der ersten, damals gebräuchlichen Metallthermometer. Sein wichtigster Teil ist die ausgezogene Wendel, an der unten

Rohr
enthält
Bimetallwendel

11

Alles klar?

1 Oberleitungen der Bundesbahn werden durch schwere Betonscheiben straff gespannt. Die Gewichte hängen mal höher und mal tiefer. Wie kommt das?

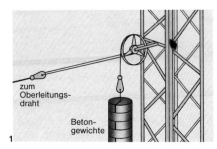

2 Diese beiden „Krieger" haben nicht an die Sonne gedacht. Was könnten sie tun, damit sie ihre Kanonen trotzdem wieder laden können?

Verdammt, die Kugel hat in der Sonne gelegen!

3 Worauf muß man achten, wenn Fernleitungen gespannt werden? (Denke an die Temperaturunterschiede des Jahres!)

4 Warum ist es notwendig, daß auch zwischen Badewanne und Wandfliesen eine Dehnungsfuge angebracht ist? Welche Eigenschaften muß das Material haben, mit dem die Fuge ausgefüllt wird?

5 Nachts knackt und ächzt es im Haus, daß es einem direkt unheimlich vorkommen kann. Das hast du bestimmt auch schon einmal festgestellt, wenn du aus irgendeinem Grund an einem Sommerabend nicht einschlafen konntest. Suche nach einer Erklärung dafür, indem du deine Physikkenntnisse anwendest.

6 Warum hat man denn in das Heizkissen einen Bimetallschalter eingebaut? Der Strom muß doch dauernd fließen, sonst bleibt das Heizkissen nicht warm ...

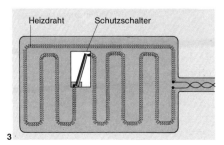

7 Ein Bimetallstreifen wird erhitzt. Die untere Schicht des Streifens (hier rot eingezeichnet) dehnt sich beim Erwärmen stärker aus als der obere.

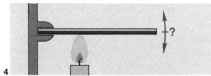

a) Wie biegt sich das Bimetall, wenn es erwärmt wird?

b) Nachdem es sich abgekühlt hat, wird das Bimetall in den Kühlschrank gelegt. Ändert es erneut seine Form?

8 Dies ist ein Bimetallstreifen aus Eisen und Aluminium. Beim Abkühlen verbiegt er sich nach unten. Welches ist die Aluminiumschicht?

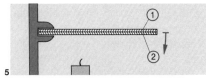

9 In chemischen Fabriken werden Flüssigkeiten oft durch Rohrleitungen gepumpt. Warum haben diese Leitungen große Schleifen?

10 Hier ist die Zeichnung eines automatischen Feuermelders vereinfacht wiedergegeben worden. Wie funktioniert deiner Meinung nach der Feuermelder?

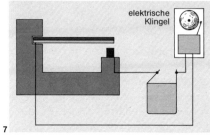

11 Tina Pfiffig meint, daß man sich ein Bimetall aus zwei unterschiedlichen Metallstreifen und zwei Wäscheklammern herstellen kann. Was meinst du dazu?

12 Harry Schlaumeier weiß, daß sehr viele Gegenstände aus Metall mit einer schützenden, farbigen Kunststoffschicht überzogen sind.

Jetzt behauptet er: „Diese Metalle dürfen nicht der Sonne ausgesetzt werden, sonst verbiegen sie sich auch!" ...

13 Warum nennt man wohl die Spalten in der Fahrbahn einer Brücke *Dehnungsfugen?*

14 Weshalb können Beton und Eisen miteinander verbaut werden?

15 Die Ausdehnung von Körpern bei Erwärmung bringt nicht nur Nachteile. Nenne mindestens *ein* Gegenbeispiel.

4 Zusammenfassung

Was geschieht, wenn ein fester Körper erwärmt oder abgekühlt wird?

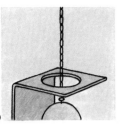 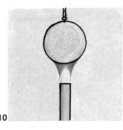 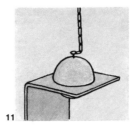  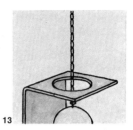

9 10 11 12 13

Diese Versuchsreihe beweist: Eine eiserne Kugel **dehnt sich** nach allen Seiten **aus**, wenn sie erwärmt wird. Beim Abkühlen **zieht sich** die Kugel **zusammen**.

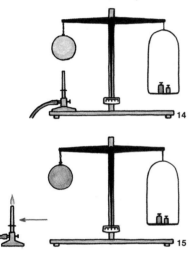

14

15

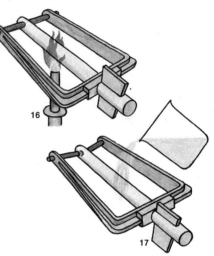

16

17

So verhalten sich fast alle festen Körper. Ausnahmen machen Gummi und manche Kunststoffe.

Während die Kugel sich ausdehnt, wird sie **nicht schwerer**; während sie sich zusammenzieht, wird sie nicht leichter.

Ohne Hilfsmittel ist die Ausdehnung fester Körper **kaum zu sehen**. Ein Eisenstab von 1 m Länge, der um 100 °C erwärmt wird, wird nur 1,2 mm länger.

Obwohl sich feste Körper bei Temperaturveränderungen nur geringfügig ausdehnen oder zusammenziehen, treten dabei **große Kräfte** auf.

Wie stark sich ein Körper ausdehnt, wenn er erwärmt wird, hängt davon ab,
○ aus welchem Stoff der Körper besteht,
○ wie groß die Temperaturänderung ist und
○ welche Länge der Stab hat (bzw. welchen Durchmesser der Körper hat).

Die meisten festen Körper dehnen sich aus, wenn sie erwärmt werden.
Beim Abkühlen ziehen sie sich zusammen.

So funktioniert ein Bimetall

starke Ausdehnung beim Erwärmen →

geringe Ausdehnung beim Erwärmen →

18 19

In einem Bimetallstreifen sind zwei unterschiedliche Metallschichten fest miteinander verbunden. Die beiden Metalle dehnen sich unterschiedlich stark aus, wenn sie erwärmt werden:

Beim Erwärmen verbiegt sich der Bimetallstreifen nach der Seite,
die sich weniger stark ausdehnt.
Beim Abkühlen verbiegt er sich nach der Seite,
die sich stärker ausdehnt.

Gase werden erwärmt und abgekühlt

1 Ein geheimnisvoller Flaschengeist?

Uli hat für seine Freunde eine „tolle Fete" geplant. Es soll allerhand los sein. Er will ihnen auch ein paar Zauberkunststücke mit einem geheimnisvollen „Flaschengeist" vorführen. Deshalb trifft er einige Vorbereitungen.

Schließlich ist es soweit. Alle Gäste haben sich im halbdunklen Zimmer versammelt; es ist mäuschenstill.

Und schon kommt Birgit, Ulis Schwester: Auf einem Handtuch trägt sie eine leere Sprudelflasche herbei.

„Achtung", ruft Uli, „gleich wird sich der Flaschengeist bemerkbar machen!" Dabei streicht er mit einem angefeuchteten Finger über den Flaschenrand und legt ein 10-Pf-Stück darauf. Er murmelt geheimnisvolle Worte, streicht an der Flasche entlang und umschließt sie dann fest mit beiden Händen.

Und tatsächlich! „Klick" macht es; das Geldstück bewegt sich auf und ab. „Klick, klick, klick" – der Flaschengeist scheint sich zu regen.

Aber es kommt noch toller: Birgit trägt nun eine dickbauchige, halb mit Wasser gefüllte Flasche auf dem Handtuch herbei. Uli verschließt sie mit einem durchbohrten Stopfen, durch den ein dünnes Glasrohr bis ins Wasser ragt. Gleichzeitig kündigt er an, daß der geheimnisvolle Flaschengeist das Wasser durch das Glasrohr aus der Flasche drücken wird.

Wieder hören alle die Zauberworte, die niemand versteht. Und wieder streicht Uli an der Flasche entlang und umfaßt sie schließlich mit beiden Händen.

Auch diesmal gelingt es: Wie von Geisterhand getrieben, steigt das Wasser im Glasrohr höher und höher. Wenn *da* nicht der Flaschengeist am Werke ist!?...

V 1 Sicher kannst *du* die beiden „Zauberkunststücke" auch durchführen. Probiere es einmal!

Sie gelingen dir am besten, wenn du deine Flaschen vorher im Kühlschrank aufbewahrst. Wenn du keinen Stopfen und kein Glasrohr hast, geht das zweite „Zauberkunststück" auch mit Knete und Strohhalm.

V 2 Tauche die Öffnung einer gekühlten, leeren Sprudelflasche kurz in Wasser mit Spülmittel. Wenn du sie wieder herausziehst, soll die Flaschenöffnung mit einer dünnen Seifenblase verschlossen sein.

Erwärme nun die Flasche mit beiden Händen. Kühle sie auch wieder mit kaltem Wasser ab.

V 3 Jetzt brauchst du außer einer Sprudelflasche noch eine Luftballonhülle. Ziehe sie über die Öffnung der Flasche, und lege die Flasche einige Zeit lang in den Kühlschrank.

Stelle die Flasche dann in einen Topf mit Wasser, und erwärme das Wasser.

Nimm schließlich die Flasche aus dem heißen Wasser heraus; stelle sie in kaltes Wasser.

104

V 4 Den Versuchsaufbau zeigt dir Bild 3.

Zähle die Luftblasen, die entweichen, wenn du den *Glaskolben* mit der Hand erwärmst.

Erwärme nun das kalte *Reagenzglas* mit der Hand: Auch jetzt steigen einige Luftblasen nach oben. Wie viele sind es?

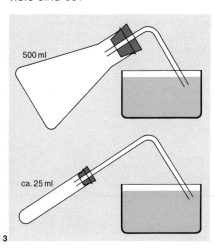

500 ml

ca. 25 ml

3

V 5 Bei diesem Versuch (Bild 4) wird der Glaskolben nur kurz mit der Hand berührt, so daß er sich nur wenig erwärmt.

Was wirst du dabei beobachten können? Was wird geschehen, wenn sich der Kolben wieder abkühlt?

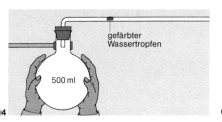

gefärbter Wassertropfen

500 ml

4

V 6 Überlege, was mit diesem Versuch festgestellt werden soll (Bild 5). Wie läuft er ab?

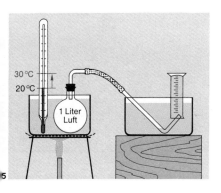

30 °C
20 °C

1 Liter Luft

5

V 7 Bild 6 zeigt den Versuchsaufbau mit einem Thermoskop als Anzeigegerät. (Das ist ein U-förmig gebogenes Rohr, das etwa zur Hälfte mit gefärbtem Wasser gefüllt ist.)

a) Zunächst ist ein Reagenzglas mit *Luft* gefüllt. Es wird mit der Hand erwärmt. Lies ab, bei welcher Marke die Flüssigkeit im Anzeigegerät stehenbleibt.

b) Anschließend wird *Gas aus der Sprudelflasche* in ein Reagenzglas gefüllt, danach in ein drittes Reagenzglas noch das *Gas aus dem Brenner*. Jedesmal wird das (kühle) Reagenzglas mit der Hand erwärmt.

c) Überlege, wie du die Ergebnisse deines Versuchs in einem Satz zusammenfassen kannst.

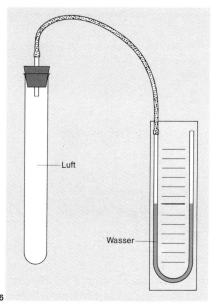

Luft

Wasser

6

V 8 Überlege erst einmal: Ist die Wärmeausdehnung der Luft (also eines Gases) größer oder kleiner als die des Wassers (also einer Flüssigkeit)?

So kannst du deine Vermutung überprüfen:

Du nimmst eine leere Sprudelflasche und füllst sie randvoll mit *Wasser*. Über die Flaschenöffnung stülpst du eine Luftballonhülle. Über eine zweite, gleichgroße Sprudelflasche, in der nur *Luft* ist, ziehst du ebenfalls eine Luftballonhülle. Beide Sprudelflaschen erwärmst du dann in einem gemeinsamen Wasserbad.

Aufgaben

1 Erkläre die „Zauberkunststücke" auf Ulis Fete:

a) Warum „klickte" das 10-Pf-Stück? Warum stieg das Wasser im Glasrohr nach oben?

b) Zur Vorbereitung hatte Uli die Flaschen in den Kühlschrank gelegt. Meinst du, daß das nötig war?

c) Findest du auch eine Erklärung dafür, daß die Flaschen *auf einem Handtuch* herbeigetragen wurden?

2 Warum hast du in Versuch 4 beim Glaskolben mehr Gasblasen zählen können als beim Reagenzglas?

3 Wenn man 1 Liter (1000 ml) eines Gases um 1 °C erwärmt, dehnt es sich aus:

Luft	um 3,7 ml,
Gas der Sprudelflasche	um 3,7 ml,
Gas des Brenners	um 3,7 ml,
Sauerstoff	um 3,7 ml.

a) In welchem deiner Versuche hättest du ähnliche Meßwerte bekommen können?

b) Was fällt dir auf, wenn du diese Werte mit denen vergleichst, die du in Ausdehnungstabellen von *festen* und *flüssigen* Körpern findest?

4 Ergänze die folgenden Sätze:
„Je stärker man ein Gas erwärmt, desto …"
„Je größer die erwärmte Gasmenge, desto …"
„Die Wärmeausdehnung der Gase ist nicht abhängig von …"

5 Was geschieht, wenn Gase *abgekühlt* werden? Beschreibe einen Versuch, der dir das besonders deutlich zeigt.

6 Ein Luftballon wird bei Zimmertemperatur (20 °C) aufgeblasen. Er faßt genau 3 Liter. Nun wird er in den Kühlschrank gelegt, wo eine Temperatur von nur 4 °C herrscht.

Welche Beobachtung wird man machen können, wenn man ihn nach einer halben Stunde herausholt?

Alles klar?

1 Gib an, welches Ergebnis du bei dem folgenden Versuch erwartest: Eine leere und kalte Sprudelflasche wird mit ihrer Öffnung nach unten in kaltes Wasser gesteckt. Das Wasser wird langsam erhitzt.

2 Beim Tischtennis bekommt der Ball manchmal eine Delle, ohne dabei einzureißen. Was kann man tun, um den Ball zu „retten"?

3 Im warmen Zimmer hast du einen Luftballon so aufgeblasen, daß er schön rund und glatt ist. Was wird wohl mit ihm geschehen, wenn du ihn nimmst und raus in den Schnee gehst?

4 Warum dürfen Spraydosen nicht ins Feuer geworfen werden?

5 In Betriebsanleitungen von Autoherstellern steht: „Messen Sie den Reifendruck bei *kalten* Reifen – sonst erhalten Sie falsche Werte!" Was meinst du dazu?

6 Vor über 2000 Jahren konstruierte der griechische Ingenieur *Philon* einen Tempelaltar, dessen Feuer auf geheimnisvolle Weise gelöscht wurde. Das galt als ein Zeichen dafür, daß die Götter das Opfer angenommen hatten. Das nebenstehende Bild zeigt, wie diese Vorrichtung funktionierte. Erkläre!

2 Zusammenfassung

Wie verhalten sich Gase, wenn sie erwärmt oder abgekühlt werden?

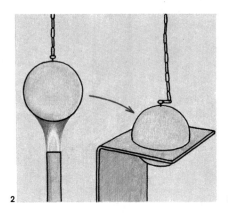

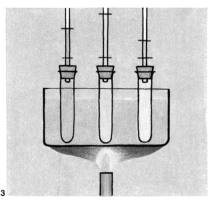

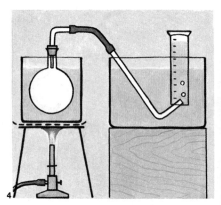

So verhält sich die feste Eisenkugel: Beim Erwärmen dehnt sie sich aus, und beim Abkühlen zieht sie sich zusammen.

Und auch die Flüssigkeiten dehnen sich aus, wenn sie erwärmt werden (je nach Art der Flüssigkeit unterschiedlich stark).

Nicht nur feste und flüssige Körper reagieren auf eine Erwärmung oder Abkühlung, sondern auch die gasförmigen Körper (Gase). Dazu gehören z. B. die Luft, der Sauerstoff oder das Gas aus der Sprudelflasche:

Das hast du beim Erwärmen von Luft festgestellt: Es steigen Luftbläschen auf, weil sie im Kolben keinen Platz mehr haben.

Gase **dehnen sich aus**,
wenn sie erwärmt werden.
Sie **ziehen sich zusammen**,
wenn ihre Temperatur sinkt.

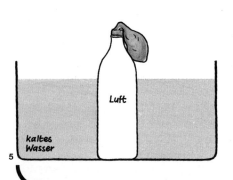

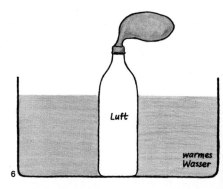

Wovon hängt die Ausdehnung der Gase beim Erwärmen ab?

Die Ausdehnung der Gase hängt davon ab, **wie stark** sie **erwärmt** werden.

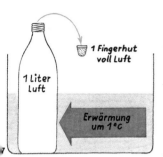

Das kannst du dir so klarmachen:
Du hast eine Literflasche, die mit genau einem Liter Luft gefüllt ist. Diese Luft wird um **1°C** *erwärmt.* Dabei dehnt sie sich aus, so daß ca. *1 Fingerhut* voll Luft aus der Flasche herausströmt.
Wenn der eine Liter Luft in der Flasche nun aber nicht um 1°C, sondern um **20°C** erwärmt wird, dehnt sich die Luft stärker aus. Jetzt strömt mehr Luft aus der Flasche heraus – insgesamt 20mal soviel wie bei der Erwärmung um nur 1°C (also ca. *20 Fingerhüte* voll).

Die Ausdehnung der Gase hängt auch von der **Menge des Gases** ab.

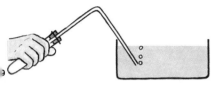

Je größer die Gasmenge ist, die z.B. um 10°C erwärmt wird, desto größer ist auch die Ausdehnung.
Entsprechend verhalten sich die Gase, wenn sie *abgekühlt* werden.

Die Ausdehnung der Gase bei Erwärmung hängt **nicht von der Art** des Gases ab:
1 Liter Sauerstoff z.B. dehnt sich genauso stark aus wie 1 Liter Gas aus dem Brenner
(wenn beide gleich stark erwärmt werden).

Wir vergleichen das Verhalten fester, flüssiger und gasförmiger Körper, die erwärmt oder abgekühlt werden

	Feste Körper	Flüssigkeiten	Gase
Verhalten beim Erwärmen:	dehnen sich aus	dehnen sich aus Ausnahme: Wasser zwischen 0 °C und 4 °C	dehnen sich aus
Verhalten beim Abkühlen:	ziehen sich zusammen Ausnahme: Holz, Gummi, Kunststoffe	ziehen sich zusammen Ausnahme: Wasser zwischen 4 °C und 0 °C	ziehen sich zusammen
Das Ausdehnen und Zusammenziehen ist abhängig:	**1.** von der Temperaturänderung **2.** von der ursprünglichen Menge (Volumen) des festen Körpers **3.** vom Stoff, aus dem der feste Körper besteht	**1.** von der Temperaturänderung **2.** von der ursprünglichen Menge (Volumen) der Flüssigkeit **3.** vom Stoff, aus dem die Flüssigkeit besteht	**1.** von der Temperaturänderung **2.** von der ursprünglichen Menge (Volumen) des Gases **3.** –

Die Wärmeausbreitung

1 Wärmedämmung und Wärmeleitung

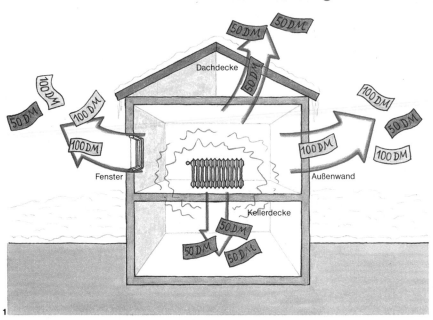

Das sind einige der Stoffe, mit denen man heute Wände und Böden belegt.

V 1 Aus einem Schuhkarton kannst du ein kleines Versuchshaus bauen, das aus nur einem einzigen Zimmer besteht (Bild 8). Als „Ofen" nimmst du eine Limonadendose, in die du Wasser von 50 °C füllst. An der „Decke" des Zimmers befestigst du ein Zimmerthermometer, so daß es frei in deinem Versuchshaus hängt.

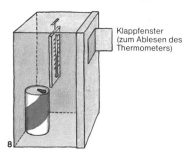

Klappfenster
(zum Ablesen des
Thermometers)

a) Stelle das Versuchshaus – noch ohne „Ofen" – in einen kalten Raum. Welche Temperatur liest du ab?

b) Jetzt kommt der „Ofen" in das Versuchshaus. Lies nach einer halben Stunde erneut die Temperatur ab.

c) Kleide nun dein „Versuchshaus" rundherum mit Styropor® (Wollreste, Wellpappe) aus. Fülle den „Ofen" wieder mit 50 °C heißem Wasser, und miß erneut nach einer halben Stunde die Temperatur im Versuchshaus.

d) Suche nach einer Erklärung für deine Meßergebnisse.

V 2 In ein Gefäß mit heißem Wasser steckst du einen Holzstab, einen Glasstab, einen ausgedienten Plastik-Kugelschreiber ohne Mine und einen Metallöffel, die alle etwa gleich lang sind (Bild 9). Probiere nach etwa einer Minute, ob die Gegenstände oben heiß geworden sind.

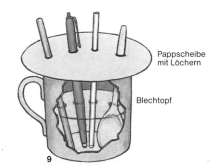

Pappscheibe
mit Löchern

Blechtopf

V 3 Halte ein Streichholz an den Rand eines Zweimarkstücks, das du mit den Fingerspitzen hältst (Bild 10). Was mußt du eher weglegen, das Geldstück oder das Streichholz?

10

V 4 Besorge dir zwei Konservendosen, die gut ineinander passen. Die kleinere Dose sollte mindestens 1 cm schmaler sein als die größere, möglichst aber gleich hoch.

a) Fülle die kleine Dose mit heißem Wasser (50 °C). Stelle sie in kaltes Leitungswasser, und miß nach 10 Minuten die Temperatur des Wassers in der Dose (Bild 11).

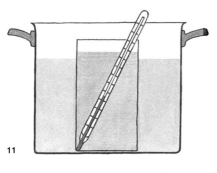

11

b) Jetzt stellst du die leere kleine Dose in die größere – und zwar so, daß ein kleiner Luftspalt entsteht (Kork drunterlegen!). Die kleine Dose wird nun mit Wasser von 50 °C gefüllt. Dann stellst du beide Dosen zusammen in frisches Leitungswasser (Bild 12). Miß wieder nach 10 Minuten die Temperatur des Wassers in der kleinen Dose.

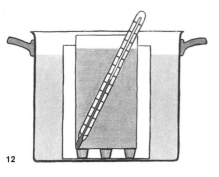

12

V 5 Die Bilder 13-15 zeigen dir eine Versuchsreihe. Du siehst, daß jetzt eine Temperaturmeßfarbe eingesetzt wird; sie hat bei 35 °C ihren Farbumschlag.

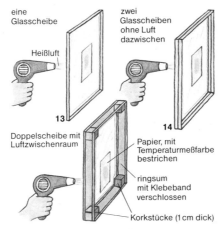

eine Glasscheibe

zwei Glasscheiben ohne Luft dazwischen

Heißluft

13

14

Doppelscheibe mit Luftzwischenraum

Papier, mit Temperaturmeßfarbe bestrichen

ringsum mit Klebeband verschlossen

Korkstücke (1 cm dick)

a) Beschreibe, worin sich die drei Versuchsaufbauten unterscheiden.

b) Wir benötigen für diesen Versuch auch eine Stoppuhr. Kannst du dir denken, warum?

c) Versuche einmal, die Ergebnisse ungefähr vorherzusagen.

V 6 In Bild 16 siehst du den Anfang des Versuches.

a) Was kann man mit diesem Versuchsaufbau untersuchen?

b) Gib an, weshalb die Streichhölzer gleich weit von der Brennerflamme entfernt liegen.

c) Was wird geschehen, wenn der Brenner angezündet ist?

d) Was würde geschehen, wenn wir statt der Streichhölzer eine Temperaturmeßfarbe nehmen würden?

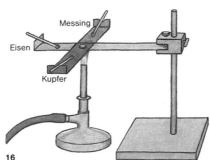

Messing

Eisen

Kupfer

16

V 7 Ob die Wärme auch in Flüssigkeiten (z. B. Wasser) fortgeleitet wird?

a) Beschreibe zunächst wieder den Versuchsaufbau (Bild 17). Achte dabei auf die Stellung des Brenners.

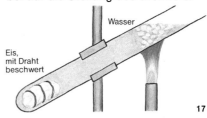

Wasser

Eis, mit Draht beschwert

17

b) Was meinst du, wird das Wasser sieden, bevor das Eis geschmolzen ist? Oder schmilzt zuerst das Eis?

c) Sei vorsichtig, wenn du nun den Versuch durchführst! Das Reagenzglas könnte springen, und es könnte heißes Wasser herausspritzen.

Aufgaben

1 Begründe, weshalb man sich so sehr bemüht, Häuser gut zu isolieren.

2 In Versuchshäusern nach Bild 8 stieg die Temperatur deutlich an, wenn die Wände mit Wellpappe isoliert waren. Bei glattem Karton war die Erwärmung nicht so groß. Warum isoliert Wellpappe so gut?

3 In Versuch 4 hast du zwei verschiedene Meßergebnisse erhalten.

a) Findest du eine Erklärung für den Unterschied?

b) Warum wurde das Wasser in der kleinen Dose in *beiden* Fällen kälter?

c) Wäre das Meßergebnis anders ausgefallen, wenn die Dosen sich unmittelbar berührt hätten?

4 Offensichtlich leiten einige Stoffe die Wärme gut, andere dagegen weniger gut. Ordne die untersuchten Stoffe in einer Tabelle:

Gute Wärmeleiter	Schlechte Wärmeleiter

Information über gute und schlechte Wärmeleiter

Erfahrungen und Versuche zeigen, daß die Wärme in manchen Stoffen gut fortgeleitet wird. Diese Stoffe bezeichnet man daher als **gute Wärmeleiter**. Zu ihnen gehören vor allem die **Metalle**.

In Bild 1 ist die **Wärmeleitfähigkeit** verschiedener Metalle im Vergleich zu der des Glases dargestellt: Du siehst, daß es hier große Unterschiede gibt. Die **schlechten Wärmeleiter,** die wir ebenfalls in den Versuchen kennengelernt haben, können in diese Abbildung gar nicht mehr mit eingezeichnet werden.

Im Vergleich zu Kupfer leitet z. B. Wasser die Wärme 600mal schlechter. Styropor® leitet sie 10 000mal schlechter und Luft sogar 150 000mal! Oder andersherum ausgedrückt: Kupfer leitet die Wärme 150 000mal besser als Luft!

Die **Luft** ist (neben einigen anderen Gasen) der schlechteste Wärmeleiter, den wir kennen.

Wenn die Wärme in einem Körper fortgeleitet wird, geschieht das stets von der warmen Seite des Körpers hin zu seiner kalten – und zwar so lange, bis seine Temperatur überall gleich ist. Oder die Wärme geht von einem warmen Körper auf einen anderen, kühleren Körper über.

Wenn ein Gefäß mit einem heißen Getränk von Styropor® umgeben ist, wird fast keine Wärme fortgeleitet. Styropor® zählt deshalb zu den **Wärmeisolatoren** oder **Wärmedämmstoffen**.

Das „Geheimnis" dieses Wärmeisolators ist, daß er viele mit Luft gefüllte Hohlräume besitzt: Ein Styropor®-Würfel von 1 kg Gewicht enthält nur 20 g Kunststoff, aber 980 g Luft! Könnte man z. B. aus dem in Bild 2 gezeichneten Styropor®-Würfel sämtliche Luft herauspressen, würde nur der kleine Kunststoffwürfel in der Mitte übrigbleiben. Alles andere ist Luft.

Wärmeleitfähigkeit
Stab aus Silber
Stab aus Kupfer
Stab aus Aluminium
Stab aus Nickel
Stab aus Eisen (Stahl)
Stab aus Glas (Jenaer Glas)

1

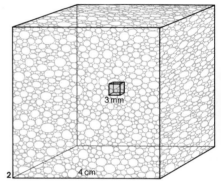

2   4 cm   3 mm

Fragen und Aufgaben zum Text

1 Nenne den besten und den schlechtesten Wärmeleiter, den du kennst. Stell dir einmal vor, es wäre umgekehrt!

2 „Zieh dir eine *warme Jacke* an, damit du nicht frierst!" das kennst du sicher auch. Es ist aber gar nicht die Jacke, die warm ist! Du kannst es mit einem **Versuch** beweisen: Miß zuerst die Temperatur einer Jacke, bevor du sie anziehst und noch einmal, nachdem du sie eine Viertelstunde lang getragen hast. Wie müßte die Aufforderung also richtiger heißen?

3 So kannst du dich gut warmhalten; gib an, wodurch die Wärme jeweils „zurückgehalten" werden soll:
a) In einer langen Hose ist deine Hauttemperatur an den Beinen um 0,5 °C höher, als wenn du einen Rock anhast.
b) Über den Kopf geht viel Wärme verloren. Warum sollst du an kalten Tagen gerade eine Wollmütze aufsetzen?
c) Wenn du einen Wollpullover anziehst, wird deine Hauttemperatur um 2 °C höher liegen als ohne Pullover. Zwei dünnere, übereinandergezogene Pullis steigern die Temperatur sogar um 3 °C!

4 Sandra findet zwar Silberlöffel sehr schön; sie meint aber, daß sie zu schnell heiß werden, wenn man mit ihnen heißen Kaffee umrührt. Deshalb zieht sie Löffel aus Edelstahl vor.
a) Was sagst du dazu?
b) Woraus müßte ein Löffel bestehen, der kaum heiß werden kann?

5 Woll- und Baumwollstrümpfe wärmen besser als z. B. Strümpfe aus Kunstfasern (Nylon, Perlon). Du kannst das sicher erklären, wenn du beide durch ein Vergrößerungsglas betrachtest.

Ein Wärmedämmungsprüfgerät

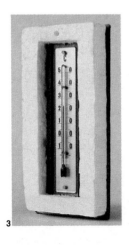

3

Du brauchst:
1 Zimmerthermometer (aus dem Kaufhaus);
1 Styropor®-Platte (20 mm stark; Abmessungen in Bild 4);
1 Wellpappe oder dünne Styropor®-Platte (0,5–1 mm stark);
1 scharfes Küchenmesser oder 1 Styropor®-Schneider;
Kaltleim (z. B. Ponal®).

So wird's gemacht:
Schneide aus der dicken Platte die Form des Thermometers aus, so daß es genau hineinpaßt (Bilder 4 u. 5). Die Rückseite beklebst du mit Wellpappe oder Styropor®. Das Loch zum Aufhängen brennst du mit einer heißen Nadel ein.

Miß jetzt die Lufttemperatur über deinem Tisch und gleich danach – mit dem Thermometer zur Wand – an der Außenwand des Zimmers (Bild 5). Wenn sie an der Wand um mehr als 3 °C fällt, ist die Wärmedämmung der Mauer gering.

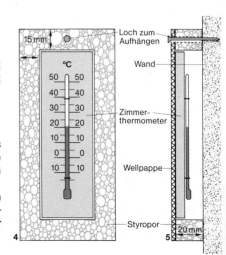

15 mm   °C
50 50
40 40
30 30
20 20
10 10
0   0
10 10

Loch zum Aufhängen
Wand
Zimmerthermometer
Wellpappe
Styropor
20 mm

4   5

Aus Umwelt und Technik: **Wärmedämmung beim Hausbau**

Herr und Frau Schneider wollen bauen. Immer wieder sitzen sie über den Plänen, um zu beraten. Natürlich muß das Haus auch im Winter warm sein – und trotzdem soll sparsam geheizt werden. Brennstoffe sind bekanntlich teuer.

„Ganz gleich, welche Heizung wir einbauen," meint Herr Schneider, „unser Haus muß so gebaut werden, daß wir nicht auch noch die Straße heizen." Und dabei studiert er eine Darstellung wie in Bild 6.

„Ja," pflichtet ihm Frau Schneider bei, „da müssen wir bei den *Fenstern* anfangen. Sie dürfen so wenig wie möglich Wärme nach draußen lassen. Wir brauchen Fenster mit Doppelverglasung!" (Bild 7)

„Und dann müssen wir noch darauf achten, daß die *Außenmauern* nicht zu hohe Wärmeverluste zulassen," sagt Herr Schneider. „Sieh mal, da gibt's verschiedene Möglichkeiten!" (Bild 8)

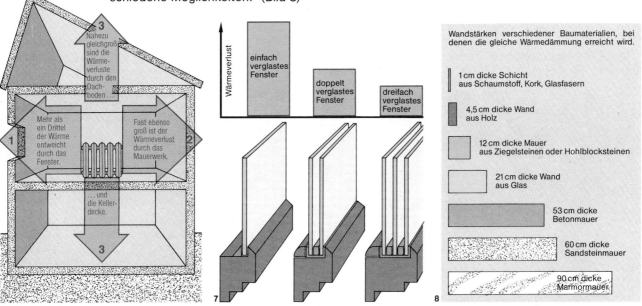

So mag die Unterhaltung zwischen Herrn und Frau Schneider verlaufen, denn das sind Dinge, die sie nicht allein der Baufirma überlassen wollen.

Auf jeden Fall beschließen sie, daß als Außenwand zunächst eine Mauer aus Hohlblocksteinen errichtet werden soll. Zusätzlich soll diese Mauer eine Wärmedämmung aus Styropor®-Platten und eine Holzverkleidung erhalten.

Wie die Wärmeisolierung der Kellerdecke und des Dachbodens erfolgen kann, weißt du eigentlich schon. (Wenn du es aber vergessen hast, kannst du noch einmal drei Seiten weiter vorne nachsehen.)

Fragen und Aufgaben zum Text

1 Was stellst du dir unter dem Wort *Wärmeverlust* vor? Was meinst du, warum mehr als ein Drittel des gesamten Wärmeverlustes eines Einfamilienhauses über die Fensterflächen erfolgt?

2 Herr und Frau Schneider waren für die Verwendung von Hohlblocksteinen beim Bau der Außenmauern. Ob sie dabei nur Material sparen wollten?

3 Erkläre, warum eine 2 cm dicke Glasfasermatte besser isoliert als eine 2 cm starke Wand aus massiven Glasziegeln.

4 Bei doppelverglasten Fenstern wird die Wärmedämmung verbessert, wenn ein Luftraum zwischen den Scheiben besteht. Kannst du das erklären?

5 „Doppelfenster" gab es schon vor über 50 Jahren: Im Winter wurde einfach ein zweites Fenster vor das erste gesetzt und an vier Haken befestigt. Wenn es dann im Frühjahr wärmer wurde, hängte man die „Winterfenster" wieder ab und verstaute sie im Keller.

Nenne die Vor- und Nachteile dieser Fensterkonstruktion gegenüber unseren heutigen Doppelfenstern.

6 Wie lauten diese Sätze richtig?
a) Die Wärmedämmung von Glasfasern ist größer/geringer als die von Holz.
b) Marmor hat die größte/geringste Wärmedämmung unter den Baustoffen.
c) Glas hat eine größere/geringere Wärmedämmung als Holz.
d) Eine Mauer aus Ziegelsteinen leitet die Wärme besser/schlechter als eine gleich starke Mauer aus Beton.

7 Warum werden nur die Außenmauern einer Wohnung mit wärmeisolierenden Schichten versehen und nicht auch die Trennwände zwischen den Zimmern?

Aus Umwelt und Technik: **Auch Wärmeleitung ist wichtig**

Die **Spitze eines Lötkolbens** (Bild 1) muß aus einem Material gefertigt sein, das ein besonders guter Wärmeleiter ist.

Über diese Spitze soll schließlich viel Wärme auf das Lötzinn übergehen, damit es seine Schmelztemperatur von 200°C erreicht. Auch die Drähte, die miteinander verlötet werden sollen, müssen auf diese Temperatur aufgeheizt werden.

Es muß also viel Wärme aus der Heizpatrone über die Spitze des Lötkolbens abgegeben werden. Sie ist deshalb stets aus *Kupfer* oder einem anderen sehr guten Wärmeleiter hergestellt.

Schnelle Fahrzeuge sind mit starken **Motoren** ausgerüstet (Bild 2). Dabei fällt auf, daß diese Motoren teilweise aus silbrig glänzendem Metall, einer *Aluminium*legierung, hergestellt sind. Im Gegensatz dazu werden andere Motoren aus billigerem, grauem Stahl gefertigt.

Wenn starke Motoren in Betrieb sind, erhitzen sie sich sehr. Sie müssen besonders gut gekühlt werden. Die Wärme, die im Innern der Motoren entsteht, wird durch die Aluminiumlegierung 4mal so gut wie durch Stahl nach außen geleitet. Dort erfolgt die Kühlung durch das Kühlwasser und den Fahrtwind.

Auch in der Küche sind gute Wärmeleiter gefragt: Wenn wir einen Topf mit Wasser auf einen Elektroherd stellen, möchten wir, daß die Wärme der Herdplatte möglichst ungehindert in den Topf gelangt. Der Stahl, aus dem der **Topfboden** besteht, ist deshalb manchmal zusätzlich mit einer *Kupfer*schicht belegt (Bild 3).

Vor allem aber ist es wichtig, daß der Topf mit seinem ganzen Boden die Herdplatte berührt. Der Topfboden muß also genauso *eben* wie die Herdplatte sein. Töpfe oder Pfannen, die für Elektroherde bestimmt sind, werden deshalb mit „geschliffenen" Böden versehen.

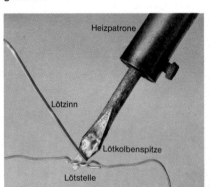

Alles klar?

1 Den Baustoff Styropor® bezeichnet man auch als „eingesperrte Luft". Wie kommt man wohl auf diesen Namen?

2 Im Winter ziehen wir gerne Pullover an, deren Maschen aus dicker Wolle grob gestrickt sind. Warum schützen diese Kleidungsstücke so gut gegen Kälte?

3 Wie kommt es, daß dicke Gläser oft springen, wenn man heiße Flüssigkeiten hineingießt? (Achtung! Das liegt nicht *nur* daran, daß sich das Glas beim Erwärmen ausdehnt.)

4 Bei strenger Kälte plustern sich Vögel auf. Was ist wohl der Grund dafür?

5 Warum ist ein Kochtopf mit welligem Boden nicht für einen Elektroherd, aber für einen Gasherd zu gebrauchen?

6 Harry Schlaumeier behauptet: „Es stimmt nicht, daß ein Pullover wärmt!"...

7 Tina Pfiffig hat Ärger mit ihrer Mutter, wenn sie den Löffel nach dem Umrühren in ihrer Kaffeetasse läßt: „Das gehört sich nicht!" heißt es dann immer. Jetzt hat Tina aber eine Begründung für ihre Bequemlichkeit: „Ich mache das, weil der Kaffee so heiß ist und ich nicht viel Zeit habe!.."

8 Empfindliche elektrische Bauteile – wie z. B. die kleinen Transistoren in Radioapparaten – dürfen nicht zu warm werden. Beim Anlöten werden sie mit einer Flachzange festgehalten. Die Zange hat dabei eine besondere Aufgabe!

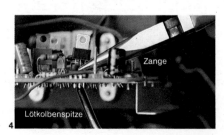

9 Die Wände eines Kühlschranks sind hohl. Diese Hohlräume hat man mit Glaswolle und Styropor® ausgefüllt. Warum? Im Kühlschrank herrscht doch eine Temperatur von 4°C, so daß wohl kaum Wärme in die Küche fortgeleitet würde.

10 Der Fußboden des Badezimmers ist meistens gefliest und teilweise mit einem Teppich ausgelegt. Wenn du mit bloßen Füßen auf dem Teppich stehst, findest du es angenehm warm, die Fliesen dagegen empfindest du als kalt. Und trotzdem kannst du mit einem Thermometer bei Fliesen und Teppich die gleiche Temperatur feststellen!...

11 Wahrscheinlich weißt du schon, daß das Wasser eines Sees im Winter an der Oberfläche am kältesten ist; unten jedoch könnte man eine Temperatur von +4°C messen. Warum erfolgt zwischen dem wärmeren und dem kälteren Wasser kein Temperaturausgleich?

2 Wärmetransport bei der Zentralheizung

Das Feuer verbreitet eine wohlige Wärme.

Der Heizkörper auch! Doch wo ist hier das Feuer?

Aufgaben

1 Bild 9 zeigt den Heizungskeller eines Wohnhauses. Gibt es auch bei euch im Haus eine solche Heizungsanlage? Wenn ja, dann sieh einmal nach, welche Teile der Heizung du dort wiederfindest.

Wie kommt von hier aus die Wärme zu den Heizkörpern?

2 Petra meint, die Heizkörper im Zimmer werden warm, weil sie durch Eisenrohre mit dem Heizkessel verbunden sind; und Eisen leitet die Wärme ja gut. Ob sie recht hat? Denke nur daran, wie die einzelnen Heizkörper abgestellt werden können!

3 Bild 7 zeigt, wie die Heizkörper innen aussehen. Du siehst auch ein Absperrventil. Was soll durch dieses Ventil abgesperrt werden?

4 Überlege, weshalb man bei einer Zentralheizung (Bild 8) ein Ausdehnungsgefäß braucht.

5 Versuche zu beschreiben, wie eine Zentralheizung funktioniert; Bild 8 hilft dir dabei. Beginne so: „Im Heizkessel befindet sich Wasser ... "

6 Plane einen **Versuch**, mit dem man das Modell einer Zentralheizung bauen könnte. Die Geräte aus Bild 10 stehen dir zur Verfügung.

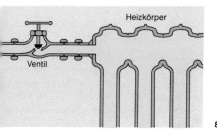

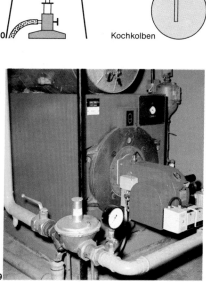

113

Aus Umwelt und Technik: **Was ist eine Fernheizung?**

Bei der Zentralheizung gibt es normalerweise für jedes Haus einen Ofen (Heizkessel). Bei der Fernheizung aber, die in vielen Großstätten üblich ist, werden Tausende von Häusern durch einen einzigen „Ofen" beheizt. Dieser Ofen ist ein **Kraftwerk**, dessen Hauptaufgabe es eigentlich ist, elektrischen Strom zu erzeugen.

Du wirst vielleicht fragen, ob es überhaupt möglich ist, daß ein Kraftwerk auch Wärme liefert. Nun, in Kraftwerken wird sehr viel Brennstoff (Kohle, Öl…) verbrannt, um so zunächst Wärme zu gewinnen. Das ist notwendig, um schließlich elektrischen Strom zu erhalten.

Doch nur etwa ein Drittel der gewonnenen Wärme kann so in elektrischen Strom umgewandelt werden (Bild 1). Etwa die Hälfte wird als „Abwärme" an die Luft abgegeben oder in Flüsse geleitet. *Diese* Wärme kann man bei sogenannten **Heizkraftwerken** nutzen, indem man Wohnungen, Kaufhäuser, Büros oder Fabriken beheizt (Bild 2).

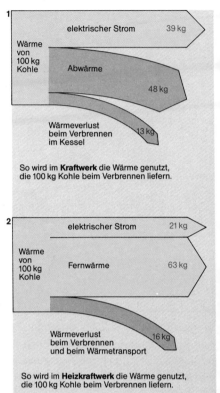

So wird im **Kraftwerk** die Wärme genutzt, die 100 kg Kohle beim Verbrennen liefern.

So wird im **Heizkraftwerk** die Wärme genutzt, die 100 kg Kohle beim Verbrennen liefern.

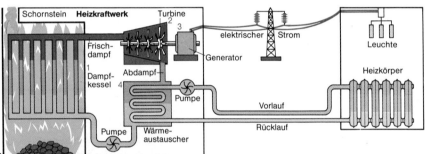

Wie funktioniert dieses Heizkraftwerk?

Im Dampfkessel (1) wird das Wasser, das durch die Röhren fließt, in sehr heißen Wasserdampf umgewandelt (*Frischdampf*). Dieser Frischdampf versetzt eine Turbine (2) wie ein Windrad in schnelle Umdrehungen. Sie ist mit dem Dynamo oder Generator (3) verbunden, der den Strom erzeugt. Wenn der Wasserdampf aus der Turbine wieder ausströmt, hat er seine eigentliche Aufgabe schon erfüllt. Von nun an nennt man ihn *Abdampf*.

Der noch immer etwa 200 °C heiße Abdampf der Turbine wird in einen Kessel (4) geleitet; dieser sogenannte *Wärmeaustauscher* ist von vielen Kupferröhren durchzogen, die von kaltem Wasser durchflossen werden.

Dort gibt der heiße Abdampf Wärme an das kalte Wasser ab. Während die Dampftemperatur sinkt und der Dampf wieder zu Wasser wird, heizt sich das Wasser in den Röhren auf: Es verläßt den Wärmeaustauscher siedend heiß.

Das so erwärmte Wasser wird nun durch gewaltige, gut isolierte Rohrleitungen gepumpt, die unter der Straße liegen (Bilder 4 u. 5). Sie werden – wie bei der Zentralheizung – als *Vorlauf* bezeichnet. Abzweigungen dieser Rohrleitungen führen in die Häuser zu den Heizkörpern, die durch das heiße Wasser erwärmt werden. Dabei kühlt sich das Wasser ab. Es wird in einer zweiten Rohrleitung, dem *Rücklauf,* gesammelt und zum Heizwerk zurückgepumpt. Im Wärmeaustauscher wird es dann erneut erhitzt.

Fragen und Aufgaben zum Text

1 Wozu gibt es Heizkraftwerke?

2 Im Text kommen die Wörter *Fernheizung* und *Wärmeaustauscher* vor. Gib ihre Bedeutung an!

3 Welche Auswirkungen hat es auf den Brennstoffverbrauch und damit auf die Kosten, wenn ein Kraftwerk auch noch *Fernwärme* liefern kann?

4 Auch die Luftverschmutzung in den Großstädten wird zum großen Teil durch die vielen Heizungsanlagen der Häuser verursacht.

Welchen Vorteil kann da eine Fernheizung bringen?

3 Eine besondere Eigenschaft von warmem Wasser und warmer Luft

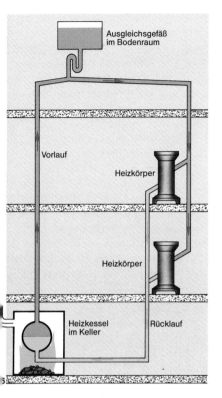

Ausgleichsgefäß im Bodenraum

Vorlauf

Heizkörper

Heizkörper

Heizkessel im Keller

Rücklauf

Das ist der Plan einer Zentralheizung, wie es sie schon um die Jahrhundertwende gab. Wenn du diese Zeichnung mit der einer modernen Zentralheizung vergleichst, suchst du *ein* Teil vergeblich! Und trotzdem funktioniert auch diese Heizung ...

V 8 Ein großes, dickes Tablettenröhrchen füllen wir mit angefärbtem, **heißem Wasser**. Es wird mit einem Stopfen, in dem zwei Glasröhrchen stecken (Bild 7) verschlossen. Dann stellen wir es in ein hohes Becken mit kaltem Wasser.

Was kannst du nach einiger Zeit feststellen?

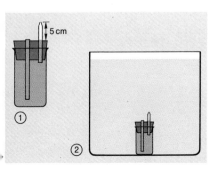

5 cm

① ②

V 9 Fülle einen Eimer bis 3 cm unter den Rand mit Leitungswasser (Temperatur: ca. 16 °C).

a) Gieße nun 1 Liter Wasser, das mit einigen Eisstückchen gekühlt wurde, in die Hülle eines Luftballons. Binde die Hülle zu, und halte sie in den wassergefüllten Eimer. Was geschieht, wenn du sie nach dem Eintauchen losläßt?

b) Führe den gleichen Versuch noch einmal durch. Nimm jetzt aber Wasser von etwa 40 °C.

V 10 Dieser und der folgende Versuch zeigen, ob sich **erwärmte Luft** so wie erwärmtes Wasser verhält:

a) Halte eine Hand 20 cm *über* eine Kerzenflamme. Halte sie dann auch 20 cm *neben* die Flamme.

b) Führe den Versuch auch mit einem Zimmerthermometer durch. Achte aber darauf, daß du die Thermometerkugel nicht näher als 20 cm an die Kerzenflamme heranbringst. (Brich den Versuch auf jeden Fall ab, wenn das Thermometer 40 °C anzeigt!)

c) Die Luft ist ein sehr schlechter Wärmeleiter. Wie kann es trotzdem zu diesem Meßergebnis kommen?

V 11 Für diesen Versuch brauchst du ein „Windrädchen", dessen Bauanleitung du auf dieser Seite findest.

a) Halte das Rädchen 20 cm hoch über die Kerzenflamme (Bild 8).

b) Suche nach Stellen, wo sich das Rädchen sonst noch drehen könnte: z. B. über Herdplatten, Öfen, leuchtenden Lampen oder einem Bügeleisen. Probiere auch aus, in welcher Entfernung sich das Rädchen noch *neben* diesen Wärmequellen dreht.

c) Was schließt du aus deinen Beobachtungen?

20 cm

8

Ein „Windrädchen" zum Nachweis von Luftströmungen

9

Du brauchst:
1 Stück kräftiges Papier (etwa halbe Postkartengröße);
1 ausgediente Kugelschreibermine;
25 cm Eisendraht (etwa 2 mm ∅);
1 Spitze einer Glasampulle (du bekommst sie in einer Arztpraxis).

So wird's gemacht:
Schlage um *einen* Mittelpunkt auf dem Papier 2 Kreise mit 1,4 cm und 3,5 cm Radius (Halbmesser). Unterteile dann den Kreisring in 8 gleiche Felder (Bild 10). Vervollständige die Zeichnung (Bild 11).

Schneide nun das Rädchen aus. Die durchgezogenen Linien werden bis an den inneren Kreis heran eingeschnitten. Biege schließlich die 8 Ecken über die gestrichelten Linien nach oben.

Als Radlager dient die Ampullenspitze (Bild 12). Durchbohre das Windrad mit einem Nagel, und erweitere das Loch etwas. Klebe dann die Ampullenspitze am Rädchen fest.

Bild 12 zeigt auch einen einfachen Halter für das Windrädchen.

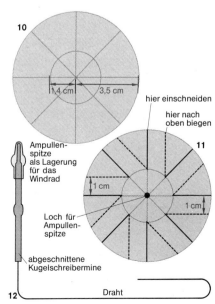

10

1,4 cm 3,5 cm

hier einschneiden

hier nach oben biegen

11

Ampullenspitze als Lagerung für das Windrad

1 cm

1 cm

Loch für Ampullenspitze

abgeschnittene Kugelschreibermine

Draht

12

V 12 Ein Rundkolben wird bis zum Hals mit kaltem Wasser gefüllt. Wenn das Wasser ruhig steht, kommen einige Kristalle Kaliumpermanganat hinzu. Sie sinken zu Boden und lösen sich langsam auf, wobei sie das Wasser am Boden violett verfärben. Dann erst wird ein Brenner seitlich an den Rundkolben gestellt (Bild 1). Erkläre, was du siehst!

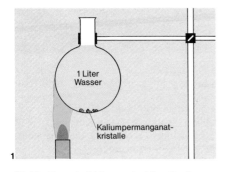

1

V 13 So wird Versuch 12 mit einem Glasrohr durchgeführt (Bild 2).

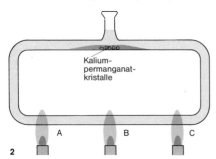

2

a) Überlege, was geschieht, wenn du das Rohr bei A erhitzt. Was passiert, wenn der Versuch beginnt und das Rohr bei B (bei C) erhitzt wird?

b) Nimm den Brenner weg. Kann das Wasser nach 2 Minuten auch oben warm sein? Überlege es dir, und probiere es dann aus.

c) Welche technische Anlage erklärt dieser Versuch?

V 14 In einem Becherglas mit Leitungswasser geben zwei Thermometer (Bild 3) die Wassertemperatur an. Sie werden jeweils nach 1 Minute abgelesen.

Gleich nach der ersten Messung wird das Wasser erhitzt.

a) Vergleiche die Temperatur, die das Wasser am Boden und knapp unter der Wasseroberfläche hat:

Messung Nr.	am Boden	an der Oberfläche
1	16°C	16°C
2		
...		

b) Überlege, wie du das Meßergebnis erklären kannst. (Bedenke bei deinen Überlegungen, daß das Wasser ein schlechter Wärmeleiter ist.)

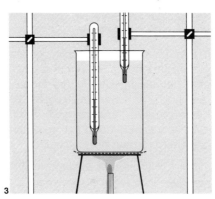

3

V 15 Warmluft kann sogar sichtbar gemacht werden:

a) Der Versuch wird nach Bild 4 aufgebaut. Daß dabei tatsächlich die *erwärmte* Luft zu sehen ist, kannst du mit einem Thermometer nachprüfen.

b) Der gleiche Versuch kann auch mit einem eingeschalteten Bügeleisen oder einer starken Glühlampe durchgeführt werden.

1 Wenn eine Heizung in Betrieb ist, erwärmt sich das ganze Zimmer und nicht nur die Stelle, an der geheizt wird. Das kannst du mit einem Thermometer an mehreren Stellen des Zimmers überprüfen: beim Heizkörper, an der entgegengesetzten Wand und an der Decke.

Suche nach einer Erklärung für deine Meßergebnisse!

2 Nimm an, in einem Zimmer wird eine Temperatur von 20°C gemessen, genauso wie über dem Heizkörper des Zimmers. Überlege, ob sich das „Windrädchen" von Versuch 11 drehen würde, wenn du es über den Heizkörper hieltest. Begründe deine Antwort.

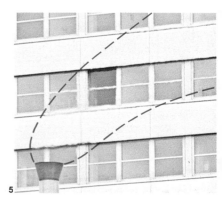

5

3 An welchen Versuch erinnert dich diese flimmernde Warmluft?

4 Du kannst ein „Heißluftboot" nach der Bauanleitung bauen, die auf der Nachbarseite steht. Erkläre, warum es allmählich zu fahren beginnt, wenn die Kerze angezündet ist.

5 Über Heizkörpern verschmutzen die Wände stark. Nenne den Grund!

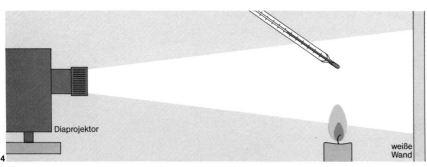

4

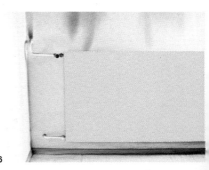

6

Wie erklären wir das Verhalten des erwärmten Wassers und der erwärmten Luft?

Wenn wir **Wasser oder Luft erwärmen**, so **dehnen** sie sich aus.

Stell dir einmal einen Becher vor, der bis zum Rand mit kaltem **Wasser** gefüllt ist. Wenn er **erwärmt** wird, läuft etwas Wasser über, denn das Wasser dehnt sich aus. Obwohl der Becher auch jetzt noch bis zum Rand gefüllt ist, ist sein Inhalt nun **leichter**, denn etwas Wasser ist ja herausgeflossen.

Daraus ergibt sich:
1 Liter kaltes Wasser ist schwerer als 1 Liter warmes Wasser.
2 Liter kaltes Wasser sind schwerer als 2 Liter warmes Wasser ...

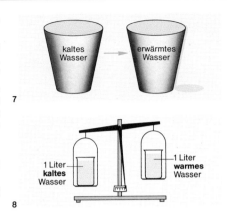

Stell dir jetzt vor, du könntest das erwärmte Wasser in kaltes Wasser „hineinstellen". Es würde etwas ähnliches geschehen, wie wenn man ein Stück Holz unter Wasser losläßt: So, wie das Holz nach oben zur Wasseroberfläche steigt, **steigt** auch das warme, leichtere Wasser **nach oben**.

Wenn man eine bestimmte Menge **Luft** (z. B. 1 Liter) über einer heißen Herdplatte **erwärmt**, geschieht praktisch das gleiche: Die erwärmte Luft **steigt nach oben**. Das liegt daran, daß 1 Liter heiße Luft **leichter** ist als 1 Liter kühlere Luft.

Bauanleitung für ein „Heißluftboot"

Du brauchst:
1 Stück Styropor® (etwa 10 cm lang, 4 cm breit und 2 cm stark);
1 Kerzenstummel (etwa 1,5 cm lang);
1 Stück Dosenblech (Limonadendose);
1 scharfes Messer (evtl. 1 Styroporschneider; → Anhang der Elektrizitätslehre);
1 Blechschere (oder Küchenschere).

So wird's gemacht:
Schneide zunächst aus dem Styroporstück den Bootsrumpf aus.

Lege den Bootsrumpf dann ins Wasser. Stelle etwa 6 cm vom hinteren Rand den Kerzenstummel so darauf, daß das Boot waagerecht schwimmt. Markiere diese Stellung der Kerze mit einem Bleistift, und befestige dort die Kerze mit etwas flüssigem Wachs.

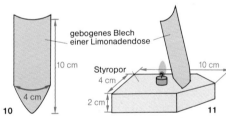

gebogenes Blech einer Limonadendose

10 cm

Styropor
4 cm

10 cm

2 cm

Schneide ein Stück Blech so zurecht, daß es wie ein Segel aussieht. (Vorsicht! Das dünne Blech hat messerscharfe Schnittkanten. Entgrate es mit einer Feile oder mit einem Stein.)

Jetzt wird das Segel mit der Spitze voran in den Schiffsrumpf eingesetzt, den wir vorher mit dem Messer eingekerbt haben. Das Blechstück sollte nicht zu schräg gestellt werden. Es wird nur so stark geneigt, daß es die Flamme später nicht berührt.

Setze das Schiffchen in das wassergefüllte Waschbecken, und entzünde die Kerze: Das Boot durchquert gemächlich das Becken. Sollte das nicht der Fall sein, muß das Blech steiler oder flacher gestellt werden. Du kannst auch den Abstand zwischen Kerze und Blech verändern. Probiere aus, wie es am besten geht.

Alles klar?

1 Welche besondere Eigenschaft haben das erhitzte Wasser (gegenüber dem kalten Wasser) und die erhitzte Luft (gegenüber der kühlen Luft)?

2 Bei den modernen Zentralheizungen drückt eine Pumpe das heiße Wasser aus dem Heizkessel in die Heizkörper und von dort wieder zurück. Es geht jedoch auch ohne Pumpe, wie ältere Heizungsanlagen zeigen. Wie ist das möglich? Welchen Vorteil hat die Pumpe?

3 Bei den modernen Zentralheizungen haben die Rohre, durch die das Wasser strömt, einen Durchmesser von etwa 2 cm. Bei alten Anlagen (ohne Wasserpumpe) betragen die Rohrdurchmesser mindestens 5 cm. Warum hat man wohl damals so dicke Rohre verwendet?

4 Wird das „Windrädchen" über die heiße Kochplatte gehalten, dreht es sich sehr schnell. Nun schaltest du die Elektroplatte wieder ab: Das Rädchen läuft weiter. Wann bleibt es stehen? Wie würde sich das Windrädchen bei einem Gasherd verhalten?

5 Veranschauliche den Begriff *Wärmetransport* am Beispiel der Wärmflasche (Bettflasche).

6 Die Zeichnung einer Zentralheizung zeigt, daß die Wasserpumpe im Vorlauf eingebaut ist. Würde die Heizung auch dann noch funktionieren, wenn die Pumpe im Rücklauf wäre?

7 Ein wichtiges Bauteil im Heizkraftwerk ist der Wärmeaustauscher. Erfolgt hier der Wärmeübergang vom heißen Dampf zum kalten Wasser durch Wärmeleitung oder durch Wärmetransport?

8 Bei einem Feuer im Freien kannst du beobachten, daß Funken und verkohlte Papierstückchen in die Luft aufsteigen. Hast du eine Erklärung dafür?

9 Um Heizkosten zu sparen, will jemand die *Zimmerdecke* mit dämmenden Platten belegen. Ist das sinnvoll?

Aus der Geschichte: **Alte und neue Heißluftballons**

Erbauer dieses Heißluftballons waren die Gebrüder *Montgolfier* aus Frankreich.

Zwei Monate später stieg dann erneut – 500 m hoch – eine **Montgolfiere** auf. (So nannte man inzwischen die Heißluftballons.) Der Start erfolgte vor dem königlichen Hofstaat in Paris und vor 30 000 weiteren Zuschauern aus Fern und Nah. Diesmal waren auch schon einige Passagiere mit von der Partie: In einem unten angebundenen Korb befanden sich ein Hammel, eine Ente und ein Hahn.

Nach 8 Minuten war die Luftreise dieser Montgolfiere wieder zu Ende. Nun konnte sich auch der Mensch selbst „hoch in die Lüfte" wagen.

Nun darfst du aber nicht glauben, die Heißluftballons seien längst vergessen. Das Fliegen in solchen Ballons ist heute ein beliebter, aber nicht gerade billiger Sport. Die Ballonhüllen bestehen jedoch nicht mehr aus Papier und Seide, sondern aus leichtem und vor allem nicht brennbarem Kunststoffgewebe. Die Luft im Innern des Ballons wird auch nicht mehr von brennenden Strohbüscheln, sondern durch die mannshohe Flamme eines Propangasbrenners erhitzt. So ist der Flugsport heute wieder dort angekommen, wo vor 200 Jahren alles begonnen hatte: beim Heißluftballon.

Das Bild, das du hier siehst, wurde vor fast 600 Jahren gezeichnet. Es zeigt einen Reiter, der einen großen Drachen hält. Unter dem Bild ist zu lesen: „Dieser fliegende Drachen kann am Kopf aus Pergament gemacht werden. Das Mittelstück ist aus Leinen und der Schwanz aus Seide … Am Ende des Kopfes ist ein dreieckiges, aus dünnem Holz zusammengefügtes Gestell angebracht … "

Der Start dieses Drachens geschah genauso, wie man heute einen Drachen steigen läßt.

Wenn du nun aber denkst, der Drachen von Bild 1 sei wie deine eigenen Papierdrachen ausschließlich vom Wind getragen worden, dann irrst du dich: Dieser Drachen war innen hohl und hatte in seinem Rachen einen „Feuerbrand" in Form einer kleinen Petroleumlampe mit Baumwolldocht. Die von der Flamme erwärmte Luft wurde in das Innere des Drachens hineingedrückt. Die Folge war, daß sich der Leib des Drachens hob und daß der Drachen schließlich sogar schwebte.

Dieser Drachen war eine Art **„Drachenballon"**, ein Vorläufer der späteren Freiluftballons.

Es vergingen aber noch etwa 400 Jahre, bis am 5. Juni 1783 der erste große **Heißluftballon** startete.

Er war aus Leinen gefertigt und innen mit Papier ausgefüttert. Sein Durchmesser betrug 11,3 m! (So hoch ist ein dreistöckiges Haus.) Die Stoffbahnen, aus denen der Ballon zusammengesetzt war, wurden – wie eine Bluse – zusammengeknöpft. Gefüllt war er mit „stinkigem Rauch", der aus brennendem, noch feuchtem Stroh aufstieg.

Fragen und Aufgaben zum Text

1 Wäre der Warmluftdrachen auch dann so leicht gestiegen, wenn er den „Feuerbrand" hinten am Schwanz gehabt hätte?

2 Beim ersten Aufstieg eines Heißluftballons hatte man Stroh mitgenommen. Warum?

3 Was mußten die Ballonflieger tun, wenn sie während ihres Fluges mal höher und mal tiefer fliegen wollten?

4 Erkläre, warum warme Luft leichter ist als kalte.

5 Warum werden Heißluftballons heute nur noch zu sportlichen Zwecken benutzt?

6 Tina Pfiffig und Harry Schlaumeier liegen sich in den Haaren. Harry behauptet: „Ein moderner Heißluftballon wird durch die Warmluft angehoben, die vom Brenner nach oben steigt." Tina dagegen meint: „Der Brenner erhitzt die Luft, die sowieso schon im Ballon ist. Dadurch wird der Ballon leichter und steigt hoch!"

4 Eine Metallfolie zur Wärmedämmung?

So wird das Dachgeschoß isoliert, damit die Wärme des Hauses nicht nach außen dringt (Bild 4). Die einzelnen Bahnen, die der Arbeiter befestigt, bestehen aus einer 10 cm dicken Schicht Filz oder Glaswolle. Das sind – wie du schon weißt – besonders schlechte Wärmeleiter.

Was soll aber die Aluminiumfolie an der Innenseite der Isolierung? Das Metall Aluminium ist doch ein sehr *guter* Wärmeleiter! ...

Und außerdem: Ist denn eine so sorgfältige Isolierung des ganzen Dachstuhls notwendig?

V 16 Warme Luft steigt nach oben – so spürst du es noch einmal:

a) Schalte eine Glühlampe ein, und halte deine Hand etwa 10 cm hoch darüber (Bild 5).

b) Ob man auch *neben* der Lampe eine Erwärmung spürt? Probiere es aus, indem du die Lampe mit beiden Händen lose umfaßt (Bild 6).

V 17 Prüfe den Raum neben deiner Glühlampe auch mit einem Thermometer (Bild 7): Welche Temperatur stellst du dabei fest?

Wiederhole den Versuch dann auch mit irgendwelchen anderen Wärmequellen. Bild 8 macht dir dazu zwei Vorschläge.

Was stellst du *neben* den Wärmequellen fest?

V 18 So kannst du selber spüren, ob eine Aluminiumfolie zur Wärmedämmung geeignet ist:

a) Überziehe eine Postkarte mit glänzender Aluminiumfolie (Haushaltsfolie); die Folie soll dabei möglichst glatt bleiben.

b) Lege die Postkarte mit der Folienseite nach oben auf den Tisch. Nähere ihr dann langsam (auf 0,5 cm) deine flache Hand. Was fühlst du nach kurzer Zeit?

c) Noch deutlicher wird das Ergebnis, wenn du die Postkarte mit ihrer Folienseite nahe an dein Gesicht hältst (Bild 9).

d) Suche nach einer Erklärung für das Versuchsergebnis.

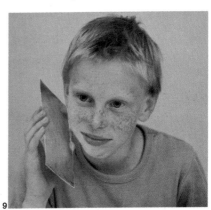

V 19 Den Aufbau dieses Versuches zeigt dir Bild 1: Ein wassergefülltes U-Rohr (Thermoskop) zeigt an, wenn sich die Luft des Reagenzglases erwärmt.

a) Nähere erst einmal deine flache Hand der heißen Platte. (Vorsicht!)

b) Halte danach das Reagenzglas an die gleiche Stelle.

c) Wiederhole den Versuch mit einer starken Glühlampe (oder mit einem Topf voll heißem Wasser) anstelle der heißen Metallplatte.

d) Umwickle das Reagenzglas mit Alufolie, und halte es 1 min lang neben die Glühlampe (evtl. an einem Stativ). Ändert sich etwas am Versuchsergebnis, wenn du das Reagenzglas mit schwarzem Papier umwickelst?

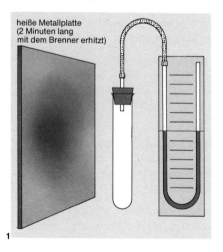

heiße Metallplatte
(2 Minuten lang
mit dem Brenner erhitzt)

1

V 20 Bild 2 zeigt, wie dieser Versuch aufgebaut wird. Kannst du das Ergebnis schon voraussagen?

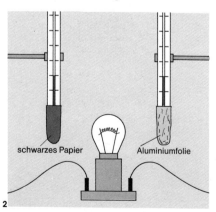

schwarzes Papier
Aluminiumfolie

2

Aufgaben

1 Warme Luft steigt nach oben und transportiert somit auch Wärme dorthin; das weißt du schon. Heißt das, daß *zur Seite hin* keine Wärme übertragen wird? Nenne einen Versuch, der deine Antwort unterstützt?

2 In Teil d von Versuch 19 hast du unterschiedliche Meßergebnisse erhalten. Gib den Grund dafür an.

3 Die Bahnen aus Filz, mit denen man Dachstühle isoliert, sind innen mit einer Alufolie beschichtet. Was erreicht man damit?

4 Wir haben verschiedene Wärmequellen eingesetzt, und von allen ging eine Strahlung aus. Plane nun einen **Versuch**, der zeigt, ob auch von deiner Hand eine Strahlung ausgeht.

Information über die Strahlung von Wärmequellen

Daß von der Sonne eine **Strahlung** ausgeht, ist für dich selbstverständlich. Doch andere **Wärmequellen** senden ebenfalls eine Strahlung aus – z.B. eine heiße Herdplatte, eine eingeschaltete Glühlampe und unser eigener Körper.

Wenn die Strahlung einer Wärmequelle z.B. auf unsere Haut trifft (oder auf eine Thermometerflüssigkeit), wird sie z.T. aufgenommen; man sagt, sie wird **absorbiert** (lat. *absorbere:* verschlingen). Dadurch steigt die Temperatur der Haut (Thermometerflüssigkeit).

Die Strahlung selbst ist **weder warm noch kalt.** Es erwärmen sich nur die Körper, die von der Strahlung getroffen werden. Dabei wird ein Teil der Strahlung absorbiert.

Auch die Lufthülle der Erde absorbiert einen Teil der Strahlung, die von der Sonne ausgeht. Sonst wäre diese Strahlung für uns nicht erträglich. Im Weltraum aber (z.B. auf dem Mond) ist keine Lufthülle vorhanden. Das ist ein Grund dafür, daß die Raumanzüge der Astronauten mit strahlungsabweisenden Belägen versehen sind.

Auch die Sichtscheiben ihrer Schutzhelme müssen die Strahlung abweisen. Sie sind deshalb mit einem feinen Goldbelag versehen; er wirkt wie ein Spiegel, durch den man nur von innen nach außen hindurchsehen kann.

Eine weitere Eigenschaft der Strahlung ist, daß sie **umgelenkt** oder **zurückgeworfen** werden kann. Wenn wir nämlich zwischen eine Flamme und unsere Hand eine spiegelnde Fläche halten (z.B. eine Alufolie), spüren wir kaum noch eine Erwärmung. Ähnliches kennst du ja vom Licht, das sich ebenfalls mit einem Spiegel umlenken läßt.

Die Wärmeausbreitung durch Strahlung hat nichts mit der Wärmeleitung und dem Wärmetransport zu tun! Du erkennst das vor allem am Beispiel der Sonne: Sie sendet ihre Strahlung aus dem Weltraum zu uns, der praktisch vollkommen leer ist. (Dort ist nichts, was die Wärme leiten oder transportieren könnte.)

In Bild 3 sind die Zusammenhänge zwischen Strahlung und Temperatur noch einmal dargestellt.

Fragen und Aufgaben zum Text

1 Oft wird die Strahlung, die von einem Körper ausgeht, *Temperaturstrahlung* genannt. Ist diese Bezeichnung richtig?

2 Obgleich die Strahlung (z.B. die einer Herdplatte) unsichtbar ist, können wir sie nachweisen. Wie?

3 Nenne die Unterschiede zwischen der Wärmeleitung, dem Wärmetransport und der Wärmeausbreitung durch Strahlung.

4 Du weißt bereits, daß es auf dem Mond gewaltige Temperaturunterschiede gibt: Auf der einen Seite, auf der gerade Tag ist, können + 150 °C gemessen werden, auf der Nachtseite dagegen – 150 °C. Woran liegt das?

5 Man sagt immer, im Weltraum sei es so kalt, daß kein Mensch sich ungeschützt darin aufhalten könnte. Ist die glänzende Aluminiumoberfläche der Mondfähre also ein Schutz gegen die „Kälte"?

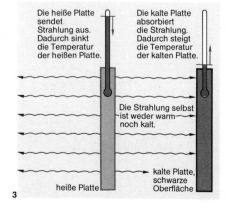

Die heiße Platte sendet Strahlung aus. Dadurch sinkt die Temperatur der heißen Platte.

Die kalte Platte absorbiert die Strahlung. Dadurch steigt die Temperatur der kalten Platte.

Die Strahlung selbst ist weder warm noch kalt.

heiße Platte

kalte Platte, schwarze Oberfläche

3

Aus Umwelt und Technik: **Warmwasser durch Sonnenstrahlung**

In manche Wohnhäuser werden sogenannte **Solaranlagen** eingebaut (lat. *sol:* die Sonne). Sie dienen dazu, Wasser, das man zum Baden, Waschen und Spülen braucht, mit Hilfe von Sonnenwärme zu erwärmen.

Bild 4 zeigt ein solches Haus; du siehst auf der Südseite des Daches eine dunkle, glänzende Fläche. Das sind keine Fenster, wie du deutlich erkenen kannst. Vielmehr sind es sogenannte **Sonnenkollektoren** (lat. *colligere:* sammeln).

Sonnenkollektoren haben die Aufgabe, möglichst viel von der auftreffenden Sonnenstrahlung zu *absorbieren* (aufzunehmen) und damit Wasser zu erwärmen.

Bild 5 zeigt, wie ein Sonnenkollektor aufgebaut sein kann.

4

Die Sonnenstrahlung durchdringt zunächst die Glasabdeckung des Kollektors und trifft auf die matt-schwarze Metallplatte. Diese Platte wird auch **Absorber** genannt, weil sie die Sonnenstrahlung absorbiert. Dabei steigt die Temperatur des Absorbers an, solange er von der Sonne bestrahlt wird.

Dicht hinter der warmen Absorberplatte wird langsam Wasser vorbeigepumpt. Deshalb ist hier auch eine sogenannte Umwälzpumpe eingebaut worden (Bild 6). Das vorbeifließende Wasser erwärmt sich durch Wärmeleitung und verläßt den Kollektor als Warmwasser.

In dem Warmwasserspeicher wird die Wärme gespeichert und bei Bedarf abgegeben.

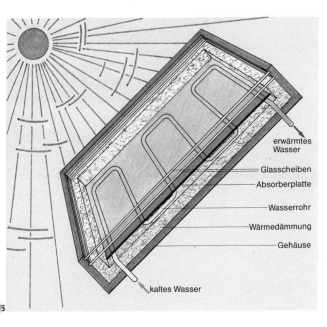

erwärmtes Wasser

Glasscheiben

Absorberplatte

Wasserrohr

Wärmedämmung

Gehäuse

kaltes Wasser

5

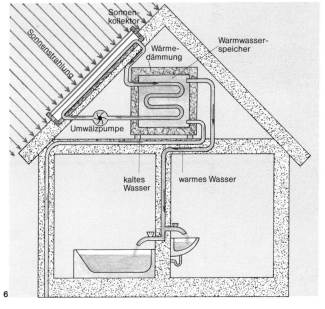

Sonnenkollektor

Sonnenstrahlung

Wärmedämmung

Warmwasserspeicher

Umwälzpumpe

kaltes Wasser

warmes Wasser

6

Fragen und Aufgaben zum Text

1 Warum sind die Kollektoren auf der *Süd*seite des Daches angebracht?

2 Sieh dir noch einmal Bild 6 an. Es zeigt in einer Schemazeichnung, wie eine Solaranlage funktioniert. Sicherlich findest du in dieser Anlage einen Kreislauf. Beschreibe ihn!

3 Die Absorberplatte ist schwarz gestrichen. Nenne den Grund dafür.

4 Nur rund ein Viertel der auftreffenden Strahlung kann in einer Solaranlage genutzt werden; drei Viertel gehen also für den Zweck, Wasser zu erwärmen, „verloren". An welchen Stellen der Anlage könnte das sein? (Denke z.B. an die spiegelnden Glasscheiben, mit denen die Kollektoren versehen sind. Bedenke auch, daß die erwärmte Absorberplatte selbst eine Strahlung aussendet.) Begründe!

5 Warum sind die Kollektoren und der Wärmespeicher mit einer dicken Isolierschicht umgeben?

6 Die folgenden Sätze zur Wirkungsweise einer Solaranlage sind durcheinandergewürfelt worden. Bringe sie in die richtige Reihenfolge! (Beginne mit Satz b.)

a) Dann erreichen sie den Absorber und werden absorbiert.
b) Die Sonnenstrahlen treffen auf den Kollektor.
c) Die Temperatur des Absorbers steigt daraufhin an.
d) Sie durchdringen die Glasabdeckung.
e) Das Wasser im Kollektor wird dadurch aufgeheizt.
f) Als Warmwasser fließt es dann durch die gewundene Leitung im Wärmespeicher.
g) Dabei wird das kühle Wasser erwärmt und kann in Küche und Bad sowie zur Heizung verwendet werden.

Alles klar?

1 Hier siehst du, wie eine Thermosflasche (oder auch eine Warmhaltekanne) aufgebaut ist.

a) Weshalb wird hier die Wärme nicht nach außen *geleitet?*

b) Wie verhindert man, daß die Wärme nach außen *strahlt?*

c) Warum bleibt in dem Behälter Eis sehr lange kühl?

2 Durch welche Art(en) der Wärmeausbreitung wird ein Zimmer von einem Heizkörper erwärmt? Wie wird der Heizkörper selbst erwärmt?

3 Wodurch unterscheidet sich die Wärmeausbreitung durch Strahlung von den beiden anderen Ausbreitungsarten?

4 Harry Schlaumeier legt auf frischen Schnee ein schwarzes und ein weißes Leinen. „Ich kann vorhersagen, unter welchem Tuch der Schnee am schnellsten schmilzt!" behauptet er …

5 Nach Verkehrsunfällen werden Verletzte oft in eine Kunststoffdecke mit einer Beschichtung aus Aluminium eingehüllt. Das soll sie vor allem warmhalten. Wie ist das möglich?

6 Ein Ofenschirm, den man zwischen Ofen und nahe Möbel stellt, ist aus Metall. Ist denn das sinnvoll, da Metall doch ein guter Wärmeleiter ist?

7 Fotofilme sind recht wärmeempfindlich. Deshalb bezeichnen manche Fachleute die schwarze Farbe von Fotoapparaten als „modischen Unsinn". Siehst du da einen Zusammenhang?

8 Warum gedeihen selbst bei Nachtfrost Blumen unter den Glasscheiben eines Frühbeetes?

9 In heißen Ländern werden vielfach helle Kleidungsstücke bevorzugt. Welchen Grund hat das?

10 Warum wird dieser seltsame Kochherd nicht auch bei uns angeboten?

5 Zusammenfassung

Körper leiten die Wärme

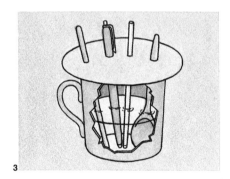

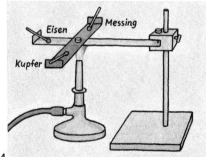

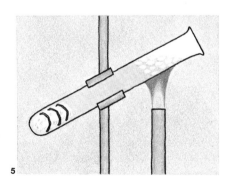

Es gibt gute und schlechte Wärmeleiter.

Zu den **guten Wärmeleitern** gehören die Metalle,
unter denen Silber und Kupfer an der Spitze stehen.

Zu den **schlechten Wärmeleitern** gehören
Holz, Textilien, Glas, Kunststoffe, Wasser und vor allem die Luft.

Wärme wird transportiert

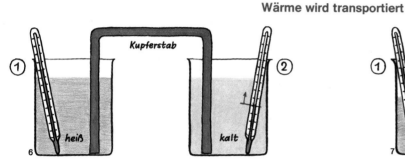

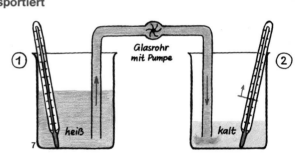

Hier wird die Wärme von einem Becherglas ins andere durch das Kupfer *geleitet* (**Wärmeleitung**). Allmählich erwärmt sich auch das Wasser in Becherglas 2. Dabei bleiben der Kupferstab und das Wasser von Becherglas 1 an ihrem Ort.

Wenn die Pumpe eingeschaltet ist, wird das warme Wasser aus dem Becherglas 1 ins Becherglas 2 gepumpt. Damit wird auch die Wärme des Wassers ins Becherglas 2 *transportiert* (**Wärmetransport**). Dort steigt die Temperatur des vorhandenen Wassers an.

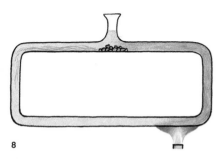

Erhitztes Wasser und erhitzte Luft sind **leichter** als kühleres Wasser und kühlere Luft. Deshalb steigt erwärmtes Wasser in kühlerem Wasser auf.
Genauso steigt erwärmte Luft in kühlerer Luft nach oben.

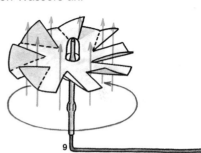

Wärmeausbreitung durch Strahlung

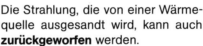

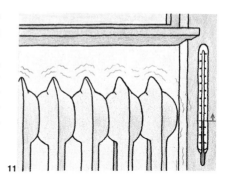

Die Strahlung, die von einer Wärmequelle ausgesandt wird, kann auch **zurückgeworfen** werden.
Die Strahlung selbst ist **unsichtbar.** Wir stellen sie aber durch ihre Wirkungen fest: Trifft sie z. B. auf ein Thermometer, so absorbiert die Thermometerflüssigkeit einen Teil dieser Strahlung. Die Folge ist: Es erwärmt sich die Flüssigkeit im Thermometer und dehnt sich dabei aus.

Wir vergleichen die drei Ausbreitungsarten der Wärme

Wärmeausbreitung durch Leitung:
Wir können sie in festen, flüssigen und gasförmigen Körpern feststellen. Dabei gibt es gute und schlechte Wärmeleiter.
Die Leitung erfolgt stets vom Bereich höherer Temperatur zum Bereich niedrigerer Temperatur.

Wärmeausbreitung durch Transport:
Sie erfolgt in Flüssigkeiten und Gasen, die dabei als „Transportmittel" dienen.
Wenn diese erwärmten Stoffe bewegt werden, führen sie die Wärme mit sich. So kann Wärme sogar (zusammen mit dem „Transportmittel") durch Rohre hindurch transportiert werden.

Wärmeausbreitung durch Strahlung:
Es sind keine Körper nötig, die die Wärme leiten oder transportieren.
Trifft die Strahlung auf einen dunklen Körper mit matter Oberfläche, absorbiert dieser den größten Teil der Strahlung und wird dadurch erwärmt. Ein Körper mit heller und glänzender Oberfläche jedoch wirft den größten Teil der Strahlung zurück.

Eigenschaften von Magneten

1 Was weißt du schon von Magneten?

Jim Knopfs Magnetmotor

Der Schriftsteller *Michael Ende* hat in einem seiner Bücher eine merkwürdige Reise beschrieben: *Jim Knopf*, ein kleiner Junge, reist zusammen mit *Lukas*, einem Lokomotivführer, um die Welt.

Ihr Fortbewegungsmittel ist eine Lokomotive, eine Dampflokomotive, die eigentlich genauso angetrieben wird wie alle Dampflokomotiven – bis sie auf einmal zu einem Magnetberg kommen!

Aus zwei Magnetbrocken, die sie vom Magnetberg abschlagen, bauen sie sich gleich einen neuen Antrieb für ihre Lokomotive. Und schon ist es gar keine gewöhnliche Lokomotive mehr!

Sie haben auch gleich einen neuen Namen für ihr Fahrzeug: *Perpetumobil* nennen sie es, was frei übersetzt „immer beweglich" bedeutet.

Sindbad der Seefahrer und der Magnetberg

Auf einer seiner zahlreichen Reisen gerät Sindbad mit seinem Segelschiff in einen schweren Sturm. Nur mit Müh und Not gelingt es ihm und seiner Mannschaft, das Schiff durch die haushohen Wellen zu steuern. Als nach mehreren Tagen zum ersten Mal wieder die Sonne scheint, atmen alle erleichtert auf.

Für den Kapitän und den Steuermann sind die Sorgen aber noch nicht vorbei: Wohin hat der Sturm das Schiff verschlagen? Wie kommen sie wieder zurück zur Küste? Von ihr ist weit und breit noch nichts zu sehen.

Und noch etwas anderes beunruhigt die beiden sehr: Obgleich der Sturm längst abgeflaut ist, zieht das Schiff mit guter Fahrt dahin. Es wird sogar immer schneller …

Da – plötzlich der Ruf: „Land in Sicht!" Die Freude ist groß. Können sie das rettende Ufer erreichen?

Doch der Kapitän sichtet nichts anderes als einen zackigen, steilen Berg, auf den das Schiff unbeirrt zu-

hält. Und mit Entsetzen erkennt er, wohin sie der Sturm getrieben hat: zu dem unheimlichen und sagenumwobenen Magnetberg! Der zieht das Schiff mit unwiderstehlicher Kraft zu sich hin. (Das Segelschiff ist zwar aus Holz gezimmert; es wird aber von vielen eisernen Nägeln und Klammern zusammengehalten.)

Da hilft auch kein Gegensteuern mehr. So nimmt denn das Verhängnis seinen Lauf …

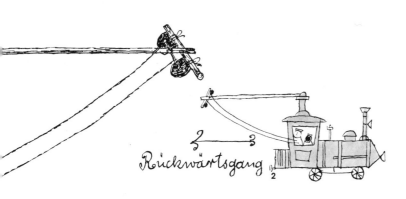

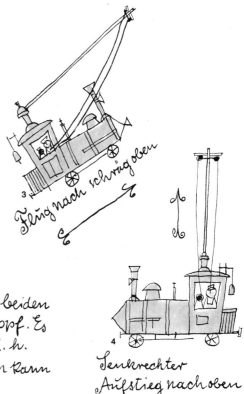

Rückwärtsgang

Flug nach schräg oben

Senkrechter
Aufstieg nach oben

Hier sieht man das einmalige

Perpetumobil

welches erfunden und konstruiert wurde von den beiden berühmten Lokomotivführern Lukas und Jim Knopf. Es kann sich nicht nur durch eigene Kraft fortbewegen, d. h. fahren, fliegen, schwimmen und tauchen, nein, man kann es auch abstellen, wenn man will.

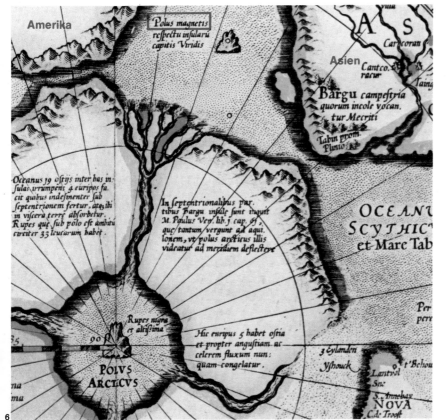

Amerika

Polus magnetis respectu insularū caputis Viridis

Asien

Fragen und Aufgaben zum Text

1 Sieh dir einmal die alte Landkarte auf dieser Seite an. Gibt es deiner Meinung nach tatsächlich Magnetberge?

2 Wenn ja: kann man von ihnen kleine Brocken abschlagen, die selber Magnete sind? Gibt es Magnetsteine?

3 Haben Magnete tatsächlich eine so starke Anziehungskraft, wie es in den Geschichten beschrieben wird?

4 Was ziehen Magnete deiner Meinung nach an?

5 Ob Jim Knopf das Perpetumobil auch anhalten kann? Das heißt: Kann er die magnetische Kraft „ausschalten" oder „abstellen"?

6 Kann das Perpetumobil überhaupt so fahren, wie Jim Knopf es sich vorgestellt hat? (Du könntest es einmal ausprobieren.)

Aufgaben

1 Du weißt sicherlich schon einiges über Magnete. Deshalb kannst du wahrscheinlich diese und die folgenden Aufgaben schon lösen:

a) Beschreibe den hier abgebildeten **Versuch**. Weißt du, welche Gegenstände angezogen werden?

b) Bei einem Versuch ist folgende Tabelle entstanden:

Vom Magneten werden angezogen	Vom Magneten werden nicht angezogen
Büroklammer	Lineal
Anspitzer	Büroklammer
Nagel	Kupferblech
Eisenstück	Aluminiumbecher
Schraube	Bleiwürfel
Geldstück	Geldstück
Stecknadel	Schraube

Einige Gegenstände findest du in *beiden* Spalten. Kann denn das richtig sein?

c) Bei einigen Gegenständen erkennt man sofort, woraus sie bestehen (d.h. aus welchem Material sie hergestellt sind). Da man in Physik und Chemie für das Wort *Material* auch **Stoff** sagt, kannst du z.B. formulieren: „Ein Nagel besteht aus dem *Stoff Eisen*."

Suche *die* Gegenstände in der Tabelle, bei denen du schon am Wort erkennst, aus welchem Stoff (Material) sie bestehen.

d) Ordne jetzt die Gegenstände in eine neue Tabelle ein. In dem folgenden Muster dieser Tabelle wurde für das Wort *Gegenstand* der Begriff **Körper** verwendet; das ist in Physik und Chemie allgemein üblich.

Vom Magneten werden angezogen		Vom Magneten werden nicht angezogen	
Körper (Gegenstand)	Stoff (Material)	Körper (Gegenstand)	Stoff (Material)

2 Das Ergebnis dieses **Versuches** kennst du wahrscheinlich schon:

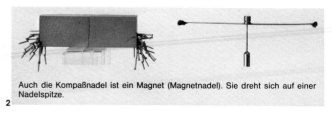

Auch die Kompaßnadel ist ein Magnet (Magnetnadel). Sie dreht sich auf einer Nadelspitze.

a) Wie heißen die Stellen, an denen ein Magnet seine größte Anziehungskraft besitzt?

b) Warum benennt man die Enden eines Magneten nach zwei Himmelsrichtungen?

3 Die drei nächsten Bilder zeigen **Versuche** mit ähnlichen Ergebnissen. Zeichne eines der Bilder ab, und male die Seiten der Magnete *richtig* mit Farben aus (**rot** → **N**ord). Schreibe auch Namen an die Magnetenden.

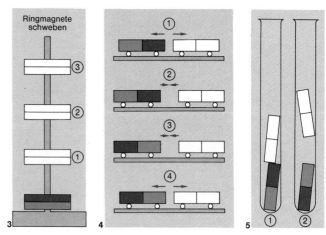

Ringmagnete schweben

4 Wenn du geschickt bist, kannst du diese beiden „Kunststücke" nachmachen. Erkläre sie auch!

2 Überall Magnete!

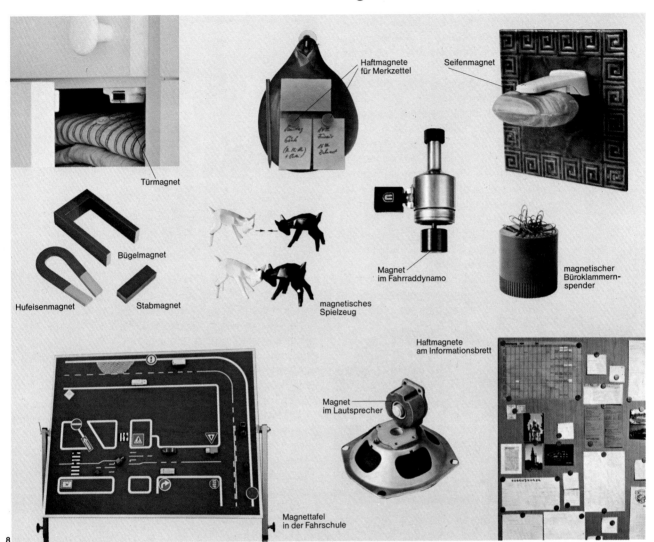

Türmagnet

Haftmagnete
für Merkzettel

Seifenmagnet

Bügelmagnet

Magnet
im Fahrraddynamo

magnetischer
Büroklammern-
spender

Hufeisenmagnet

Stabmagnet

magnetisches
Spielzeug

Haftmagnete
am Informationsbrett

Magnet
im Lautsprecher

Magnettafel
in der Fahrschule

V 1 Magnete gibt es in vielen Formen – das siehst du auf dem Foto dieser Seite. Versuche nun, mit irgendeinem dieser Magnete herauszufinden, welche Körper Eisen oder Nickel enthalten. Überprüfe dabei auch Geldstücke (Münzen). Ordne deine Ergebnisse so:

Körper, die Eisen enthalten	Körper, die kein Eisen enthalten

V 2 „Das *Eisen* zieht den Magneten an, nicht nur der Magnet das Eisen!" Harry Schlaumeier will diese Behauptung sogar beweisen. Könntest du das auch?

V 3 Untersuche an Magneten unterschiedlicher Form, wo sie ihre Pole haben. Wo ist ihre Anziehungskraft am schwächsten?

V 4 Hat auch dein Magnet *unterschiedliche* Pole? Versuche, es herauszubekommen! Du brauchst dafür einen zweiten Magneten, z.B. eine Magnetnadel.

V 5 Kennzeichne den Nordpol deines Magneten. Benutze dafür am besten einen Filzstift.

V 6 Durchdringt die magnetische Kraft auch Glas, Pappe, Holz, Wasser und Papier? Plane dazu Versuche, und führe sie durch!

V 7 Überlege dir, wie du in einem Versuch ausprobieren kannst, ob Jim Knopf seinen Magnetmotor abschalten kann. Das heißt: Kann man die magnetische Kraft abschirmen?

Ein Versuchsaufbau in der Schule könnte z.B. so aussehen, wie das folgende Bild es zeigt.

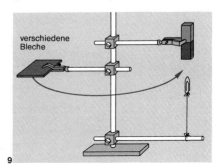

verschiedene Bleche

Aus Umwelt und Technik: **Magnet rettet Preisbullen**

Aufgeregt kommt Bauer Grünert nach Hause gerannt. „Maria", ruft er schon von weitem seiner Frau zu, „ruf gleich den Tierarzt! Ich glaube, unser Bulle hat Stacheldraht gefressen. Mach schnell!"

Herr Grünert hatte am Vortag den Weidezaun ausgebessert und war erst heute dazu gekommen, die Drahtreste aufzusammeln. Das heißt – er *wollte* sie aufsammeln, aber er fand sie nicht mehr. Er sah nur, wie sein wertvoller Bulle friedlich in der Nähe graste …

„Hoffentlich kann der Tierarzt helfen! Es wäre doch zu schade um das preisgekrönte Tier." (Bild 1)

Noch am selben Tag kommt der Tierarzt auf den Hof. Er holt einen länglichen, etwa 10 cm langen Plastikkörper aus der Tasche und erklärt dem erstaunten Bauern: „Dieses Ding da müssen wir in den Vormagen des Bullen einführen.

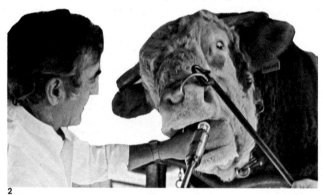

Sehen Sie, in der Mitte dieses „Plastikkäfigs" ist ein starker Magnet. Und zwischen den Stegen der Hülle ist genügend Platz. Da können sich die Drahtstücke anlagern, so daß die Magenwände nicht verletzt werden."

„Und wie holen Sie den Magneten dann wieder heraus?" Bauer Grünert kommt das Ganze nicht recht geheuer vor.

„Überhaupt nicht!" erklärt ihm der Tierarzt. „Der Magnet bleibt für immer im Magen des Tieres. Vielleicht frißt es noch mal was Eisernes, zum Beispiel eine Haarklammer oder einen Kronenverschluß von einer Bierflasche. Man kann ja nie wissen."

Und tatsächlich – gesagt, getan! Der Plastikkörper mit dem eingebauten Magneten wird dem widerstrebenden Bullen eingeführt (Bild 2).

Jahre später, als dann der Bulle geschlachtet wird, entdeckt der Schlachter den Magneten im Magen. Und an dem Magneten hängen die Stacheldrahtreste und so manches andere mehr (Bild 3).

Fragen und Aufgaben zum Text

1 Warum ist der Magnet in einem „Käfig" aus Plastik untergebracht?

2 Zähle einige Gegenstände auf, gegen die der Magnet *nicht* helfen kann.

3 Stacheldraht, der nur aus Eisen besteht, rostet sehr leicht. Deshalb ist er heute oftmals verzinkt. Ob ein verzinkter Draht auch von dem Magneten angezogen würde?

3 Magnete „zaubern" Bilder

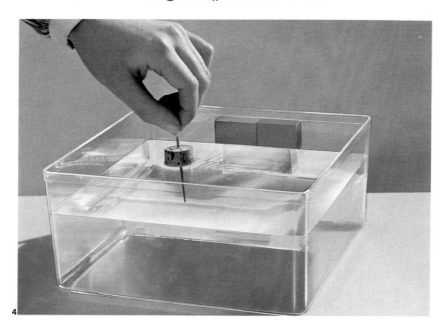

Wie wird sich wohl die Magnetnadel bewegen, wenn sie losgelassen wird?

V 8 Lege mitten auf ein großes Blatt Zeichenpapier einen kleinen Stabmagneten.

a) Schiebe nun eine Magnetnadel langsam in weitem Bogen von einem Pol des Stabmagneten zum anderen (Bild 5). Beobachte dabei genau die Stellungen der Nadel.

b) Zeichne an verschiedenen Stellen des Zeichenblattes auf, wie die Nadel steht. Am besten malst du jeweils einen Pfeil. Dabei soll der blaue Pol (der Nordpol) die Spitze des Pfeiles sein (→N).

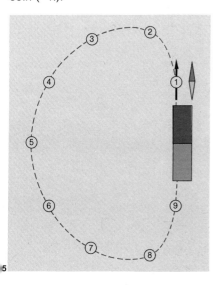

V 9 Ein schönes „Bild" erhältst du in einem Versuch mit Eisenfeilspänen. (Das sind winzig kleine Eisenstücke, die beim Feilen von Eisen entstehen).

a) Lege deinen Magnet flach auf den Tisch, und decke ihn mit Pappe und einem Blatt Papier ab. Achte darauf, daß zwischen Magnet und Pappe ein Abstand bleibt.

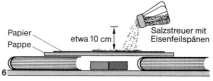

Papier
Pappe
etwa 10 cm
Salzstreuer mit Eisenfeilspänen

b) Nun streust du aus 10–15 cm Höhe dünn und gleichmäßig Eisenfeilspäne auf das Papier, am besten aus einem Salzstreuer (Bild 6). Klopfe auch ganz vorsichtig mit dem Finger gegen eine Ecke der Pappe.

c) Beobachte, ob sich die Lage der Späne verändert, wenn du nochmal leicht gegen die Pappe klopfst.

d) Wenn dein „Bild" gut gelungen ist, kannst du es mit Haarspray oder Lack aus der Sprühdose „konservieren". Du mußt allerdings aus mindestens 40 cm Höhe sprühen, sonst zerstörst du das „Bild". (Die Späne würden fortgeblasen werden.)

V 10 Auf die gleiche Weise kannst du noch andere „Bilder" erzeugen:

a) Stelle deinen Magneten auch einmal hochkant.

b) Ordne zwei gleiche Magnete so an, daß sie einander anziehen. (Bleistift dazwischenlegen!)

c) Lege die Magnete auch so hin, daß sie sich gegenseitig abstoßen.

V 11 Dieses „Bild" erhält man, wenn viele Magnetnadeln in der Nähe eines Magneten aufgestellt werden (Bild 7).

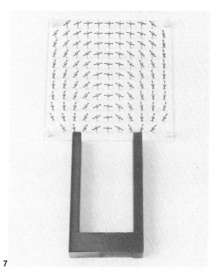

Wie sind die letzten Versuchsergebnisse zu erklären?

Wenn man die schwimmende Magnetnadel der vorherigen Buchseite ohne einen zweiten Magneten in Bewegung setzen will, muß man sie direkt mit der Hand herumführen. Anders verhält es sich aber mit der **Magnetkraft**: Der Magnet setzt die Magnetnadel auch dann in Bewegung, wenn er sie gar nicht berührt; sie kann also noch weiter von ihm weg sein.

Den Raum um einen Magneten, in dem seine magnetische Kraft wirkt, nennt man das **magnetische Feld** des Magneten. In

einem solchen **Magnetfeld** bewegte sich unsere schwimmende Magnetnadel. Die Nadel schwamm – von der Magnetkraft bewegt – in weitem Bogen zum Nordpol des Magneten am Beckenrand (Bild 1). Physiker nennen die bogenförmige Linie, auf der sie sich bewegte, eine **Feldlinie**.

Bei den Versuchen 8 und 11 erhielten wir ähnliche Ergebnisse: Immer stellten sich die Magnetnadeln so ein, daß man sie mit bogenförmigen Linien (Feldlinien) hätte verbinden können (Bild 2).

Daß man sich diese gedachten Linien, die Feldlinien, *überall* in der Nähe eines Magneten vorstellen kann, zeigte der Teil c von Versuch 9 auf der vorhergehenden Seite. Feldlinien sind also nicht nur da, wo sie zufällig sichtbar gemacht worden sind. Feldlinien sind *überall* in einem magnetischen Feld!

Die „Bilder", die (wie in den Versuchen 9 und 10) zum Beispiel mit Eisenfeilspänen entstehen, heißen **Feldlinienbilder** (Bild 3).

1

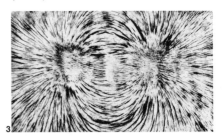

2

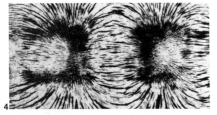

3

Alles klar?

1 Holger behauptet: „Alle Zwei-Pfennig-Stücke sind nur aus Kupfer!" „Das stimmt nicht!" sagt Gaby, „ich kann es dir beweisen." Was meinst du dazu?

2 Viele Bauteile in Elektrogeräten müssen vor magnetischen Einflüssen abgeschirmt werden. Welches Blech kann dazu verwendet werden: Kupfer-, Aluminium-, Eisen-, Zink- oder Nickelblech?

3 Zwei graue Eisenstäbe ziehen sich gegenseitig an. Heißt das, daß beides Magnete sein müssen?

4 Das sind Feldlinienbilder von jeweils zwei Magneten. Welches Magnetpaar zieht sich an, welches stößt sich ab?

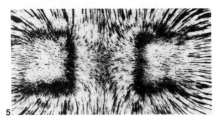

4

5

5 Du siehst hier 3 Versuchsaufbauten und 3 Feldlinienbilder. Ordne die Versuche den passenden Feldlinienbildern zu!

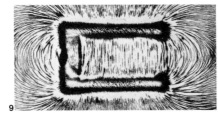

6   7 Holz   8 Eisen

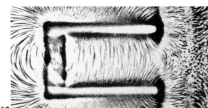

9

10

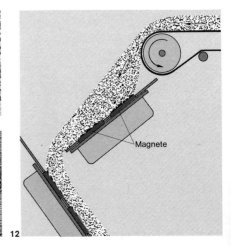

11

6 Tina Pfiffig meint: „Wenn ich einen kleinen Nagel genau zwischen zwei Feldlinien halte, wird er nicht angezogen!"...

7 Harry Schlaumeier behauptet: „Der Begriff *magnetisches Feld* ist falsch – ein Feld ist doch flach! Ich würde dazu ganz anders sagen!"

8 Im Getreide sind oft kleine Metallteile, die auch in die Mühle gelangen. Um zu verhindern, daß sie die teuren Mahlwalzen beschädigen, läßt man das Getreide erst durch eine besondere Maschine laufen. Sie ist hier unten in einer vereinfachten Zeichnung abgebildet. Wie arbeitet diese Maschine? Ist sie deiner Meinung nach ganz zuverlässig?

Magnete

12

4 Zusammenfassung

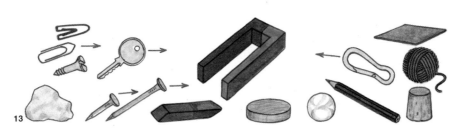

Mit Hilfe von **Magneten** kann man feststellen, ob ein Körper Eisen enthält.
Man nennt Eisen einen **magnetischen Stoff**.
Auch Nickel und Cobalt sind magnetische Stoffe.

Magnete und Eisen (Nickel, Cobalt) ziehen sich gegenseitig an.

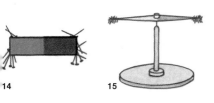

Magnete haben zwei **Pole**: einen Nordpol und einen Südpol. An den Polen ist die Anziehungskraft am größten.
Als Nordpol bezeichnet man denjenigen Pol, der nach Norden zeigt, wenn sich der Magnet frei bewegt.

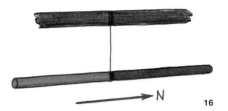

Gleiche (gleichnamige) Pole stoßen sich gegenseitig ab.
Ungleiche (ungleichnamige) Pole ziehen sich gegenseitig an.

Die magnetische Kraft wirkt durch viele Stoffe hindurch, z.B. durch Luft, Holz und Wasser. Sie wirkt durch diejenigen Stoffe hindurch, die selber nicht vom Magneten angezogen werden.

Mit Körpern, die Eisen (Nickel, Cobalt) enthalten, kann man die magnetische Kraft abschirmen.

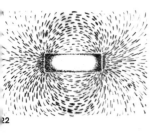 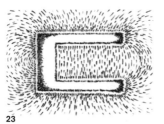 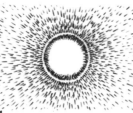 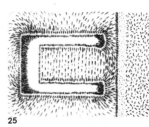

Den Raum um einen Magneten nennt man **magnetisches Feld**.
Die **Feldlinienbilder** verdeutlichen, in welcher Richtung die magnetische Kraft wirkt.

131

Magnetisieren und Entmagnetisieren

1 Wie können wir Magnete herstellen?

V 1 Hänge einen langen Eisennagel an einen Magneten und an die Spitze des Nagels einen kleinen Nagel (Bild 1). Danach hältst du den großen Nagel fest und ziehst den Magneten vorsichtig von ihm weg.

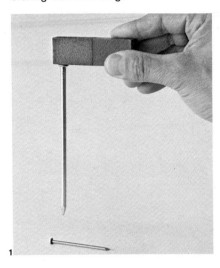

V 2 Wiederhole den Versuch auch mit anderen Körpern: Nimm anstelle des langen Nagels zum Beispiel eine Eisenschraube, eine Messingschraube, ein Eisenblech oder ein Kupferblech. Kannst du schon voraussagen, mit welchen Stoffen dir der Versuch gelingt?

Trage deine Ergebnisse in eine Tabelle ein:

Körper	Stoff	magnetisierbar (+) nicht magnetisierbar (−)

V 3 Stärkere Magnete erhältst du auf folgende Weise: Du streichst mit *einem* Pol eines Magneten mehrmals in gleicher Richtung über einen eisenhaltigen Körper. Bild 2 zeigt dir, wie du das machen mußt.

a) Magnetisiere auf diese Weise einen langen Nagel (Weicheisen) und eine Stricknadel (sie besteht aus Stahl; das ist gehärtetes Eisen). Streiche gleich oft über beide Körper, und untersuche, welcher Körper stärker magnetisiert wurde. (Kleine Nägel an die Körper anhängen!).

b) Überprüfe nach 10 Minuten (nach einer Stunde, nach einem Tag), ob deine selbstgemachten Magnete immer noch Nägel anziehen.

c) Stelle fest, wo die Nord- und Südpole der von dir hergestellten Magnete sind. Dazu brauchst du nur eine kleine Magnetnadel oder auch einen Taschenkompaß.

V 4 Schiebe einmal zwei magnetisierte Stricknadeln aufeinander zu, und laß sie dann los (Bild 3).

Drehe nun *eine* Nadel um, und wiederhole den Versuch. Was stellst du fest? Erkläre deine Beobachtung!

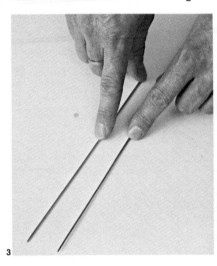

V 5 Du hast mit deinem Magneten schon mehrere Körper magnetisiert. Vielleicht glaubst du, daß er dadurch schwächer geworden ist. Untersuche doch einmal in einem Versuch, ob das wirklich stimmt:

a) Lege eine Büroklammer genau an den Nullpunkt des unten abgebildeten Lineals (Bild 4).

b) Schiebe dann deinen Magneten ganz langsam von rechts nach links auf die Büroklammer zu. Von welcher Entfernung an wird die Büroklammer angezogen?

c) Magnetisiere jetzt 10 Nägel mit deinem Magneten, und überprüfe noch einmal seine Magnetkraft. Wenn du noch nicht sicher bist, ob sich die Magnetkraft verändert hat, magnetisiere weitere Eisenstücke.

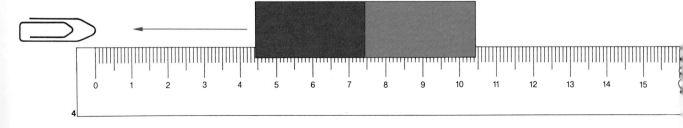

2 Was geschieht beim Magnetisieren?

Wenn du eine Stricknadel mit *einem* Pol eines Magneten bestreichst (wie in Versuch 3), dann bekommt sie – wie jeder andere Magnet – zwei Pole! Müßte da nicht ein Magnet mit nur einem einzigen Pol entstehen?

Gibt es überhaupt Magnete, die nur einen einzigen Pol besitzen?

Wir können das durch einen Versuch herausfinden, bei dem wir eine magnetisierte Stricknadel teilen. (Das Teilen geht übrigens leichter, wenn du statt der Stricknadel einen Stahldraht benutzt, der bereits kleine Kerben hat. Solche Drähte verwendet der Glaser zum Befestigen von einfachen Scheiben im Fensterrahmen.)

V 6 Du magnetisierst wieder eine Stricknadel. Wie erwartet, hat sie danach zwei Pole – einen Nordpol und einen Südpol (Bild 5).

5

a) Jetzt wird die Stricknadel in der Mitte durchgekniffen. Bekommst du so zwei Magnethälften mit jeweils nur einem Pol? Die richtige Antwort ist in den Bildern 6–8 enthalten. Sieh dir zuerst diese Zeichnungen an: Was glaubst du, welche der drei Darstellungen richtig ist? Prüfe es nach!

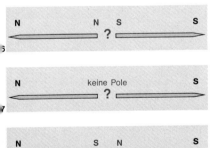

6

7

8

b) Teile nun jede Nadelhälfte noch einmal. Prüfe wieder nach, wie die Teile gepolt sind.

Könnte man aus vielen kleinen Magneten wieder einen einzigen großen herstellen?

V 7 Wir verteilen jetzt möglichst viele kleine Scheibenmagnete (Haftmagnete) hochkant auf einer Tischplatte (Bild 9). Jeder dieser Magnete soll ein winziges magnetisiertes Stricknadelstückchen darstellen. Dann schieben wir die Magnete an, so daß sie aufeinander zurollen.

Überprüfe mit einer Magnetnadel oder kleinen Nägeln, wo dieser „zusammengesetzte", große Magnet seine größte Anziehungskraft hat.

9

V 8 Hat der große Magnet, der aus vielen kleinen entstanden ist, eine größere Anziehungskraft als ein einzelner kleiner Magnet? Untersuche das auf die gleiche Weise wie in Versuch 5 (Bild 4).

V 9 Kannst du voraussagen, was bei den Versuchen der Bilder 10 und 11 geschieht? Probiere es auch aus.

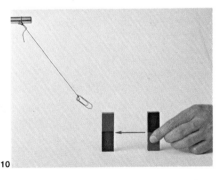

10

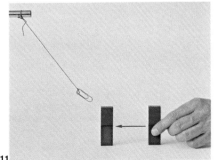

11

V 10 Die Bilder 12 und 13 zeigen, wie man die magnetische Wirkung eines Magneten auch „zerstören" kann. Das heißt: Auf diese Art und Weise kann man einen Magneten wieder *entmagnetisieren.*

Ob sich die Stricknadel danach auch wieder magnetisieren läßt? Versuche es!

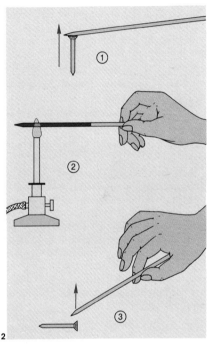

12

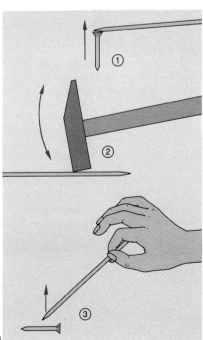

13

Wie ist das Magnetisieren und Entmagnetisieren zu erklären?

Mit einem Magneten können eiserne Körper **magnetisiert** werden, ohne daß dabei die Kraft des Magneten geringer wird. Das haben wir in Versuch 5 gesehen. Daraus schließen wir: **Die Magnetkraft „fließt" nicht auf die Eisenstücke über,** wie z.B. Saft aus einer Flasche in eine Reihe von Gläsern. Die magnetisierten Eisenstücke bekamen aber durch das Magnetisieren eine **neue Eigenschaft:** Sie konnten nun selbst Eisen anziehen.

Dem magnetisierten Eisen sieht man äußerlich keine Veränderung an. Deshalb müssen wir versuchen, uns ein Bild (ein **Modell**) von dem zu machen, was *in* dem Eisen vor sich gegangen ist. Dabei helfen uns die Ergebnisse der Versuche 6 und 7.

In Versuch 6 z.B. haben wir eine **magnetisierte Stricknadel halbiert.** Dabei entstanden zwei Teilstücke, von denen jedes ein vollständiger Magnet war. Jedes Teilstück hatte einen Südpol und einen Nordpol. Als wir diese Teilstücke noch einmal halbierten, erhielten wir erneut **vollständige Magnete** (Bild 1).

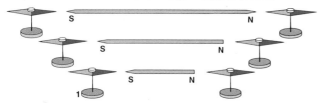

In Gedanken können wir diese Magnete immer weiter halbieren. Die Teile werden dabei kleiner und kleiner. Sie besitzen – wie die größeren Teilstücke auch – stets einen Süd- und einen Nordpol. Selbst so unvorstellbar kleine Teilchen, die nur etwa den hundertsten Teil eines Millimeters lang sind, haben noch zwei Pole. Wir nennen diese winzigen Magnete **Elementarmagnete.**

Das Ergebnis unseres Gedankenversuches ist also: Jedes magnetisierte Stück Eisen ist (wie alle anderen Magnete) aus **Elementarmagneten** aufgebaut. Sie haben – wie jeder Magnet – **zwei unterschiedliche Pole.**

Wie müssen wir uns nun das Innere eines **unmagnetisierten Eisen- oder Stahlstückes** vorstellen?

Beim Magnetisieren ist kein „Magnetismus" aus dem Magneten in die Stricknadel „geflossen"; der Magnet wurde ja beim Magnetisieren nicht schwächer. Das hat das Ergebnis von Versuch 5 gezeigt.

Wenn nun aber von außen nichts in die Nadel hineingekommen ist, dann können wir doch nur vermuten, daß der „Magnetismus" schon **vorher** in der Nadel vorhanden war.

Vielleicht kommt dir diese Vorstellung unwahrscheinlich vor, denn dann müßte doch eigentlich *jeder* Eisen- oder Stahlkörper magnetische Anziehungskräfte haben. Das ist aber nicht so, wie du weißt.

Hier hilft uns aber das Ergebnis von Versuch 9. Es zeigt, daß unsere Vermutung trotzdem richtig sein kann: Manchmal wird nämlich eine eiserne Büroklammer *nicht* angezogen, obwohl sogar *zwei* Magnete in ihrer Nähe sind (Bilder 2 u. 3)! Diese **zwei Magnete** wirken jedoch „gegeneinander"; sie **heben sich in ihren Wirkungen gegenseitig auf.**

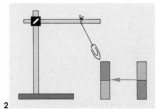

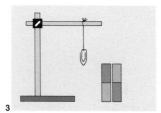

Ähnlich ist es in einem unmagnetisierten Eisenstück: Es besteht wie ein Magnet aus Elementarmagneten, aber diese Elementarmagnete wirken „gegeneinander"; sie **heben sich in ihren Wirkungen gegenseitig auf.** Nach außen hin ist deshalb keine Magnetkraft zu beobachten (Bild 4).

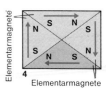

4 Elementarmagnete

Nähern wir nun dem unmagnetisierten Eisenstück einen Stabmagneten, so „verschmelzen" allmählich die einzelnen Elementarmagnete; sie wirken nun „miteinander", ähnlich wie bei den Versuchen 7 u. 8: Das Eisenstück ist jetzt ein **Magnet** (Bilder 5–7).

5 Dieser Elementarmagnet ist genauso gepolt wie der Stabmagnet.

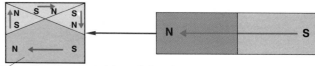

6 Dieser Elementarmagnet wächst, weil die anderen mehr und mehr mit ihm „verschmelzen".

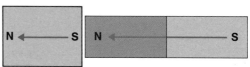

7 Alle Elementarmagnete sind miteinander „verschmolzen". Das Eisenstück ist jetzt magnetisiert.

Beim **Entmagnetisieren** (z.B. durch starkes Erhitzen wie in Versuch 10) bilden sich wieder die ursprünglichen Elementarmagnete. Sie wirken „gegeneinander", wie vor dem Magnetisieren. Das Eisenstück ist nun kein Magnet mehr; es wurde durch die große Hitze entmagnetisiert.

Fragen und Aufgaben zum Text

1 Warum kann man beim Teilen eines magnetisierten Eisendrahtes nie einen einzelnen Nord- oder Südpol erhalten?

2 Obwohl man Eisen *nur* mit dem Südpol (oder *nur* mit dem Nordpol) eines Magneten bestreicht, erhält man einen vollständigen Magneten mit Nord- *und* Südpol. Erkläre!

3 Du weißt, daß man mit einem Magneten Eisenteile magnetisieren kann.
a) Wird die Kraft des Magneten dadurch schwächer?
b) Was geschieht beim Magnetisieren?

4 Von den fünf folgenden Sätzen sind nur zwei richtig. Suche sie heraus!
a) Alle Körper aus magnetischen Stoffen bestehen aus Elementarmagneten.
b) Alle Körper aus Metall bestehen aus Elementarmagneten.
c) Nur Körper aus Eisen bestehen aus Elementarmagneten.
d) Nur Magnete bestehen aus Elementarmagneten.
e) Alle Körper aus Eisen bestehen aus Elementarmagneten.

Alles klar?

1 Peter will seinen Schraubenzieher magnetisieren.

a) Wie kann er das machen?

b) Hat ein magnetischer Schraubenzieher Vorteile?

2 Welche der folgenden Körper lassen sich magnetisieren: eine Stahlstricknadel, eine Messingschraube, ein Eisenblech, ein Nickeldraht, ein Kupferdraht?

3 Tina hat eine Schere magnetisiert. Ihre Mutter ist darüber gar nicht glücklich. Kannst du dir denken, warum? (Achtung, es gibt *zwei* Gründe!)

4 Wie läßt sich eine vorher magnetisierte Stricknadel wieder entmagnetisieren?

5 Magnete soll man nicht fallenlassen. Dafür gibt es zweierlei Gründe! Nenne sie!

6 Tina Pfiffig hat eine von zwei Stricknadeln magnetisiert und nicht gekennzeichnet. Jetzt fragt sie: „Wer von euch kann ohne ein weiteres Hilfsmittel herausbekommen, welche von beiden der Magnet ist? *Ich* jedenfalls kenne den Trick!"

7 Magnetnadeln und Kompasse sollte man nicht mit anderen Magneten zusammen aufbewahren. Warum wäre das ungünstig?

8 Die Magnetkraft eines einzelnen Magneten kann man nicht abschalten. Es geht aber, wenn du einen zweiten Magneten hast:

a) Beschreibe einen Versuch, der dies beweist.

b) Normalerweise muß man Werkstücke aus Eisen oder Stahl in einen Schraubstock einspannen, wenn man sie bearbeiten will. Es gibt aber auch „Schraubstöcke", bei denen man nicht schrauben muß: Sie halten das Werkstück mit Magnetkraft fest. Sie bestehen aus mehreren schmalen Magnetstreifen, die sich durch eine Schalterdrehung verschieben lassen. In welcher Stellung ist der folgende „Magnetschraubstock" eingeschaltet? Wie ist er ausgeschaltet?

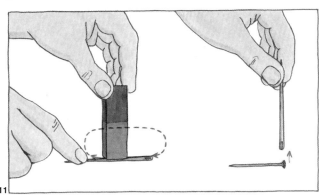

3 Zusammenfassung

Wie können wir Magnete herstellen?

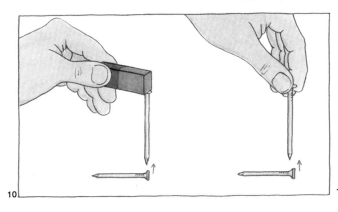

Körper aus Eisen (Stahl), Nickel und Cobalt lassen sich mit Hilfe von Magneten **magnetisieren.** Sie werden so selbst zu Magneten.

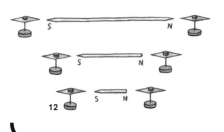

Wenn man einen Magneten zerteilt, entstehen neue Magnete mit einem Nordpol und einem Südpol.

Magnete können sich in ihrer Wirkung gegenseitig aufheben oder auch gegenseitig verstärken.

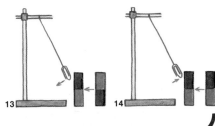

Der Kompaß

1 Wie funktioniert ein Kompaß?

Da ist Norden!

Nein, da! Du mußt die Karte erst drehen.

Sieh doch einfach auf den Kompaß!

Warum stellt sich die Kompaßnadel in Nord-Süd-Richtung ein?

Lange Zeit glaubte man, der Polarstern (Bild 5) lenke die Kompaßnadel in die Nord-Süd-Richtung.

Heute wissen wir aber, daß die **Erde** selbst ein riesenhafter **Magnet** mit einem Nordpol, einem Südpol und einem magnetischen Feld ist (Bild 6). Das heißt: Die Erde übt **magnetische Kräfte** aus, und im Magnetfeld der Erde wird die Kompaßnadel entsprechend ausgelenkt.

Ganz genau in Nord-Süd-Richtung zeigt die Kompaßnadel aber nicht. Wenn nämlich ein Flugzeug von uns aus genau in die Richtung fliegt, die seine Kompaßnadel als „Norden" anzeigt, kommt es nicht genau am Nordpol an! Es landet auf einer Insel in Kanada, etwa 1670 km vom geographischen Nordpol entfernt (Bild 7). Auch wenn ein Flugzeug nach Kompaß in Südrichtung fliegt, kommt es nicht am geographischen Südpol an.

Wir müssen also **zwischen den geographischen und magnetischen Polen der Erde unterscheiden**. Das sind ganz verschiedene Dinge, die nichts miteinander zu tun haben. Die magnetischen Pole liegen nicht genau auf den geographischen, sondern nur in ihrer Nähe.

Da die Spitzen der Kompaßnadel natürlich zu den magnetischen (und nicht zu den geographischen) Polen der Erde zeigen, weicht die Richtungsanzeige der Nadel etwas von der eigentlichen Nord-Süd-Richtung ab. Diese Abweichung nennt man **Mißweisung** oder **Deklination** (lat. *declinare*: abbiegen, beugen). Sie ist – je nachdem, wo sich der Kompaß befindet – unterschiedlich groß (Bild 7).

Moderne Kompasse haben normalerweise auf ihrer Windrose neben dem N (für Nord) einen kleinen Pfeil oder Punkt, der die Mißweisung angibt (Bild 8).

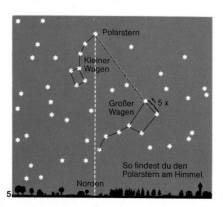

So findest du den Polarstern am Himmel.

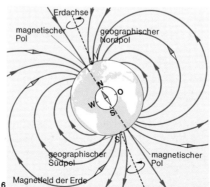

Magnetfeld der Erde

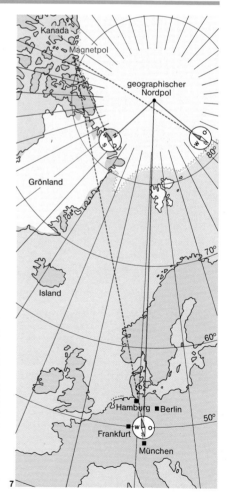

V 1 Eine Nähnadel wird zur Kompaßnadel:

Magnetisiere eine Nähnadel, und stich sie durch den Schraubverschluß einer Flasche (Bild 2). Auch eine Kork- oder Styroporscheibe eignet sich dazu.

Fülle dann einen Teller mit Wasser, und lege deinen Schraubverschluß (oder die Scheibe) auf die Wasseroberfläche. (Wenn du vorher etwas Spülmittel ins Wasser tropfst, schwimmt dein „Kompaß" besser in der Mitte.)

Welche Lage nimmt die Nadel ein? Merke sie dir, und verdrehe die Nadel etwas. Was geschieht? Zum Schluß kannst du noch eine Windrose aufkleben (Bild 3).

V 2 Ein Kompaß aus zwei Haftmagneten:

Nimm einen leichten, länglichen Stahlkörper (zum Beispiel eine Nagelfeile), und befestige an seinen Enden je einen kleinen, runden Haftmagneten. Das soll deine „Kompaßnadel" werden. Bedenke dabei, daß eine Kompaßnadel zwei unterschiedliche Pole hat!

Dann hängst du deine „Kompaßnadel" so an einem Faden auf, daß sie sich möglichst leicht drehen kann (Bild 4).

Ob dieser Versuch auch mit nur *einem* Haftmagneten geht? Probiere es aus!

3

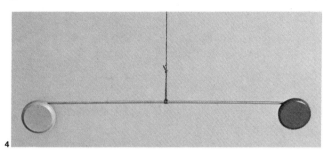

4

Fragen und Aufgaben zum Text

1 Früher wußte man noch nichts vom Magnetfeld der Erde. Da erklärte man auf andere Weise als heute, warum sich eine Kompaßnadel immer in Nord-Süd-Richtung einstellt ...

2 „Eine Spitze der Kompaßnadel zeigt genau zum Nordpol der Erde." Das stimmt nicht ganz! ...

3 Was der kleine Pfeil (oder der Punkt) neben dem N der Windrose bedeutet, hast du gelesen: Dieses Zeichen gibt die Mißweisung an.

Überlege dir, warum ein Kompaß, der eigentlich für Deutschland bestimmt ist, z. B. in Norwegen kaum zu gebrauchen ist.

4 Du weißt vielleicht, daß sich Brieftauben und Delphine gut orientieren können. Bisher ist aber noch nicht genau bekannt, wie sie das machen.

Amerikanische Wissenschaftler haben nun aber in den Köpfen von Delphinen winzige Mengen Magnetit (Magneteisenstein) gefunden. Kannst du dir denken, was jetzt vermutet wird?

5 Wenn du einen Magneten ganz nahe an einen Nagel hältst, wird der Nagel magnetisiert. Auch der „Magnet *Erde*" magnetisiert Körper aus Eisen.

Überprüfe mit einem Kompaß, ob z. B. eure Heizkörper magnetisiert sind: Halte dabei den Kompaß mal oben und mal unten an die Heizkörper. Beobachte genau die Kompaßnadel.

6 Du kannst beim Magnetisieren durch den „Magneten *Erde*" nachhelfen:

Nimm eine Eisenstange (z. B. eine längere Stativstange oder eine Reckstange), und überzeuge dich zunächst, daß sie nicht magnetisiert ist. Wie kannst du das

mit einer Magnetnadel oder einem Kompaß machen?

Halte sie dann schräg nach unten, und drehe sie so, daß sie in Richtung Norden zeigt. Dann schlage kräftig mit dem Hammer auf ein Ende (Bild 9).

Prüfe anschließend nach, ob aus der Stange ein Magnet geworden ist. Das geht am besten, wenn du mit einer Magnetnadel oder mit einem Kompaß an der Eisenstange entlangfährst (Bild 9).

7 Wenn du ein Modell des „Magneten *Erde*" baust (Bild 10), kannst du sehen, daß eine Kompaßnadel tatsächlich nicht zum geographischen Nordpol zeigt: Sie dreht sich immer in Richtung auf den magnetischen Pol, der durch das Öhr (oder die Spitze) der Nähnadel dargestellt ist. Du siehst auch, daß die Mißweisung vom Standort abhängig ist.

9

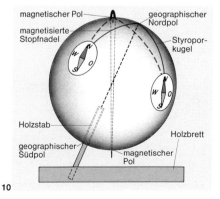

10

2 Wie geht man mit dem Kompaß um?

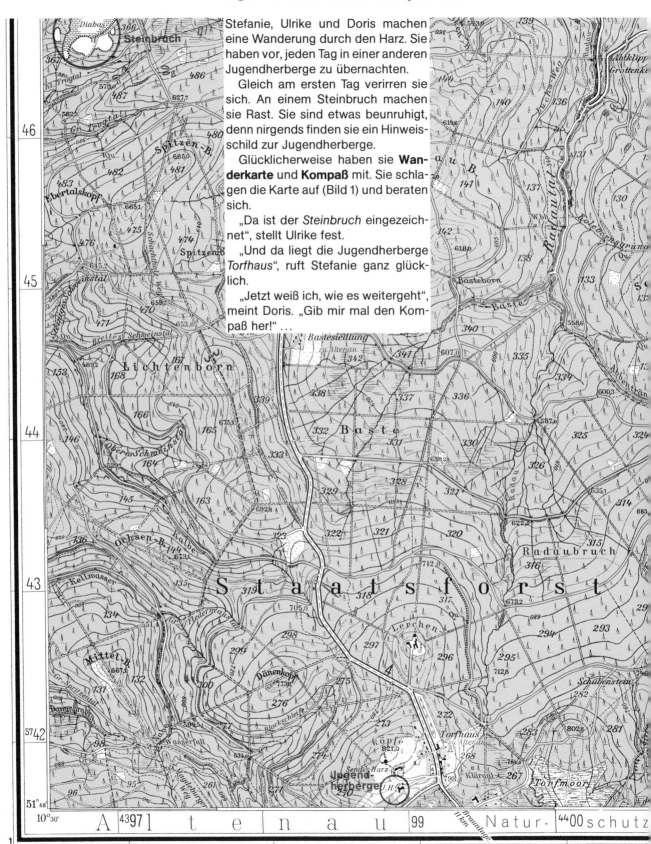

Stefanie, Ulrike und Doris machen eine Wanderung durch den Harz. Sie haben vor, jeden Tag in einer anderen Jugendherberge zu übernachten.

Gleich am ersten Tag verirren sie sich. An einem Steinbruch machen sie Rast. Sie sind etwas beunruhigt, denn nirgends finden sie ein Hinweisschild zur Jugendherberge.

Glücklicherweise haben sie **Wanderkarte** und **Kompaß** mit. Sie schlagen die Karte auf (Bild 1) und beraten sich.

„Da ist der *Steinbruch* eingezeichnet", stellt Ulrike fest.

„Und da liegt die Jugendherberge *Torfhaus*", ruft Stefanie ganz glücklich.

„Jetzt weiß ich, wie es weitergeht", meint Doris. „Gib mir mal den Kompaß her!" …

Der Einsatz von Kompaß und Karte

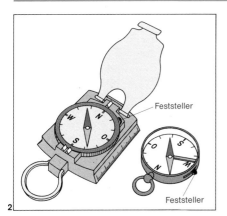

So bereitet man den Kompaß vor:

1 Löse zuerst mit Hilfe des Hebels die festgestellte Kompaßnadel (Bild 2). Bei Kompassen, deren Deckel aufgeklappt werden muß, löst sich der Hebel dabei schon automatisch.

2 Drehe dann den Kompaß langsam herum, bis die blaue Spitze der Kompaßnadel genau über dem Mißweisungspfeil (oder -punkt) der Windrose liegt (Bild 3).

3 Jetzt kannst du die Himmelsrichtungen auf der Windrose ablesen.

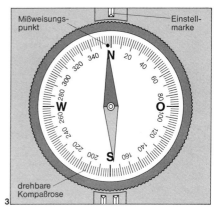

So wird die Karte eingenordet:

4 Breite sie zunächst einmal flach aus. (Zum Üben kannst du die Karte auf der gegenüberliegenden Buchseite, Bild 1, benutzen!)

5 Wie du danach weitermachen mußt, hängt von deinem Kompaß ab.
Wenn du einen runden Kompaß hast: Lege den Kompaß so auf den seitlichen Kartenrand, daß die Randlinie der Karte genau unter dem N und dem S des Kompasses durchläuft (Bild 4).
Wenn du einen Kompaß mit gerader Anlegekante hast: Lege seine Kante an die Randlinie der Karte (Bild 5).

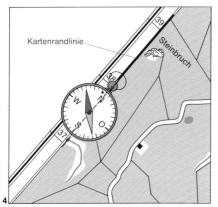

6 Drehe jetzt die Karte mit dem daraufliegenden Kompaß so lange, bis die Kompaßnadel genau über dem Mißweisungspfeil (oder -punkt) seiner Windrose liegt (Bild 6). Jetzt ist deine Karte eingenordet; d. h., die Himmelsrichtungen auf der Karte stimmen mit den Himmelsrichtungen in der Landschaft überein.

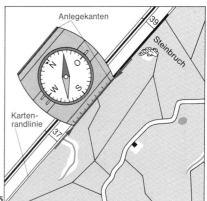

So findet man den richtigen Weg:

7 Von deinem Standort auf der Karte aus legst du eine Schnur (einen Stab) in Richtung auf dein Ziel (Bild 7).

8 Jetzt kommt es wieder auf deinen Kompaß an.
Wenn du einen runden Kompaß hast: Lege deinen auf Mißweisung zeigenden Kompaß auf die Schnur oder den Stab (Bild 8). Jetzt kannst du auf der Windrose deine Gehrichtung ablesen.
Wenn du einen Kompaß mit Anlegekante hast: Lege ihn mit seiner Kante an die Schnur oder an den Stab (Bild 9).
Als nächstes mußt du die Windrose des Kompasses drehen, bis die Kompaßnadel auf die Mißweisung zeigt. Auf der Windrose kannst du nun ablesen, in welche Richtung du gehen mußt.
In der Karte auf der Nachbarseite müssen die Mädchen ungefähr nach Südosten gehen. Überzeuge dich davon!

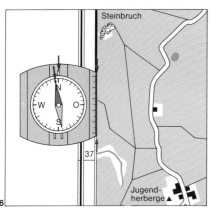

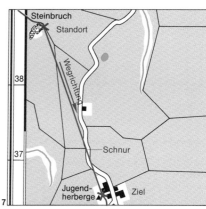

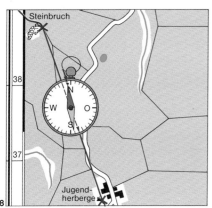

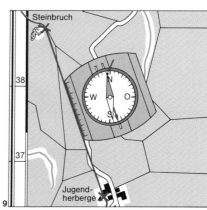

Aufgaben

1 Die Nacht verbringen die Mädchen im *Torfhaus*. In welche Richtung müssen sie von dort aus gehen, wenn sie den nahegelegenen *Wasserfall* erreichen wollen?

In welcher Richtung liegt von dort aus der *Steinbruch*?

2 Nach einiger Zeit will Ulrike die Wanderrichtung mit dem Kompaß überprüfen. Da sie nach Südosten gehen müssen, dreht sie den Kompaß so lange, bis die *Nadel* genau nach SO zeigt.

„Wir gehen ja falsch!" ruft sie aus. „Wir müssen ganz woanders hin!" ...

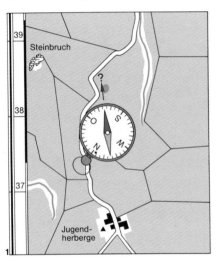

3 In welche Richtungen zeigen die Pfeile 1–8 in diesem Bild?

4 Eine Schulklasse ist auf der Klassenfahrt. Auch einen Kompaß haben die Schüler im Gepäck.

Bei einem Geländespiel bekommen die Schüler den Auftrag, festzustellen, was für ein Baum genau 100 m östlich von einem bestimmten Wegweiser steht. Gleich machen sie sich an die Lösung der Aufgabe.

Beschreibe möglichst genau, wie sie den Kompaß bei der Lösung ihrer Aufgabe einsetzen. (Wenn du nicht ganz sicher bist, lies einfach noch einmal auf den beiden vorhergehenden Seiten nach!)

5 In welcher Himmelsrichtung liegt – von deinem Platz aus gesehen – die Tafelmitte?

6 Man kann auch ganz ohne Kompaß die Himmelsrichtungen feststellen, z. B. mit Hilfe einer Armbanduhr. Das geht so, wie es die folgende Abbildung zeigt:

Du drehst die Uhr so lange, bis der kleine Zeiger zur Sonne zeigt. Süden liegt dann in der Mitte zwischen dem kleinen Zeiger und der „12".

Kennst du noch andere Möglichkeiten, die Himmelsrichtungen ohne Kompaß festzustellen?

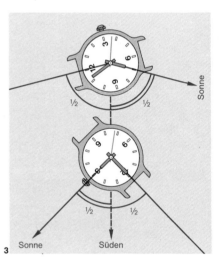

Alles klar?

1 Es gibt Magnete in verschiedenen Formen. Mit welchem kann man die Erde am ehesten vergleichen? Begründe!

2 Warum darf das Gehäuse eines Kompasses nicht aus Stahl sein?

3 Eine Magnetnadel auf einer Nadelspitze stellt sich so ein, wie dieses Bild es zeigt. Zeichne die Nadel ab, und trage die Himmelsrichtungen in deine Zeichnung ein.

4 Beschreibe, wie du dir selbst einen einfachen Kompaß bauen kannst.

5 Wohin würde die Kompaßnadel am geographischen Nordpol zeigen?

6 Heizkörper aus Stahl oder Gußeisen haben oft einen Nord- und einen Südpol. Wie kommt das?

7 Wie könnte man den Nordpol eines Magnetsteines finden?

8 Die *magnetische* Anziehungskraft hat nichts mit der *Erd*anziehungskraft zu tun!?

9 Auf modernen U-Booten, Schiffen und in Flugzeugen kann man normale Kompasse nicht gebrauchen. Auch in anderen Fällen zeigen sie die Nord-Süd-Richtung falsch an. Weshalb wohl?

10 Tina Pfiffig meint: „In der Nähe des geographischen Nordpols liegt der magnetische *Süd*pol und nicht der magnetische *Nord*pol!" ...

11 Bei der Beschreibung des ersten chinesischen Kompasses findet man auch den Satz: „Es gibt zwei Sorten Nadeln – eine, die nach Norden zeigt, und eine, die nach Süden zeigt." Was meinst du dazu?

12 Was weißt du über die Mißweisung (Deklination)?

13 Harry Schlaumeier behauptet: „Ich kenne eine Stelle auf der Erde, an der man nur nach Norden gehen kann!"

14 Harry hat sich eine Denksportaufgabe zurechtgelegt: „Du gehst 1 km nach Süden, dann 1 km nach Osten und schließlich 1 km nach Norden. Dann bist du wieder an der Stelle, an der du losgegangen bist ..."

Aus der Geschichte: **Der Kompaß – ein Gerät mit langer Geschichte**

Wahrscheinlich haben die **Chinesen** den Kompaß erfunden. In einem Buch aus dem Jahr 1085 (also vor ungefähr 1000 Jahren geschrieben) ist zu lesen:

„Wenn Zauberer die nördliche Richtung suchen, greifen sie zu einer Nadel, reiben diese an einem Magnetstein und hängen sie an einem Stück Faden auf. Dann zeigt die Nadel normalerweise nach Norden." (Bild 5)

Bald darauf war auch den **Arabern** der Kompaß bekannt. Sie benutzten ein magnetisiertes eisernes Fischchen als Kompaß; sein Kopf zeigte nach Norden, sein Schwanz nach Süden. In einer Geschichte aus dem Jahr 1230 steht:

„Der Meister, der Kapitän war, wurde am Wege irre. Sofort brachte er ein hohles Eisen in Gestalt eines Fisches heraus und warf es in einen Teller mit Wasser. Es wendete sich und gelangte in Richtung nach Süden in Ruhe. Wie das kommt, weiß unser Gott, und kein Kluger kommt hinter das Geheimnis." (Bild 6)

Aus dem Jahr 1250 stammt dieser Bericht aus **Frankreich**:

„Die Matrosen legen eine magnetisierte Nadel auf zwei Strohhalme, die im Wasser schwimmen. Sie wendet sich in Nord-Süd-Richtung. Die Nadel hat vorher einen Stein berührt, der aus dem fernen Indien stammt. Sie dreht sich zum Polarstern und hilft den Seeleuten." (Bild 7)

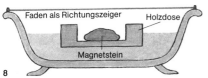

8

Der erste Kompaß, der nicht nur die Nord-Süd-Richtung anzeigte, sondern auch eine Windrose besaß, sah vermutlich so aus (Bild 8). Er stammt aus dem Jahr 1269.

Ungefähr zur gleichen Zeit wurden auch schon Kompasse gebaut, bei denen sich die magnetische Nadel auf einer Spitze frei drehen konnte.

Bild 9 zeigt einen Kompaß aus dem Jahr 1550. Die mit einem Magnetstein magnetisierte Nadel (hier *rot* gezeichnet) dreht sich auf einer Spitze.

Heute gibt es unterschiedliche Kompasse – in ihren wichtigsten Teilen ähneln sich aber alle (Bild 10).

9

10

Fragen und Aufgaben zum Text

1 Kompasse sehen zwar unterschiedlich aus – *ein* Teil ist aber bei ihnen allen vorhanden. Welcher ist das?

2 Gib an, auf welche Weise einige der alten Kompaßnadeln magnetisiert worden sind.

3 Wie wird in den alten Texten erklärt, *warum* sich die Nadel in Nord-Süd-Richtung einstellt?

4 Von einer der Kompaßnadeln wird gesagt, daß sie nach *Süden* zeigte. Ist so etwas überhaupt möglich?

5 Bei dem Kompaß in Bild 9 findest du die Bezeichnungen *Nacht, Morgen, Tag* und *Abend*. Was mögen sie bedeuten? (Denke an die Begriffe *Morgenland* und *Abendland*! Das wird dir wahrscheinlich bei deiner Antwort helfen.)

Elektromagnete

1 Die magnetische Wirkung des elektrischen Stromes

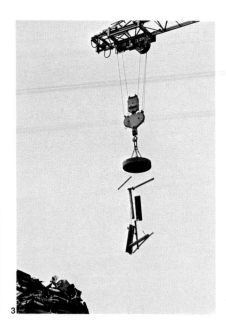

V 1 Mit etwas dünnem, lackiertem Kupferdraht (oder Klingeldraht) und einem Eisennagel kannst du dir einen Magneten bauen, der ähnlich wie auf den Fotos funktioniert:

Wickle den Draht auf den Nagel wie Garn auf eine Spule. Von den Enden mußt du den Lack abkratzen, bevor du Büroklammern als Anschlüsse befestigst. Dann ist dein Elektromagnet einsatzbereit (Bild 4).

Achtung! Wenn du ihn einsetzt, dann schließe den Stromkreis nur ganz kurz. Sonst verbraucht sich deine Batterie zu schnell.

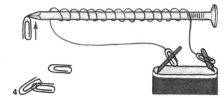

V 2 Ziehe den Nagel von Versuch 1 vorsichtig aus der Drahtspule heraus. Prüfe dann, ob auch die Spule allein (also ohne Nagel) magnetisch ist, das heißt, ob sie Nägel oder Büroklammern anzieht.

Wie könntest du die magnetische Wirkung deiner Spule sonst noch überprüfen? Überlege dir eine noch genauere Möglichkeit, die du ausprobieren könntest.

Bauanleitung: **Die tanzende Puppe**

Du benötigst:
1 Eisenschraube mit Mutter (4–6 cm lang und möglichst dick);
1 dünnen, lackierten Kupferdraht (5–6 m lang);
1 Batterie (4,5 V) oder 1 Eisenbahntrafo;
1 Tastschalter (→ Bauanleitung im Kapitel „Elektrizitätslehre");
1 Pappschachtel;
dünnes Gummiband;
dicken Draht (oder Leisten) für das Traggestell der Puppe;
etwas Klebestreifen (z. B. Tesafilm®) und Kontaktkleber;
etwas dünne Pappe (zum Ausschneiden der Puppe);
10 Büroklammern.

So kannst du vorgehen:
Wickle den Kupferdraht sorgfältig auf die Schraube mit Mutter auf, und achte darauf, daß ca. 30 cm des Drahtes freibleiben. Du mußt dabei immer in die gleiche Richtung wickeln; das heißt, wenn du am Ende der Schraube angekommen bist, wickelst du in gleicher Richtung die zweite Lage von hinten nach vorn, dann eine dritte Lage usw. (Bild 5).

Auch am Ende sollen etwa 30 cm Draht freibleiben. Du klebst die letzte Drahtlage am besten mit einem Klebestreifen fest, damit sie sich nicht wieder abwickelt.

Die Puppe schneidest du aus der dünnen Pappe aus. Ihre Arme und Beine machst du aus Büroklammern.

Dann klebst du den Elektromagneten auf den Boden der Pappschachtel und führst die Anschlußdrähte nach außen. Bevor du die Drähte an den Tastschalter und die Batterie anschließt, mußt du natürlich noch den Lack von den Drahtenden abkratzen. So, und nun kannst du dein Püppchen tanzen lassen! (Bild 6).

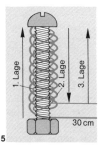
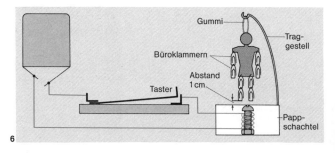

2 Wir vergleichen Dauermagnet und Elektromagnet

Aufgaben

1 Du kennst jetzt zwei Arten von Magneten: die **Dauermagnete** und die **Elektromagnete** (Bild 7). Warum nennt man die Magnete aus Stahl und aus anderen magnetischen Stoffen *Dauermagnete*?

2 Die Bilder 8–11 zeigen Eigenschaften von Dauermagneten.

a) Gib an, welche Eigenschaften du an den Abbildungen erkennst.

b) Plane **Versuche**, die dir zeigen, ob *Elektromagnete* dieselben Eigenschaften haben. Dabei kannst du den selbstgebastelten Elektromagneten oder auch einen aus der Schule verwenden.

8

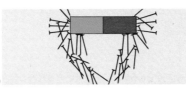

9

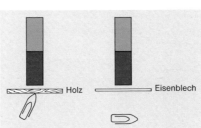

10

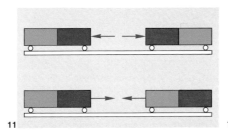

11

3 Einen Dauermagneten kann man nicht ohne weiteres *umpolen*; das heißt, aus dem Nordpol eines Dauermagneten kannst du keinen Südpol machen (und umgekehrt).

Prüfe mit einer Magnetnadel die Polung eines Elektromagneten. Vertausche dann die Batterieanschlüsse, und prüfe wieder.

4 Vergleiche die beiden folgenden Feldlinienbilder (Bilder 12 u. 13).

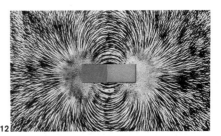

12

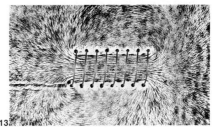

13

Aus Umwelt und Technik: **Der elektrische Gong**

In vielen Wohnungen gibt es nicht mehr die übliche Klingel: Wenn man auf den Klingelknopf drückt, ertönt statt des Klingelns ein „Ging-Gong".

Die Bilder 14 u. 15 zeigen, wie der elektrische Gong aufgebaut ist. Dabei ist der Stromkreis einmal geöffnet und einmal geschlossen.

Die beiden Töne entstehen dadurch, daß einmal die untere und einmal die obere Metallplatte angeschlagen wird.

Damit du selbst herausbekommen kannst, wie der elektrische Gong funktioniert, wurde die nebenstehende Beschreibung durcheinandergewürfelt. Nur der erste und der letzte Satz stehen an der richtigen Stelle.

So funktioniert unser Gong:

a) Jemand drückt zunächst auf die Klingeltaste.

b) Der bewegliche Eisenkern wird in die Spule hineingezogen; dabei schlägt er gegen …

c) Der Ton „ging" entsteht.

d) Der Stromkreis ist geschlossen, und die stromdurchflossene Spule wird zum Magneten.

e) Die Klingeltaste wird wieder losgelassen.

f) Der Eisenkern wird durch die Feder aus der Spule herausgedrückt und schlägt gegen …

g) Der Stromkreis ist unterbrochen, und die Spule verliert ihre magnetische Kraft.

h) Der Ton „gong" entsteht.

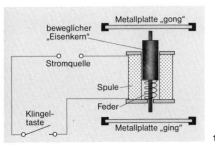

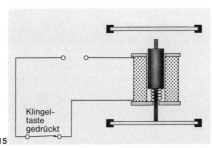

15

Aus Umwelt und Technik: **Lasthebemagnete**

In Stahlwerken und auf größeren Schrottplätzen werden vielfach Kräne eingesetzt. Das Besondere daran ist, daß sie ihre Last nicht mit einem Greifer halten, sondern mit einem **Elektromagneten**. Dadurch wird das Aufnehmen und Ablegen von Eisenteilen einfach: Man braucht nur den Strom ein- oder auszuschalten.

Wie ein moderner Lasthebemagnet aufgebaut ist, zeigt Bild 1: Die

Spule besteht aus Kupfer- oder Aluminium, das Gehäuse aus einer Eisenlegierung. Wenn Strom durch

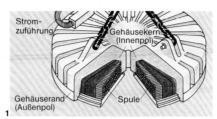

die Spule fließt, wird das Gehäuse magnetisch.

Seine Tragfähigkeit ist unterschiedlich: Für massive Eisenkörper beträgt sie 30 000 kg – soviel wiegt z.B. ein schwer beladener Güterwagen! Dagegen kann er Eisen*platten* nur halten, wenn sie nicht mehr als 2000 kg – soviel wie drei Autos – wiegen. Für Schrott beträgt die Tragfähigkeit nur noch 1200 kg.

Aus der Geschichte: **So entstand das Relais**

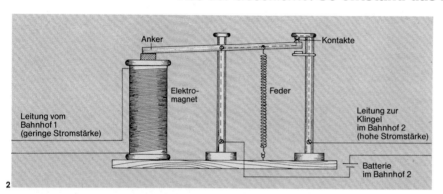

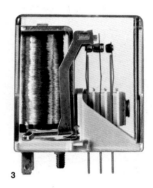

Früher war das Wort *Relais* (sprich: relä) allgemein bekannt, denn in sogenannten *Relaisstationen* nahmen die Postkutschen ihre Pferdewechsel vor. Das **Relais** im heutigen Sinne erfand man aber erst, als die Postkutsche als Reisefahrzeug längst durch die Eisenbahn ersetzt war. Und das kam so:

Wenn damals von einem Bahnhof ein Zug abfuhr, wurde er auf dem nächsten Bahnhof mit einem Klingelzeichen angekündigt. Das machte man folgendermaßen:

Man verband einfach eine Batterie auf dem ersten Bahnhof mit einer Klingel auf dem zweiten. Da aber die Leitungen von einem Bahnhof zum anderen (und auch wieder zurück) viele Kilometer lang waren, reichte die Batterie manchmal nicht aus, um die Klingel auf dem anderen Bahnhof in Gang zu setzen.

Eine Lösung dieses Problems fand der Engländer *Charles Wheatstone*. Er hatte folgende Idee: Der ankommende schwache Strom müßte dazu genutzt werden, eine andere Batterie

in Gang zu setzen – und diese müßte dann in der Lage sein, die Klingel zu betätigen. Diese Schaltvorrichtung (Bild 2) wurde schließlich ebenfalls *Relais* genannt.

Die ersten Relais wurden nicht nur im Eisenbahnbetrieb, sondern auch in Morsetelegraphen eingesetzt. Das waren recht große Geräte mit mächtigen Spulen. Demgegenüber sind die heutigen Relais winzig. Trotzdem erkennen wir an ihnen die gleichen Einzelteile wie bei den Relais, die es vor 150 Jahren gab (Bild 3).

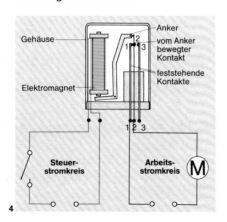

Fragen und Aufgaben zum Text

1 So funktioniert ein modernes Relais (Bild 4):
a) Was geschieht, wenn der *Steuerstromkreis* geschlossen wird? (Stelle eine Wirkungskette auf.)
b) Erkläre die Begriffe **Steuerstromkreis** und **Arbeitsstromkreis**.
c) Hier können anstelle der Kontakte 1 u. 2 auch die Kontakte 2 u. 3 benutzt werden. Was ändert sich dadurch?

2 Was geschieht, wenn in der Schaltung von Bild 5 der Schalter abwechselnd geöffnet und geschlossen wird?

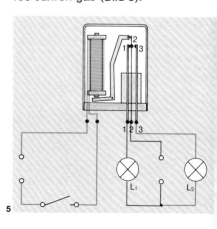

Alles klar?

1 In welcher dieser Situationen zieht der Elektromagnet den Nagel an, wenn der Stromkreis geschlossen wird?

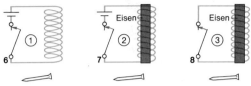

2 Nicht jede dieser vier Magnetnadeln zeigt richtig an. Ob du die *falsch* gezeichnete(n) herausbekommst?

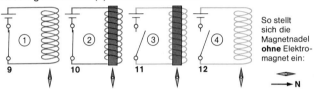

So stellt sich die Magnetnadel **ohne** Elektromagnet ein:

3 Ali hat sich selbst einen Zwei-Ton-Gong für sein Zimmer gebaut. Wie funktioniert er?

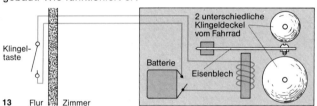

4 Warum kann man einen Dauermagneten schlecht als Lasthebemagneten verwenden?

5 Hier sind 12 Aussagen über Magnete zusammengestellt. Welche Aussagen treffen auf Dauermagnete zu, welche auf Elektromagnete? Manche Aussagen gelten für Dauer- *und* Elektromagnete.

Trage die Aussage über Magnete in eine Tabelle ein (1. Spalte); Kreuze dann in der jeweils richtigen Spalte an:

Aussagen über Magnete	Gilt nur für Dauermagnete	Gilt nur für Elektromagnete	Gilt für beide Magnete

12 Aussagen über Magnete:
a) Er besteht aus einer Kupferdrahtspule mit Eisenkern.
b) Er kann abgeschaltet werden.
c) Er zieht Eisen, Nickel und Cobalt an.
d) Er hat einen Nord- und einen Südpol.
e) Er wirkt durch Holz und viele andere Stoffe hindurch.
f) Er läßt sich nicht umpolen.
g) Er hat an seinen Enden die größte Anziehungskraft.
h) Er hat immer magnetische Kraft.
i) Er benötigt Strom.
j) Seine Kraft wird durch magnetische Stoffe abgeschirmt.
k) Um ihn herum ist immer ein magnetisches Feld.
l) Gleiche Pole stoßen einander ab.

3 Zusammenfassung

Ein Elektromagnet besteht aus einer **Spule** aus Kupferdraht mit einem **Eisenkern**. Nur bei eingeschaltetem Strom übt er eine magnetische Kraft aus.

Wenn der Stromkreis geöffnet wird, verliert der Elektromagnet seine magnetische Kraft:

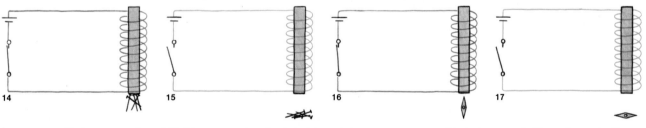

Dauermagnet und Elektromagnet unterscheiden sich:

Dauermagnet	Elektromagnet
Er besteht aus Stahl (oder anderen magnetischen Stoffen).	Er besteht aus einer Kupferdrahtspule mit einem Eisenkern.
Er wirkt immer, ist also nicht abschaltbar.	Er wirkt nur bei geschlossenem Stromkreis, ist also abschaltbar.
Wir können ihn nicht umpolen.	Er läßt sich durch Wechseln der Batterieanschlüsse leicht umpolen.

Sie haben auch Gemeinsamkeiten:

Dauermagnet/Elektromagnet
Sie ziehen nur magnetische Stoffe an.
Sie haben Nord- und Südpol.
Sie wirken durch Stoffe hindurch, die sie nicht selber anziehen.
Sie haben ein magnetisches Feld.

Schall und Schallausbreitung

1 Was ist *Schall*?

Musik, eine Stimme, das Summen einer Mücke, der Lärm einer Baustelle, Mopedknattern – *alles*, was du hören kannst, wird in der Physik als **Schall** bezeichnet. Und alles, was Schall aussendet, bezeichnet man als **Schallquelle**.

V 1 Erzeuge Schall mit folgenden Gegenständen: Lineal, Kamm, Joghurtbecher, Gummiband, Sprudelflasche usw. Achte dabei auf die jeweilige Schallquelle.

V 2 Presse ein Ende einer Stricknadel fest auf den Tisch. Das freie Ende der Nadel zupfst du dann mit dem Finger an.

V 3 Ziehe ein Stück Styropor® an einer Fensterscheibe entlang. (Wenn du vorher gegen die Scheibe hauchst, funktioniert die Nervensäge noch besser.)

V 4 Fülle etwas Wasser in ein dünnwandiges Weinglas. Tauche deinen Zeigefinger ein, und fahre mit ihm langsam auf dem Glasrand entlang (Bild 3).

V 5 Blase einen Luftballon prall auf, und ziehe die Öffnung auseinander. So entsteht ein Spalt, durch den die Luft ausströmen kann …

V 6 Für diesen Versuch brauchst du einen Trinkhalm, den du dir so zurechtschneidest, wie Bild 4 es zeigt. Presse dann das beschnittene Ende mit den Lippen zusammen, und puste kräftig in den Halm.

V 7 Viele Musiker stimmen ihr Instrument mit Hilfe einer Stimmgabel (Bild 5). Sie erzeugt nämlich immer den gleichen Ton.

Es läßt sich kaum erkennen, wie der Ton der Stimmgabel entsteht. Überlege dir deshalb eine Möglichkeit, mit der du beweisen kannst, daß die *Zinken* den Schall erzeugen.

V 8 Eine Trommel (oder ein großes Tamburin) wird mit Sand bestreut und am Rand angeschlagen. Was geschieht?

V 9 In einem Radio oder in einem Tongenerator wird Schall elektrisch erzeugt: Ein Elektromagnet bewegt die Membran des Lautsprechers hin und her (Bild 6).

Kann man diese Bewegung sehen, fühlen oder hören?

Zinken

Membran

Ohne Schwingungen kein Schall!

Wenn man eine Stricknadel anzupft, sieht man recht deutlich, **wie Schall eigentlich entsteht** (Bild 7): Die Stricknadel wird zunächst aus ihrer Ruhelage nach unten gezogen und dann losgelassen. Sofort federt das freie Ende zurück – doch nicht nur bis zur Ruhelage, sondern weiter nach oben. Dann kehrt das Nadelende um und bewegt sich wieder nach unten. Dies wiederholt sich in einer einzigen Sekunde viele Male.

Du wirst sagen: Das freie Ende „zittert auf und ab" oder „es vibriert". In der Physik sagt man: „Die Stricknadel **schwingt**." Die Bewegungen der angezupften Nadel nennt man **Schwingungen**.

Wenn eine Schallquelle nur langsam schwingt, kannst du die Bewegung recht gut mit den Augen verfolgen. Schnellere Schwingungen siehst du nur unscharf

oder gar nicht; du spürst und hörst jetzt aber, daß etwas schwingt (z. B. eine Gitarrensaite oder die Membran eines Lautsprechers).

Nach der Art der Schwingungen unterscheiden wir **verschiedene Schallarten**:

Schwingt die Schallquelle gleichmäßig hin und her, hören wir einen **Ton** oder **Klang** (Stimmgabel).

Von einem **Knall** sprechen wir, wenn die Schallquelle nur einmal stark angestoßen wird und die Schwingungen gleich wieder aufhören (Startschuß).

Ruhelage

7

Ein **Geräusch** entsteht, wenn die Schallquelle unregelmäßig schwingt (Reißen von Papier).

Fragen und Aufgaben zum Text

1 Ergänze den folgenden Satz: „Ein Körper wird zur Schallquelle, wenn . . . "

2 Was haben die Schwingungen einer Schaukel und die Schallentstehung gemeinsam? Was unterscheidet sie?

3 Nach der Art der Schallerzeugung unterscheidet man Schlag-, Zupf-, Blas- und Streichinstrumente. Nenne zu jeder Art mehrere Beispiele.

4 Nenne Beispiele für die Schallarten Ton, Geräusch und Knall. Ordne sie in einer Tabelle an.

Aus Umwelt und Technik: **Eine besondere Schallquelle**

Die **menschliche Stimme** übertrifft in ihrer Vielseitigkeit bei der Schallerzeugung die meisten Musikinstrumente.

Das eigentliche Sprechorgan des Menschen ist der **Kehlkopf**, der sich am oberen Ende der Luftröhre befindet (Bild 8).

Quer im Kehlkopf sitzen die **Stimmbänder**. Während des Atmens liegen sie etwa 1 cm weit auseinander. Mit Muskelkraft können sie aber auch ganz eng zusammengedrückt werden. Das geschieht beim Sprechen und Singen. Die Bilder 9–12 zeigen dazu einige Beispiele.

Wenn nun Luft aus der Lunge durch diese **Stimmritze** hindurchgepreßt wird, beginnen die Stimmbänder zu schwingen. Das geschieht so:

Die durchströmende Luft stößt zunächst die Stimmbänder auseinan-

der; diese werden aber durch die Anspannung der Muskeln sofort wieder zusammengeschlagen. Das erfolgt in einem ständigen Wechsel und sehr schnell hintereinander. So erzeugen die beiden Stimmbänder ein eigenartiges Geräusch, das dem „Schnattern" des Luftballons oder des Trinkhalms in den Versuchen 5 und 6 recht ähnlich ist.

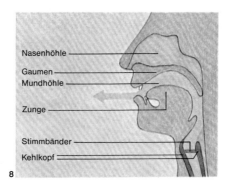

Nasenhöhle

Gaumen
Mundhöhle

Zunge

Stimmbänder
Kehlkopf

8

Daß daraus dann unsere Stimme wird, liegt an dem Zusammenwirken des Brust-, Rachen-, Nasen- und Mundraumes. Dort entstehen die unterschiedlichen Laute. Beim Sprechen verändern wir außerdem die Stellung unserer Zunge, unseres Gaumens, der Zähne und der Lippen.

Fragen und Aufgaben zum Text

1 Was stellst du fest, wenn du während des Singens den Kehlkopf mit den Fingern berührst?

2 Die Schallerzeugung im menschlichen Kehlkopf hat Ähnlichkeit mit der Schallerzeugung in den Versuchen 5 und 6. Welche Ähnlichkeiten erkennst du?

3 Die Menschen haben unterschiedliche Stimmen. Woran liegt das?

4 Sprich einige Buchstaben oder Laute aus, und achte dabei auf die Stellung von Zunge, Lippen und Zähnen.

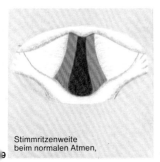

Stimmritzenweite
beim normalen Atmen,

9

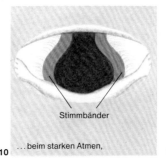

Stimmbänder

. . . beim starken Atmen,

10

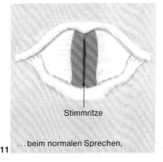

Stimmritze

. . . beim normalen Sprechen,

11

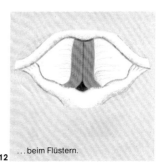

. . . beim Flüstern.

12

2 Schall breitet sich aus

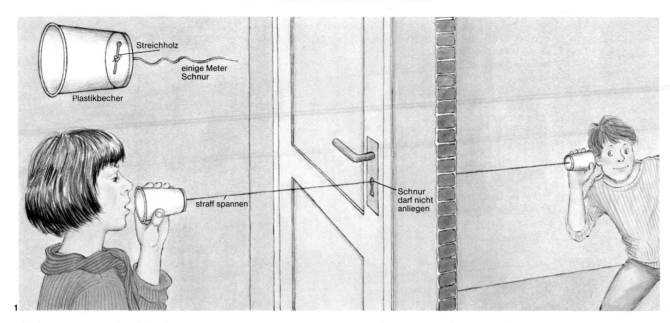

Streichholz

einige Meter Schnur

Plastikbecher

straff spannen

Schnur darf nicht anliegen

1

So kann man auch telefonieren …

Oder klappt das vielleicht doch nicht, was sich Anke und Markus da ausgedacht haben? Am besten probiert ihr das „Fadentelefon" selbst einmal aus – der Zusammenbau ist ja ganz einfach, und die „Zutaten" sind schnell besorgt.

○ Wann ist die Verständigung besonders gut?
○ Kann man den Bindfaden durch ein dünnes Gummiband (Nähgummi) ersetzen?
○ Kann man auf den Faden ganz verzichten?
○ Wie erklärt ihr euch die Schallübertragung?

V 10 Lege eine tickende Uhr auf die entfernte Ecke eines Tisches.

a) Kannst du das Ticken hören?

b) Hörst du es, wenn du an der gegenüberliegenden Ecke ein Ohr auf die Tischplatte legst?

V 11 Knüpfe einen Bindfaden an eine Gabel, und drücke die Fadenenden gegen die Ohren. Was hörst du, wenn du dich nun vorbeugst und die Gabel kurz gegen eine Tischkante schlagen läßt? Kannst du die Beobachtung erklären?

V 12 Ob man auch unter Wasser hören kann? Überlege dir dazu einen Versuch, und führe ihn durch.

V 13 Was wird wohl geschehen, wenn jemand das linke Tamburin anschlägt (Bild 2)?

V 14 Kannst du durch eine Stativstange hindurch hören? Plane einen entsprechenden Versuch, und führe ihn durch.

V 15 Solch ein Kugelspielzeug – wie Bild 3 es zeigt – kennst du vielleicht

schon. (So ähnlich sieht auch ein Gerät aus der Physiksammlung aus.)

a) Was geschieht, wenn man die linke Kugel losläßt? Erkläre!

b) Was könnte dieser Versuch mit der Schallausbreitung zu tun haben?

V 16 „Im Weltall ist es ganz still. Morgens kann man nicht vom Läuten eines Weckers erschreckt werden." – So steht es in einem Science-Fiction-Roman.

Wie läßt sich das mit den abgebildeten Geräten überprüfen (Bild 4)?

Tischtennis-ball

etwa 40 cm

2

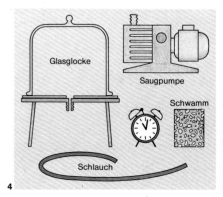

Glasglocke

Saugpumpe

Schwamm

Schlauch

3 4

Schallwellen in Luft

Bewegt sich ein Gegenstand (z.B. eine Kinderschaukel) *langsam* durch die Luft, so weichen die **Luftteilchen** vor diesem Gegenstand aus; sie strömen außen um ihn herum und treffen dann hinter ihm wieder zusammen.

Wenn man dagegen auf eine Trommel schlägt, wird die Membran der Trommel ganz *schnell* eingedrückt: Die Luftteilchen können jetzt nicht mehr ausweichen; deshalb werden sie hinter der Membran dichter zusammengepreßt. So entsteht dort für eine ganz kurze Zeit ein Raum mit besonders vielen Teilchen – es entsteht also eine **Luftverdichtung**. Die so aneinandergedrückten Luftteilchen stoßen wiederum die benachbarten Teilchen an, die damit ebenfalls dichter aneinandergedrückt werden. So wird die Luftverdichtung weitergegeben.

Gleich nach dem Anschlagen der Trommel schwingt die Membran ebenso

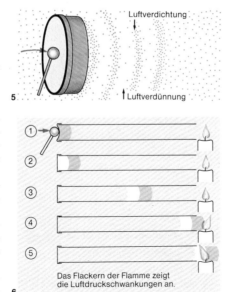

5

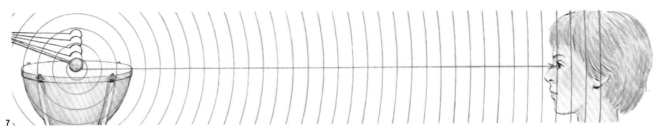

Das Flackern der Flamme zeigt die Luftdruckschwankungen an.

6

schnell wieder zurück. Jetzt entsteht hinter der Membran ein Raum mit weniger Luftteilchen, also eine **Luftverdünnung**.

Da sich die Luftverdichtungen und -verdünnungen ständig abwechseln, entstehen schnelle **Luftdruckschwankungen**, und zwar solange die Membran schwingt (Bilder 5 und 6). Wir nennen diese sich fortpflanzenden Luftdruckschwankungen **Schallwellen**.

Von jeder Schallquelle gehen solche Schallwellen aus. Sie laufen durch die Luft **nach allen Seiten** auseinander. Dabei werden die Luftdruckschwankungen mit zunehmender Entfernung immer geringer. D. h.: Je weiter sich die Schallwellen von der Schallquelle entfernen, desto schwächer und leiser wird der Schall.

In der Luft brauchen die Schallwellen ungefähr drei Sekunden, um einen Kilometer zurückzulegen (Bild 7). Das haben Messungen ergeben.

7

3   Der Schall läßt sich Zeit – und kann auch zurückkehren

Welche Zeit stoppt Susanne da? Wie will sie damit feststellen, wie weit das Gewitter entfernt ist?

Dieser Trompeter spielt ganz allein ein paar Töne, aber plötzlich hört man ein „Blasorchester".

8

9

V 17 Bitte einen Freund, sich in etwa 100 m Entfernung aufzustellen. Dort soll er dann eine aufgeblasene Papiertüte zerschlagen. Welche Beobachtung machst du dabei?

V 18 Kannst du mit Hilfe einer Zeitung noch in 50 cm Entfernung eine tickende Armbanduhr hören?

V 19 Lege eine laut tickende Uhr in ein hohes, oben offenes Glas; unten im Glas soll eine Lage Schaumgummi liegen. In einiger Entfernung von dem Glas kannst du das Ticken nicht mehr hören (Bild 1).

Wie mußt du den Versuchsaufbau ergänzen, damit du die Uhr dennoch

1

in derselben Entfernung und von derselben Stelle aus hören kannst? (Uhr und Glas sollen unverändert an ihrem Ort bleiben.)

V 20 Ingo hat in einem Physikbuch gelesen: „Mit einem großen Spiegel kann man Schallwellen genauso zurückwerfen (reflektieren) wie Lichtstrahlen."

Überprüfe diese Aussage in einem Versuch. Du kannst dafür den gleichen Versuchsaufbau wie in Versuch 19 verwenden.

Aufgaben

1 Der Klempner arbeitet im Keller an einem Wasserrohr. Warum kann man das im ganzen Haus hören?

2 Angler behaupten: „Fische können *hören,* wenn jemand am Ufer entlanggeht." Was meinst du dazu?

3 Der Mechaniker drückt einen Schraubendreher auf den laufenden Automotor und horcht daran. Warum macht er das wohl?

4 Sicher hast du schon ein Feuerwerk aus größerer Entfernung beobachtet: Raketen sprühen Funkenregen in den Nachthimmel; erst später hört man dumpfe Explosionsgeräusche. Erkläre diesen Zusammenhang.

5 Man sagt, die Indianer hätten eine Methode gehabt, das Herannahen ihrer Feinde schon aus großer Entfernung festzustellen (Bild 2). Erkläre, warum diese Methode funktionieren kann.

6 Vergleiche in der folgenden Tabelle die Schallgeschwindigkeit in Luft mit der Geschwindigkeit eines fahrenden Autos.

Schallgeschwindigkeit in verschiedenen Stoffen

Luft (ca. 1200 km/h)	340 m/s
Wasser	1485 m/s
Meerwasser	1530 m/s
Buchenholz	3300 m/s
Ziegelstein	3650 m/s
Marmor	3800 m/s
Stahl	5100 m/s
Glas	5300 m/s

7 Das Echo, das an einer Felswand entsteht, ist nach 4 s zu hören. Wie weit ist die Wand entfernt?

8 Beim Gewitter entstehen Blitz und Donner gleichzeitig. Doch bei uns ist das Licht des Blitzes 1000 000mal schneller als der Donner. Wann hörst du den Donner, wenn das Gewitter 5 km entfernt ist?

9 Petra zählt beim Gewitter: „Eins, zwei, drei …" Anke jedoch zählt: „Einundzwanzig, zweiundzwanzig, …" (Beide wollen so die Entfernung des Gewitters feststellen.) Weshalb ist Ankes Zählweise günstiger?

10 Beim 100-m-Lauf wartet ein Zeitnehmer auf den Knall des Startschusses; dann drückt er seine Stoppuhr. Welchen Fehler enthält die von ihm gestoppte Laufzeit? Ob der Läufer mit der gestoppten Zeit zufrieden sein wird?

11 Nenne einige Tiere, die beim Lauschen ihre Ohrmuscheln in Richtung auf die Schallquelle stellen. Warum tun sie das?

12 Bild 3 zeigt ein sogenanntes *Flüstergewölbe.* Wenn Person A etwas flüstert, kann Person B das gut verstehen. Person C sitzt zwar näher bei A, hört aber nichts. Wie erklärst du dir das?

2

3

Aus Umwelt und Technik: **Schalleitung – erwünscht oder unerwünscht**

Unfall unter Tage: In einem Erzbergwerk haben herabstürzende Felsbrocken einen Stolleneingang zugeschüttet. Sie versperren zwei Bergleuten den Rückweg.

Nach dem ersten Schrecken besinnen sich die Eingeschlossenen auf das, was zu tun ist: Einer von ihnen schlägt mit einem Stein auf die Schienen der Grubenbahn; der andere klopft mit dem Hammer gegen das Gestein (Bild 4).

Der Lärm, den sie damit machen, wird noch in weiter Entfernung vom Unfallort gehört; und tatsächlich sind schon bald die ersten Helfer an der Unglücksstelle...

Die Bergleute wußten natürlich, daß das Gestein und die Stahlschienen der Grubenbahn den Schall besser leiten als die Luft. In ihrem Fall ist die Schalleitung nicht nur nützlich und **erwünscht** gewesen – hier erwies sie sich sogar als Lebensretter.

Alle harten und festen Stoffe sind gute Schalleiter. Das liegt daran, daß die Teilchen dieser Stoffe dichter und fester zusammenliegen als die Teilchen in der Luft. Nach dem Anschlagen geben sie daher den Stoß besonders schnell an benachbarte Teilchen weiter. Darum ist die Schallgeschwindigkeit in festen Stoffen (und auch in Flüssigkeiten) größer als in Luft (→ die Tabelle auf der Nachbarseite). Da die Druckschwankungen in festen Körpern weniger schnell abnehmen, kann der Schall hier auch noch in größerer Entfernung deutlich festgestellt werden.

4

Daß harte und feste Stoffe den Schall gut leiten, müssen Architekten und Handwerker beim Hausbau beachten. Eine gute Schalleitung ist nämlich in Wohnungen ausgesprochen **unerwünscht.** Niemand möchte ja, daß seine Gespräche im Nachbarzimmer oder gar in einer anderen Wohnung gehört werden. Und auch der Straßenlärm sollte möglichst draußen bleiben.

Nun ist es nicht allzu schwierig, Schallwellen abzuschwächen, wenn diese sich durch die *Luft* fortpflanzen: Schon eine dicke Wand schützt vor solchem **Luftschall.**

Viel größere Probleme bereitet der sogenannte **Körperschall.** Damit sind Schallwellen gemeint, die von festen Körpern ausgehen und von diesen auch weitergeleitet werden (Bild 5). Im Haus sind Wände, Decken, Fußböden und auch Rohre solche Schalleiter.

Um z.B. Trittgeräusche einzudämmen, hat die Geschoßdecke der Wohnung eine besondere Konstruktion (Bild 6): Auf die Decke aus Beton kommt eine Schicht aus Kunststoff

oder Steinwolle. Diese Stoffe **dämmen** den Schall, weil die Teilchen, aus denen sie bestehen, weniger dicht gepackt sind als die Teilchen des Betons. Ein schmaler Streifen dieses Dämmstoffes wird an den Wänden sogar noch etwas hochgestülpt. Über den Dämmstoff kommt eine Folie, und auf diese gießt der Maurer den Estrich. (Das ist eine besondere Sorte Zementmörtel.)

Der Estrich hat also mit der Betondecke keine direkte Verbindung; deshalb spricht man auch von einem „schwimmenden" Estrich. Wenn darauf später noch ein Teppichboden kommt, ist die Weiterleitung von Körperschall in andere Zimmer und Wohnungen nur noch gering.

Fragen und Aufgaben zum Text

1 Warum rufen eingeschlossene Bergleute nicht einfach um Hilfe?

2 Erkläre den Unterschied zwischen *Körperschall* und *Luftschall.*

3 In vielen Büros stehen die Schreibmaschinen auf dicken Filz- oder Gummiunterlagen. Welchen Sinn hat das?

4 Was versteht man unter einem „schwimmenden Estrich"?

5 Herr Sparbier ärgert sich, weil die Handwerker beim Bau seines Hauses gepfuscht haben: Der Randstreifen um den schwimmenden Estrich fehlt. Welche Folgen hat das für die Schalleitung?

6 Die Dämmschicht unter dem Estrich erfüllt *noch* eine Aufgabe. Welche?

7 Architekten sagen: „Wasserleitungen und Heizungsrohre sind *Schallbrücken*. Was ist damit gemeint? Was tut man dagegen?

5

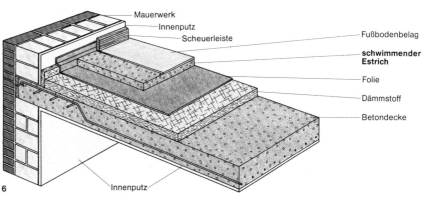

6

Mauerwerk
Innenputz
Scheuerleiste
Fußbodenbelag
schwimmender Estrich
Folie
Dämmstoff
Betondecke
Innenputz

Aus Umwelt und Technik: **Das Echolot**

Wie du weißt, breitet sich der Schall einer Schallquelle mit einer bestimmten Geschwindigkeit (mit *Schall*geschwindigkeit) aus. Das heißt: Der Schall braucht eine gewisse Zeit, bis er z.B. auf eine entfernte Wand auftrifft. Diese Wand wirft die Schallwellen zurück; sie **reflektiert** den Schall. Dabei benötigen die Schallwellen noch einmal dieselbe Zeitspanne, ehe sie am Ort der Schallquelle als **Echo** zu hören sind.

Das gilt auch für Töne, die so hoch sind, daß wir sie nicht mehr hören können, für **Ultraschall.**

Mit einem **Echolot** bestimmt man z.B. die Meerestiefe (Bild 1):

Für die Fischerei ist es wichtig, daß nicht nur der Meeresboden, sondern z.B. auch große Fischschwärme den Schall zurückwerfen. So zeigen moderne, an das Echolot angeschlossene Anzeigeeinrichtungen an (durch ein *Echogramm*), wo sich gerade ein Fischschwarm befindet (Bild 2). Damit wird das Meereswasser für den Fischer bis in große Tiefen hinunter „durchsichtig", und er kann gezielt seine Netze auswerfen.

Nach einem ganz ähnlichen Verfahren werden häufig auch Materialien auf **verborgene Fehler** untersucht:

In Bild 3 z.B. sucht man Beschädigungen an einem Schiffsrumpf, und

in Bild 4 wird die Schweißnaht eines Stahlrohres kontrolliert. In beiden Fällen preßt man einen sogenannten *Prüfkopf* mit einem Schallsender und mit einem Schallempfänger auf die Außenwand des Werkstücks: Die nun von dem Schallsender ausgesandten Schallwellen durchlaufen das Material und werden dann von der Innenwand reflektiert. Wenn das Material einen Fehler (z.B. einen Riß) aufweist, ist das am Echo im Schallempfänger zu erkennen; die Schalleitung ist dann nämlich deutlich gestört (Bild 5).

Seit dem Jahr 1960 ist es auch möglich, **schwangere Frauen** auf ähnliche Weise zu untersuchen (Bild 6). Man

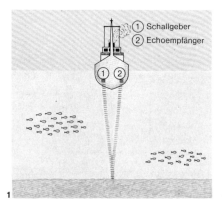

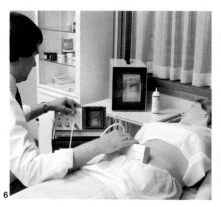

Ein am Schiff angebrachter *Schallgeber* gibt zunächst Schallsignale ab. Diese laufen bis zum Meeresboden und werden dort reflektiert.

Der *Echoempfänger* am Schiff meldet nach kurzer Zeit das Eintreffen der zurücklaufenden Schallwellen.

Aus der Zeit, die zwischen dem Aussenden und dem Empfangen der Schallsignale verstreicht, bestimmt ein Rechner die Meerestiefe.

will so z.B. feststellen, ob sich das Kind im Mutterleib normal entwickelt. Weil Knochen und Muskeln Schallwellen unterschiedlich gut leiten und damit auch reflektieren, entsteht auf dem Bildschirm ein Foto von der Lage des Kindes (Bild 7).

Nach heutigen Kenntnissen sind solche Untersuchungen – im Gegensatz zu Röntgenaufnahmen – für Mutter und Kind ungefährlich.

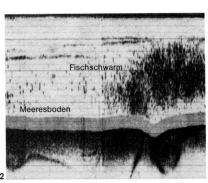

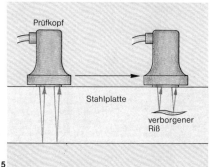

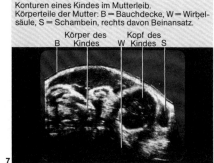

Fragen und Aufgaben zum Text

1 Das Echolot eines Schiffes empfängt die Schallwelle eine Sekunde nach dem Aussenden. Wie tief ist an dieser Stelle das Meer?

2 Fledermäuse benutzen das „Echolot" zur Orientierung beim Fliegen und zum Fangen der Beute. Erkläre das anhand von Bild 8.

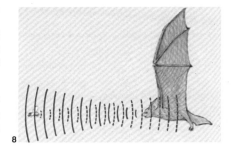

8

3 Wieso lassen sich mit dem Echo eines Schalls sogar recht genau Entfernungen bestimmen?

4 Bei einer Materialprüfung wird der Prüfkopf fest auf ein Werkstück *gepreßt* (Bilder 3 u. 4), und auch der Arzt *drückt* mit dem Prüfkopf auf die Bauchdecke einer schwangeren Frau (Bild 6). Kannst du begründen, warum dieses Berühren dabei so wichtig ist?

Alles klar?

1 Beschreibe, wie eine Fahrradklingel funktioniert.

2 Frank hat mit einem Bierdeckel eine „Krachmaschine" gebaut (Bild 9). Wie funktioniert sie?

3 Unter welchen Bedingungen wird ein Körper zur Schallquelle?

4 Eine Kinderschaukel schwingt. Ist sie nun eine Schallquelle?

5 Wie wird die menschliche Stimme erzeugt?

6 Mit einem Waschbrett kann man auch „Musik" machen (Bild 10). Wie wird hier der Schall erzeugt?

7 Wie entstehen Schallwellen in Luft? Wie werden sie weitergeleitet?

8 Kannst du auf einem Grashalm blasen? Erkläre, wie dabei der Schall entsteht (Bild 11).

11

9 Tina will wissen, wie beim Gewitter der Donner entsteht. Ihre Lehrerin erklärt ihr: „Der Blitz ist sehr heiß. Er erwärmt die ihn umgebende Luft schlagartig auf etwa 10 000 °C. Erhitzte Luft aber dehnt sich aus..." – Kannst du dir vorstellen, wie ihre Erklärung weitergeht?

10 Warum könnte man im Weltall keinen Laut hören?

11 Mit welcher Geschwindigkeit bewegt sich der Schall in Luft (Schallgeschwindigkeit in Luft)?

12 Die Schallgeschwindigkeit ist in festen Stoffen größer als in Luft. Erkläre, warum das so ist.

13 Warum ist es im Autotunnel so laut?

14 In einem Lexikon aus dem Jahre 1837 steht: „Zu den merkwürdigsten Echos gehört das am Loreleyfelsen. Ein Ton wird dort 17mal wiederholt." Wie ist das wohl möglich?

15 Zum Abhorchen der Herztöne und der Atemgeräusche von Menschen benutzten französische Ärzte erstmals um 1800 ein Hörrohr, das sogenannte *Stethoskop* (Bild 12). Versuche zu erklären, wie es funktioniert.

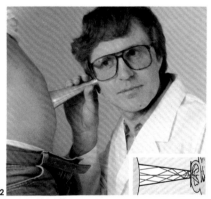

12

16 Mit kleinen Sprengladungen können Forscher starke unterirdische Schallwellen erzeugen. Der Schall läuft dabei tief in die Erde und wird von den verschiedenen Erdschichten unterschiedlich reflektiert. Besondere Mikrofone empfangen diese Echos. Welchen Sinn könnten solche Versuche haben?

17 Der Steuermann gibt seine Kommandos über ein Sprachrohr (Bild 13). Welche Aufgabe hat es?

13

4 Zusammenfassung

Was ist *Schall*, und wie entsteht er?

Alles, was man hören kann, wird als **Schall** bezeichnet: Töne, Klänge, Geräusche oder ein Knall.

Schall entsteht immer dann, wenn sich ein Körper schnell hin- und herbewegt. Diese Bewegungen nennt man **Schwingungen.**

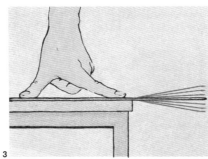

Durch schnelle Schwingungen wird ein Körper zur **Schallquelle.**

Damit ein Körper zu schwingen beginnt, muß er angestoßen, angeschlagen, angezupft, angestrichen oder angeblasen werden.

Starke Schallquellen sind:

1. Stangen und Platten aus Metall oder Holz (Xylophon, Mundharmonika, Glockenspiel, Stimmgabel);	2. gespannte Saiten aus Metalldraht, Kunststoff oder Darm (Gitarre, Violine, Baß, Banjo);	3. Membranen aus stramm gespannten Häuten oder Pappe (Tamburin, Radiolautsprecher);	4. hohle Körper, in denen die Luft schwingt (Blockflöte, Trompete, Orgelpfeife, Trommel).

Eine besondere Schallquelle ist die menschliche Stimme.
Sie wird im Kehlkopf erzeugt. In ihm schwingen die Stimmbänder.

So kann man bei verschiedenen Schallquellen die Schwingungen sichtbar machen:

Wie breitet sich Schall aus?

Schallwellen breiten sich **nach allen Seiten** hin aus.
Erst wenn sie das Innere unseres Ohres erreicht haben,
hören wir den Schall.

Hört den
Glockenschlag
gerade

Hört den
Glockenschlag
noch nicht

Der luftleere Raum (das Vakuum) kann keine Schallwellen übertragen. Im Vakuum sind ja keine Luftteilchen vorhanden, die beim Schwingen der Schallquelle zusammengestoßen werden könnten.

Wie schnell ist Schall?

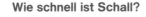

Das Licht erreicht das Auge im „Augenblick" des Aufschlages.
Der Schall benötigt für 1000 m rund 3 s.

Ehe der Schall – von der Schallquelle ausgehend – bei uns ankommt, vergeht eine gewisse Zeit.
In der Luft benötigt der Schall für eine Strecke von 340 m (ca. 1/3 km) etwa 1 Sekunde:

Die **Schallgeschwindigkeit in Luft** beträgt 340 m/s.

In Flüssigkeiten und festen Stoffen ist der Schall schneller als in Luft. Das liegt daran, daß die Teilchen dieser Stoffe dichter zusammenliegen. Die Schallschwingungen werden deshalb leichter und schneller weitergegeben.

Die Schallreflexion

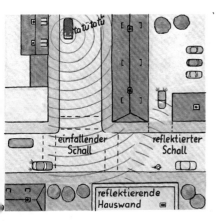

einfallender Schall

reflektierter Schall

reflektierende Hauswand

Wenn Schallwellen z.B. auf Flächen (Wände oder Fenster) auftreffen, werden sie zurückgeworfen (reflektiert). Bei dieser Reflexion ändert sich die Richtung der Schallwellen genauso wie bei Lichtstrahlen, die auf einen Spiegel treffen.

Kehren die Schallwellen zur Schallquelle zurück, so hört man sie dort als **Echo.**

Kommt in großen Räumen das Echo bereits zurück, bevor eine Silbe ganz ausgesprochen wurde, so nennt man das **Nachhall.**

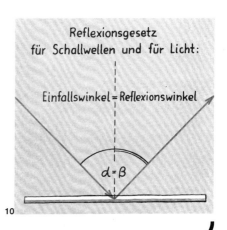

Reflexionsgesetz
für Schallwellen und für Licht:

Einfallswinkel = Reflexionswinkel

$\alpha = \beta$

Töne sind verschieden

1 Laut und leise – hoch und tief

So wie mit dieser Gitarre, kann man mit den meisten Musikinstrumenten unterschiedliche Töne erzeugen: hohe, tiefe, laute und leise.

Wie ist das möglich?

V 1 Erzeuge mit einem Gummiband unterschiedliche Töne.

V 2 Halte ein langes Lineal so am Tisch fest, daß der größte Teil frei schwingen kann (Bild 2).
Untersuche, wovon die *Lautstärke* des Tones abhängt. Versuche, die *Tonhöhe* zu verändern.

V 3 Lege einige Papierkügelchen in den Membrantrichter eines offenen Lautsprechers. Beobachte sie bei lauter und leiser Musik.

V 4 Fülle zunächst mehrere gleiche Flaschen unterschiedlich hoch mit Wasser.
Vergleiche die Tonhöhen, wenn du die Flaschen mit einem Stab anschlägst oder wenn du flach über die Flaschenränder bläst.
Versuche auch, deine Beobachtungen zu erklären.

Schwingungen genauer betrachtet: Amplitude und Frequenz

Wie du Schall erzeugen kannst, weißt du nun schon: Du mußt dazu einen Körper (z.B. eine Gitarrensaite) zum schnellen **Schwingen** bringen.

Solche Schwingungen können wir bei einer Schaukel genauer betrachten, weil sie dort langsamer ablaufen (Bild 3): Je stärker die Schaukel (aus der *Ruhelage*) angestoßen wird, desto weiter schwingt sie (bis zum *Umkehrpunkt*) aus. Diese größte Ausschwingung (der Abstand zwischen Ruhelage und Umkehrpunkt) wird **Amplitude** genannt. Starke Schwingungen haben also eine große Amplitude, schwache Schwingungen eine kleine.

Das gilt auch für Schallschwingungen (Bild 4):
Wird eine Schallquelle *stark* angestoßen, so schwingt sie mit *großer* Amplitude. So schwingt z. B. eine Saite, die stark angezupft wurde, zunächst mit großer Amplitude – wir hören einen lauten Ton. Allmählich wird die Amplitude aber kleiner –

der Ton wird gleichzeitig leiser; schließlich verklingt er.

Da unsere Versuche gezeigt haben, daß ein Schall um so *lauter* wird, je stärker eine Schallquelle schwingt, können wir sagen: **Je größer die Amplitude** einer Schallschwingung ist, **desto lauter** hören wir den Schall. (Die *Tonhöhe* bleibt gleich.)

Wenn man die Saite nun *verkürzt* (oder *stärker spannt*) und dann neu anzupft,

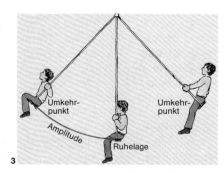

erklingt ein **höherer Ton** als zuvor. Die Saite schwingt nun schneller als vorher. Also gilt: **Je schneller** eine Schallquelle schwingt, **desto höher** ist der Ton, den sie erzeugt.

Die Anzahl der Schwingungen in einer Sekunde nennt man die *Schwingungszahl* oder **Frequenz** der Schallquelle.

Die Frequenz wird in der Einheit **1 Hertz (1 Hz)** gemessen – nach dem deutschen Physiker *Heinrich Hertz* (1857–1894). Schwingt eine Schallquelle in einer Sekunde nur einmal vor und zurück (Bild 5), so hat sie die Frequenz 1 Hertz (1 Hz). Dieser Ton ist jedoch nicht hörbar. (Erst Schwingungen ab 20 Hz können wir hören.)

Der Testton zum Fernsehtestbild hat genau 1000 Hz; der Lautsprecher führt dann also in jeder Sekunde 1000 Schwingungen aus. Diese Frequenz nennt man auch 1 Kilohertz (1 kHz).
1 kHz = 1000 Hz.

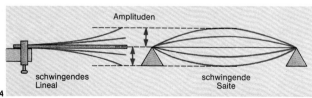

schwingendes Lineal   schwingende Saite

Amplituden

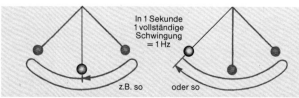

In 1 Sekunde 1 vollständige Schwingung = 1 Hz

z.B. so   oder so

Aufgaben

1 An einem Faden (1 m) läßt du einen beliebigen Gegenstand pendeln.

a) Ermittle bei großer Amplitude die *Schwingungsdauer*. Das ist die Zeit für eine ganze Schwingung, also von einem Umkehrpunkt zum anderen und zurück (Bild 5).

b) Stelle dann die Schwingungsdauer bei kleiner Amplitude fest.

c) Verkürze nun dein Pendel, und miß wieder die Amplitude und die Schwingungsdauer.

d) Errechne für beide Pendellängen die *Frequenz*.

2 Bild 6 zeigt die Messingzungen einer geöffneten Mundharmonika. Beim Hineinblasen werden die Zungen durch den Luftstrom zum Schwingen gebracht. Wie entstehen hier die verschiedenen Tonhöhen?

3 Die Stimmbänder in unserem Kehlkopf können durch Muskeln straffer gespannt werden.

a) Gib an, welchen Einfluß dieses Spannen auf die Frequenz der Stimmbandschwingungen hat.

b) Wodurch wird die Stimme höher oder tiefer?

4 Wodurch werden bei den sechs Saiten der Gitarre verschieden hohe Töne erzeugt?

5 Bild 7 gibt dir die Frequenzen einiger Töne an. Der hohe Ton c" ist um eine *Oktave* (8 Töne) höher als das tiefere c'. Wie unterscheiden sich die Frequenzen der beiden Töne?

6 Schallschwingungen mit mehr als 20000 Hz können von Menschen nicht gehört werden. Man nennt das **Ultraschall**. Hunde hören jedoch bis 40000 Hz (→ Bild 1 auf der folgenden Seite). Was bedeutet das?

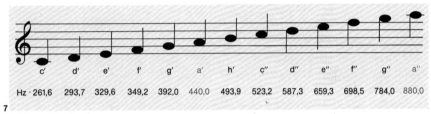

	c'	d'	e'	f'	g'	a'	h'	c"	d"	e"	f"	g"	a"
Hz ·	261,6	293,7	329,6	349,2	392,0	440,0	493,9	523,2	587,3	659,3	698,5	784,0	880,0

7

Aus Umwelt und Technik: **Schall kann verstärkt werden**

Bei vielen Musikinstrumenten wird der Ton der eigentlichen Schallquelle durch einen großen Holzkasten zusätzlich verstärkt. Diesen Kasten nennt man *Klangkörper* oder *Resonanzboden*.

Bei der Gitarre z. B. wird der Schall so verstärkt: Die angezupfte Saite bringt die Luft im Klangkörper und auch dessen Holz zum **Mitschwingen**. Dadurch ist die Fläche, von der jetzt der Schall ausgesandt wird, wesentlich größer, als wenn die Gitarrensaite alleine schwingen würde. Das bedeutet natürlich, daß nun viel mehr Luftteilchen gleichzeitig angestoßen werden.

Auch ein Lautsprecher funktioniert durch Mitschwingen: Das Schwingen des kleinen Elektromagneten wäre kaum zu hören – die gewölbte Pappe aber, mit der er Verbindung hat, schwingt mit und sorgt so für die Verstärkung des Schalls.

Stimmt die Frequenz der ursprünglichen Schallquelle genau mit der Schwingungsfrequenz des Klangkör-

pers überein, so ist die Verstärkung der Schwingung besonders groß. Diese *Verstärkung durch Mitschwingen* (Bild 8) wird **Resonanz** genannt (lat. *resonare:* wiederertönen).

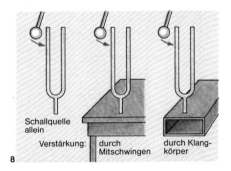

Schallquelle allein

Verstärkung: durch Mitschwingen | durch Klangkörper

8

9

So nutzt z. B. die Sängerin in Bild 9 die Resonanz zu einer verblüffenden Vorführung:

Sie klopft an das Weinglas und horcht auf den entstehenden Ton. Dann singt sie genau diesen Ton laut in das Glas hinein – und das Glas zerspringt.

Fragen und Aufgaben zum Text

1 Wieso kann ein Glas „zersungen" werden? Warum kannst du das wahrscheinlich nicht?

2 Wenn du Schnupfen hast oder dir die Nase zuhältst, klingt deine Stimme ganz verändert. Wie kommt das?

3 Bei bestimmten Geschwindigkeiten beginnen manchmal im Auto Scheiben, Türen oder Teile des Armaturenbrettes zu klappern. Wie kommt das?

4 Warum dürfen Soldaten nicht im Gleichschritt über Brücken marschieren?

5 Warum braucht die Elektrogitarre keinen Klangkörper?

Hörbereich und Hörschwelle

Das Ohr eines Kindes hört sämtliche Schallschwingungen zwischen 20 Hz und 20 000 Hz. Dies ist der **Hörbereich** des Menschen. Mit zunehmendem Alter nimmt die obere Hörgrenze des Menschen allmählich ab – mit jedem Lebensjahrzehnt um etwa 2000 Hz.

Sehr hohe und auch sehr tiefe Töne hören wir nur bei großer Schallstärke – also nur dann, wenn die Schallquelle mit recht großer Amplitude schwingt. Dagegen ist das menschliche Ohr bei mittleren Tonhöhen (im Bereich von 3000 Hz bis 5000 Hz) ausgesprochen empfindlich.

Die Mindestlautstärke, die an unser Ohr gelangen muß, damit wir überhaupt etwas wahrnehmen, nennt man **Hörschwelle**.

Die von unseren Ohren empfundene Lautstärke hängt also nicht nur von der Schallstärke der Schallquelle ab, sondern auch von deren Frequenz.

Aus Umwelt und Technik: **Ultraschall**

Wenn eine Schallquelle in einer Sekunde mehr als 20 000mal schwingt, kann das menschliche Ohr diesen Ton nicht mehr wahrnehmen. Solche Schwingungen werden **Ultraschall** genannt (lat. *ultra:* jenseits). Was uns unmöglich ist, gelingt aber vielen Tieren (z.B. Delphinen, Fledermäusen, Hunden): Sie hören auch noch im Bereich des Ultraschalls.

Mit ihrer Stimme erzeugen Fledermäuse und Delphine Ultraschall sogar selbst (Bild 1). Dagegen umfaßt die Stimme des Menschen nur einen verhältnismäßig kleinen Frequenzbereich: Ein Sänger mit Baßstimme erzeugt 85–350 Hz, eine Sopransängerin 250–1100 Hz.

Außer diesen reinen Tonschwingungen erzeugen wir jedoch beim Sprechen teilweise höhere Frequenzen, z.B. bei Zischlauten. Deshalb ist für technische Anlagen zur Sprachübertragung (z.B. Telefon) ein Frequenzbereich erforderlich, der über 1100 Hz hinausgeht. Die Telefonanlagen der Post übertragen Frequenzen zwischen 300 Hz und 3400 Hz.

Von Fledermäusen weißt du bereits, daß sie die Entfernung zu Hindernissen und Beutestücken während des Fliegens mit Ultraschall „messen". Dieses Verfahren hat sich die Technik bei der Entwicklung des *Echolots* der Schiffe zunutze gemacht. Es gibt aber noch ganz andere **technische Anwendungen** von Ultraschall, z.B. in der *Medizin:* Die Ultraschall-Untersuchung von schwangeren Frauen hast du schon kennengelernt. Die schnellen Schwingungen können aber auch verkrampfte Muskeln lockern oder Bakterien auf der Handfläche zerreißen und damit unschädlich machen.

In der *Industrie* benutzt man Ultraschall zum *Reinigen:* Versetzt man nämlich mit einem Schallsender eine Flüssigkeit in schnelle Schwingungen

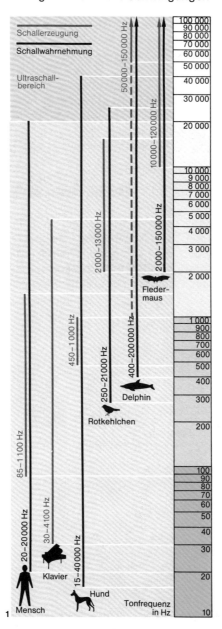

(30 000 Hz), wird von eingetauchten Gegenständen der Schmutz „abgeschüttelt". So werden Brillengläser und Kameralinsen schonend und schnell gesäubert. Im Zahnlabor reinigt man auch Zahnspangen und Gebisse mit Ultraschall.

Auch *Bohren* ist mit Ultraschall möglich. Dabei dreht sich der Bohrer nicht, sondern er schwingt wie ein Preßlufthammer im Rhythmus des Schallsenders vor und zurück (z.B. mit 25 000 Hz). Gleichzeitig wird er von Wasser umspült, das feinste Körner eines Schleifmittels enthält. Auf diese Weise schmirgeln sich Bohrer und Schleifmittel in das Werkstück hinein, in Bild 2 zum Beispiel in eine Edelsteinkugel. Mit Ultraschall-Bohrern lassen sich sogar drei- oder viereckige Löcher bohren.

Fragen und Aufgaben zum Text

1 Warum hören wir die Rufe der Fledermäuse nicht?

2 Olivers Sportverletzung wird vom Arzt mit Ultraschall behandelt. Zu Hause erzählt er: „Aus dem Gerät kamen ganz hohe Töne, und mein Arm wurde von innen her etwas warm." Was sagst du zu seiner Schilderung?

3 Warum kann man mit Ultraschall eckige Löcher bohren, mit einer herkömmlichen Bohrmaschine aber nicht?

Alles klar?

1 „Der Orgelton klang sehr laut und sehr tief." Was kannst du über die Frequenz und die Amplitude dieser Schallschwingung sagen?

2 Ein Gummibändchen soll einen Klang mit hoher Frequenz und kleiner Amplitude erzeugen. Was mußt du daher tun?

3 Orchestermusiker stimmen ihre Instrumente nach dem international vereinbarten *Kammerton a'*. Auf einer Stimmgabel für diesen Ton steht „440 Hz". Was bedeutet das?

4 Die dickste Gitarrensaite (E) schwingt mit ca. 82 Hz. Die dünnste Gitarrensaite erzeugt denselben Ton zwei Oktaven höher. Welche Frequenz hat dieser Ton e'?

5 Was bedeuten diese Angaben im „Hi-Fi-Studio" (Bild 3)?

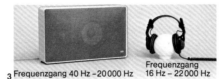

3 Frequenzgang 40 Hz –20 000 Hz   Frequenzgang 16 Hz – 22 000 Hz

6 Was versteht man unter dem *Hörbereich* des Menschen? Wie groß ist dieser Hörbereich?

7 Das Flügelschlagen von Insekten wurde gezählt: Schmetterlinge 10 Hz, Hummeln 240 Hz, Bienen 400 Hz, Mücken über 600 Hz. Was hören wir davon? (Bild 1 hilft dir bei der Antwort.)

8 Es gibt spezielle *Hundepfeifen*. Ein Hund reagiert auf ihr Signal, obwohl wir selbst ihren Ton nicht hören. Welche Erklärung hast du dafür?

2 Zusammenfassung

Was bedeutet *Amplitude*?

Je kräftiger eine Schallquelle angeschlagen wird,
desto *weiter* sind ihre Schwingungen und **desto lauter** ist ihr Ton.

Den größten Ausschlag einer Schwingung bezeichnet man als **Amplitude**.
Ein Schall wird für uns erst hörbar, wenn die Amplituden der Schallschwingungen einen Mindestwert überschreiten. Diese Mindestlautstärke nennt man **Hörschwelle**.
Schallschwingungen mit zu großen Amplituden können unser Trommelfell zerstören.

4   Amplitude

Was bedeutet *Frequenz*?

Je *schneller* eine Schallquelle schwingt, **desto höher** ist der erzeugte Ton.

Die Anzahl der Schwingungen in einer Sekunde nennt man *Schwingungszahl* oder **Frequenz**.

Die **Einheit** der Frequenz ist **1 Hertz** (1 Hz).

Wird die Frequenz einer Schallquelle z.B. mit 440 Hz angegeben, so bedeutet das: Die Schallquelle führt in einer Sekunde 440 vollständige Schwingungen aus. Sie erzeugt dabei einen Ton, der dem Ton a' einer Stimmgabel („Kammerton a') entspricht.

Unsere Ohren reagieren (altersabhängig) nur auf Frequenzen zwischen 20 Hz und 20 000 Hz. Das ist der sog. **Hörbereich** des Menschen. Tiefere oder höhere Töne sind durch unsere Ohren nicht wahrnehmbar. Schwingungen mit mehr als 20 000 Hz heißen **Ultraschall**.

5 65 Hz = geringe Frequenz

6 1175 Hz = hohe Frequenz

7 über 20 000 Hz = Ultraschall

Die Schallaufzeichnung

1 Schall kann aufgezeichnet werden

„In einem ungewöhnlich kalten Winter war ich, Freiherr von Münchhausen, mit der Postkutsche in Rußland unterwegs. Es fror Stein und Bein. Als der Postillion vor der Einfahrt in einen Weg das Horn blasen wollte, kam kein einziger Ton heraus. Vergeblich blies der Mann aus Leibeskräften seine Lieder – aber kein Ton erklang!

Spät abends aber – in der warmen Gaststube – ihr werdet's kaum glauben: Da begann auf einmal das Horn, das nun an der Wand hing, wie von selbst zu spielen!

Das wollt ihr mir nicht abnehmen? Ich habe eine einleuchtende Erklärung dafür! …"

V 1 Eine Schwingung aufzuzeichnen, ist gar nicht so schwer. Du brauchst dazu eine mit feinem, trockenen Sand gefüllte Konservendose, die du als Pendel aufhängst. Unter das Pendel legst du einen großen Bogen Papier (eine Zeitung oder einen Tapetenrest).

Wenn du nun in den Boden der Dose ein Loch stichst, kannst du die Schwingungen deines Pendels aufzeichnen (Bild 2). Welche Sandfiguren entstehen auf dem Papier,

a) wenn die Dose stillhängt,

b) wenn sie wie ein Pendel schwingt,

c) wenn sie stillhängt, während du das Papier unter ihr langsam wegziehst,

d) wenn sie wie ein Pendel schwingt, während du das Papier langsam wegziehst?

V 2 Schneide aus Pappe eine „Schallplatte" aus, und lege sie auf einen Plattenteller. Stelle den Plattenspieler an, und zwar auf 33⅓ U/min. (Sorge dafür, daß der Tonabnehmer deine „Schallplatte" nicht berührt!) An einer beliebigen Stelle setzt du jetzt einen Filzstift auf die laufende Papp-Schallplatte.

a) Halte den Filzstift ruhig.

b) Bewege den Stift möglichst schnell immer wieder in Richtung Mittelpunkt und zurück (Bild 3).

V 3 Besorge dir eine *alte* Schallplatte. (Nach diesem Versuch darf sie nicht mehr abgespielt werden, denn sie würde den Tonabnehmer beschädigen.)

a) Betrachte ihre Rillen mit einer starken Lupe.

b) Durch den Rand einer Postkarte stichst du nun eine Stecknadel. Berühre mit dieser Nadel die Rillen der Schallplatte, während sie sich auf dem Teller eines Plattenspielers dreht (Bild 4).

c) Rolle zunächst einen Bogen Schreibpapier zu einem Trichter zusammen. Biege dann das spitze Ende um, und stecke eine Nadel hindurch. Wieder setzt du die Nadel auf die sich drehende Schallplatte (Bild 5).

V 4 Bild 6 zeigt eine große Stimmgabel, an der eine „Schreibzinke" befestigt ist. Wie ist wohl die Spur auf der mit Ruß geschwärzten Glasplatte entstanden? Probiere es selber aus.

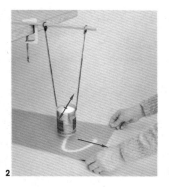

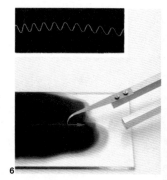

Schwingungsbilder

Die Schwingungen einer Schallquelle lassen sich mit einem besonderen Gerät zeigen. Es ähnelt einem Fernsehgerät und heißt **Oszilloskop** (Schwingungsanzeiger; Bild 7).

Auf dem Bildschirm des Gerätes kann ein **Leuchtpunkt** Spuren aufzeichnen – wie der Sand in Versuch 1 oder die Schreibzinke in Versuch 4. Meist läßt man den Leuchtpunkt automatisch von links nach rechts schnell über den Bildschirm zeichnen. So kann man später die Schwingungen einer Schallquelle besser beobachten.

Schwingungen einer Schallquelle (in Bild 8 ist es zum Beispiel eine Stimmgabel) werden dem Oszilloskop von einem

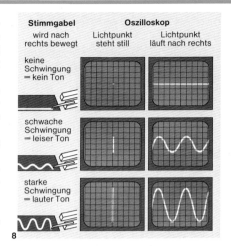

Stimmgabel	Oszilloskop	
wird nach rechts bewegt	Lichtpunkt steht still	Lichtpunkt läuft nach rechts

keine Schwingung = kein Ton

schwache Schwingung = leiser Ton

starke Schwingung = lauter Ton

8

Mikrofon übermittelt. Je stärker die Schallwellen sind (große *Amplitude*), desto weiter bewegt sich der Leuchtpunkt nach oben und unten.

Zu einer *vollständigen* Schwingung gehören immer ein **Schwingungsberg** und ein **Schwingungstal** (Bild 9).

Auch die *Frequenz* einer Schallquelle kann man mit dem Oszilloskop ermitteln.

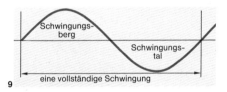

Schwingungsberg
Schwingungstal
eine vollständige Schwingung

9

Dazu muß man aber wissen, wie schnell der Leuchtpunkt über den Bildschirm huscht. Diese **Laufgeschwindigkeit** läßt sich an den Bedienungsknöpfen des Gerätes einstellen und dann ablesen. Wenn die Laufzeit des Leuchtpunktes zum Beispiel 1/100 Sekunde beträgt, zeigt der Bildschirm in Bild 10 gerade die Schwingungen eines 600-Hz-Tones an.

So gleichmäßige **Schwingungsbilder** wie in Bild 10 erzeugen aber nur Stimmgabeln oder Tongeneratoren (elektronische Tonerzeuger).

Bei den Musikinstrumenten sehen die Schwingungsbilder komplizierter aus; das hat seinen Grund, denn der Ton z.B. einer Geige klingt ja auch anders als der gleiche

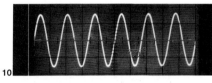

10

Ton aus einer Flöte. Spielen ein Geiger und ein Flötist z.B. den Ton a″, so erzeugen zwar die Geige *und* die Flöte eine Grundschwingung von 880 Hz; hinzu kommen aber auch noch schwächere *Oberschwingungen*, die den unterschiedlichen Klang der Instrumente bewirken. Deshalb zeigt das Oszilloskop bei einem Geigen- und einem Flötenton unterschiedliche Schwingungsbilder.

Aufgaben

1 Erkläre das Schwingungsbild, das du in Bild 11 siehst.

2 Die Bilder 12–15 wurden bei der gleicher Laufgeschwindigkeit des Leuchtpunktes aufgenommen. Welches gehört zu einem hohen (tiefen, lauten, leisen) Ton?

3 Sieh dir die „Schallplatte" von Bild 16 an. Sie wurde – ähnlich wie in Versuch 2 – mit einem Filzstift beschriftet. Dabei entstand diese unterschiedliche „Plattenschrift".

Was kannst du über die Frequenz und die Amplitude der Schwingungen 1–6 sagen?

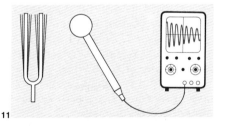

11

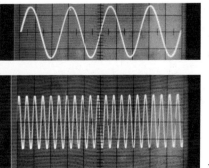

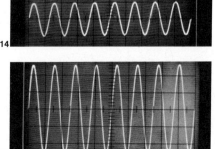

14

15

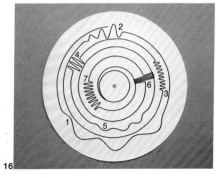

16

2 Schallaufzeichnungen in der Technik

Aus der Geschichte: **Von Phonographen und Grammophonen**

Vom Jahr 1878 an baute der Amerikaner *Thomas Alva Edison* „Tonschreiber", die Schall aufzeichnen und auch wiedergeben konnten (Bild 1).

Wie Edisons **Phonograph** funktionierte, zeigt Bild 2: Eine Walze (W) war mit einer dünnen Zinnfolie belegt. Eine Nadel (N), die an einer Membran (M) am Ende eines Schalltrichters befestigt war, berührte die Zinnfolie. Sprach jemand in den Schalltrichter (T) hinein, so geriet die Membran zusammen mit der Nadel ins Schwingen. Die Schallschwingungen wurden

also in Auf- und Abbewegungen der Nadel umgesetzt. Wenn nun die Walze mit einer Kurbel gleichmäßig gedreht wurde, gravierte die Nadel eine Rille in die Zinnfolie ein. Die Tiefe der Rille änderte sich genau im Rhythmus der Schallschwingungen.

Edisons Phonograph war zunächst nur als Diktiergerät für Büros gedacht.

Schon bald wurden die Zinnwalzen durch Walzen ersetzt, die mit Wachs beschichtet waren. Die Tiefe ihrer Spurrillen betrug nur 0,03 mm. Solche Walzen hatten eine Spieldauer von zwei Minuten.

Im Jahre 1887 meldete dann der aus Deutschland stammende *Emil Berliner* in Washington (USA) sein **Grammophon** (Bild 3) und seine **Schallplatte** zum Patent an.

Auch bei der Grammophonplatte wurde die Tonrille von einer Nadel geschnitten, die über eine Membran im Rhythmus der ankommenden Schallwellen bewegt wurde (Bild 4).

Berliners Schallplatten aus Schelllack hatten einen Durchmesser von 17 cm. Sie wurden zuerst nur einseitig bespielt. Ab 1911 gab es 30-cm-Platten, die 4¹/₂ Minuten lang liefen (mit 78 U/min).

Zur Tonwiedergabe wurde ebenfalls eine Stahlnadel benutzt; diese übertrug die in der Schallplattenrille „eingefangenen" Schwingungen auf eine Membran und einen großen Trichter. Da sich die Nadel sehr schnell abnutzte, mußte sie nach jedem Abspielen gegen eine neue ausgewechselt werden.

Als Antrieb enthielten die meisten Grammophone ein Federwerk, das per Hand mit einer Kurbel aufgezogen wurde.

Es gab aber auch Modelle, die auf ganz andere Weise angetrieben wurden: zum Beispiel mit einer Wasserturbine, einer Dampfmaschine oder durch Gewichte (ähnlich wie bei einer Kuckucksuhr).

Kunstvoll geformte Schalltrichter aus Holz oder Metall brachten so den Gesang berühmter Künstler in die Wohnstuben.

1

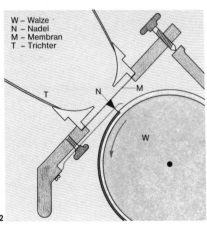

W – Walze
N – Nadel
M – Membran
T – Trichter

2

3

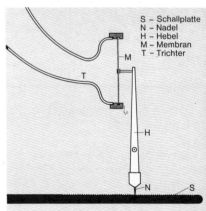

S – Schallplatte
N – Nadel
H – Hebel
M – Membran
T – Trichter

4

Fragen und Aufgaben zum Text

1 Beschreibe, wie die Schall*wiedergabe* beim Phonograph und beim Grammophon funktionierte.

2 Erkläre den Begriff *Tonabnehmer.*

3 Sieh dir noch einmal die Bilder 1–4 an. Wie erreichte man bei diesen Geräten, daß der Schall ausreichend *laut* wiedergegeben wurde?

4 Wenn du die Bilder 2 u. 4 miteinander vergleichst, siehst du, daß Membran und Nadel in beiden Fällen unterschiedlich angeordnet sind. Deshalb unterscheiden sich auch die bei der Aufnahme entstehenden Rillen (Spuren, Schriften) ganz wesentlich voneinander. Man spricht im einen Fall von einer *Tiefenschrift* und im anderen von einer *Seitenschrift.*

Welche dieser Schriften entstand deiner Meinung nach beim Grammophon von Emil Berliner?

5 Die ersten Grammophone wurden mit Handkurbeln gedreht (Bild 3). In der Bedienungsanleitung hieß es:
„Zur richtigen Handhabung des Grammophones ist es vor allen Dingen rathsam, sich baldigst ein gleichmäßiges Drehen der Handkurbel anzueignen."
Warum war dieser Hinweis nötig?

6 Vergleiche die ersten Schallplatten mit denen, die wir heute benutzen. Welche Fortschritte sind erzielt worden?

Aus Umwelt und Technik: **Vater, Mutter, Söhne – die Entstehung einer Schallplatte**

Weil sich die von Emil Berliner erfundenen Schallplatten billiger herstellen und auch leichter vervielfältigen lassen, haben sie Edisons Walzen ganz verdrängt. Und so entsteht heute eine Schallplatte (Bilder 5–10):

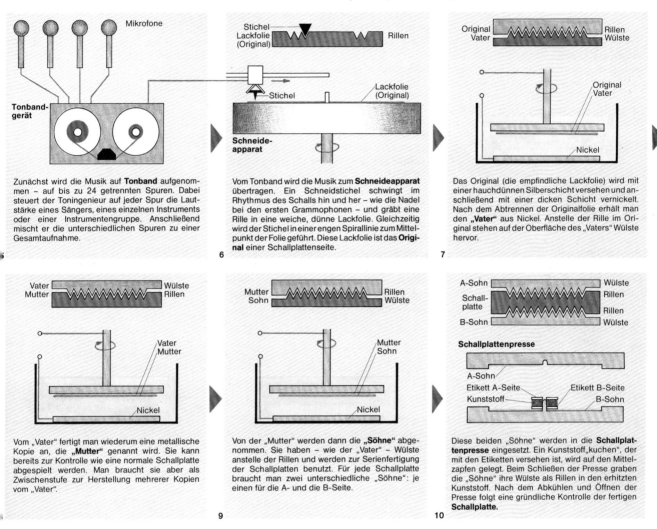

Zunächst wird die Musik auf **Tonband** aufgenommen – auf bis zu 24 getrennten Spuren. Dabei steuert der Toningenieur auf jeder Spur die Lautstärke eines Sängers, eines einzelnen Instruments oder einer Instrumentengruppe. Anschließend mischt er die unterschiedlichen Spuren zu einer Gesamtaufnahme.

5

Vom Tonband wird die Musik zum **Schneideapparat** übertragen. Ein Schneidstichel schwingt im Rhythmus des Schalls hin und her – wie die Nadel bei den ersten Grammophonen – und gräbt eine Rille in eine weiche, dünne Lackfolie. Gleichzeitig wird der Stichel in einer engen Spirallinie zum Mittelpunkt der Folie geführt. Diese Lackfolie ist das **Original** einer Schallplattenseite.

6

Das Original (die empfindliche Lackfolie) wird mit einer hauchdünnen Silberschicht versehen und anschließend mit einer dicken Schicht vernickelt. Nach dem Abtrennen der Originalfolie erhält man den **„Vater"** aus Nickel. Anstelle der Rille im Original stehen auf der Oberfläche des „Vaters" Wülste hervor.

7

Vom „Vater" fertigt man wiederum eine metallische Kopie an, die **„Mutter"** genannt wird. Sie kann bereits zur Kontrolle wie eine normale Schallplatte abgespielt werden. Man braucht sie aber als Zwischenstufe zur Herstellung mehrerer Kopien vom „Vater".

9

Von der „Mutter" werden dann die **„Söhne"** abgenommen. Sie haben – wie der „Vater" – Wülste anstelle der Rillen und werden zur Serienfertigung der Schallplatten benutzt. Für jede Schallplatte braucht man zwei unterschiedliche „Söhne": je einen für die A- und die B-Seite.

9

Diese beiden „Söhne" werden in die **Schallplattenpresse** eingesetzt. Ein Kunststoff„kuchen", der mit den Etiketten versehen ist, wird auf den Mittelzapfen gelegt. Beim Schließen der Presse graben die „Söhne" ihre Wülste als Rillen in den erhitzten Kunststoff. Nach dem Abkühlen und Öffnen der Presse folgt eine gründliche Kontrolle der fertigen **Schallplatte.**

10

In jeder Minute verlassen drei Langspielplatten die **Schallplattenpresse.** Wenn sich – nach tausendfachem Pressen – die „Söhne" abgenutzt haben, wechselt man sie einfach gegen neue „Söhne" aus. Von ihnen hat man ja zuvor eine größere Zahl hergestellt.

Wenn man eine Schallplatte in sehr großer Stückzahl herstellen will, benötigt man sogar mehrere neue „Mütter" von dem einen „Vater".

Seit 1982 wird ein **neues Verfahren** angewandt: Bei ihm kann man sofort „Mütter" schneiden, also auf den „Vater" ganz verzichten. Dabei wird die Aufnahme gleich in eine Kupferplatte geschnitten. Normalerweise wäre Kupfer zwar dafür zu hart; hier hilft aber eine **Ultraschallschwingung**: Mit 80 000 Hz hämmert sich der Schneidstichel in die Platte – ähnlich wie eine Schlagbohrmaschine in eine Betondecke eindringt. Zusätzlich schwingt der Stichel mit der Frequenz der Musiktöne.

Wenn wir später die Schallplatte abspielen, nehmen wir nur diese Schallschwingungen, d. h. die Musik, wahr. (Ultraschallschwingungen werden nicht übertragen – wir könnten sie sowieso nicht hören.)

Kleines HiFi-Lexikon

AFC: *A*utomatic *F*requency *C*ontrol = die automatische Scharfeinstellung von Sendern bei UKW-Empfang.

Amplitude: Ausschlag einer Schwingung; kennzeichnet die Schallstärke.

Auflagekraft (des Tonabnehmers auf die Schallplatte): Sie darf weder zu groß noch zu klein sein. Bei guten Geräten beträgt sie 10–20 mN (Millinewton = 1/1000 N), was einem Gewicht von 1–2 g entspricht (Bilder 1 u. 2).

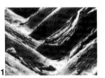 

Beschädigte und unbeschädigte Schallplattenrillen.

Basisbreite: Abstand der Lautsprecher A und B voneinander (Bild 3). Bei Stereo-Wiedergabe sollte die Basisbreite etwas kleiner sein als der Abstand vom Zuhörer C. (Hochtonlautsprecher sollte man möglichst in Kopfhöhe anbringen.)

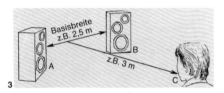

dB (Dezibel): In der dB-Skala werden immer *zwei* Meßwerte miteinander verglichen, zum Beispiel die Schallstärke eines Tones mit der Hörschwelle unserer Ohren. Wenn der Höhenregler eines Radios zum Beispiel „+10 dB" bewirkt, bedeutet das für uns: Die hohen Töne hören wir doppelt so laut.

DIN 45 500: Deutsche Normvorschrift, in der Mindestanforderungen an die Qualität von HiFi-Geräten beschrieben werden (Bilder 4 u. 5).

Dynamik: Unterschied zwischen der kleinsten und größten Lautstärke einer Aufnahme (in dB).

Filter: Sie machen sehr tiefe oder sehr hohe Töne leiser. Dabei wirken *Rumpelfilter* bis 100 Hz; *Rauschfilter* wirken erst über 7000 Hz.

Frequenz: Anzahl der Schwingungen in einer Sekunde.

Frequenzumfang: Gibt die tiefste und höchste übertragene Schwingung an. DIN 45 500 fordert für Verstärker mindestens 40–16 000 Hz.

Gleichlauf: Daß die Geschwindigkeit gut eingehalten wird, ist wichtig bei Tonbandgeräten und Plattenspielern. Bei schlechtem Gleichlauf schwankt nämlich die Höhe der übertragenen Töne. Schwere Plattenteller (mindestens 2 kg) erhöhen den Gleichlauf. Die Gleichlaufschwankungen dürfen nach DIN 45 500 höchstens ±0,2 % betragen.

HiFi: *Hi*gh *Fi*delity (engl.: Klangtreue) = hohe Tonqualität im Vergleich mit der Originalaufnahme.

Impedanz: Gibt den Widerstand des Gerätes in Ohm (Ω) für bestimmte Tonfrequenzen an. Wichtig beim Zusammenschließen von HiFi-Bausteinen: Impedanzen sollten gleich sein (Bilder 6 u. 7).

Größere Lautstärke – Verstärker durch Überlastung gefährdet!

Geringere Lautstärke – für die Geräte aber ungefährlich.

Kanal: Weg oder Spur für die Aufzeichnung, Übertragung und Wiedergabe von Schall. Mono = *ein* Kanal, Stereo = *zwei* getrennte Kanäle (Bild 8).

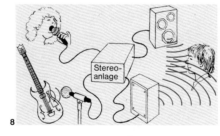

Kanaltrennung (oder **Übersprechdämpfung**): Gibt an, in welchem Verhältnis Töne des linken Kanals vom rechten Kanal ferngehalten werden. Die Kanaltrennung sollte bei Stereowiedergabe möglichst groß sein (über 40 dB).

Klirrfaktor: Ein Maß für Verzerrungen, die durch Verstärker oder Lautsprecher zum Originalton der Aufnahme hinzu „gemogelt" werden. Der Klirrfaktor sollte für Frequenzen zwischen 40 Hz und 12 500 Hz unter 1 % liegen.

Lautsprecher: Ohne Gehäuse übertragen sie keine Tiefen! Boxen sollten zwei oder drei einzelne Lautsprecher enthalten, um alle Frequenzen gleichmäßig abstrahlen zu können (Bild 9). Boxen sollte man nicht hinter Vorhängen anbringen und nie zusammen mit dem Plattenspieler auf ein Regalbrett stellen!

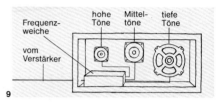

Musikleistung/Spitzenleistung: Sagt für einen Verstärker aus, welche Leistung (in der Einheit Watt) er *kurzfristig* abgeben kann. Die Belastbarkeit der Lautsprecherbox sollte über der Nennleistung des Verstärkers liegen.

Nennleistung/Sinusleistung: Mit dieser Dauerleistung kann ein Verstärker einen 1000-Hz-Ton mindestens 10 Minuten lang abgeben, ohne Schaden zu nehmen. Wenn der Verstärker in einem normal großen Wohnzimmer steht, sollte seine Nennleistung etwa 25 W betragen (ca. 1 W je m^2 Zimmerfläche).

Rauschen: Störung durch hohe Frequenzen. Einrichtungen zur Rauschverminderung bei Tonbändern sind z. B. *Dolby* und *Highcom*.

Receiver: Rundfunkempfänger und Verstärker in einem Gehäuse.

Schallplattenpflege: 1. Nie auf die Rillen fassen! 2. Staub fernhalten! 3. Genau senkrecht stehend aufbewahren! 4. Vor Wärme schützen! 5. Mit geschlossener Haube abspielen! 6. Auflagekraft des Tonabnehmers beachten! 7. Nach spätestens 1000 Spielstunden die „Nadel" (den Kristall) erneuern!

Tonarm: Er trägt den Tonabnehmer und bewegt sich bei den meisten Geräten auf einem *Kreisbogen* über die Platte. Dadurch entstehen kleine Fehler, weil die Originalplatte anders geschnitten wurde: Der Schneidstichel bewegte sich auf einer *geraden Linie* zum Plattenmittelpunkt (tangential). Sehr gute Plattenspieler besitzen deshalb einen solchen Tangential-Tonarm.

Tuner: Rundfunkempfangsteil bei HiFi-Anlagen, oft nur für UKW-Empfang.

Alles klar?

1 Kannst du dir vorstellen, welche Erklärung Münchhausen bei der Anfangsgeschichte meinte?

2 Woran erkennst du das Schwingungsbild eines lauten, leisen, hohen oder tiefen Tones?

3 Was passiert mit deinen Schallplatten, wenn die Auflagekraft des Tonabnehmers zu groß oder zu klein ist?

4 Zähle die Schwingungen auf dem Bildschirm des Oszilloskops (Bild 10).

a) Welche Frequenz hat dieser Ton?

b) Miß die Amplitude der Schwingung.

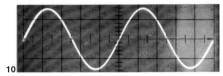

10

5 Warum sollen die Lautsprecherboxen und der Plattenspieler nicht gemeinsam auf einem Regalbrett stehen?

6 Nenne einige Tips zur Pflege von Schallplatten. Begründe auch, weshalb man die Tips beachten sollte.

7 Manche Puppen können kurze Sätze sprechen, wie z. B. „Ich habe Hunger". Erkläre, wie das funktioniert.

3 Zusammenfassung

Schwingungen werden sichtbar gemacht

Vom Ton einer Stimmgabel läßt sich ein **Schwingungsbild** erzeugen: Dazu muß man ihre schwingende Zinke über eine rußgeschwärzte Platte ziehen.

Ein **Oszilloskop** (elektrischer Schwingungsanzeiger) macht etwas ähnliches: Es zieht einen Leuchtpunkt von links nach rechts über den Bildschirm. Empfängt das Oszilloskop über ein angeschlossenes Mikrofon Schallwellen, so wird der Leuchtpunkt nach oben und unten ausgelenkt.

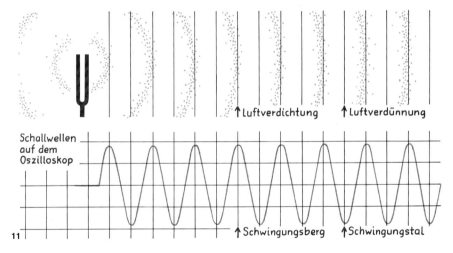

11

Der Ausschlag nach oben *oder* unten entspricht der **Amplitude** einer Schwingung. Zu einer ganzen Schwingung gehören sowohl ein *Schwingungsberg* als auch ein *Schwingungstal*.

Aus der Anzahl der Schwingungen auf dem Bildschirm des Oszilloskops läßt sich die **Frequenz** der Schwingung berechnen. *Viele* Schwingungsberge und -täler zeigen eine hohe Frequenz an.

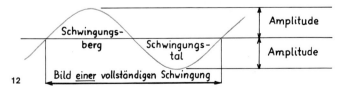

12

Lärm und Lärmbekämpfung

1 „Power" für die Ohren?

Lärmschutz jetzt auch in der Diskothek

9000 Diskotheken haben Sorgen: Das Ende eines „irren Sounds"?

Laute Musik ist eine feine Sache – aber nicht für jeden und vor allem nicht immerzu. Sie kann auch als unangenehm und belästigend empfunden werden, ebenso wie mancher andere Schall in unserer Umgebung. Solchen störenden Schall nennt man Lärm – und dauernder **Lärm** macht krank: Die Adern verengen sich, der Blutdruck steigt, man wird nervös und schläft schlecht.

Deshalb muß der Lärm bekämpft werden. Aber läßt sich denn ein einmal entstandener Schall überhaupt noch abschwächen?

V 1 Lege einen läutenden Wecker oder einen eingeschalteten Küchenhandmixer (ohne seinen Knethaken) auf den Tisch. Wie kannst du das Geräusch, das du hörst, verringern? Welche Hilfsmittel benötigst du für deinen „Lärmschutz"?

V 2 Verschließe den Abfluß eines Waschbeckens. Wenn dann aus dem Wasserhahn ein schwacher Strahl ins Becken plätschert, hörst du deutlich, wie er auf die Wasseroberfläche auftrifft. Halte an diese Stelle einen Schwamm.

V 3 In das Waschbecken füllst du etwa 10 cm hoch Wasser. Gib ein Geschirrspülmittel hinzu, und wirble das Wasser so lange auf, bis eine dicke Schaumschicht entsteht.

Jetzt schiebst du den Schaumteppich etwas beiseite und läßt auf die freie Wasseroberfläche einen Wasserstrahl plätschern. Schiebe anschließend den Schaumteppich unter den Wasserstrahl.

Wie ist das Versuchsergebnis zu erklären?

V 4 Wir bestimmen mit dem Schallpegelmesser (Bild 4) die Lautstärke im Klassenraum (im Treppenhaus nach dem Pausenläuten, auf dem Schulhof, auf der Straße …).

V 5 Zwei Mofas oder Mopeds stehen nebeneinander. Beide Motoren laufen im Stand. Welchen Wert zeigt der Schallpegelmesser?

Vergleiche ihn mit dem Wert, den er bei *einem* der Fahrzeuge anzeigt.

V 6 Frank hört über Kopfhörer Musik. Welche Lautstärke hat er sich wohl eingestellt (Bild 2)?

Wir spielen dieselbe Musik über Lautsprecher und messen in etwa 3 m Abstand wieder die Lautstärke.

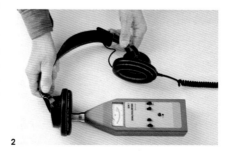

V 7 Ob die Angaben in dem Fahrzeugpapier (Bild 3) tatsächlich stimmen? Mit dem Schallpegelmesser kannst du es nachprüfen.

V 8 In einer offenen Styroporbox (Verpackungsmaterial) lärmt ein elektrischer Summer.

a) Welchen Schallpegel mißt man in 10 cm (20 cm, 30 cm usw.) Abstand? Lege dazu eine Tabelle an.

b) Wie ändert sich die Lautstärke des Summers, wenn die Box mit einem Deckel (Pappe, Styropor®, Glasscheibe) verschlossen wird?

Lärm kann man messen: Der Schallpegel

4

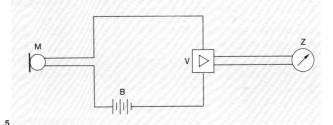

5

Wann ist denn nun eigentlich ein Schall so laut, daß man ihn auch als **Lärm** bezeichnen kann?

Um das feststellen zu können, muß man den Schall messen. Für eine solche Messung benutzt man einen sogenannten **Schallpegelmesser**.

In Bild 4 siehst du ein solches Gerät; und in Bild 5 erkennst du, wie es geschaltet ist. Es besteht aus einem Mikrofon (M), einem Verstärker (V) mit Batterie (B) und einem Zeigermeßwerk (Z).

Die Einheit für den Schallpegel lautet **dBA** („Dezibel A"). Bei 0 dBA hören wir nichts, Geräusche bis 30 dBA empfinden wir als ruhig, dauernder Lärm über 85 dBA macht schwerhörig.

Die folgende Zusammenstellung (Bilder 6–10) gibt dir einen Überblick über die verschiedenen Schallpegel. Außerdem ist darin angegeben, wie wir die einzelnen Schallpegelwerte empfinden. Dabei sind folgende zwei Punkte zu beachten:

○ *Jeweils 10 dBA mehr empfindet unser Ohr als doppelte Lautstärke!* Schon der Lkw in der Tabelle ist für uns also doppelt so laut wie der Pkw. (3 · 10 dBA mehr bedeutet also nicht 3fache, sondern 2 · 2 · 2fache = 8fache Lautstärke.)

○ *Zwei gleich laute Schallquellen empfinden wir nicht als doppelt so laut wie eine einzige!* Durch eine hinzukommende zweite (gleich starke) Schallquelle steigt der Schallpegel nur um 3 *dBA*.

Beispiel	dBA	Hörempfindung	
Schmerzgrenze	130		
Düsentriebwerk, Rockkonzert	120	„unerträglich"	
Preßlufthammer	110		
Diskothek, Sägewerk	100		6
Fabrikhalle, Lkw	90		
Straßenverkehr, Pkw	80	„laut"	
lautes Rufen, Mofa	70		7
Büro	60		
Unterhaltung	50	„leise"	
Flüstern	40		8
Blättergeräusch	30		
Taschenuhr	20	„ruhig"	
Atmen	10		
Hörschwelle	0		9

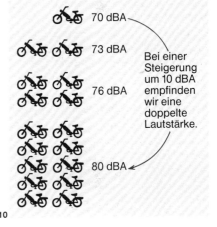

70 dBA

73 dBA

76 dBA

80 dBA

Bei einer Steigerung um 10 dBA empfinden wir eine doppelte Lautstärke.

10

Aufgaben

1 Wenn dich grelles Licht blendet, kannst du dreierlei dagegen tun:
○ auf die Licht*quelle* einwirken (Lampenstrom schwächer stellen);
○ auf die Licht*übertragung* einwirken (Vorhang vorziehen);
○ auf den Licht*empfänger* einwirken (Augen zumachen).
Gibt es auch einen vergleichbaren Schutz vor Lärm?

2 Um wieviel lauter empfinden wir einen Pkw gegenüber einem Mofa (Bilder 7 u. 10)?

3 Ein bestimmtes Kraftfahrzeug erzeugt beim Fahren einen Schallpegel von 77 dBA. Wie laut sind *zwei* dieser Fahrzeuge?

4 Zehn Blechpressen bewirken in einer Fabrik einen Schallpegel von 95 dBA. Wie laut ist es, wenn die Hälfte der Maschinen läuft?

5 In Diskotheken sollen künftig nur noch Schallpegel von 85 dBA erlaubt sein. Warum diese Einschränkung? Wem soll sie nützen?

6 Welche Vorteile und welche Nachteile hat es, wenn du Musik über einen Kopfhörer statt über Lautsprecherboxen hörst?

7 In Versuch 8 lärmte der Summer in der geschlossenen Styroporbox genauso stark wie in der offenen. Außen wurde es aber mit Deckel deutlich leiser.

a) Wo ist der Schall geblieben?

b) Wie läßt sich deine Vermutung nachweisen?

2 Lärmschutz in der Technik

Aus Umwelt und Technik: **Schall dämmen – Schall dämpfen**

Stell dir vor, du sitzt im Wohnzimmer und hast eine besonders schwierige Hausaufgabe zu lösen. Das Fenster ist geöffnet, und tosender Straßenlärm dringt herein.

In dieser Situation wirst du wahrscheinlich – um dich konzentrieren zu können – das Fenster schließen. Die Fensterscheiben werfen dann (ebenso wie die Mauern des Hauses) einen Teil der auftreffenden Schallwellen zur Straße zurück; so wird der Schall an der Ausbreitung gehindert. Man nennt diese Art von Schallschutz **Schalldämmung.**

Eine Glasscheibe dämmt den Schall schon recht gut. Doch dreimal besser dämmt ihn ein *Schallschutzfenster* (Bild 1): Ein solches Fenster senkt den Schallpegel um 50 dBA – das entspricht der Schalldämmung durch 27 cm starkes Mauerwerk!

Harte, schwere und glatte Materialien eignen sich besonders gut zur Schalldämmung – z.B. Wände aus Beton, Stein, Gips oder Holz sowie Glasscheiben und Bleche. Auch Gummimatten sind gut geeignet.

Eine andere Art des Schallschutzes ist die **Schalldämpfung.** Dabei werden Schallwellen nicht zurückgeworfen, sondern von geeigneten Materialien „verschluckt". Solche Materialien müssen eine lockere Oberfläche oder Poren besitzen.

Du kennst ein Beispiel für dieses Schallschutz-Verfahren, den *Schalldämpfer* von einem Auto: Zwischen Motor und Auspuff befinden sich ein oder zwei „Töpfe" (Bild 2) – so nennt der Mechaniker die Schalldämpfer. Sie bestehen innen aus mehreren Kammern, die mit Glas- oder Stahlwolle gefüllt sind. Die Schallwellen des Motors dringen in alle Ecken dieser Kammern; sie werden häufig reflektiert und „verlaufen" sich so schließlich in den Poren der Füllung. Dabei wandeln sich die Schallwellen zum Teil in Wärme um, und die Lautstärke nimmt deutlich ab.

Bei der Schall*dämpfung* wird der Schall also nicht nur an der Ausbreitung gehindert, sondern teilweise sogar „vernichtet" (in Wärme umgewandelt).

Fragen und Aufgaben zum Text

1 Erkläre den Unterschied zwischen Schall*dämmung* und Schall*dämpfung*. Die Bilder 3 u. 4 helfen dir dabei.

2 Mit welchen Materialien kann man auftreffenden Schall besonders gut *dämmen*? Mit welchen Materialien kann man ihn *dämpfen*?

3 Der Schalldämpfer eines Autos kann durchrosten und Löcher bekommen. Welche Wirkung hat das? Was ist in diesem Fall zu tun?

4 Auspuffrohre und Schalldämpfer sind nicht an der Autokarosserie festgeschraubt, sondern hängen dort an dicken Gummiringen. Welchen Sinn hat das deiner Meinung nach?

5 Wenn die Motorhaube eines Autos geöffnet ist, ist das Geräusch des laufenden Motors recht laut. Wird die Haube aber geschlossen, ist der Lärm geringer. Handelt es sich hierbei um Lärm*dämmung* oder *-dämpfung*?

6 In welchen Gegenden sollten unbedingt Schallschutzfenster in die Wohnungen eingebaut werden?

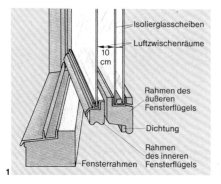

1 Isolierglasscheiben – Luftzwischenräume – 10 cm – Rahmen des äußeren Fensterflügels – Dichtung – Rahmen des inneren Fensterflügels – Fensterrahmen

2 Glas- oder Stahlwolle

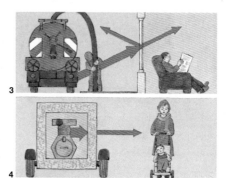

3
4

Aus Umwelt und Technik: **Lärmschutz muß sein!**

Jedermann weiß, daß dauernder Lärm schwerhörig macht und daß durch starken Schall sogar das Trommelfell zerreißen kann. Doch dem ganzen Körper drohen durch den Lärm Gefahren!

Lärm geht unter die Haut: Die Blutadern verengen sich, der Blutdruck steigt, man atmet schneller, die Konzentration läßt nach, der Magen schmerzt, man wird nervös und schläft schlecht!

Nur einer von zehn Bundesbürgern wohnt wirklich ruhig; mehr als die Hälfte fühlt sich durch Lärm (vor allem Verkehrslärm) belästigt.

Deshalb gibt es auch **gesetzliche Bestimmungen**, durch die der zulässige Schallpegel eines Fahrzeugs in der Höhe begrenzt wird.

Der TÜV überwacht die Einhaltung dieser Höchstwerte. Dabei mißt er in 7,5 m Entfernung von dem betreffenden Fahrzeug den Schallpegel. Die Tabelle auf der folgenden Seite zeigt einige Schallpegel-Höchstwerte.

Fahrzeug	Höchstwert 1982	Ziel für 1985
Mofa	70 dBA	
Moped	72 dBA	
Motorrad	84 dBA	
Pkw	80 dBA	75 dBA
Bus	85 dBA	80 dBA
Lkw	88 dBA	80 dBA

Eine Möglichkeit, den Schallpegel eines Motors um ca. 10 dBA zu senken ist diese: Der Motor wird von einer schalldämmenden *Kapsel* umschlossen; auf diese Weise wird der Motorraum mit 3 cm dicken Kunststoffmatten innen verkleidet.

Bei einer derartigen Konstruktion wird der Motor aber sehr schnell heiß. Und das bedeutet: Der Kühler muß vergrößert und das Gebläse des Lüfters verstärkt werden. So kostet das leisere Auto am Ende mehr Geld als sein lärmender „Bruder".

Dennoch ist die Schalldämmung des Motorenlärms sinnvoller und billiger als ein anderes Lärmschutzverfahren: Bei diesem bleiben laute Motoren erlaubt – aber zur Minderung ihres Lärms werden Lärmschutz*wände* und -*wälle* an den Straßen gebaut.

Viel kann der Autofahrer aber auch *selbst* zur Minderung des Verkehrslärms beitragen: indem er z. B. mit niedriger Motor-Drehzahl fährt. Einige Zahlen zeigen das deutlich:
Ein einzelner Benzinmotor ist bei 4000 Umdrehungen pro Minute (U/min) genauso laut wie 32 Motoren,

die mit 2000 U/min laufen. Dasselbe gilt für Mofas und Mopeds.

Auch die Geschwindigkeit hat etwas mit Lärm zu tun: *Ein* Fahrzeug, das mit 140 km/h fährt, ist genauso laut wie *vier* Fahrzeuge mit 100 km/h.

Leider glauben viele jugendliche Fahrer, zu einem leistungsstarken Motor gehöre auch dröhnender Lärm. Sie basteln am Auspuff ihres Fahrzeugs herum, „frisieren" den Motor – und das Ergebnis klingt dann wie Musik in ihren Ohren. Sie schaden jedoch sich und anderen.

Außerdem, Vorsicht! Durch solche Eingriffe erlischt die Betriebserlaubnis des TÜV, und die Versicherung zahlt bei einem Schaden nichts! Straßenverkehrsamt, TÜV und Polizei kontrollieren deshalb regelmäßig alle Fahrzeuge (Bild 5).

In der Rangfolge der Lärmverursacher kommen gleich nach dem Verkehr die Industrie und das Handwerk. Jeder zehnte Arbeiter ist einem Schallpegel von mehr als 90 dBA aus-

5

gesetzt. Hier versucht man ebenfalls durch Abkapseln der Schallquellen den Schallpegel zu senken.

In der *Unfallverhütungsvorschrift Lärm* sind Höchstwerte für den Schallpegel am Arbeitsplatz festgelegt: z.B. 55 dBA im Sprechzimmer eines Arztes, 70 dBA im Büro eines Kaufhauses und 85 dBA in einer Fabrikhalle.

Wer nämlich bei der Arbeit 45 Minuten lang Lärm von 90 dBA ertragen muß, dessen Ohren brauchen 48 Stunden, um sich davon zu erholen. Wenn sie diese „Ruhepause" nicht bekommen, entwickelt sich im Laufe der Zeit eine Schwerhörigkeit.

Fragen und Aufgaben zum Text

1 Schutzwände an Autobahnen vermindern die Lautstärke für die Anwohner um 10 dBA. Was bedeutet das? Wie wird dabei der Lärmschutz erreicht? Wie könnte man den Verkehrslärm jedoch sinnvoller bekämpfen?

2 Warum ist das „Frisieren" von Mopeds verboten? Welche rechtlichen Folgen haben die verbotenen Basteleien?

3 Es gibt eine *Unfallverhütungsvorschrift Lärm*. Verursacht Lärm etwa Unfälle?

4 Schwerhörigkeit ist die häufigste Berufskrankheit. Woran mag das liegen?

5 Welche gesundheitlichen Schäden kann andauernder Lärm bewirken?

6 Wie kannst *du* zur Verminderung des Lärms beitragen?

Alles klar?

1 Welche Schallpegelwerte empfindet man als laut, belästigend, schmerzhaft?

2 Wenn es dir zu laut ist, kannst du Watte in die Ohren stecken. Worauf beruht die Wirkung dieses „Lärmschutzes"?

3 Schaum im Waschbecken dämpft das Geräusch des Wasserstrahls. Erkläre das anhand von Bild 6. (Es zeigt den Weg der Schallwellen durch die Schaumbläschen.) 6

4 Warum sind die Decken vieler Klassenräume mit *Schallschutzplatten* beklebt? Welche Wirkung haben sie?

5 Jörg behauptet: „Ich brauche morgens nicht einmal die Augen aufzuschlagen und weiß doch schon, ob über Nacht Schnee gefallen oder Nebel aufgezogen ist. Das *höre* ich nämlich!" Was könnte er meinen?

6 „Drei gleiche Autos sind nicht dreimal so laut wie eines", sagt Tina. Hat sie recht? Begründe!

7 Michael soll sein Radio leiser stellen. „Das stört euch doch nur, weil ihr noch nicht daran gewöhnt seid", meint er. Wie denkst du darüber?

8 Wie können Wohnungen gegen Lärm geschützt werden?

9 Wo gibt es solche Gebotsschilder (Bild 7)? Welche Vor- und Nachteile hat es, wenn man solche Gehörschützer aufsetzt? 7

Länge und Zeit

1 Längenmessungen früher und heute

Man schreibt das Jahr 1750. Ein Hamburger Kaufmann reist erstmals nach Berlin, um Geschäfte zu machen. Neben einigen anderen Waren will er einen Ballen von **50 Ellen** feinsten englischen Tuches verkaufen.

Der Schneider, der ihm das Tuch abkaufen will, mißt den Stoff mit seiner Elle nach: nur **43 Ellen**!

„Das ist doch unmöglich!" ruft der Kaufmann aus. „Sollte ich mich *so* geirrt haben?" Noch einmal mißt er den Stoff nach – mit seiner eigenen Hamburger Elle. Und siehe da: **50 Ellen** mißt er wieder – und keine Elle weniger ...

Aufgaben

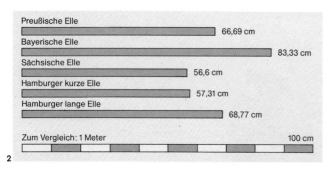

Preußische Elle — 66,69 cm
Bayerische Elle — 83,33 cm
Sächsische Elle — 56,6 cm
Hamburger kurze Elle — 57,31 cm
Hamburger lange Elle — 68,77 cm
Zum Vergleich: 1 Meter — 100 cm

1 Wie konnte es zu diesem peinlichen Zwischenfall kommen? Bild 2 gibt dir einen Hinweis darauf, weshalb der Hamburger Kaufmann und der Berliner Schneider so unterschiedliche Meßergebnisse erhielten.

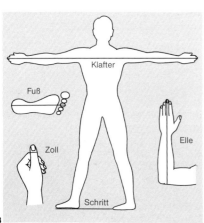

Klafter
Fuß
Zoll
Elle
Schritt

2 Das Längenmaß *Elle*, das damals gebräuchlich war, hat seinen Namen von einem Teil des Armes (Bild 3). Vergleiche die Länge deiner (Arm-)Elle mit der deines Nachbarn.

3 Im Jahr 1584 wurde ein Vorschlag gemacht, das Längenmaß *Fuß* zu ermitteln (Bild 4). Beschreibe, wie das gemacht werden sollte.

4 Beschreibe genau, wie heutzutage ein langes Stück Stoff abgemessen wird (Bild 5).

5 Wie oft müßte die Verkäuferin von Bild 5 ihren 1 m langen Meßstab anlegen, um den Stoffballen des Hamburger Kaufmanns zu messen?
(Der Kaufmann hatte mit einer *Hamburger kurzen Elle* gemessen.)

6 „Messen heißt Vergleichen!" Begründe das mit einem Beispiel.

7 Warum ist es zweckmäßig, daß man sich inzwischen auf die Einheit (Maßeinheit) *1 Meter* geeinigt hat?

Das Meter – eine vereinbarte Längeneinheit

Im Jahr 1875 einigten sich in Paris 17 Staaten darauf, künftig als **Einheit der Länge** nur noch **1 Meter (1 m)** gelten zu lassen. Seither werden bei uns Längen in Meter gemessen.

Als **Symbol** für die **physikalische Größe** *Länge* wird der Buchstabe **s** verwandt (von lat. *spatium*: der Raum, die Länge).

Neben dem Meter sind heute Bruchteile oder Vielfache des Meters zugelassen: z.B. **1 Millimeter (1 mm), 1 Zentimeter (1 cm), 1 Dezimeter (1 dm)** und **1 Kilometer (1 km)**.

1 Meter	=	1000 Millimeter
1 m	=	1000 mm
1 Meter	=	100 Zentimeter
1 m	=	100 cm
1 Meter	=	10 Dezimeter
1 m	=	10 dm
1 Kilometer	=	1000 Meter
1 km	=	1000 m

Damit die Länge *1 Meter* jederzeit überprüft werden kann, wurde das sogenannte **Urmeter** hergestellt. Das ist ein Stab aus einer Legierung (Metallmischung) von Platin und Iridium mit Markierungen in genau 1 m Abstand. Alle Staaten, die die Längeneinheit *1 Meter* eingeführt haben, bekamen Nachbildungen davon.

(Heute – im Zeitalter der elektronischen Messungen – hat man das Meter noch genauer festgelegt: Seit 1960 gilt als Länge des Meters das Vielfache einer Lichtwellenlänge.)

Seit dem 1.1.1978 ist bei uns der Gebrauch anderer Längeneinheiten nicht mehr erlaubt. Trotzdem wirst du bestimmt schon von den folgenden Längeneinheiten gehört haben:

○ Der Klempner mißt den Durchmesser von Rohren in **Zoll (")**, engl. **Inch (in)**: z.B. 1/2 Zoll (1/2"), 3/4 Zoll (3/4"). Umrechnung: 1 Zoll (1") = 2,54 cm (Bild 6).

○ In der Schiffahrt gibt man Entfernungen in **Seemeilen (sm)** an. Umrechnung: 1 Seemeile (1 sm) = 1,852 km = 1852 m.

○ In Amerika werden Entfernungen in **Meilen (mi)** angegeben. Umrechnung: 1 Meile = 1,609 km = 1609 m (Bild 7).

$\frac{1}{2}$ Zoll $\frac{3}{4}$ Zoll

6

7

V 1 Bei Fahrrädern unterscheidet man z.B. 26er und 28er Räder. Man meint damit den Durchmesser der Räder in Zoll. Miß nach, was du für ein Rad hast.

V 2 Die Größe von Papierblättern wird in sogenannten „DIN"-Werten angegeben, z.B.:

DIN A3 = 297 mm x 420 mm,
DIN A4 = 210 mm x 297 mm,
DIN A5 = 148 mm x 210 mm.

a) Miß nach, welche Größen deine Hefte und Zeichenblöcke haben?

b) Haben auch deine Bücher DIN-Formate?

V 3 Miß verschiedene Gegenstände zweimal ab, z.B. aus deiner Schultasche. Lege dazu eine Tabelle nach diesem Muster an:

Gegenstand	1. Messung	2. Messung
…	…	…

Die 2. Messung nimmst du erst *später* vor. Decke aber vorher die Ergebnisse deiner 1. Messung ab!

V 4 Bei Fernsehgeräten wird die Größe des Bildschirms in cm angegeben: Man spricht z.B. von einer 38er Röhre; außerdem gibt es 43er, 47er, 51er, 56er und 66er Röhren. Versuche, am Bildschirm eures Fernsehgerätes herauszubekommen, welche Länge damit gemeint ist.

V 5 Miß mit einem Lineal oder Geodreieck die Länge, die Breite und die Dicke deines Physikbuches. Gib dabei die Meßergebnisse auf Millimeter genau an.

a) Wenn du deine Meßergebnisse mit denen deiner Mitschüler vergleichst, wirst du vielleicht enttäuscht sein: Du wirst feststellen, daß ihr nicht alle dieselben Ergebnisse habt. Überlege, wodurch unterschiedliche Ergebnisse zustande kommen können.

b) Errechne aus mehreren Meßergebnissen den Mittelwert (Durchschnitt). Dabei kannst du so verfahren:

Meßergebnis von Uli:	26,0 cm
Meßergebnis von Claudia:	26,6 cm
Meßergebnis von Astrid:	26,0 cm
Meßergebnis von Nino:	26,3 cm
Meßergebnis von Christa:	26,1 cm
	131,0 cm

Die Messungen ergeben zusammen 131,0 cm. Der Mittelwert (Durchschnitt) der fünf Messungen beträgt dann: 131,0 cm : 5 = 26,2 cm.

V 6 Überprüft, ob die folgenden Durchschnittsgrößen für eure Tischgruppe (Klasse) zutreffend sind:

Jahre	Größe der Mädchen	Größe der Jungen
11	142,0 cm	141,5 cm
12	147,5 cm	146,0 cm
13	153,0 cm	151,0 cm
14	157,5 cm	157,0 cm

Aus Umwelt und Technik: **Geräte zur Längenmessung**

Auf dieser Seite sind einige Geräte abgebildet, die zur Längenmessung eingesetzt werden (Bilder 1–6). Sie unterscheiden sich nicht nur in ihrer Form, sondern auch in ihrem *Meßbereich*. Der Meßbereich eines Gerätes geht aus der ersten und der letzten Marke seiner Skala hervor. Der Zollstock (eigentlich „Gliedermaßstab") in Bild 1 hat z. B. einen Meßbereich von 1 mm bis 2 m.

Vom Meßbereich hängt es auch meistens ab, welches Meßgerät man zum Messen einer Länge wählt: Sicherlich wirst du z. B. beim Weitsprungmessen kein Geodreieck nehmen, und zum Messen der Dicke einer Buchseite suchst du dir bestimmt kein großes Bandmaß aus.

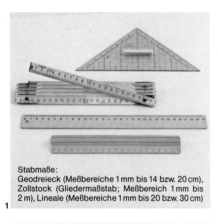

Stabmaße:
Geodreieck (Meßbereiche 1 mm bis 14 bzw. 20 cm),
Zollstock (Gliedermaßstab; Meßbereich 1 mm bis 2 m), Lineale (Meßbereiche 1 mm bis 20 bzw. 30 cm)

1

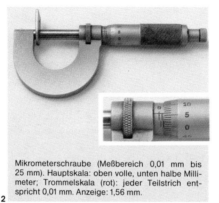

Mikrometerschraube (Meßbereich 0,01 mm bis 25 mm). Hauptskala: oben volle, unten halbe Millimeter; Trommelskala (rot): jeder Teilstrich entspricht 0,01 mm. Anzeige: 1,56 mm.

2

Bandmaße:
Kleines Bandmaß (Meßbereich 1 mm bis 150 cm), großes Bandmaß (Meßbereich 1 cm bis 20 m)

3

Kilometerzähler am Fahrradtachometer (fünf Ziffern unterhalb der Geschwindigkeitsanzeige; Meßbereich 100 m bis 9999,9 km).

4

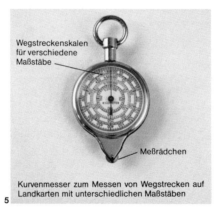

Wegstreckenskalen für verschiedene Maßstäbe

Meßrädchen

Kurvenmesser zum Messen von Wegstrecken auf Landkarten mit unterschiedlichen Maßstäben

5

Schieblehre (Meßbereich 0,1 mm bis 16 cm). Angezeigt werden auf der Hauptskala 15 mm. Mit dem Nonius (rot) könnte man darüberhinausgehende Zehntelmillimeter ablesen.

6

Fragen und Aufgaben zum Text

1 Gib an, was mit den in Bild 1 gezeigten Meßgeräten gemessen werden kann. Wer könnte sie benutzen?

Beispiel: Den Zollstock benutzen der Maurer, der Zimmermann und der Heimwerker zum Messen von Wandlängen, Balkenlängen und Bretterlängen.

2 Mit welchen Meßgeräten würdest du die folgenden Längen messen?

Eßtischlänge, Entfernung zwischen der Schule und eurer Wohnung, Dicke einer Schraube, Laufbahnlänge, Weitsprunglänge, Rocklänge, Haardicke, Ringgröße.

3 Auf Landkarten ist immer ein Maßstab angegeben (z.B. 1:50 000). Das bedeutet: 1 cm auf der Landkarte ≙ 50 000 cm (= 500 m = 0,5 km) in der Wirklichkeit.
a) Wieviel m (km) sind dann 3 cm auf einer solchen Karte?
b) Wie weit ist es vom Ort A zum Ort B (Luftlinie) in Bild 7?

aphische Karte 1:50000

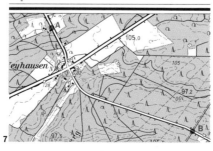

7

4 Wie genau sollten deiner Meinung nach die Meßwerte in Aufgabe 2 angegeben werden – auf km, m, cm, mm, oder $^1/_{100}$ mm genau? Wie genau sollte man die Entfernungen Köln-Berlin und Erde-Mond angeben?

5 Welchen Weg legst du mit einem Fahrrad zurück, wenn sich das Vorderrad 10mal dreht? Beschreibe kurz wenigstens *eine* Möglichkeit, wie du das herausbekommen könntest.

6 Rechne um:
a) 2,50 m (in Dezimeter und Millimeter);
b) 2,5 km; 2,347 km; 0,505 km; 0,05 km (in Meter);
c) 6 mm; 35 mm; 125 mm; 1 mm; 2000 mm (in Zentimeter).

Aus der Geschichte: **Landmesser im alten Ägypten**

Die **Landmesser** (sie wurden auch **Seilspanner** genannt) waren im alten Ägypten hochangesehene Beamte. Nach ihren Angaben mußten die Bauern ihre Steuern an den Pharao entrichten.

Jahr für Jahr vermaßen sie mit ihren Sklaven die fruchtbaren Felder am Nil (Bild 8). Der Nil trat nämlich regelmäßig über die Ufer und spülte dabei

8

die Grenzsteine weg oder überzog sie mit Schlamm.

Vielleicht fragst du dich, weshalb die Landmesser auch *Seilspanner* hießen. Nun, dieser Name ist von ihren Meßgeräten abgeleitet: Sie benutzen lange **Seile**, die durch eine Reihe von **Knoten** unterteilt waren. Vermutlich waren solche Seile 100 Ägyptische Ellen lang (ca. 50 m).

Aus der Geschichte: **So „entstand" das Meter**

Noch vor rund 200 Jahren wurden in den meisten Ländern *unterschiedliche* Längenmaße benutzt – sogar von Stadt zu Stadt waren sie manchmal verschieden. Das war vor allem für die Kaufleute, die viel herumreisten, oftmals sehr unangenehm. Sie forderten deshalb immer wieder ein Längenmaß, das möglichst *überall gültig* sein sollte.

Endlich – im Jahre 1791 – schaffte man es, in Paris eine Kommision zu bilden. Sie hatte die schwierige Aufgabe, ein Längenmaß zu finden, das überall auf der Erde benutzt werden konnte.

Verschiedene Vorschläge waren schon vorher eingereicht worden. Aus ihnen wählte die Kommission schließlich den folgenden aus: Die neue Längeneinheit sollte der 10millionste Teil eines Viertelmeridians sein (Bild 9).

Zu jener Zeit kannte man schon die Länge eines Erdmeridians; man hatte sie durch Messungen und Berechnungen festgestellt. Um möglichst genaue Werte zu erhalten, beschloß aber die Kommission, noch einmal nachmessen zu lassen. Sie veranlaßte, daß wenigstens das Stück zwischen Dünkirchen (Nordfrankreich)

und Barcelona (Spanien) neu vermessen wurde. Das dauerte allein *sieben Jahre*!

Danach waren 26 europäische Wissenschaftler noch fast *zwei Jahre* lang damit beschäftigt, die Meßergebnisse auszuwerten!

1799 legte die Kommission endlich einen neuen Maßstab vor: Er bestand aus einem Stab aus Platin (einem Metall), dessen Länge genau den 10millionsten Teil eines Viertelmeridians betrug. Die neue Längeneinheit nannte man **1 Meter** (gr. *métron*: das Maß).

Es dauerte nun aber noch etwa *75 Jahre*, bis (im Jahr 1875 auf einer Konferenz) 17 Staaten die neue Längeneinheit anerkannten. Die Konferenz fand in Paris statt, und unter den Teilnehmerstaaten befand sich auch Deutschland.

Das sogenannte **Urmeter**, das genau nach dem 1799 vorgelegten Maßstab angefertigt wurde, wird bis heute in der Nähe von Paris aufbewahrt. Sein Aufenthaltsort ist ein gut gesicherter Tresor, der in einem Bunker 8 m tief unter der Erde liegt. In diesem Bunker wird die Temperatur immer auf demselben Wert gehalten.

Viele Länder, so auch Deutschland, bekamen Kopien dieses Urmeters. Die deutsche Kopie liegt in der Physikalisch-Technischen Bundesanstalt in Braunschweig (Bilder 10 u. 11).

Fragen und Antworten zum Text

1 Warum forderten vor allem Kaufleute ein einheitliches Längenmaß?

2 Warum dauerte es nach der Bildung der Kommission noch 75 Jahre, bis sich die 17 Staaten auf die Einheit *1 Meter* einigen konnten?

3 Wieviel m (km) beträgt die Länge eines Erdmeridians?

4 England nahm 1875 nicht an der Konferenz in Paris teil. Das ist sicherlich ein Grund dafür, daß heute in England (und Amerika) noch andere Längenmaße gültig sind. Kennst du einige?

5 Das Urmeter wird in einem Raum aufbewahrt, in dem immer dieselbe Temperatur herrscht. Warum wohl?

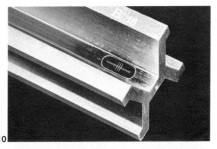
10

Ein Viertelmeridian entspricht einem Viertel des über die Pole gemessenen Erdumfangs; das sind 10 000 000 m.

Nordpol
Äquator
Südpol

9

11

Das Urmeter der Bundesrepublik Deutschland:
1 m ist gleich dem Abstand zweier Strichmarken (Pfeile). Bild 10 zeigt eine solche Strichmarke, deren Mittelstrich das eine Ende des Meters markiert. (Seit 1960 wird die Längeneinheit 1 m auf eine bestimmte unveränderliche Eigenschaft des Lichts bezogen, weil das Urmeter für heutige Ansprüche zu ungenau ist.)

2 Die Zeitmessung

Wer schafft das 10mal hintereinander am schnellsten?

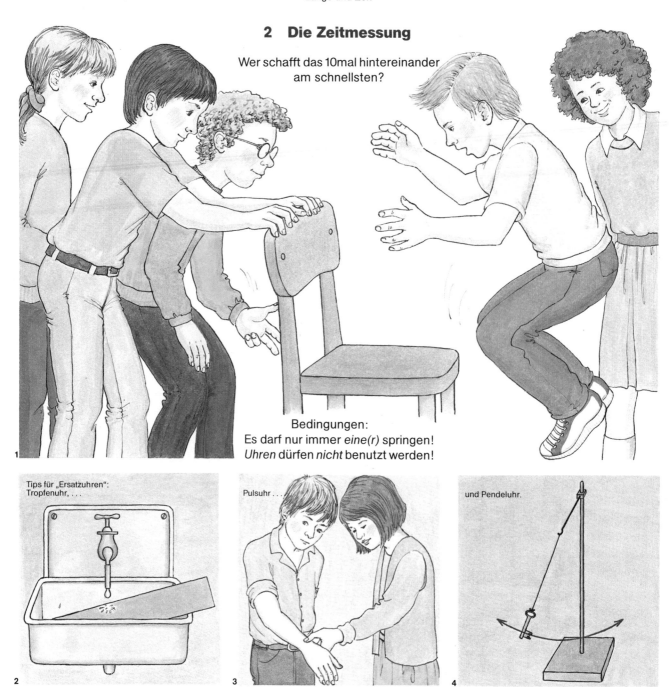

Bedingungen:
Es darf nur immer *eine(r)* springen!
Uhren dürfen *nicht* benutzt werden!

Tips für „Ersatzuhren":
Tropfenuhr, ...

Pulsuhr ...

und Pendeluhr.

V 7 Meßt mit Hilfe der abgebildeten „Ersatzuhren", wer am schnellsten 10mal auf einen Stuhl springen kann. Denkt euch auch noch andere Tätigkeiten aus, ebenso andere „Uhren". Eure Meßwerte tragt ihr dann in eine solche Tabelle ein:

Tätigkeit	„Ersatzuhr"	Einheit	Messung
Stuhlspringen	Tropfenuhr Pulsuhr Pendeluhr ...	1 Tropfen	19 Tropfen

V 8 Jetzt messen wir mit einer Stoppuhr (Bild 5), die du vom Sport her kennst.

a) Laß jemanden abstoppen, wie lange bei dir 10 Pulsschläge dauern.

b) Wie lange dauern sie, nachdem du 10 Kniebeugen gemacht hast?

c) Wie lange brauchst du, um den Satz „Fischers Fritz fischt frische Fische" dreimal hintereinander fehlerlos zu sprechen?

Die Einheit (Maßeinheit) der Zeit

Zum **Messen** der physikalischen Größe **Zeit** kann eigentlich jeder Vorgang herangezogen werden, der sich **in stets gleichen Zeitabständen** immerzu **wiederholt**. Wenn du messen willst, wie lange irgendeine Tätigkeit dauert, brauchst du sie nur mit einem solchen Vorgang zu **vergleichen**. Das heißt, du mußt nur einfach feststellen, wie oft sich der Vorgang während der Tätigkeit wiederholt.

Der **Wechsel von Tag und Nacht** ist solch ein Vorgang, der sich in gleichen Zeitabständen wiederholt.

Wie du sicher weißt, entstehen Tag und Nacht dadurch, daß sich die Erde immer um ihre eigene Achse dreht (Bild 6). Dadurch ist die Stelle der Erde, auf der du dich gerade befindest, mal der Sonne zugewandt (Tag) und mal von der Sonne weggewandt (Nacht). Ein **Tag** ist vergangen, wenn sich die Erde einmal vollständig um ihre eigene Achse gedreht hat.

Auch die **Bewegung der Erde um die Sonne** (Bild 7) ist ein Vorgang, der sich ständig in gleichen Zeitabständen wiederholt. Wenn sich die Erde einmal vollständig um die Sonne herumbewegt hat, ist ein **Jahr** vergangen.

Du siehst also deutlich: Sowohl der Tag als auch das Jahr wären als Einheiten der Zeit geeignet.

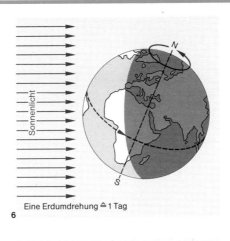

Eine Erdumdrehung ≙ 1 Tag

6

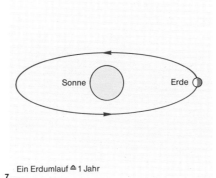

Ein Erdumlauf ≙ 1 Jahr

7

Nun wäre es aber äußerst unpraktisch, die Dauer irgendwelcher Tätigkeiten in solch großen Einheiten wie *Tag* und *Jahr* zu messen:

Wie sollte man zum Beispiel die Dauer eines einzelnen Pulsschlages in der Einheit *1 Tag* ausdrücken?

Man hat deshalb das Jahr und den Tag in kleinere Zeitabschnitte unterteilt, mit denen man leichter umgehen kann. Du kennst sie sicherlich schon.

1 Jahr	=	365 ¼ Tage
(1 a	=	365 ¼ d)
1 Tag	=	24 Stunden
(1 d	=	24 h)
1 Stunde	=	60 Minuten
(1 h	=	60 min)
1 Minute	=	60 Sekunden
(1 min	=	60 s)

(a von lat. *annum*: das Jahr;
d von lat. *dies*: der Tag;
h von lat. *hora*: die Stunde)

Als Einheit der Zeit wurde **1 Sekunde (1 s)** festgelegt; das ist der 86 400ste Teil eines Tages.

Auch ein **Symbol** wurde für die Zeit eingeführt: der Buchstabe *t* (von lat. *tempus*: die Zeit).

Aufgaben

1 Vergleiche die in Versuch 7 benutzten „Ersatzuhren" mit einer Stoppuhr. Welche Vor- und Nachteile findest du?

2 Welches gemeinsame Merkmal ist bei all diesen „Ersatzuhren" vorhanden?

3 Welche „Ersatzuhr" hältst du für die beste? Begründe!

4 Welche der folgenden Vorgänge würden sich zur Zeitmessung eignen? Begründe deine Auswahl!

Ebbe und Flut, Blinken einer Warnleuchte, gleichmäßiges Zählen, Atmen, Sonnenaufgang und Sonnenuntergang, Wechsel von Sonnenschein und Regen, Blinklicht eines Autos, Vogelmutter füttert ihre Jungen, Umschalten einer Ampel von Rot auf Grün, Herzschlag.

5 Im Jahr 1972 fanden die Olympischen Spiele in der Bundesrepublik Deutschland (vor allem in München) statt. Dabei wurden bei einigen Laufwettbewerben in der Leichtathletik die folgenden Siegerzeiten gestoppt (Frauen: F, Männer: M):

100 m (M): *Borzov;* 10,14 s.
100 m Hürden (F): *Ehrhardt*; 12,59 s.
400 m (M): *Matthews*; 44,66 s.
800 m (M): *Wottle*; 1:45,9 min.
1500 m (F): *Bragina*; 4:01,4 min.
10 000 m (M): *Viren*; 27:38,4 min.
Marathon (M): *Shorter*; 2:12:19,8 h.

a) Was bedeuten diese Zeitangaben?

b) Schreibe sie um, z. B. so:
10,14 s = 10 s + ¹⁴/₁₀₀ s.

c) Versuche, durch Nachschlagen einige der heute gültigen Weltrekorde auf diesen Laufstrecken herauszubekommen.

d) Berechne dann jeweils den Zeitunterschied zwischen dem Weltrekordlauf und dem Siegeslauf von München.

6 Rechne aus:
a) Wie viele Minuten hat ein Tag?
b) Wie viele Sekunden hat ein Tag?
c) Und wie viele Sekunden hat eine Stunde?

7 Rechne um:

a) 1 Jahr (in Tage, Stunden, Minuten und Sekunden);

b) 1 h; 1 h 30 min; 2:20 h; 3 h 5 min; 1:02 h (in Minuten);

c) 10 min; 1:15 min; 2:05,3 min (in Sekunden);

d) 140 s = ? min; 12 min = ? s; 4:3,0 min = ? s; 345 h = ? d und ? h; 2520 min = ? h.

3 Die Geschwindigkeit

Ob Harrys Lok wirklich *schneller* ist? Er hat sie zu Frank mitgebracht, und nun wollen sie's ausprobieren. Aber – zu dumm – sie hat eine andere Spurbreite und paßt gar nicht auf Franks Schienen!

Da ist guter Rat teuer ...

Für die folgenden Versuche benötigst du jeweils *zwei Meßgeräte*: ein **Bandmaß** und eine **Stoppuhr**. Die Wegstrecken werden in **Metern (m)** gemessen, die Zeiten in **Sekunden (s)**.

V 9 In welcher Zeit läufst du eine Strecke von 75 m und eine von 100 m? Wenn du es nicht mehr weißt, probiere es aus!

Trage diese und die nächsten Versuchsergebnisse in eine Tabelle folgenden Musters ein:

Versuch	Weg	Zeit
V 9	75 m	.... s
	100 m	.... s

V 10 Wie schnell ist ein Radfahrer auf der 100-m-Strecke? Vergleiche seine Zeit mit deiner Laufzeit.

V 11 Wie schnell fliegt ein Handball oder Fußball? Bild 2 zeigt, wie du das feststellen kannst.

etwa 20 m

V 12 Wer kann bei einem solchen „Autorennen" (Bild 3) ein Spielzeugauto am schnellsten fahren lassen?

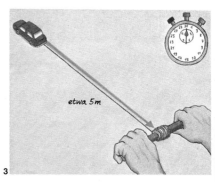

etwa 5 m

V 13 Dieser Versuch gelingt am besten mit einem Wagen auf einer Meßstrecke (Bild 4) oder mit einem Elektro-Spielzeugauto (Bild 5).

a) Miß die Zeit, die der Wagen für 1 m, 2 m, 3 m, 4 m, 5 m braucht. Trage die Meßwerte dann in eine solche Tabelle ein:

Weg	Zeit	Geschwindigkeit
1 m	.... s	.... m/s

b) Versuche herauszubekommen, ob der Wagen immer mit gleicher Geschwindigkeit gefahren ist.

4
5

Was bedeutet *Geschwindigkeit?*

Jens und Heiko sind beim letzten Sportfest in unterschiedlichen Gruppen gestartet: Jens ist 100 m in 15 s gelaufen, Heiko 75 m in 12,5 s. Nun möchten sie aber beide wissen, wer **schneller** gelaufen ist.

Das kann man aus den Ergebnissen nicht ohne weiteres ablesen, denn sowohl die Strecken als auch die Zeiten waren *unterschiedlich*. Wenn sie herausbekommen wollen, wer schneller war, müssen sie **gleiche Strecken** oder **gleiche Zeiten** miteinander vergleichen können.

Sie können zum Beispiel ausrechnen, **wieviel Meter** sie **in einer Sekunde** gelaufen sind:

Jens: In 15 s lief er 100 m,
in 1 s also 100 m : 15 = 6,66 m.
Heiko: In 12,5 s lief er 75 m,
in 1 s also 75 m : 12,5 = 6 m.

Man sagt dazu: Die **durchschnittliche Geschwindigkeit** von Jens betrug 6,66 m/s (sprich: *Meter durch Sekunde*); Heiko dagegen hatte eine durchschnittliche Geschwindigkeit von 6 m/s. Jens lief also *schneller* als Heiko; seine **Geschwindigkeit** war *größer* (**Symbol** der Geschwindigkeit: *v*, von lat. *velocitas*).

Die Geschwindigkeit eines Körpers kann man **berechnen**:

$$\text{Geschwindigkeit} = \frac{\textbf{Weg} \text{ (gemessen in m)}}{\textbf{Zeit} \text{ (gemessen in s)}}. \qquad v = \frac{s}{t}.$$

Heiko hatte eine Geschwindigkeit von 6 m/s; das heißt, er lief in 1 s eine 6 m lange Strecke. – Kann man das überhaupt in dieser Weise sagen? Sieh dir dazu Bild 6 an!

Heikos **Geschwindigkeit** war also während des Laufes **nicht immer gleich groß**. Am Anfang (beim Start) war sie geringer als 6 m/s, in der Mitte wurde sie etwas größer und am Schluß dann wieder geringer. Seine Geschwindigkeit betrug nur *im Durchschnitt* (durchschnittlich) 6 m/s.

In unseren Versuchen haben wir die Geschwindigkeit immer in **Meter durch Sekunde (m/s)** gemessen. Oft (z.B. bei Autofahrten) wird die Geschwindigkeit auch in **Kilometer durch Stunde (km/h)** angegeben.

Diese Einheiten können wir ineinander **umrechnen**:

$$1\frac{m}{s} = \frac{60\,m}{1\,min} = \frac{3600\,m}{1\,h} = \frac{3,6\,km}{1\,h} = 3,6\frac{km}{h};$$

$$1\frac{km}{h} = \frac{1000\,m}{60\,min} = \frac{1000\,m}{3600\,s} = \frac{1\,m}{3,6\,s} = \frac{1}{3,6}\frac{m}{s} = 0,277\frac{m}{s}.$$

Es gilt also:
Geschwindigkeit in m/s · **3,6** → Geschwindigkeit in km/h;

Geschwindigkeit in km/h : **3,6** → Geschwindigkeit in m/s.

Beispiel:
Wie groß ist Heikos Geschwindigkeit von 6 m/s, wenn wir sie in km/h angeben?
Wir rechnen: 6 m/s · **3,6** → 21,6 km/h.
Heikos Geschwindigkeit beträgt also 21,6 km/h.

Am Anfang
lief Heiko noch langsam.

Danach wurde
er schneller.

Am Schluß wurde er wieder langsamer,
weil er schon etwas schlapp war.

Die Geschwindigkeit kann man auch zeichnerisch darstellen

Ulrike hat in einem Versuch gemessen, welche Zeiten ein Spielzeugauto braucht, um bestimmte Strecken zurückzulegen. Dabei ist sie zu folgenden Meßergebnissen gekommen.

Weg	Zeit
1 m	2,1 s
2 m	4,0 s
3 m	5,9 s
4 m	8,2 s
5 m	10,0 s

Diese oder ähnliche **Meßergebnisse** von **Weg und Zeit** können auch gezeichnet werden. Man sagt: Sie lassen sich in einem **Weg-Zeit-Diagramm** darstellen.

Am besten nimmt man dazu Millimeterpapier (oder Karopapier) und zeichnet darauf eine waagerechte und eine senkrechte Linie (die *Achsen*). Wo beide Linien sich treffen, ist der *Nullpunkt*. Auf den Achsen werden nun vom Nullpunkt aus gleichmäßige Abschnitte für Weg und Zeit eingetragen (Bild 1).

In dieses Diagramm können jetzt die Meßergebnisse, die man erhalten hat, eingetragen werden, z.B. 1 m für den Weg und 2,1 s für die Zeit.

Zieht man dann durch die 1-m-Marke und durch die 2,1-s-Marke je eine Linie, die parallel zur jeweils anderen Achse ist, so treffen sich beide Linien schließlich im Punkt P_1 (Bild 2).

Durch die so ermittelten Punkte wird dann noch vom Nullpunkt aus eine Verbindungslinie gezogen (Bild 3).

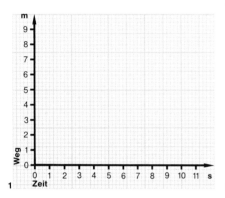

1

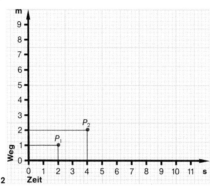

2

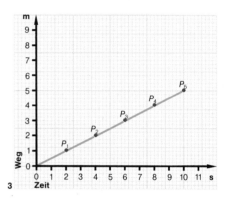

3

Aufgaben

1 Gerd hat für das Sportfest geübt und ist mehrmals die 100-m-Strecke gelaufen. Dabei wurden folgende Zeiten gemessen: 16,5 s, 16,0 s, 15,8 s, 15,5 s und 16,2 s.

a) Wieviel Zeit brauchte er durchschnittlich?

b) Wie groß war seine durchschnittliche Geschwindigkeit in m/s?

2 In einer Klasse wurden bei den Versuchen 9–12 (Schüler, Radfahrer, Fußball und Spielzeugauto) die folgenden Ergebnisse notiert:

Versuch	Weg	Zeit	Geschwindigkeit
V 9	100 m	15 s	… m/s
V 10	100 m	12 s	… m/s
V 11	20 m	2 s	… m/s
V 12	3 m	3 s	… m/s

a) *Schätze* zuerst, in welchem dieser Versuche die größte Geschwindigkeit erreicht wurde.

b) *Berechne* dann die jeweilige Geschwindigkeit in m/s.

3 In Bild 4 sind die Meßergebnisse von zwei Versuchen zeichnerisch dargestellt worden. Lies aus diesem Diagramm ab:

a) Welcher Wagen war schneller?

b) Wieviel Meter fuhr der schnellere Wagen in 1 s (1½ s, 2 s, 2½ s, 3 s, 4 s)?

c) Wie viele Sekunden hat er für 2 m (5 m, 7 m, 10 m) gebraucht?

d) Löse die Aufgaben b) und c) auch für den langsameren Wagen.

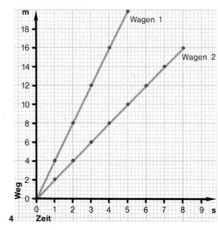

4

4 Die folgenden beiden Sätze sind unvollständig. Ergänze sie!

a) Je schneller ein Auto fährt, desto … ist die Zeit, die es für eine Strecke von 200 km benötigt.

b) Je langsamer ein Auto fährt, desto … ist der Weg, den es in einer Stunde zurücklegt.

5 Im Auto kann man die Geschwindigkeit direkt vom Tachometer ablesen: Zum Beispiel steht die Tachonadel auf der 70. Was bedeutet das eigentlich?

6 Ein Autofahrer liest beim Start den Kilometerstand ab: 16 485 km. Nach vierstündiger Fahrt zeigt der Kilometerzähler 16 733 km an. Wie groß war die durchschnittliche Geschwindigkeit in km/h?

7 Nimm einmal an, ein Auto sei auf der Autobahn mit einer gleichmäßigen Geschwindigkeit von 80 km/h gefahren. Wie weit ist es dann nach 2½ Stunden gekommen?

Aus Umwelt und Technik: **Verschiedene Geschwindigkeiten**

Geschwindigkeiten im Verkehr

Verkehrs-teilnehmer	Geschwindigkeit
Fußgänger	ungefähr 5 km/h
Radfahrer	ungefähr 15 km/h
Mofa	25 km/h (zugelassene Höchst-geschwindigkeit)
Autos (Motorräder)	50 km/h (zugelassene Höchst-geschwindigkeit in Ortschaften)
	100 km/h (zugelassene Höchst-geschwindigkeit auf Landstraßen)
	130 km/h (Richtgeschwindigkeit auf Autobahnen)
Schnellzug (IC)	bis zu 200 km/h
„TGV" (train de grande vitesse), zur Zeit schnellster Zug in Frankreich	bis zu 280 km/h
Düsenflugzeug (Verkehrs-maschine)	bis zu 980 km/h

Geschwindigkeiten in der Natur

	Geschwindigkeit
Schnecke	ca. 1 mm/s
mäßiger Wind (Stärke 4)	7 m/s
Schwalbe	ca. 17 m/s
Rennpferd	ca. 25 m/s
Falke	ca. 28 m/s
Gepard	ca. 34 m/s
Orkan (Windstärke 12)	60 m/s
Schall (in Luft)	330 m/s
Licht	300 000 km/s

Geschwindigkeiten im Weltall

Alle Himmelskörper (z. B. Sterne, Planeten, Monde usw.) bewegen sich mit hoher Geschwindigkeit durch den Weltraum. Auch die Erde steht nicht still.

Die Erde dreht sich um ihre eigene Achse. Für eine Umdrehung benötigt sie 24 Stunden (1 Tag).

Wie schnell dreht sich die Erde um ihre Achse? Stell dir einmal vor, du stehst irgendwo am Äquator, z. B. am Punkt x (Bild 5). Dann legst du mit diesem Punkt der Erdoberfläche in 24 Stunden eine Strecke von 40 000 km zurück. Deine Geschwindigkeit beträgt also

$$\frac{40\,000\ km}{24\ h} = 1667\ km/h.$$

1 Umdrehung in 24 Stunden

Äquator — Länge 40000 km

5 Erdachse

Die Erde bewegt sich um die Sonne (Bild 6). Dazu benötigt sie 1 Jahr (365 Tage). Um diese gewaltige Strecke von 937 000 000 km in einem Jahr zu bewältigen, rast sie mit einer Geschwindigkeit von ungefähr 107 000 km/h durch das Weltall!

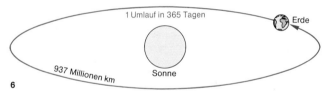

1 Umlauf in 365 Tagen — Erde

937 Millionen km — Sonne

6

Der Mond bewegt sich um die Erde (Bild 7). Dazu braucht er etwa einen Monat (27 Tage). Seine Geschwindigkeit beträgt dabei 3600 km/h.

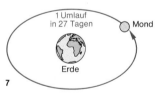

1 Umlauf in 27 Tagen — Mond

Erde

7

Fragen und Aufgaben zum Text

1 Im Straßenverkehr gibt es Geschwindigkeitsbegrenzungen. Sie sind durch Gesetze festgelegt worden. Nenne Beispiele und Gründe für Geschwindigkeitsbegrenzungen.

2 Für diese Aufgabe brauchst du Werte aus den Geschwindigkeitstabellen.
a) Rechne alle Geschwindigkeiten, die in m/s angegeben sind, in km/h um.
b) Wer ist schneller, ein Schnellzug oder ein Falke?
c) Wieviel Zeit braucht eine Schnecke für eine Wegstrecke von 1 m?

3 Die Lichtgeschwindigkeit wird in km/s angegeben (s.o.).
a) Berechne, welche Strecke das Licht in 1 Minute (1 Stunde) zurücklegt.
b) Der Mond ist von der Erde etwa 400 000 km entfernt. Wie lange braucht das Licht ungefähr für diese Strecke?
c) Stell dir vor, ein Auto könnte eine solche Strecke ohne Pause mit 100 km/h fahren. Wie lange würde es dafür unterwegs sein?
d) Die Sonne ist fast 150 000 000 km von der Erde entfernt. Wie lange braucht wohl Sonnenlicht, um die Erde schließlich zu erreichen?

4 Hier geht es noch einmal um große Zahlen:
a) Stell dir vor, rund um die Erde verliefe eine Straße – genau am Äquator entlang. Wie lange würde ein Auto brauchen, um die Erde auf dieser Straße zu umfahren? Dabei soll die Geschwindigkeit des Autos gleichmäßig 80 km/h betragen.
b) Die Erde benötigt 1 Jahr, um die Sonne auf einer ganz bestimmten Bahn zu umkreisen. Wie lange würde ein Düsenflugzeug für dieselbe Strecke brauchen?
c) Und wie lange brauchte dafür eine Weltraumrakete (Höchstgeschwindigkeit 40 000 km/h)?

Alles klar?

1 Wie kann man die durchschnittliche Dicke einer Buchseite auch ohne Mikrometerschraube herausbekommen?

2 Stefan mißt mit dem Lineal die Länge seines Bleistiftes. Er sagt dann, es seien 10,33 cm. Was hältst du von diesem Meßergebnis?

3 Wulf spielt mit Freunden auf einer Wiese Fußball. Die Tore sollen 15 „Fuß" breit sein. Wulf und Frank messen jeweils ein Tor aus.

„Mensch, euer Tor ist ja viel kleiner!" schreit Wulf empört. „Niemals", antwortet Frank beleidigt, „es ist genau 15 Fuß!"

a) Wer hat wohl recht?

b) Wie könnten sie die Tore „gerecht" ausmessen?

4 Finde mit Hilfe einer Landkarte heraus, wie weit es von deinem Wohnort (der nächsten Stadt) bis Berlin (Hamburg, München ...) ist. Beachte dabei den Maßstab! Miß der Einfachheit halber die *Luftlinie* zwischen den Städten.

5 Das Rad eines Autos und ein Rad des Fahrrades drehen sich jeweils 20mal.

Welches Fahrzeug hat danach die größere Strecke zurückgelegt?

6 Herr Jensen will im Garten einen Plattenweg anlegen. Er soll 15 m lang sein; 80 Platten (30 cm x 30 cm) hat er zur Verfügung. Kommt er damit aus, wenn der Weg 60 cm breit sein soll?

7 Wie heißen diese Meßgeräte? Nenne jeweils zwei Dinge, die du damit messen könntest.

8 In welchen Einheiten gibt man die folgenden Zeiten am günstigsten an?

Alter der Erde, Alter eines Erwachsenen, Alter eines Säuglings, Dauer der Ferien, Dauer eines Arbeitstages, Belichtungszeiten bei Fotoapparaten, Zeiten für 100-m-Läufe, Zeiten für 10 000 m-Läufe, Dauer eines Handballspiels.

9 Als man bei internationalen Laufwettbewerben noch Handstoppuhren benutzte, mußten immer *mehrere* Zeitnehmer *einen* Läufer stoppen.

a) Welchen Grund hatte das?

b) Warum saßen die Zeitnehmer übereinander und nicht nebeneinander?

c) Welche Zeit wurde wohl schließlich für einen Läufer genannt, wenn zum Beispiel der erste Zeitnehmer 21,4 s gemessen hatte, der zweite 21,3 s und der dritte 21,2 s?

10 Bei wichtigen sportlichen Wettbewerben werden die Zeiten heute *elektronisch* gestoppt, also nicht mehr mit Handstoppuhren. Dabei wird auf Hundertstelsekunden genau gemessen.

Bringe die folgenden elektronisch gemessenen Zeiten in die richtige Reihenfolge: 10,01 s; 10,10 s; 10,11 s; 10,09 s; 10,00 s.

11 Bei allen Uhren wiederholt sich ein Vorgang immer wieder. Welcher Vorgang ist dies bei einer Taschenuhr, bei einer Sonnenuhr, bei einer Quarzuhr?

12 Was bedeuten diese drei Verkehrszeichen? Sind sie „physikalisch richtig" beschriftet?

13 Harry Schlaumeier behauptet: „Ich komme als Läufer schneller ans Ziel als ein Radfahrer!" Unter welchen Bedingungen kann er das tatsächlich schaffen?

14 Ein Auto hat im Kühler ein Loch, aus dem Wassertropfen fallen. Der Fahrer will schnell zur Tankstelle. Zunächst muß er aber hinter einem langsamen Traktor herfahren; dann hat er freie Fahrt.

Welche der folgenden Tropfenspuren könnte bei der geringen Geschwindigkeit entstanden sein, welche bei der höheren? Begründe deine Meinung!

15 Ein Reporter bei einem Autorennen: „Die Wagen kommen mit 230 *Stundenkilometern* auf die Zielgerade!" Was meint er damit? Wie müßte es richtig heißen?

16 Auf manchen Straßen sind für die verschiedenen Verkehrsteilnehmer unterschiedliche Wege angelegt.

Welche Wege erkennst du auf diesem Foto? Warum macht man das überhaupt?

17 Frank hat für seine elektrische Eisenbahn 4 m Schienen. Für diese Strecke braucht die Lok 8 s.

Wie groß ist die Geschwindigkeit der Lok in m/s? (km/h)?

18 Ein Auto legt in 3 h eine Strecke von 225 km zurück. Wie groß ist seine durchschnittliche Geschwindigkeit?

4 Zusammenfassung

Die Längenmessung

Die Länge einer Strecke wird gemessen,
indem man sie mit einer festgelegten Längeneinheit vergleicht.
Die **Einheit** der physikalischen Größe **Länge** ist bei uns **1 Meter (1 m)**.
Sie ist heute in den meisten Staaten gültig.

Neben dem Meter sind Bruchteile oder Vielfache dieser Einheit zugelassen, z. B.:
Kilometer (km), Dezimeter (dm), Zentimeter (cm) und Millimeter (mm).
1 km = 1000 m
1 m = 10 dm = 100 cm = 1000 mm
1 dm = 10 cm = 100 mm
1 cm = 10 mm

Die Zeitmessung

Zeiten werden durch Vergleichen mit einer bestimmten Zeiteinheit gemessen.
Die **Einheit** der physikalischen Größe **Zeit** ist **1 Sekunde (1 s).**

Außer der Sekunde sind einige Vielfache dieser Zeiteinheit gebräuchlich:
1 Minute (1 min) = 60 s
1 Stunde (1 h) = 60 min = 3 600 s
1 Tag (1 d) = 24 h = 1 440 min = 86 400 s.

Die Geschwindigkeit

Wenn man unterschiedlich schnelle Bewegungen vergleichen will,
muß man zwei physikalische Größen messen: die **Länge** des Weges und die **Zeit**.
Aus Weg und Zeit läßt sich dann die Geschwindigkeit berechnen:

$$\text{Geschwindigkeit} = \frac{\textbf{Weg} \text{ (gemessen in m)}}{\textbf{Zeit} \text{ (gemessen in s)}}$$

Die **Einheiten** der Geschwindigkeit sind:
$1\,\dfrac{\textbf{Meter}}{\textbf{Sekunde}} \left(1\,\dfrac{\textbf{m}}{\textbf{s}}\right)$ und, oftmals in der Technik: $1\,\dfrac{\textbf{Kilometer}}{\textbf{Stunde}} \left(1\,\dfrac{\textbf{km}}{\textbf{h}}\right).$

Wieviel Meter?

Wieviel Sekunden?

Körper und ihre Eigenschaften

1 Wir unterscheiden Körper und Stoff

Vom Magneten werden angezogen	Vom Magneten werden *nicht* angezogen
Feder	Stricknadel
Büroklammer	Alufolie
Anspitzer	Büroklammer
Eisenblech	Ringordner
Schraubendreher	Kupferdraht
Geldstück	Füllerhülle
Stricknadel	Zinkdachrinne
Schlüsselring	Geldstück
Reißzwecken	Schraubendreher

1

Sieh dir Bild und Tabelle genau an! Ob hier alles stimmt?
Wenn ihr schon über den Magnetismus gesprochen habt, bekommst du es sicher gleich heraus.

Körper und Stoff

Die Begriffe *Körper* und *Stoff* begegnen uns immer wieder:

Unter einem **Körper** versteht man in der **Umgangssprache** z.B. den Körper eines Menschen oder eines Tieres; wir sprechen aber auch von einem Heizkörper oder einem Fremdkörper.

Unter einem **Stoff** verstehen wir etwas, woraus man Kleidungsstücke herstellt. Wir sprechen aber auch von Klebstoff, Farbstoff, Kunststoff oder Kraftstoff.

Viele bekannte Begriffe (z.B. *Kraft, Arbeit, Masse*) haben in der Umgangssprache und in der Sprache der Physik ganz unterschiedliche Bedeutungen. Das gilt auch für die beiden Begriffe *Körper* und *Stoff*.

In der **Physik** (und Chemie) bezeichnet man alle Gegenstände *und* Lebewesen als **Körper**. Also sind z.B. Büroklammern, Bleistifte, Nägel, Bücher, Blätter von Bäumen und Tiere im Sinne der Physik *Körper*.

Als **Stoff** bezeichnet man in der Physik das, **woraus ein Körper besteht**. (Du kennst dafür das Wort *Material*.)

Der Körper *Büroklammer* besteht also aus dem Stoff *Eisen* (oder Plastik); der Körper *Tasse* besteht aus dem Stoff *Porzellan*.

Aufgaben

1 Forme die Tabellen neben Bild 1 so um, daß die Aussagen eindeutig werden:

Vom Magneten werden angezogen		Vom Magneten werden nicht angezogen	
Körper	Stoff	Körper	Stoff
Büroklammer	Eisen	Lineal	Holz
Anspitzer	Eisen	Büroklammer	Kunststoff
…	…	…	…

2 Gleiche Körper können aus unterschiedlichen Stoffen bestehen, z.B. Büroklammern aus Eisen oder aus Kunststoff. Suche weitere Beispiele:

Körper	Stoffe, aus denen sie bestehen können
Becher	Kunststoff, Porzellan…
…	…

3 Aus *einem* Stoff können ganz unterschiedliche Körper hergestellt werden. Nenne weitere Beispiele:

Stoff	Körper, die aus diesem Stoff bestehen können
Eisen	Schraube, Nagel …
…	…

4 Viele Körper bestehen aus mehreren unterschiedlichen Stoffen. Ein Bleistiftanspitzer kann z.B. ein Gehäuse aus Kunststoff und ein Messer aus Eisen haben. Untersuche einige Körper daraufhin, z.B.:

Körper	Stoffe
Auto: Karosserie	Stahl, Lack
Räder	…
Sitze	…
Scheinwerfer	…
…	…

5 Körper oder Stoff? Lege eine Tabelle mit zwei Spalten an, und ordne ein: Glas, Kunststoff, Becher, Nagel, Brett, Silber, Gabel, Bleistift, Blech, Blatt, Kupfer, Dachrinne, Kohle, Eisen, Draht, Blei, Metall, Kupfermünze, Eisenblech.

6 Vergleiche die Stoffe Eisen, Kupfer, Blei und Aluminium miteinander.

a) Nenne typische Merkmale dieser Stoffe.

b) Für alle vier Stoffe gibt es einen gemeinsamen Begriff.

c) Aus jedem dieser Stoffe kann man verschiedene Körper herstellen. Nenne einige Beispiele.

2 Bilden auch Flüssigkeiten und Gase Körper?

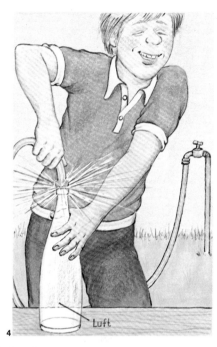

2   3   4   Luft

Siehst du bei diesen drei Bildern Gemeinsamkeiten?

V 1 Versuche einmal, Wasser genauso in eine Flasche zu füllen, wie Bild 5 es zeigt. (Die Flasche ist am Rand mit Knete abgedichtet.)

Falls das Wasser nicht richtig in die Flasche läuft, kannst du einen Trick anwenden:

Du verschließt einfach einen Strohhalm mit dem Finger und steckst ihn durch den Trichter hindurch in die Flasche (Bild 6). Dann nimmst du den Finger oben weg, drückst ihn wieder drauf, nimmst ihn wieder weg usw.

V 2 Probiere, ob du den Luftballon so, wie er in der Flasche sitzt, aufblasen kannst (Bild 7).

V 3 Kannst du ein Taschentuch unter Wasser drücken, ohne daß es naß wird? Versuche es wie in Bild 8.

V 4 Fülle ein schmales Glasgefäß zur Hälfte mit Wasser. Versenke dann feste Körper darin (z.B. Schlüssel, Kugel, Plastilinklumpen). Beobachte dabei die Wasseroberfläche.

V 5 Schütte in ein Trinkglas etwas Öl und in ein zweites Glas genausoviel Wasser.

Merke dir, wie hoch das Öl steht, und gieße dann langsam das Wasser in das Öl.

a) Zeichne auf, was du beobachtest. Wie hoch stehen schließlich die Flüssigkeiten im Glas?

b) Beschreibe deine Versuchsbeobachtungen; verwende dabei das Wort *verdrängen*.

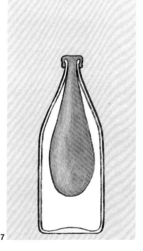

5   6   7   8

3 Unterschiede zwischen festen, flüssigen und gasförmigen Körpern

V 6 Wir gießen Wasser in unterschiedlich geformte Gefäße.

a) Beschreibe, wie sich das Wasser verhält.

b) Beobachte die Wasseroberfläche, wenn die Gefäße schräg gehalten werden.

c) Wie verhält sich ein Stück Holz, wenn man es in dieselben Gefäße „gießt" wie vorher das Wasser?

d) Beschreibe den Unterschied zwischen festen und flüssigen Körpern; verwende dabei den Begriff *Form*.

V 7 Die Beobachtung, die wir beim Schräghalten der Gefäße mit Wasser machen können, wird durch diesen Versuch noch deutlicher:

Zwei Gefäße werden durch einen Schlauch miteinander verbunden. Zunächst wird der Schlauch zugedrückt und *ein* Gefäß bis zum Rand mit Wasser gefüllt (Bild 1).

1

a) Was geschieht, wenn man den Schlauch öffnet?

b) Wie ändert sich der Wasserstand im linken Gefäß, wenn man das rechte etwas hochhebt oder schräg hält? Zeichne deine Beobachtungen auf, und beschreibe sie.

V 8 Eine Spritze ist mit *Wasser* und eine mit *Luft* gefüllt (Bild 2).

a) Was geschieht, wenn die Kolben in die Zylinder gedrückt werden?

b) Welchen *Unterschied* zwischen flüssigen und gasförmigen Körpern zeigt dieser Versuch? Verwende den Begriff *Volumen* (Rauminhalt).

Kolben Zylinder Gummistopfen 2

Aufgaben

1 Für welche Körper (feste, flüssige oder gasförmige) gelten die folgenden Aussagen?

a) Die Form paßt sich den jeweiligen Gefäßen an.

b) Das Volumen läßt sich auch durch kräftige äußere Einwirkungen (fast) nicht verändern.

c) Die Form läßt sich nur durch kräftige äußere Einwirkungen verändern; sie ändert sich nicht von selbst.

d) Das Volumen kann man (z.B. durch Zusammendrücken) *stark* verändern.

2 Lege eine Tabelle nach folgendem Muster an. Trage in sie die Begriffe *veränderlich* und *unveränderlich* richtig ein.

	Form	Volumen
feste Körper		
flüssige Körper		
gasförmige Körper		

3 Begründe, warum man sowohl Sprudel in einer Flasche als auch Gas in einem Ballon als *Körper* bezeichnen kann.

4 Welche gemeinsame Eigenschaft aller Körper wird in den Versuchen 1-5 deutlich?

5 Mit einer *Schlauchwaage* (Bild 9) markieren die Maurer gleiche Höhen. Wie funktioniert dieses Gerät?.

9

Wir vergleichen feste, flüssige und gasförmige Körper

Zustand	Form	Volumen
feste Körper	unveränderlich Unabhängig von Gefäßen behält ein fester Körper seine Form. 3	unveränderlich 4 An festen Körpern ist keine Volumenänderung erkennbar.
flüssige Körper	veränderlich 5 Die Form flüssiger Körper paßt sich jedem Gefäß an.	unveränderlich 6 Flüssigkeiten haben ein (fast) unveränderliches Volumen. Sie lassen sich kaum zusammendrücken.
gasförmige Körper	veränderlich 7 Mit dem Gefäß ändert sich auch die Form des gasförmigen Körpers.	veränderlich 8 Gasförmige Körper haben ein veränderliches Volumen. Sie lassen sich zusammendrücken.

4 Wir messen und berechnen das Volumen

Ein altes Sprichwort lautet:
„Der dümmste Bauer hat die dicksten Kartoffeln."

Welcher dieser zwei „Bauern" ist denn nun der dümmste?

Wenn du die beiden
Kartoffeln hast,
müßtest du das
– als „Physiker" –
durch Messen
herausbekommen
können …

V 9 Überlege dir einen Versuch, mit dem du das Volumen zweier Kartoffeln vergleichen kannst.

V 10 Die Bilder 11 u. 12 zeigen zwei Meßverfahren, mit denen man das Volumen fester Körper bestimmen kann: das *Differenzverfahren* und das *Überlaufverfahren*.

a) Das Volumen eines festen Körpers wird mit beiden Verfahren gemessen. Welches Ergebnis ist deiner Meinung nach genauer?

b) Beschreibe beide Verfahren, und erkläre ihre Namen.

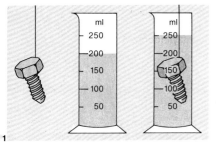

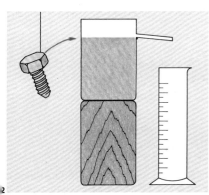

V 11 In der Gerätesammlung gibt es kleine Würfel aus Eisen, Aluminium, Blei, Kupfer und Zink; man bezeichnet sie als *regelmäßige Körper*.

a) Wähle einen Meßzylinder aus, mit dem du ihr Volumen möglichst genau ermitteln kannst.

b) Trage die Ergebnisse in eine Tabelle nach folgendem Muster ein:

Versenkter Körper	Volumen des Körpers
Eisenwürfel Aluminiumwürfel …	

c) Versuche, mit Hilfe der Meßergebnisse die beiden folgenden Sätze zu ergänzen:
„Das Volumen des verdrängten Wassers ist ebenso groß wie …"
„Das Volumen des Wassers, das durch einen Körper verdrängt wird, ist *nicht* abhängig von …"

V 12 Genauso wie in Versuch 11 soll nun das Volumen von verschiedenen *unregelmäßigen* Körpern bestimmt werden. Nimm z.B. folgende Körper: eine volle Zahnpastatube (vergleiche mit der Angabe auf der Verpackung!), eine kleine Kartoffel, einen Teelöffel, Radiergummi, Holzklotz.

V 13 Bestimme mit Hilfe eines geeigneten Meßzylinders möglichst genau, wieviel Flüssigkeit in eine Tasse, in ein Wasserglas und auch in ein

Schnapsglas hineinpaßt. Schätze aber zunächst *vor* jeder Messung das Volumen:
Tasse (30 ml, 80 ml oder 120 ml?), Wasserglas (50 ml, 100 ml, 200 ml?), Schnapsglas (10 ml, 25 ml, 50 ml?).

V 14 Mit einer Arztspritze (Bild 13) kann man auch ganz kleine Volumina (so lautet die Mehrzahl von *Volumen*) messen. Wieviel Wasser paßt z.B. in einen Fingerhut?

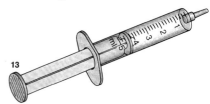

13

V 15 So kannst du messen, wieviel Luft du ausatmest: Du läßt einen großen Meßzylinder (oder Meßbecher) unter Wasser vollaufen. Dann atmest du durch einen Strohhalm unter dem Meßgefäß aus (Bild 14).

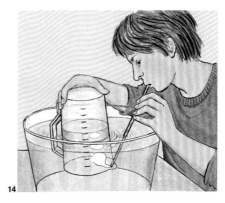

14

Maßeinheiten für das Volumen (den Rauminhalt)

Zum Messen von Rauminhalten (von *Volumina*) braucht man eine geeignete **Einheit**. In Bild 1 wurde die ungewöhnliche Einheit *„1 Sprudelkasten"* benutzt.

Der Kofferraum des linken Autos hat ein Volumen von 40 Sprudelkästen, beim rechten wurde ein Volumen von 32 Sprudelkästen gemessen.

Die Verwendung der Einheit *1 Sprudelkasten* ist zwar in diesem Fall zum Vergleichen geeignet, in anderen Fällen aber sehr unpraktisch. Außerdem ist sie nicht allgemein gültig.

Gesetzlich vorgeschrieben ist als **Einheit** der physikalischen Größe **Volumen** (*V*) **1 Kubikmeter** (1 m³). Diese Einheit ist von der Einheit der *Länge* (1 Meter, 1 m) abgeleitet. Außerdem gibt es noch kleinere Einheiten.

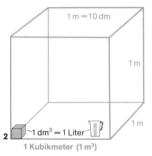

Ein Würfel mit der Kantenlänge 1 m hat das Volumen 1 m³.

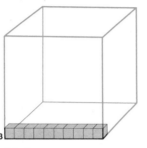

1 Reihe
von dm³-Würfeln
= 10 · 1 dm³
= 10 dm³
= 10 Liter

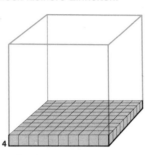

1 Schicht
= 10 Reihen
= 10 · 10 · 1 dm³
= 100 dm³
= 100 Liter

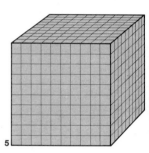

10 Schichten
= 10 · 10 Reihen
= 10 · 10 · 10 · 1 dm³
= 1000 dm³
= 1000 Liter

1 Kubikmeter = 1000 Kubikdezimeter = 1000 Liter
1 m³ = 1000 dm³ = 1000 l = 10 hl (Hektoliter).

1 Kubikdezimeter = 1000 Kubikzentimeter = **1 Liter**
1 dm³ = 1000 cm³ = **1 l**   (Zum Vergleich: In einen Eimer passen normalerweise 10 Liter.)

1 Kubikzentimeter = 1000 Kubikmillimeter = 1 Milliliter
1 cm³ = 1000 mm³ = 1 ml   (Zum Vergleich: In einen Fingerhut passen ungefähr 3 Milliliter.)
Die Maßeinheit Milliliter findest du auf vielen Meßbechern und Meßzylindern.

So kann man das Volumen regelmäßiger Körper berechnen

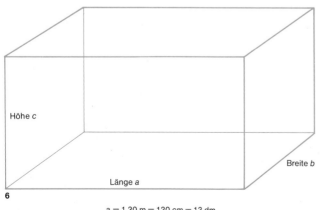

Höhe c

Länge a

Breite b

a = 1,30 m = 130 cm = 13 dm
b = 0,60 m = 60 cm = 6 dm
c = 0,70 m = 70 cm = 7 dm

Das Volumen von Würfeln und quaderförmigen Körpern läßt sich leicht berechnen. Wenn du z.B. ausrechnen willst, wieviel Liter Wasser in ein Aquarium passen, mußt du so vorgehen:

1. Mit einem Zollstock **mißt** du die **Länge** (*a*), die **Breite** (*b*) und die **Höhe** (*c*) des Aquariums (Bild 6).
Beachte dabei, daß du alle Meßwerte *in der gleichen Einheit* angeben mußt. Eventuell mußt du umrechnen. Weil du ja das **Volumen in Litern** berechnen willst, ist es günstig, gleich das entsprechende Längenmaß zu wählen: also **dm** (1 Liter = 1 dm³).

2. Durch **Multiplikation** erhältst du dann das Volumen (*V*) des quaderförmigen Beckens:

$$V = \text{Länge} \cdot \text{Breite} \cdot \text{Höhe}$$
$$V = 13 \text{ dm} \cdot 6 \text{ dm} \cdot 7 \text{ dm}$$
$$= 546 \text{ dm}^3 = 546 \text{ Liter.}$$

Das Aquarium kann also 546 Liter Wasser fassen; **sein Volumen beträgt 546 Liter.**

Aufgaben

1 Ulrike will ein Pflegemittel in ihr Aquarium gießen. Auf der Gebrauchsanweisung steht: „5 ml reichen für 10 Liter Wasser."

Ulrikes Aquarium ist 80 cm lang, 50 cm breit und 50 cm hoch. Wieviel Pflegemittel braucht sie?

2 Die Einheiten für das Volumen lassen sich ineinander umrechnen.

a) Rechne in Kubikdezimeter (dm^3) um: $150\ cm^3$, $1500\ cm^3$, $15\ cm^3$.

b) Rechne in Kubikzentimeter (cm^3) um: $2\ dm^3$, $0,2\ dm^3$, $20\ dm^3$.

c) Rechne in Kubikmeter (m^3) um: $500\ l$, $500\ dm^3$, $50\ dm^3$, $5000\ dm^3$.

d) Rechne um:
$30\ cm^3 = ?\ dm^3$, $4000\ cm^3 = ?\ l$, $30\ dm^3 = ?\ cm^3$, $450\ dm^3 = ?\ m^3$.

3 Auf vielen Flaschen ist ihr Volumen angegeben. Wieviel Kubikzentimeter Flüssigkeit passen in Flaschen mit folgenden Angaben:
0,7 l; 1 l; 0,5 l; 0,25 l; 1,5 l; 2 l?

4 Ein Würfel hat 2 cm lange Kanten. Wie groß ist sein Volumen?

Wie groß ist das Volumen eines Würfels, dessen Kanten doppelt so lang sind?

5 Wieviel m^3 Luft befinden sich in euerm Klassenraum (Wohnzimmer)?

6 Es gibt Meßzylinder mit verschiedenen Skalen und Meßbereichen.

a) Wieviel ml Flüssigkeit zeigen die Skalen an (Bild 7)?

b) Wieviel ml passen jeweils zwischen zwei Skalenstriche?

7 Die Bilder 8–11 zeigen, wie es zu *Meßfehlern* kommen kann.

Beschreibe jeden Fehler, und gib an, wie man ihn vermeiden kann.

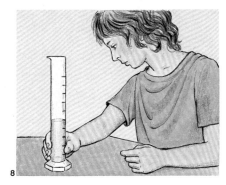
8

9

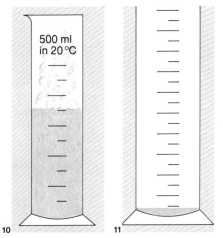

500 ml in 20 °C

10   11

8 Wie groß ist das Volumen dieser Körper (in l oder cm^3): Stück Butter (250 g), Paket Zucker (1 kg), Physikbuch, Packung Milch oder Saft?

Schätze jedesmal, *bevor* du mißt und rechnest, und lege eine Tabelle nach folgendem Muster an:

Körper	Volumen geschätzt	Volumen berechnet
Stück Butter	…	…

9 Mit Wasseruhren (Bild 12) wird der Wasserverbrauch gemessen. Das hindurchfließende Wasser setzt ein Zählwerk in Gang. Die Uhr zeigt bis auf 1/10 Liter genau an.

Bild 13 zeigt, wie die Wasseruhr abgelesen wird.

a) Lies eure Wasseruhr im Keller ab. Schreibe auf, wieviel Wasser ihr an einem Tag, in einer Woche und in einem Monat verbraucht.

b) Berechne, wieviel Wasser *eine* Person durchschnittlich pro Tag verbraucht hat.

12

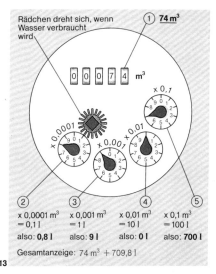

Rädchen dreht sich, wenn Wasser verbraucht wird

① **74 m³**

0 0 0 7 4 m³

x 0,1

x 0,0001

x 0,001

x 0,01

②   ③   ④   ⑤

x 0,0001 m³	x 0,001 m³	x 0,01 m³	x 0,1 m³
= 0,1 l	= 1 l	= 10 l	= 100 l
also: **0,8 l**	also: **9 l**	also: **0 l**	also: **700 l**

Gesamtanzeige: 74 m³ + 709,8 l

13

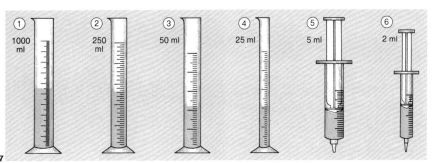

①	②	③	④	⑤	⑥
1000 ml	250 ml	50 ml	25 ml	5 ml	2 ml

7

5 Die Masse

Vom Gewichte

Das Gewicht ist nicht nur allein nach dem Unterschiede der Nationen und Länder, sondern auch nach dem Unterschiede der Waren oder Sachen, und nachdem man solchen einen höhern oder schlechtern Werth beyleget, sehr unterschieden: also hat man Apotheker = Gold = und Silber = Perlen = Diamant = Dukaten = Kramer = Fleischer = und Buttergewicht.

Das Kramergewicht heißt dasjenige Maaß der Schwere, nach welchem die Kramer ihre Waaren auswägen und verkaufen.

Es ist schwerer als das Apothekergewicht, indem ein Pfund Apothekergewicht 24 Loth, ein Pfund Kramergewicht aber 32 Loth hat. Hingegen ist das Kramergewicht leichter als das Fleischergewicht.

Fleischergewicht aber nennt man dasjenige Gewicht, nach welchem die Fleischer ihr Fleisch auswägen und verkaufen müssen, und welches deßwegen schwerer ist als das Kramergewicht, weil sie im Fleisch viel Knochen, Feuchtigkeit und dergleichen mitzugeben genöthigt sind, so der Käufer nicht gebrauchen kann.

Im Jahre 1795 (aus dieser Zeit stammt der Text)
war das Einkaufen nicht so einfach...

○ Es gab viele unterschiedliche Gewichte. Nenne einige.

○ Ein Pfund „Kramergewicht" war *leichter* als ein Pfund „Fleischergewicht", aber *schwerer* als ein Pfund „Apothekergewicht". Warum war das so?

○ Nicht nur in den verschiedenartigen Geschäften galten unterschiedliche Gewichte, sondern ...

○ In welchen Einheiten mißt man *heute* das Gewicht von Körpern (s.u.)?

Wie die Masse gemessen wird

Alle Körper, selbst ganz leichte, lenken eine Balkenwaage aus dem Gleichgewicht. Diese Eigenschaft der Körper bezeichnet man in der Physik als *Masse (m)*. **Alle Körper haben Masse.**
   Die Einheit der Masse ist 1 Kilogramm (1 kg). Sie ist festgelegt durch einen Vergleichskörper, das **Urkilogramm** (Bild 1) und entspricht der Masse von 1 Liter Wasser bei + 4 °C.
   Das Urkilogramm wird im Internationalen Büro für Maße und Gewichte bei Paris aufbewahrt. Alle Staaten, in denen das Kilogramm als Einheit der Masse eingeführt ist, besitzen eine genaue Nachbildung davon. Für die Bundesrepublik Deutschland befindet sie sich in der Physikalisch-Technischen Bundesanstalt in Braunschweig.
   Man gibt größere Massen in **Tonnen (t)** oder **Megatonnen (Mt)** an, kleinere Massen in **Gramm (g)** oder **Milligramm (mg)**:

1 Mt = 1 000 000 t; 1 kg = 1000 g;
1 t = 1000 kg;   1 g = 1000 mg.

Die Masse von Edelsteinen (z.B. Diamanten) und Perlen wird in **Karat** (Kt; international ct, von *Carat*) angegeben: 1 Kt = 0,2 g.

Das **Meßgerät** zum Feststellen der Masse ist die **Balkenwaage** (Bild 2). Mit ihr **vergleicht** man die unbekannte Masse eines Körpers mit der bekannten Masse von geeichten **Wägestücken**. Wenn die Waage *im Gleichgewicht* ist, sind die Massen auf den beiden Waagschalen gleich groß. Die Bilder 3 u. 4 zeigen geeichte Wägestücke aus der Schulsammlung.

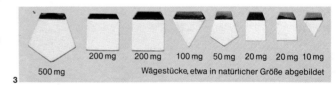

500 mg 200 mg 200 mg 100 mg 50 mg 20 mg 20 mg 10 mg
Wägestücke, etwa in natürlicher Größe abgebildet

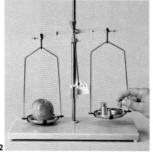

Wägestücke etwa in halber Größe abgebildet

200 g 200 g 100 g 50 g
1 g 2 g 2 g 5 g 10 g 20 g 20 g

V 16 Du kannst mit einer empfindlichen Briefwaage z.B. die folgenden Körper messen: Anspitzer, Bleistift, Füller, Radiergummi, Streichholzschachtel (voll und leer), verschiedene Geldstücke, Teelöffel, Flaschenöffner. Schätze vor jeder Messung, und lege eine Tabelle an:

Körper	Masse, geschätzt	Masse, gemessen
...	...	...

V 17 Ob auch Luft etwas wiegt, also *Masse* hat? Suche die Antwort mit Hilfe eines Fußballs und einer Waage.

V 18 Auch in diesem Versuch (Bilder 5–8) geht es darum ob Luft eine Masse hat. Die Bilder sind durcheinandergeraten, nur Bild 5 steht richtig.

Beschreibe, in welcher Reihenfolge der Versuch durchgeführt werden muß (je Bild 1 Satz).

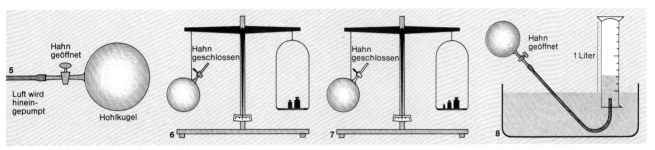

Aufgaben

1 Lies den Text aus dem Jahre 1795. Welche Begriffe werden darin statt des Wortes *Masse* benutzt?

2 Das Wort *Masse* kennst du auch aus der Umgangssprache; man sagt z.B.: „eine Masse Geld".

a) Suche weitere Beispiele.

b) In der Physik sagt man: „Jeder Körper hat Masse." Welche Eigenschaft wird damit beschrieben?

3 Bild 9 zeigt die **Bauanleitung** für eine einfache Waage. Zwei Körper in den „Waagschalen" haben gleiche Masse, wenn das Lot mit der roten Linie übereinstimmt. Wie könntest du eine Skala anbringen?

4 Die Bilder 10 u. 11 zeigen zwei verschiedene Waagen. Nenne ihre Meßbereiche. Was kann jeweils damit gewogen werden?

5 Gib die folgenden Massen in Maßeinheiten an, die du für sinnvoller hältst (mg, g, t, Mt).

Vergleiche dann einzelne Massen (z.B. die von Erde und Mond).

Streichholz: 0,0001 kg;
Haussperling (Spatz): 0,03 kg;
1 l Wasser (von + 4 °C): 1 kg;
Säugling: 3 kg;
erwachsener Mann: 80 kg;
Pkw (Mittelklasse): 1000 kg;
Mond:
70 000 000 000 000 000 000 000 kg;
Erde:
6 000 000 000 000 000 000 000 000 kg.

6 Rechne um ...

a) in kg: 300 g; 50 g; 3400 g; 550 g; 3 t; 5,5 t; 10 t; 0,5 t;

b) in g: 250 mg; 2 mg; 20 mg; 2200 mg; 5 kg; 0,2 kg; 0,05 kg; 1,2 kg;

c) in t: 2000 kg; 5200 kg; 520 kg; 10 500 kg.

7 Ein Wägesatz enthält nur bestimmte Wägestücke (Bilder 3 u. 4).

a) Warum sind z.B. Wägestücke von 3 g, 4 g und 6 g unnötig?

b) Mit welchen Wägestücken könntest du Körper von folgenden Massen auf einer Balkenwaage ins Gleichgewicht bringen? 18 g; 72 g; 375 g; 598 g; 238,5 g; 120,35 g.

Aus Umwelt und Technik: **Eine Waage wird geeicht**

„Sind die zwei Jahre denn schon wieder um?" wundert sich Fleischermeister Mertens. Gerade hat sich ein Beamter vom Eichamt angemeldet, um die Waagen zu überprüfen.

„Die tun ja gerade so, als wollten wir unsere Kunden betrügen. Unsere Waagen sind doch in Ordnung!" nörgelt Frau Mertens.

Sie hat recht: An den heutigen modernen Waagen kann man gar nichts verändern. Sie sind vom Eichamt versiegelt worden.

Aber gerade bei diesen komplizierten Waagen kann es vorkommen, daß sie auf einmal nicht mehr richtig anzeigen.

Deshalb schreibt ein Gesetz vor, daß Waagen, die in Geschäften benutzt werden, alle zwei Jahre überprüft werden müssen. Stimmt die Waage nicht, dann muß sie innerhalb einer bestimmten Zeit neu eingestellt werden. Andernfalls muß der Kaufmann ein Bußgeld bezahlen.

Früher gab es für den Gebrauch falsch anzeigender Waagen oder falscher Gewichte sehr hohe, oft sogar grausame Strafen (siehe unten).

Zum angekündigten Termin erscheint der Beamte. Er öffnet seinen Koffer und nimmt einen Kasten mit Wägestücken heraus; *Gebrauchsnormale* nennt er sie. Die einzelnen Stücke setzt er auf die Waage und beobachtet dabei die Anzeige auf der Skala (Bild 1).

1

„Wie genau muß die Waage eigentlich anzeigen?" fragt Stefanie, die Tochter von Mertens.

„Das kommt auf den *Eichwert* (e) an," erklärt der Beamte. „Er ist auf jeder Waage angegeben (Bild 2).

Bei dieser Waage beträgt er 2 g. Bis zu einer Belastung von 500 · e, also hier bis zu 500 · 2 g = 1000 g (1 kg), darf die Waage um den Wert ± 1/2 · e (also ± 1 g) falschgehen. Wenn ich also 200 g auflege, darf sie 199 g oder 201 g anzeigen. Zwischen 1 kg und

HTSWAAGE

Min 100 g

e = 5 g

2

Bleidraht
Messingstopfen

3

4 kg darf sie etwas ungenauer anzeigen, nämlich ± 1 · e (also ± 2 g)."

„Stimmen denn Ihre Wägestücke überhaupt?" möchte Stefanie wissen.

„Auch die werden regelmäßig geeicht; d.h., sie werden einmal jährlich mit unseren *Kontrollnormalen* im Eichamt verglichen. Sogar diese werden alle fünf Jahre überprüft, indem man sie in der Landeseichdirektion mit den dortigen *Hauptnormalen* vergleicht. Und die Hauptnormale müssen alle zehn Jahre in Braunschweig mit der dort stehenden Nachbildung des *Urkilogramms* überprüft werden."

Stefanie ist beeindruckt; trotzdem stellt sie noch ein Frage: „Wie *verbessern* Sie denn Ihre Wägestücke, wenn sie falsch sind?"

Der Beamte zeigt ihr eines seiner Gebrauchsnormale aus verchromtem Messing: „Wenn ein Wägestück abgenutzt und zu leicht geworden ist, wird in den Boden ein Loch gebohrt. Dort wird etwas Bleidraht hineingesteckt und das Loch mit einem Messingstopfen fest verschlossen (Bild 3). Dabei macht man das Wägestück absichtlich etwas zu schwer, denn zum Schluß wird der Boden noch sauber geschliffen.

Auf dem Markt findet man oft auch noch Wägestücke aus Gußeisen. Sie haben oben einen Bleistopfen mit dem Stempel des Eichamtes. Diese Wägestücke sind z.T. hohl und mit *Tarierschrot* (d.h. kleinen Bleikugeln) gefüllt. Auch diese müssen alle zwei Jahre geeicht werden."

Fragen und Aufgaben zum Text

1 Warum werden Geschäftswaagen und Wägestücke regelmäßig überprüft?

2 Beschreibe, wie eine Waage geeicht wird. Was bedeutet der *Eichwert*?

3 Der Beamte überprüft eine Waage mit dem Eichwert e = 5 g. Er legt ein 500-g-Wägestück auf die Waage; sie zeigt 488 g an. Entspricht das noch den Vorschriften?

4 Wie werden Wägestücke genauergemacht?

5 Nenne andere Meßgeräte, die regelmäßig vom Eichamt überprüft werden müssen.

6 Die Dichte

V 19 Was wiegt mehr: Zucker, Salz oder Mehl? Plane einen Versuch dazu, und führe ihn durch.

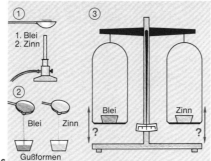

1. Blei
2. Zinn

Blei Zinn

Blei Zinn
?   ?

Gußformen

6

V 20 Welches Metall wiegt mehr: Blei oder Zinn? Das können wir nach Bild 6 untersuchen.

Worauf muß man bei der Wahl der Gußformen und beim Gießen achten?

V 21 Mit einer Balkenwaage können wir die Masse von 1-Kubikzentimeter-Würfeln aus verschiedenen Stoffen bestimmen. Vergleiche die Ergebnisse mit den Dichte-Werten, die du in einer Tabelle im Anhang findest.

V 22 Diesmal wollen wir die Dichte von *unregelmäßigen* Körpern (z.B. Wägestück, Radiergummi, Stein) bestimmen. Dazu brauchen wir die Balkenwaage und (zur Bestimmung des Volumens) einen Meßzylinder mit Wasser. Wie läuft der Versuch ab?

V 23 Wieviel wiegt eine große Eisenschraube? Wir können ihre Masse *ohne Waage* bestimmen. Als Hilfsmittel brauchen wir nur einen Meßzylinder mit Wasser und die Dichte-Werte aus dem Anhang.

Wir berechnen die Dichte

Was ist „schwerer": Eisen oder Stein? Das kannst du z.B. auf folgende Weise herausbekommen:

1 Mit der Balkenwaage bestimmst du die **Masse** des Steins, z.B. 175 g.

2 Ein Meßzylinder mit Wasser hilft dir dann, das **Volumen** des Steins zu ermitteln, z.B. 70 cm³.

3 Jetzt kannst du **berechnen**, wieviel z.B. **1 cm³** des Steins wiegt:

$$\frac{175}{70} \frac{g}{cm^3} = 2.5 \frac{g}{cm^3}.$$

Man nennt diesen Wert die **Dichte** des Steins (Formelzeichen: ρ; sprich: ro).

$$\frac{\text{Masse des Steins}}{\text{Volumen des Steins}} = \text{Dichte von Stein}$$

Die **Einheit** der Dichte ist $1 \frac{kg}{m^3}$.

Außerdem ist gebräuchlich: $1 \frac{g}{cm^3}$.

Die Dichte unseres Steins beträgt also 2,5 g/cm³. Im Anhang kannst du in einer Tabelle nachlesen, welche Dichte Eisen hat. Nun ist die Ausgangsfrage leicht beantworten.

Aufgaben

1 Bei den Versuchen 19, 20 und 23 sind Ausdrücke gebraucht worden, die man in der Sprache der Physik mit dem Begriff *Masse* beschreibt. Ändere die entsprechenden Sätze.

2 Aluminium hat eine Dichte von 2,7 g/cm³. Erkläre, was das bedeutet.

3 Es gibt einige Sterne (sogenannte „Weiße Zwerge"), die eine Dichte von 1 000 000 g/cm³ haben. Wieviel g (kg, t) wiegt ein 1-cm³-Würfel davon?

4 In Bild 7 geht es um das Metall *Messing*:

a) Wie groß ist das Volumen des 50-g-Wägestücks aus Messing?

b) Welche Masse hat ein 1-cm³-Würfel aus Messing?

c) Welches Volumen hat ein 200-g-Wägestück aus Messing?

d) Hat ein eisernes 200-g-Wägestück ein anderes Volumen als ein 200-g-Wägestück aus Messing?

5 Warum ist bei den Dichte-Werten in der Tabelle im Anhang die Dichte von Holz nicht mit einem genauen Zahlenwert angegeben?

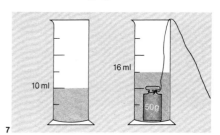

16 ml

10 ml

50g

7

Alles klar?

1 Vergleiche die folgenden Körper: Eiswürfel, Holzkugel, Wasserpfütze, Tischtennisball, Luftblase.

Welche *gemeinsamen* Eigenschaften haben sie?

Nenne die gemeinsamen und unterschiedlichen Eigenschaften von flüssigen und gasförmigen Körpern.

2 Welche Eigenschaften haben *alle* Körper gemeinsam?

3 Gib an, welcher Körper bei den folgenden Vorgängen jeweils verdrängt wird:

Ein Glas wird mit Sprudel gefüllt; Luft wird in einen Ballon gepustet; ein Schiff sinkt.

4 Es gibt Trichter, die seitlich kleine Stege haben (Bild 1). Dadurch verschließen sie den Flaschenhals nicht ganz. Warum ist das für den Gebrauch günstig?

1

5 Eine Autotür läßt sich leicht zuschlagen, wenn ein Fenster geöffnet ist. Warum geht das nicht so leicht, wenn alle Fenster und die anderen Türen *zu* sind?

6 In einem Glas ist etwa 1 Liter Luft. Wie kannst du sie herausbekommen?

7 Läßt sich dieser Luftballon (Bild 2) so aufblasen, daß er den Kolben fast ganz ausfüllt? Begründe deine Antwort auch.

2

8 Beschreibe, wie man jeweils das Volumen der folgenden Körper bestimmen kann: Sandform, Würfelzucker, Holzkugel, Korken, Waschmittelpaket, Kühlschrank, Wassereimer, eine Buchseite und unterschiedliche Münzen.

9 Eine Aluminium- und eine Bleikugel haben das gleiche Volumen. Sie werden nacheinander in ein Glas mit Wasser getaucht. Bei welcher Kugel steigt das Wasser höher?

10 Ein Stück Aluminiumblech wird in einen wassergefüllten Meßzylinder getaucht; so wird sein Volumen bestimmt. Danach wird das Blech zerschnitten, und alle Stückchen werden wieder im Wasser versenkt. Welches Ergebnis erwartest du daraufhin?

11 Übertrage die folgenden Sätze aus der Umgangssprache in die Sprache der Physik:

„Das Paket ist 2 Pfund schwer."

„Die Tüte wiegt ungefähr 1 kg."

„Der Pkw hat ein Gewicht von 1100 kg."

12 Die Einheit für die Masse ist 1 kg. Wie ist diese Einheit festgelegt?

Welche anderen, vom Kilogramm abgeleiteten Einheiten kennst du?

13 Ein Körper mit 244 g Masse soll auf einer Balkenwaage mit Wägestücken ins Gleichgewicht gebracht werden. Es stehen aber nur folgende Wägestücke zur Verfügung: 200 g, 50 g, 5 g, 2 g, 1 g. Was ist zu tun? Zeichne!

14 Wie groß ist die Masse dieser Birne (Bild 3)?

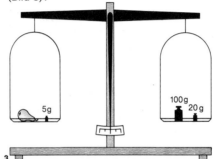
3

15 Wie würdest du mit einer einfachen Balkenwaage die Masse eines 5-DM-Stückes messen?

Beschreibe den Vorgang, und benutze dabei das Wort *vergleichen*.

16 Zum Knobeln:

a) Peter hat drei gleichgroße Kugeln. Zwei davon haben die gleiche Masse, eine hat eine kleinere Masse. Wie könnte er durch eine einzige Wägung mit der Balkenwaage *ohne* Wägestücke herausbekommen, welches die beiden Kugeln mit gleicher Masse sind?

b) 2 kg Zucker sollen in 10 Tüten von jeweils 200 g abgefüllt werden. Es stehen aber nur folgende Geräte zur Verfügung: eine Balkenwaage, ein 500-g-Wägestück und ein Hammer mit einer Masse von 900 g.

Am besten zeichnest du auf, wie du vorgehen würdest.

17 Ordne folgende Körper nach ihrer Dichte:

Luftgewehrkugel aus Blei, Goldmünze, Aluminiumkochtopf, Holzlöffel, Trinkglas, Kneifzange, Kupferpfanne.

18 In den Bildern 4 u. 5 geht es um Massen und Dichten:

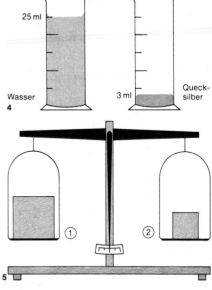
4

5

a) In welchem Meßzylinder befindet sich die größere Masse?

b) Was hat die größere Dichte: Wasser oder Quecksilber?

c) Vergleiche das Volumen und die Masse der beiden Körper auf den Waagschalen (Bild 5).

d) Welcher von den beiden Würfeln ist der Aluminiumwürfel, welcher ist der Silberwürfel?

19 Was wiegt mehr:

a) 1 kg Gold oder 1 kg Quecksilber?

b) 1 Liter Wasser oder 1 Liter Benzin?

20 Tina Pfiffig meint: „Eine Glaskugel ist schwerer als eine Eisenkugel. Ich habe sie beide genau auf meiner Balkenwaage gewogen."

Kannst du den Satz so ändern, daß er auf jeden Fall richtig ist?

21 Marco will sich ein Segelflugzeug aus Holz basteln. Sein Vater rät ihm, *Balsaholz* zu nehmen. Warum wohl?

22 Zwei Plastilinkugeln haben gleich große Massen. In einer ist jedoch ein kleiner Holzklotz verborgen.

Wie findest du diese Kugel heraus, ohne sie zu zerstören?

23 Ulrike findet ein Armband; es glänzt wie Silber. Wie bekommt sie heraus, ob es wirklich aus Silber ist?

7 Zusammenfassung

Körper und ihre Eigenschaften

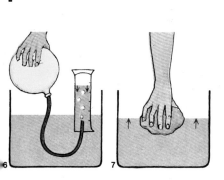

In der Physik bezeichnet man alle Dinge und Lebewesen als **Körper**. Sie haben **gemeinsame Eigenschaften**:

Alle Körper bestehen aus *Stoffen*.
Alle Körper nehmen einen Raum ein; sie haben ein *Volumen*.
Alle Körper können eine Balkenwaage aus dem Gleichgewicht lenken; sie haben eine *Masse*.

Man unterscheidet in der Physik:
feste Körper, *flüssige* Körper (Flüssigkeiten) und *gasförmige* Körper (Gase).

Volumen und Masse werden gemessen

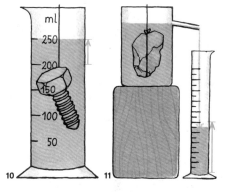

Als **Einheit** des **Volumens** (*V*) hat man **1 Kubikmeter** (1 m³) festgelegt.

Flüssigkeiten und Gase werden häufig in Liter (l), Hektoliter (hl) und Milliliter (ml) gemessen.

Das Volumen **regelmäßiger Körper** (z.B. *Würfel*) kann man **berechnen**: *V* = Länge · Breite · Höhe.

Das Volumen **unregelmäßiger Körper** kann man **messen**: entweder mit dem **Überlaufverfahren** oder mit dem **Differenzverfahren**.

9 1Kubikmeter (1m³)

1 Kilogramm (1 kg) ist die gesetzlich festgelegte **Einheit** der **Masse** (*m*). Sie ist festgelegt durch einen Vergleichskörper aus Metall, das *Urkilogramm*.

Die Masse eines Körpers wird mit der **Balkenwaage** ermittelt. Dabei wird die unbekannte Masse des Körpers mit der bekannten Masse der Wägestücke verglichen.

Die Dichte

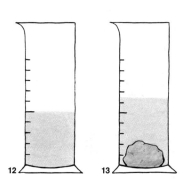

Die Dichte eines Körpers aus einem bestimmten Stoff kann folgendermaßen bestimmt werden:

1. Man mißt die Masse des Körpers.
2. Man stellt sein Volumen fest.
3. Man errechnet aus Masse (*m*) und Volumen (*V*) die Dichte (*p*):

$$\frac{\textbf{Masse}}{\textbf{Volumen}} = \textbf{Dichte};\qquad \text{Einheit: } 1\,\frac{\text{kg}}{\text{m}^3}.$$

Jeder Stoff hat eine ganz bestimmte Dichte.
Sie ist deshalb ein wichtiges Erkennungsmerkmal für einen Stoff.

Der Luftdruck

1 Wirkungen des Luftdrucks

Aus der Geschichte: Die „Magdeburger Halbkugeln"

Die folgende Geschichte ereignete sich im Jahre 1654, also vor mehr als 300 Jahren. Damals sah die Welt ganz anders aus als heute: Man kannte noch keine Flugzeuge und Eisenbahnen. Es gab auch noch keine Autos, ja nicht einmal das Fahrrad war erfunden. Als Verkehrsmittel benutzte man Pferde, Kutschen oder Segelschiffe. Natürlich hatte man auch noch keinen elektrischen Strom, also kein elektrisches Licht, kein Telefon, kein Radio und kein Fernsehen. Zu dieser Zeit lebte in Magdeburg Otto von Guericke (Bild 1), den du vielleicht schon aus dem Kapitel Wärmelehre kennst. Er war Bürgermeister der Stadt, fand aber immer noch Zeit, physikalische Experimente durchzuführen.

Die interessantesten und auch überraschendsten Versuche führte er Zuschauern vor – so z.B. seinen **Versuch mit zwei großen Halbkugeln:**

Vor den Toren der Stadt fanden sich hohe Herren und eine Menge Volk ein. Guericke und zwei seiner Gehilfen hantierten auf einer abgesteckten Wiese mit zwei Halbkugeln aus Kupfer. Endlich trat er zurück, und seine Helfer legten die beiden Scha-

len mit einem Lederring als Dichtung zusammen. Eine Halbkugel war mit einem Hahn versehen. Hier wurde eine Luftpumpe angeschlossen, mit der man die Luft *aus der Kugel herauspumpen* konnte.

Nachdem sie eine halbe Stunde gepumpt hatten, wurden vor jede Halbkugel zehn starke Pferde gespannt. Die Roßknechte ließen nun die Peitschen knallen, und zwanzig Pferde legten sich mit aller Kraft ins Geschirr (Bild 2). Die Zuschauer hielten den Atem an. Die Zugseile waren zum Zerreißen gespannt – aber die Halbkugeln hielten zusammen, als ob sie miteinander verschraubt wären. Eine mächtige, unsichtbare Kraft mußte die beiden Schalen zusammenpressen – davon waren die Zuschauer überzeugt.

Da trat Guericke heran. Er öffnete den Hahn, an dem anfangs die Pumpe angeschlossen war, und plötzlich polterten die Schalen wie von selbst auseinander . . .

Die Kunde von Guerickes Versuch lief durch das ganze Land. Sie erregte die Menschen damals fast genauso wie etwa die erste Mondlandung in unserer Zeit.

V 1 Mit zwei *Saughaken* kannst du einen ähnlichen Versuch wie Otto von Guericke machen: Presse die beiden Haken so aneinander, wie Bild 3 es zeigt.

Schaffst du es, sie wieder auseinanderzuziehen?

V 2 Fülle ein Glas bis zum Rand mit Wasser. Lege eine *Postkarte* darauf, und drehe das Glas langsam um. Erst dann läßt du die dünne Pappe los.

Wer hat den Mut, sich wie in Bild 4 als „Testperson" zur Verfügung zu stellen?

V 3 Meinst du, das Ergebnis liegt an der Pappe? Nimm an ihrer Stelle eine lockere *Mullbinde* (Gaze). Lege sie auf das Glas, und laß das Wasser *durch den Mull hindurchlaufen,* bis das Glas ganz voll ist (Bild 5). Lege deine Hand darauf, drehe das Glas um, und ziehe die Hand weg . . .

V 4 Laß einen ungefähr 1 m langen *Schlauch* ganz voll Wasser laufen, und verschließe ihn an beiden Enden mit den Daumen. Halte den Schlauch dann senkrecht, und biege ihn unten um (Bild 6). Öffne nun das untere Schlauchende.

Was geschieht, wenn du auch das obere Ende öffnest?

V 5 In der Mitte eines dünnen Brettchens oder einer kräftigen Pappe (ungefähr 10 cm · 10 cm groß) befestigst du einen Bindfaden. Das Brettchen legst du mitten unter zwei große, übereinanderliegende Zeitungsseiten. Dann stichst du ein kleines Loch in die Zeitung und ziehst den Bindfaden hindurch. Damit du besser ziehen kannst, befestigst du oben am Bindfaden noch einen Stock (Bild 7). Dann streichst du die Zeitung glatt, damit sie dicht am Boden anliegt.

Versuche nun, das Brettchen mit einem Ruck nach oben zu ziehen. Ziehe auch einmal ganz langsam.

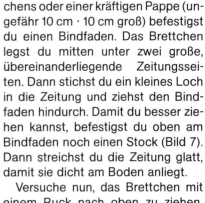

Aus Umwelt und Technik: **Beim Einkochen**

Elke will ein Glas Kirschen öffnen. Sie zieht am Gummiring. Dabei gibt es ein leises Zischen, und der Deckel läßt sich leicht abheben.

Warum konnte sie den Deckel nicht schon vorher abnehmen? Wie kam das Zischen zustande? Du kannst diese Fragen beantworten, wenn du weißt, wie eingekocht wird:

Das Kirschwasser im Glas kocht (Bild 8). Es bildet sich Wasserdampf. Der Dampf drückt die Luft, die vorher über den Kirschen war, aus dem Glas.

Das Glas kühlt ab (Bild 9). Der Wasserdampf wird wieder zu Wasser. Zwischen Kirschen und Deckel entsteht so ein beinahe luftleerer Raum – vorher war ja die meiste Luft herausgedrückt worden. Im Glas besteht

jetzt also ein **Unterdruck;** das heißt: Der Druck der Luft im Glas ist geringer als der Druck der Außenluft. Dieser preßt den Deckel auf das Glas.

Außerdem können die Kirschen im Glas nicht mehr schlecht werden: Es kommt nämlich keine Luft an die Kirschen heran, und Fäulniserreger wurden durch das Kochen abgetötet.

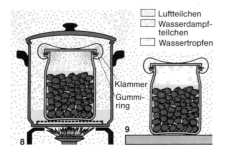

Fragen und Aufgaben zum Text

1 Warum zischt es, wenn man ein Glas mit Eingekochtem öffnet?

2 Warum kann man den Deckel des Glases nicht einfach abheben?

3 Warum eignet sich Gummi besonders gut als Dichtungsring?

4 Von den folgenden Sätzen stehen nur der erste und der letzte an der richtigen Stelle. Alle anderen wurden vertauscht. Bringe sie in die richtige Reihenfolge.
a) Die Kirschen im Glas kochen.
b) Das Glas mit den Kirschen kühlt ab.
c) Es bildet sich Wasserdampf im Glas.
d) Der Wasserdampf wird zu Wasser.
e) Im Glas ist jetzt ein Unterdruck.
f) Der Wasserdampf drückt die Luft aus dem Glas heraus.
g) Der Außendruck wirkt auf den Deckel.
h) Der Deckel sitzt fest.

Wie der Luftdruck gemessen wird

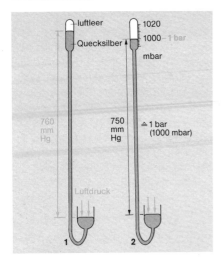

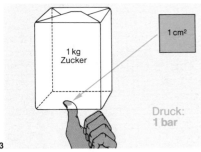

Geräte, die zum Messen des Luftdrucks eingesetzt werden, heißen **Barometer**.

Die Bilder 1 u. 2 zeigen ein sogenanntes **Quecksilberbarometer**. Das Quecksilber wird in dem luftleeren Rohr von normalem Luftdruck 760 mm hoch gedrückt; dann bleibt es stehen.

Man kann auch sagen: Der normale Luftdruck auf der Erde (gemessen in Meereshöhe) trägt eine **Quecksilbersäule von 760 mm**.

Die Bezeichnung „Millimeter Quecksilbersäule" (kurz: „mm Hg") findet man noch auf älteren Barometern. Heute mißt man den Luftdruck jedoch in der Einheit **1 Bar (1 bar)**.

1 bar entspricht dem Luftdruck, der eine **750 mm hohe Quecksilbersäule** tragen kann (Bild 2). Das ist der Druck, den z.B. 1 kg Zucker auf eine Daumenspitze (1 cm² Fläche) ausüben würde (Bild 3).

Um den Luftdruck genau angeben zu können, benutzt man häufig die kleinere Einheit **1 Millibar (1 mbar)**.

1 bar = 1000 mbar.

Seit dem 1.1.1984 wird der Luftdruck im Wetterbericht in **Hektopascal (hPa)** angegeben: **1 hPa = 1 mbar**.

Es gibt noch andere Barometertypen, z.B. das **Dosenbarometer** (Bild 4).

Wichtigster Teil des Dosenbarometers ist die fast luftleere Druckdose aus Blech. Je stärker die Luft von außen auf den gewellten Deckel drückt, desto mehr wird er eingedellt. Drückt die Luft weniger stark, wölbt sich der Deckel wieder zurück.
Mit dem Deckel ist eine Feder verbunden. Sie überträgt die Bewegungen des Deckels auf den Zeiger.

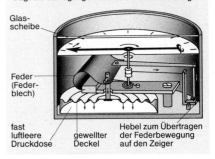

Aus Umwelt und Technik: **Der Luftdruck ist von der Höhe abhängig**

Die Erde ist von einer Lufthülle umgeben. Sie reicht mehrere hundert Kilometer hoch. Wir leben auf dem Grund dieses „Luftmeeres".

Im Jahre 1648 (zu jener Zeit lebte auch Otto von Guericke) machte ein Verwandter des bekannten französischen Wissenschaftlers Pascal einen interessanten Versuch. Er dachte sich: „Wenn wir wirklich auf dem Boden eines riesigen ‚Luftmeeres' leben, dann müßte doch der *Luftdruck nach oben hin immer geringer* werden." Das wollte er überprüfen.

Für seinen **Versuch** nahm er zwei Quecksilberbarometer. In beiden stand die Quecksilbersäule gleich hoch, nämlich bei 26 Zoll und 3 ½ Linien; das sind nach unseren heutigen Maßen etwa 708 mm.

Das eine Barometer ließ er in seinem Hause stehen (in Clermont, Frankreich, ungefähr 500 m über dem Meeresspiegel). Mit dem anderen bestieg er einen ungefähr 1000 m höheren Berg (den Puy-de-Dôme; Bild 5).

Er nahm einige Männer als Zeugen mit. Auch bei dem Barometer in seinem Haus blieben einige Leute; sie sollten den Barometerstand dauernd beobachten und jede Veränderung genau messen und aufschreiben.

Als die Bergsteiger zurückkamen und ihre eigenen Aufzeichnungen mit denen der Gruppe im Tal verglichen, kam folgendes heraus:

Die Messung auf dem Gipfel hatte *23 Zoll und zwei Linien* ergeben; das sind etwa 626 mm. Das Barometer im Tal stand aber immer bei *26 Zoll und 3 ½ Linien,* also bei 708 mm. Genausoviel zeigte das „Bergbarometer" auch jetzt wieder im Hause an.

Fragen und Aufgaben zum Text

1 Warum zeigte das „Bergbarometer", als es wieder im Hause war, denselben Wert an wie vor der Bergbesteigung?

2 Versuche, das Ergebnis des Versuchs zu erklären. Bild 5 hilft dir dabei.

3 Miß mit einem Barometer den Luftdruck im Keller und im obersten Stockwerk eines hohen Hauses.

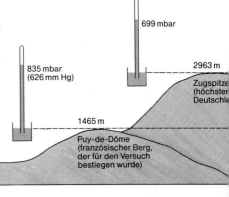

Aus Umwelt und Technik: **Die Lufthülle der Erde**

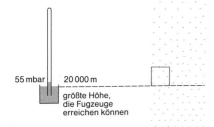

55 mbar — 20 000 m
größte Höhe,
die Fugzeuge
erreichen können

194 mbar — 12 000m
bis zu dieser
Höhe fliegen
Verkehrsflugzeuge

314 mbar — 8848 m
Mount Everest
(höchster Berg
der Erde)

307 m
ontblanc
öchster Berg
uropas)

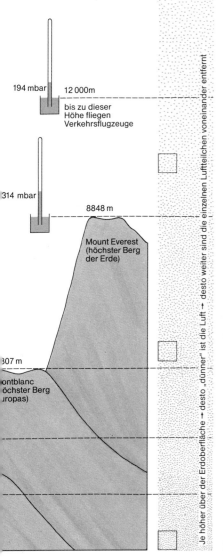

Je höher über der Erdoberfläche → desto „dünner" ist die Luft → desto weiter sind die einzelnen Luftteilchen voneinander entfernt

In der Lufthülle der Erde ist der Luftdruck über dem Erdboden (oder über dem Meeresspiegel) am größten. Nach oben hin wird die Luft immer dünner (Bild 5). Schon in 5000 m Höhe ist sie so dünn, daß den meisten Menschen das Atmen schwerfiele. Man muß in solchen Höhen viel schneller atmen, um die zum Leben notwendige Luft zu bekommen.

Zum Besteigen der höchsten Berggipfel müssen auch die meisten Bergsteiger Luft in Flaschen mitnehmen (Bild 6). In Verkehrsflugzeugen, die in 10 000–12 000 m Höhe fliegen, können wir nur deshalb normal atmen, weil zusätzliche Luft ins Flugzeug gedrückt wird. Außerhalb des Flugzeugs herrscht ein Druck von etwa 250 mbar, im Innern von etwa 1000 mbar.

Die Lufthülle ist für uns auch aus anderen Gründen lebensnotwendig: Auf dem Mond, den keine schützende Luftschicht umgibt, beträgt die Temperatur auf der von der Sonne beschienenen Seite ungefähr +150 °C, auf der unbeschienenen Seite dagegen etwa –150 °C. Keine Pflanze, kein Tier und natürlich auch kein Mensch kann unter solchen Bedingungen leben. Wenn die Erde keine Lufthülle hätte, gäbe es bei uns ähnliche Temperaturen wie auf dem Mond. Die Lufthülle nimmt am Tage die Sonnenwärme auf, speichert sie und gibt sie in der Nacht wieder ab.

Die Lufthülle schützt uns auch davor, daß ständig Gesteinskörper aus dem Weltall auf die Erde fallen. Die meisten kleineren Körper (Meteoriten) werden durch die Luft sehr stark gebremst. Dabei erhitzen sie sich so stark, daß sie verbrennen. Sternschnuppen z.B., die man manchmal nachts beobachten kann, sind solche Körper, die in der Lufthülle verbrennen. Von ihnen bleiben nur kleine Staubteilchen übrig, die für uns nicht mehr gefährlich sind.

Anders als auf dem Mond, der von Einschlagstellen übersät ist (Bild 7), durchdringen nur sehr selten große Gesteinskörper (Meteore) die Lufthülle der Erde.

6

7

Fragen und Aufgaben zum Text

1 Große Verkehrsflugzeuge fliegen oft in 10 000 m Höhe. Trotzdem kann man darin ohne Schwierigkeiten atmen. Woran liegt das?

2 Erkläre, warum die Lufthülle für uns lebensnotwendig ist. Denke dabei nicht nur an den Menschen, sondern auch an Tiere, Pflanzen und die Erdoberfläche.

3 Wie kommen die hohen Temperaturunterschiede auf dem Mond zustande?

2 Überdruck und Unterdruck

1

"Hoffentlich ist es nur das Ventil!"

2

3

V 6 Aus einer Streichholzschachtel kannst du ein Modell bauen, das zeigt, wie ein Ventil funktioniert. Dazu ziehst du den Schub der Streichholzschachtel heraus und schneidest ihn nach Bild 4 zurecht. Dann schiebst du ihn wieder in die Hülle zurück.

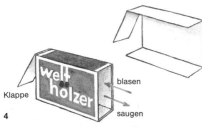

4

a) Blase zuerst in die Öffnung, und sauge dann die Luft plötzlich an. Beobachte dabei die Klappe.

b) Drehe die Schachtel so um, daß sich die Klappe in der Mundhöhle befindet. Blase und sauge dann ebenfalls kräftig. Wann schließt jetzt die Klappe?

V 7 Ein Luftballon soll ein Ventil erhalten, damit die Luft nach dem Aufblasen nicht wieder entweichen kann. Du darfst aber die Ballonöffnung nicht verknoten oder zuhalten.

Die Gegenstände von Bild 5 stehen dir als Hilfsmittel zur Verfügung. Es gibt verschiedene Lösungen!

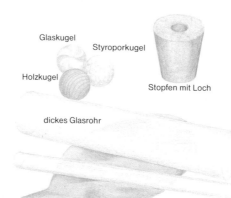

5

Aufgaben

1 Prüfe nach, ob dein Ventil aus Versuch 7 dicht ist. Kannst du das auch *sichtbar* machen?

2 Drehe den Luftballon so, daß das Ventil oben ist. Es soll auch in dieser Stellung funktionieren.

3 Erkläre, warum die Luft im Luftballon bleibt.

4 Beschreibe, was das Ventilmodell von Versuch 6 und das Ventil von Versuch 7 gemeinsam haben. Worin unterscheiden sie sich?

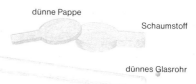

Aus Umwelt und Technik: **Fahrradventile**

Fahrradschlauch

① ③
②

Luftpumpe

6

Aus der Luftpumpe wird die Luft durch das Ventil (Bild 6) in den Fahrradschlauch gepreßt. Der elastische Gummischlauch (1) des Ventils wird dabei auseinandergedrückt, und die Luft gelangt durch die seitliche Öffnung (2) der Metallröhre (3) in den Fahrradschlauch.

Nach jedem Pumpenstoß zieht sich der Gummischlauch des Ventils wieder zusammen. Außerdem wird er durch die zusammengepreßte Luft im Fahrradschlauch gegen die Metallröhre gedrückt. Dadurch wird die seitliche Öffnung verschlossen, so daß keine Luft mehr aus dem Schlauch entweichen kann.

Fragen und Aufgaben zum Text

1 Das Ventil in Bild 7 ist undicht. Wie gelangt die Luft heraus? Zeichne das Ventil ab, und trage den Weg der Luft mit Pfeilen in deine Zeichnung ein.

2 An Bild 7 erkennst du, daß die Metallröhre des Ventils eine Verdickung hat. Der Gummischlauch des Ventils ist darübergezogen. Welche Aufgabe hat die Verdickung?

3 Gummi wird mit der Zeit spröde und unelastisch. Welche Folgen hat das?

4 Oft haben Fahrradschläuche sogenannte **Blitzventile** (Bild 8). Durch sie läßt sich ein Schlauch leichter und schneller aufpumpen.
a) Wie funktioniert ein Blitzventil?
b) Wenn sich das Rad dreht, zeigt das Ventil mal nach oben und mal nach unten. Der Kegel des Ventils fällt aber nie nach unten; er bleibt immer in der Öffnung stecken. Wie kommt das?
c) Warum braucht man bei einem Blitzventil weniger Kraft zum Aufpumpen des Schlauches?

7

Fahrradschlauch

Kegel mit Gummiring

8

Aus Umwelt und Technik: **Die Fahrradpumpe**

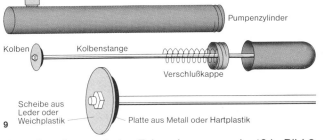

Pumpenzylinder

Kolben — Kolbenstange

Verschlußkappe

Scheibe aus Leder oder Weichplastik — Platte aus Metall oder Hartplastik

9

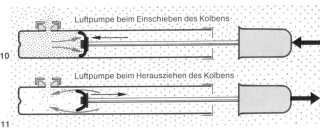

Luftpumpe beim Einschieben des Kolbens

Luftpumpe beim Herausziehen des Kolbens

10

11

Hast du schon mal eine Fahrradpumpe zerlegt? In Bild 9 sind die Einzelteile dieser Luftpumpe abgebildet.

Der **Kolben** besteht hauptsächlich aus einer biegsamen Scheibe aus Leder oder Weichplastik. Sie liegt innen dicht am **Pumpenzylinder** an und gleitet beim Pumpen an der Zylinderwand entlang.

Der Kolben der Fahrradpumpe wirkt wie ein **Ventil:**

Wenn du den Kolben in den Zylinder drückst, wird die Luft *vor* dem Kolben zusammengepreßt: Es entsteht dort ein **Überdruck**. Das weiche Leder des Kolbens wird an die Zylinderwand gepreßt. So kann die Luft nur vorne durch die kleine Öffnung entweichen (Bild 10).

Wenn du den Kolben zurückziehst, läßt der Druck auf das weiche Leder nach. Es wird nicht mehr gegen die Zylinderwand gepreßt. Vielmehr entsteht im Pumpenzylinder vor dem Kolben ein **Unterdruck**. Die Luft strömt seitlich an der Lederscheibe vorbei, und der Zylinder füllt sich vor dem Kolben wieder mit neuer Luft (Bild 11).

Fragen und Aufgaben zum Text

1 Halte deinen Daumen auf die Öffnung einer Luftpumpe, und drücke den Kolben kräftig in den Zylinder. Warum schaffst du es nicht ganz?

2 Wenn du die Luftpumpe so wie in Bild 12 hältst, kannst du damit auf- und ab-„federn". Erkläre, was dabei im Pumpenzylinder geschieht.

3 Beim Pumpen kann sich die Luft im Pumpenzylinder immer nur in *einer* Richtung bewegen – genauso wie Autos in einer Einbahnstraße. Wie wird wohl dieser „Luftverkehr" geregelt?

4 Pumpenkolben mit einer Lederscheibe werden leicht undicht, weil das Leder hart und spröde wird. Wie kannst du das verhindern?

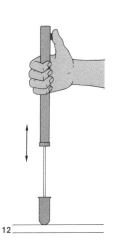

12

3 Pumpen fördern Flüssigkeiten

Schreibe zu jedem der folgenden Versuche deine Beobachtungen auf.
Versuche, sie auch zu erklären.

V 8 Verschließe die Öffnung einer Plastikspritze (Bild 2) mit einem Stopfen oder mit dem Daumen. Ziehe den Kolben so weit wie möglich heraus, und laß ihn dann plötzlich los.

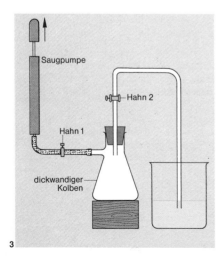

V 9 Verschließe zunächst die Plastikspritze wie in Versuch 3 mit dem Daumen. Ziehe nun den Kolben heraus, und halte die Öffnung – noch immer verschlossen – unter Wasser. Dann gibst du die Öffnung der Plastikspritze frei.

V 11 Dieser Versuch (Bild 3) kann dir zeigen, wie ein Saugwagen (Bild 4) funktioniert. Du brauchst nur die Bilder miteinander zu vergleichen.

a) Welche Teile des Saugwagens findest du im Versuchsaufbau wieder?

b) Hahn 2 ist zunächst geschlossen, Hahn 1 ist geöffnet. Was geschieht, wenn die Saugpumpe betätigt wird?

c) Nun wird Hahn 1 geschlossen und Hahn 2 geöffnet. Was geschieht jetzt?

d) Warum muß man bei diesem Versuch einen Glaskolben mit dicken Wänden benutzen?

V 10 Du brauchst eine leere, weiche Plastikflasche und eine Schüssel mit Wasser. Drücke die Flasche möglichst platt, und halte ihre Öffnung unter Wasser. Nun hältst du die Flasche etwas lockerer, so daß sie allmählich ihre alte Form bekommt.

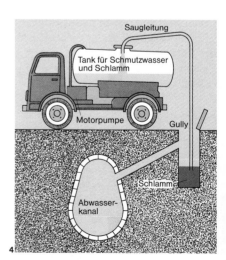

Aus Umwelt und Technik: **Pumpen für Flüssigkeiten**

Mit Pumpen kann man auch Flüssigkeiten durch Rohre befördern. Zum Beispiel lassen sich damit Wasser oder Erdöl aus dem Erdboden nach oben pumpen. Solche Pumpen gibt es in verschiedenen Bauarten.

Die Bilder 5 u. 6 zeigen zwei vereinfachte Schnittzeichnungen einer Wasserpumpe. Daran wird deutlich, wie die Pumpe funktioniert.

Fragen und Aufgaben zum Text

1 Die Sätze unter den Bildern 5 u. 6 beschreiben, wie die Wasserpumpe arbeitet. Sie sind jedoch vertauscht worden. Nur jeweils der erste Satz steht an der richtigen Stelle. Trotzdem schaffst du es bestimmt, alle Sätze in der richtigen Reihenfolge aufzuschreiben.

2 In den Bildern 5 u. 6 sind jeweils zwei Kugelventile zu erkennen. Welche davon sind *Überdruck-* und welche *Unterdruckventile*?

3 Wasserpumpen findet man oft noch in Gärten. Wenn sie selten benutzt werden, kann es passieren, daß kein Wasser hochkommt, auch wenn man noch so lange pumpt. Wo könnte der Fehler stecken?

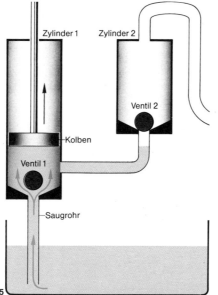
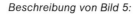
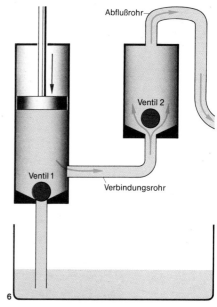

Beschreibung von Bild 5:

a) Der Kolben wird hochgezogen.
b) Das Wasser steigt in Zylinder 1.
c) Der äußere Luftdruck preßt Wasser im Saugrohr hoch.
d) Ventil 1 öffnet sich.
e) Im Pumpenzylinder entsteht ein Unterdruck.

Beschreibung von Bild 6:

f) Der Kolben wird heruntergedrückt.
g) Ventil 2 öffnet sich.
h) Das Wasser wird in das Verbindungsrohr gedrückt.
i) Ventil 1 schließt sich.
j) Das Wasser steigt im Zylinder 2 hoch und fließt aus dem Abflußrohr.

Aus Umwelt und Technik: **Die Vorgänge bei der Atmung**

Um leben zu können, brauchen wir in jeder Minute ungefähr 8 Liter Luft. Die atmen wir durch *Mund* und *Nase* ein. Durch die *Luftröhre* gelangt die Luft in die *Lunge*. Die beiden *Lungenflügel* sind in unserem Brustkorb luftdicht eingeschlossen.

Was geschieht beim Ein- und Ausatmen? Die Bilder 8 u. 10 zeigen die Lunge beim Atmen. Damit du verstehst, auf welche Weise Luft in die Lunge gelangt, ist in den Bildern 7 u. 9 ein **Modellversuch** zur Atmung dargestellt:

Die Glasglocke ist unten offen; sie soll der „Brustkorb" sein, der Luftballon darin die „Lunge". Die Plastiktüte, die dicht um die Glocke geklebt ist, entspricht dem Zwerchfell, das den Brustkorb nach unten hin abschließt.

Wenn die Plastiktüte nach unten gezogen wird (Bild 7), vergrößert sich der Raum unter der **Glocke**: Es entsteht ein Unterdruck. Die Außenluft strömt in den Luftballon ein. Sie bläst den Luftballon „wie von selbst" auf.

Ähnlich füllt sich die **Lunge** beim **Einatmen** mit Luft (Bild 8): Die Rippen heben sich, das Zwerchfell spannt sich nach unten. Der Brustraum mit der Lunge wird dadurch größer. Es entsteht ein Unterdruck, und die Außenluft strömt durch die Luftröhre in die Lunge.

Beim **Ausatmen** senken sich die Rippen, und das Zwerchfell wölbt sich nach oben. Der Brustraum wird dadurch kleiner, so daß für die Luft weniger Platz bleibt. Folglich wird sie aus der Lunge herausgepreßt.

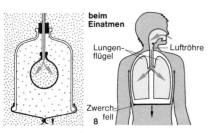

Fragen und Aufgaben zum Text

1 Beschreibe und erkläre, wie man die Luft aus dem Luftballon wieder herausbekommt (Bild 9).

2 Warum kann der Modellversuch zur Atmung nicht gelingen, wenn die Plastiktüte ein Loch hat?

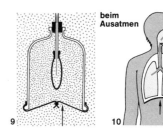

Alles klar?

1 Aus welchem dieser Gefäße fließt das Wasser aus?

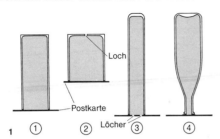

2 Michael sticht ein Loch in eine Milchdose; es fließt aber kaum Milch heraus. Was muß er tun?

3 Oft lassen sich Marmeladegläser beim ersten Mal nur schwer aufschrauben. Da kennt Tina einen Trick: Mit einem spitzen Gegenstand sticht sie ein Loch in den Deckel. Warum läßt er sich dann leichter aufschrauben?

4 Überlege, ob du mit der abgebildeten Pumpe einen Fahrradreifen aufpumpen könntest. (Was geschieht, wenn du den Kolben in den Zylinder drückst und dann wieder herausziehst?)

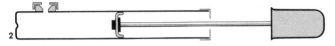

5 Wozu könnte man wohl eine Luftpumpe wie die hier abgebildete verwenden?

6 In Autowerkstätten und manchen Handwerksbetrieben stehen **Kompressoren**. Das sind Luftpumpen, die mit einem Motor angetrieben werden. Sie erzeugen die Druckluft, mit der z.B. die Druckluftwerkzeuge arbeiten.

Wichtige Teile des Kompressors sind seine Ventile. Sie sind in den stark vereinfachten Schnittzeichnungen unten auf dieser Seite deutlich zu erkennen.

a) Erkläre, wie die Ventile arbeiten, wenn der Kolben im Zylinder *nach unten* bewegt wird. Verwende dabei die Begriffe *Überdruck* und *Unterdruck*.

b) Wie arbeiten die Ventile, wenn der Kolben im Zylinder *nach oben* bewegt wird?

c) Der Kompressor pumpt die Luft nicht direkt zu den Druckluftwerkzeugen, sondern in den Windkessel. Wenn darin ein bestimmter Druck erreicht ist, wird der Motor automatisch abgeschaltet. Der Windkessel hat ein Sicherheitsventil. Wann muß es sich öffnen?

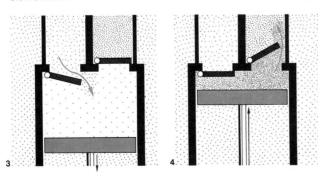

7 Ventile werden häufig eingebaut, wenn ein großer Druck entstehen kann. Ein solches *Sicherheitsventil* befindet sich z.B. bei Heizungsrohren in der Nähe des Heizkessels. Es soll verhindern, daß die Heizungsrohre platzen. Wie funktioniert das Ventil?

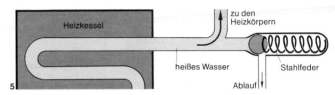

8 Eine Plastikspritze läßt sich leicht mit Wasser füllen.

a) Beschreibe, wie man das macht, und erkläre, warum das Wasser in die Spritze strömt. (Verwende dabei nicht das Wort *saugen!*)

b) Warum tropft das Wasser nicht aus der Spritze, wenn du die Öffnung nach unten hältst?

9 Ein Blasebalg zum Aufpumpen von Luftmatratzen hat zwei Klappenventile. Beschreibe, wie sie arbeiten: „Wenn man auf den Blasebalg drückt, …"

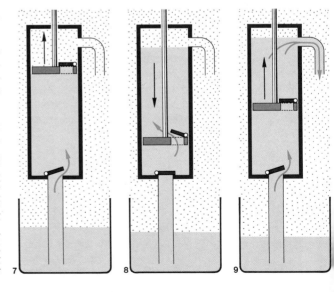

10 Wenn du Saft mit einem Strohhalm trinkst, steigt die Flüssigkeit im Halm empor. Wie kommt das?

Verwende bei deiner Erklärung den Begriff *Unterdruck*, aber nicht das Wort *saugen!*

11 Wasserpumpen im Garten sind meist wie die hier abgebildete Saugpumpe gebaut. Wie funktioniert diese Pumpe?

a) „Wenn der Kolben hochgezogen wird, …"

b) „Wenn der Kolben heruntergedrückt wird, …"

c) „Wenn der Kolben wieder hochgezogen wird, …"

4 Zusammenfassung

Wirkungen des Luftdrucks

Die Erde ist von einer Luftschicht umgeben. Weil die Luft Gewicht hat, drückt sie auf alle Körper auf der Erde.

Normalerweise spürt man den Luftdruck nicht, da er überall wirkt – auch z.B. im Innern unseres Körpers. Bei bestimmten Versuchen kann man aber die Wirkung des Luftdrucks deutlich beobachten:

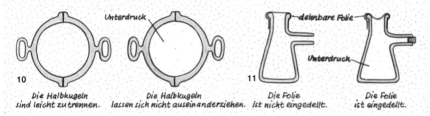

10 Die Halbkugeln sind leicht zu trennen. Die Halbkugeln lassen sich nicht auseinanderziehen. **11** Die Folie ist nicht eingedellt. Die Folie ist eingedellt.

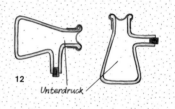

12 Unterdruck

Erklärung: Das Innere der zusammengelegten Halbkugeln und des Glaskolbens wurde fast luftleer gepumpt. Im Vergleich zu außen sind also nur noch wenige Luftteilchen darin; im Innern ist jetzt ein luftverdünnter Raum. Damit herrscht innen auch ein geringerer Druck als außen, ein **Unterdruck**. Der äußere (stärkere) Luftdruck preßt die Halbkugeln zusammen und dellt die Folie ein.

Auch wenn man die Flasche dreht, so daß die Folie zur Seite oder nach unten zeigt, wird diese eingedellt: Der äußere Luftdruck wirkt gleich stark von allen Seiten, auch von unten.

Überdruck und Unterdruck

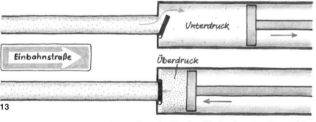

13

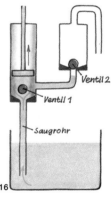

Pumpen können Gase und Flüssigkeiten befördern. Es gibt viele unterschiedliche Bauarten.

Nebenan ist eine Pumpe vereinfacht dargestellt – einmal beim Hochziehen und einmal beim Herunterdrücken des Kolbens.

Wenn man den Kolben hochzieht, wird der Raum im Zylinder unter dem Kolben vergrößert: Es entsteht hier ein **Unterdruck**; das heißt, der äußere Luftdruck ist größer als der Druck der Luft im Zylinder. Die äußere Luft preßt das Wasser im Saugrohr nach oben, Ventil 1 öffnet sich, und das Wasser strömt in den Zylinder ein.

16

Ventile sind wie Einbahnstraßen. Sie geben nur *eine* Richtung frei, in der eine Flüssigkeit oder ein Gas (z.B. die Luft) strömen kann. Die Gegenrichtung ist gesperrt.

Ventile funktionieren nur, wenn auf der einen Seite ein größerer Druck ist als auf der anderen:

Beim Aufblasen des Luftballons kommt der stärkere Druck von außen. Die Kugel des Ventils wird zur Seite gedrückt, und die Luft kann in den Luftballon einströmen.

Wenn der Luftballon aufgeblasen ist, herrscht innen ein stärkerer Druck als außen. Die Kugel wird auf die Öffnung gepreßt, und die Luft kann nicht entweichen.

Wenn man den Kolben herunterdrückt, wird der Raum im Zylinder unter dem Kolben verkleinert: Hier entsteht ein **Überdruck**; also der Druck der Luft im Zylinder ist größer als der äußere Luftdruck. Ventil 1 schließt sich, und das Wasser wird in das Verbindungsrohr gedrückt. Ventil 2 öffnet sich. Das Wasser steigt im Zylinder 2 hoch und fließt heraus.

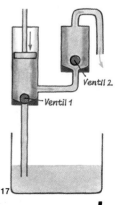

17

14 Freie Richtung

15 gesperrte Richtung

Die Aggregatzustände

Stoffe ändern ihren Zustand

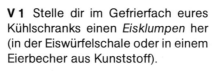

V 1 Stelle dir im Gefrierfach eures Kühlschranks einen *Eisklumpen* her (in der Eiswürfelschale oder in einem Eierbecher aus Kunststoff).

a) Beobachte das Eis, während du es in den Händen hältst.

b) Beschreibe, was mit deinen Händen geschieht.

c) Wie lange dauert es, bis das Eis in deiner Hand aufgetaut ist?

V 2 Wir erhitzen zerkleinertes Eis so lange, bis das entstehende *Wasser* siedet.

a) Notiere, wie sich der Inhalt des Gefäßes beim Erwärmen verändert.

b) Was geschieht, wenn wir eine brennende Kerze über das siedende Wasser halten (Bild 5)?

c) Was kannst du an einer kalten Glasscheibe beobachten, die in den Wasserdampf gehalten wird?

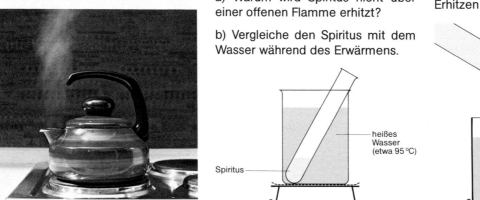

V 3 Mit diesem Versuch können wir prüfen, ob sich *Spiritus* (oder Alkohol) beim Erwärmen genauso verhält wie Wasser (Bild 6).

a) Warum wird Spiritus nicht über einer offenen Flamme erhitzt?

b) Vergleiche den Spiritus mit dem Wasser während des Erwärmens.

V 4 Wie verhält sich *Schwefel*, wenn er erhitzt und wieder abgekühlt wird (Bild 7)?

a) Beschreibe, was beim Erwärmen des Schwefels geschieht. Achte besonders auf den Bereich unterhalb der Öffnung des Reagenzglases.

b) Zeichne Bild 7 ab, und ergänze den Schwefel.

c) Vergleiche Wasser und Schwefel, wenn sie von einer Zustandsform in die andere übergehen.

d) Ist durch das Erhitzen und Abkühlen ein anderer Stoff entstanden, oder ist es immer noch Schwefel?

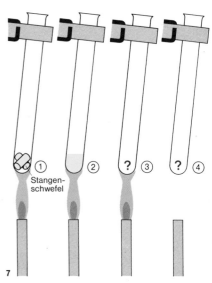

Stangenschwefel

V 5 Wir erhitzen *Kerzenwachs*, bis es flüssig wird. (Auch *Blei* oder *Zinn* können wir nehmen.) Dann gießen wir es zum Abkühlen in kaltes Wasser (Bild 8). Hat sich der Stoff durch das Erhitzen und Abkühlen verändert?

flüssiges Blei oder Zinn

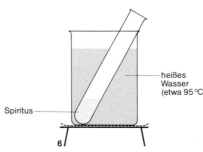

Spiritus

heißes Wasser (etwa 95 °C)

Wir lernen neue Begriffe kennen

Wenn beim Erwärmen ein fester Stoff in den flüssigen Zustand übergeht, sagt man: Der Stoff **schmilzt** (Eis wird zu Wasser). Geht er aus dem flüssigen in den gasförmigen Zustand über, sagt man: Der Stoff **siedet** oder **verdampft** (Wasser wird zu Wasserdampf).

Viele Stoffe können in allen drei **Zustandsformen**, nämlich **fest**, **flüssig** und **gasförmig**, vorkommen. Man bezeichnet diese Zustandsformen häufig auch als **Aggregatzustände**.

Wenn Stoffe ihren Aggregatzustand verändern, ändert sich nicht der Stoff selbst, sondern nur seine Zustandsform.

Bei Wasser treten diese Änderungen bei der **Schmelztemperatur** 0 °C (fest → flüssig) und bei der **Siedetemperatur** 100 °C (flüssig → gasförmig) ein. Andere Stoffe haben andere Schmelz- und Siedetemperaturen als das Wasser. Deshalb sind dies wichtige *Unterscheidungsmerkmale* der Stoffe.

Beim Abkühlen wird aus einem gasförmigen Stoff ein flüssiger und schließlich ein fester Stoff. Beim Übergang vom gasförmigen in den flüssigen Zustand sagt man: Der Stoff **kondensiert** (Wasserdampf wird zu Wasser). Beim Übergang in den festen Zustand sagt man: Der Stoff **erstarrt** (Wasser wird zu Eis).

Manche festen Stoffe (z. B. Jod) werden beim Erhitzen sofort gasförmig. Auch beim Abkühlen überspringen sie den flüssigen Zustand.

Flüssigkeiten können auch vom flüssigen in den gasförmigen Aggregatzustand übergehen, ohne ihren Siedepunkt zu erreichen (z. B. Regenwasser auf der Straße). Dann sagt man: Die Flüssigkeit **verdunstet**.

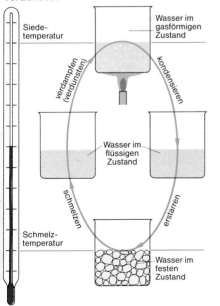

Aufgaben

1 Lies aus dem Säulendiagramm (Bild 10) ab, bei welcher Temperatur die aufgeführten Stoffe flüssig und bei welcher sie gasförmig werden.

2 In welchem Aggregatzustand befinden sich die aufgeführten Stoffe bei Zimmertemperatur (20 °C)? Ordne sie in eine Tabelle nach folgendem Muster ein:

Aggregatzustand bei 20 °C		
fest	flüssig	gasförmig
...	...	...

3 Bei 100 °C siedet Wasser und geht vom flüssigen in den gasförmigen Zustand über.

a) Nenne die Stoffe aus Bild 10, die bei dieser Temperatur noch fest sind.

b) Welche Stoffe sind bei 100 °C schon gasförmig?

4 Die gebräuchlichen Thermometer enthalten als Anzeigeflüssigkeit Alkohol oder Quecksilber. Für welche Temperaturbereiche kann man sie jeweils verwenden?

5 Der Glühdraht einer Glühlampe erreicht beim Leuchten eine Temperatur von über 2000 °C. Welches Metall aus der folgenden Tabelle kann als Glühdraht verwendet werden?

Metall	Schmelz-temperatur	Siede-temperatur
Eisen	1535 °C	2735 °C
Platin	1769 °C	4300 °C
Titan	1670 °C	3300 °C
Kupfer	1083 °C	2590 °C
Wolfram	3380 °C	5500 °C

6 Wenn man z. B. Wasser, Spiritus oder Essig verschüttet, ist die Flüssigkeit nach einiger Zeit „verschwunden", ohne daß sie weggewischt wurde. Wie kommt das?

7 An welchen Stellen bildet sich im Kühlschrank Eis? Erkläre, warum es sich gerade dort bildet und woher das Wasser kommt.

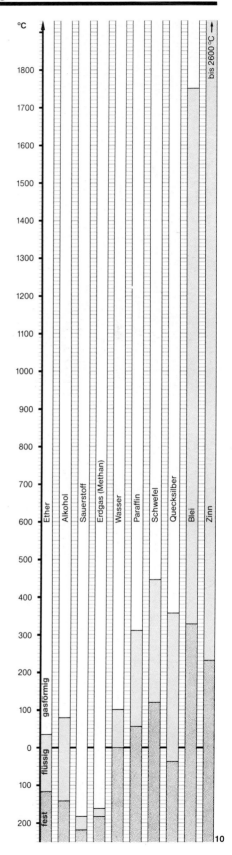

10

205

Aus Umwelt und Technik: **Wie man Erdgas transportieren kann**

Die Bundesrepublik Deutschland bezieht nicht nur Erdöl, sondern auch **Erdgas** aus dem Ausland. Der größte Teil des Erdgases gelangt zur Zeit über Rohrleitungen zu uns (Bild 1). Ein kleiner Teil kommt aber aus Ländern, zu denen keine Rohrleitungen führen. Wie transportiert man dieses Erdgas?

Die Lösung des Transportproblems ist die sogenannte **Verflüssigung** des Erdgases: Das Erdgas wird auf eine Temperatur von −161°C abgekühlt. Dabei wird es flüssig und verringert sein Volumen auf ein Sechshundertstel (Bild 2). Das heißt z.B.: Aus 600 Liter gasförmigem Erdgas wird 1 Liter *flüssiges* Erdgas.

Das verflüssigte Erdgas wird dann auf Schiffen in großen **Tanks** in die Bundesrepublik transportiert (Bild 3). Der hier abgebildete Flüssiggastanker kann $125\,000\ m^3$ (= 125 000 000 Liter) fassen. Das reicht aus, um alle Haushalte einer Großstadt wie München etwa drei Wochen lang mit Gas zu versorgen!

1

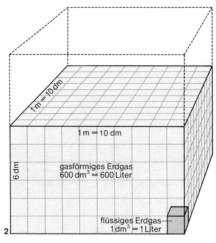

1 m = 10 dm

1 m = 10 dm

6 dm

gasförmiges Erdgas
$600\ dm^3$ = 600 Liter

flüssiges Erdgas
$1\ dm^3$ = 1 Liter
2

3

Aus Umwelt und Technik: **Eine Möglichkeit, Metalle zu verformen**

Metalle lassen sich meist nur dann leicht verformen, wenn sie als dünne Bleche oder Drähte vorliegen.

Wenn man ein massives Stück Metall verformen will, nutzt man aus, daß es seinen Aggregatzustand verändern kann: Das Metall wird erhitzt, bis es flüssig ist. Dann gießt man es in die gewünschte Form und läßt es abkühlen (Bild 4).

4

So entstehen z. B. „gußeiserne" Platten für den Kamin oder Türgriffe und Schilder aus Messing.

Auch Schmuckstücke aus Gold oder Silber werden häufig auf diese Weise hergestellt. In den Geldinstituten kann man Goldbarren in verschiedenen Größen kaufen. Um sie herzustellen, wurde flüssiges Gold in kleine, rechteckige Formen gegossen.

Alles klar?

1 Was machen wohl die Firmen mit den alten Stücken aus Metall (→ Zeitungsausschnitt)?

In 2 Tagen schon Geld
Einfach in ein Kuvert stecken! Teures als Einschreibewertbrief! Kaufen wirklich jedes, auch kleinstes Teil! Jeden Schmuck + Zahngold (auch mit Zähnen dran), Ringe, Bruchgold, Münzen, Silberbestecke. Für Münzgold Tageshöchstkurs! Alle Industrieabfälle, Lot, Platin, Silber ...

2 Warum kann man auch im Winter bei Frost im Freien Wäsche trocknen?

3 Warum kann man im Winter oft seinen Atem sehen, im Sommer aber nicht?

4 Wachsflecke kann man mit einem Bügeleisen und Löschblatt entfernen. Wie macht man das?

5 Welchen Aggregatzustand nimmt ein fester Stoff ein, den man noch weiter abkühlt?

6 Tina Pfiffig meint: „Wasserdampf ist dasselbe wie Nebel! Man braucht sich nur die weißen Wolken aus manchen Fabrikschornsteinen anzusehen!" ...

7 Es wird behauptet, tiefere Temperaturen als −40°C könnten mit dem Quecksilberthermometer nicht mehr gemessen werden. Was meinst du dazu?

8 Harry Schlaumeier behauptet: „Das Erdgas in den Flüssiggastankern dürfte man gar nicht mehr Erd*gas* nennen!" ...

Anhang

Schaltzeichen

Symbol	Bezeichnung
	Batterie
	Stromquelle
	Schalter (offen)
	Schalter (geschlossen)
	Glühlampe
	Leitung
	Kreuzung von Leitungen ohne Verbindung
	Leitungsverzweigung („Stromverzweigung")
	Leitungskreuzung
	Strommesser
	Motor
	Dynamo (Generator)
	Festwiderstand
	veränderlicher Widerstand mit Schleifkontakt
	Sicherung

Wärmeausdehnung fester Körper

Körper (1-m-Stab)	Ausdehnung bei Erwärmung um 1 °C
Normalglas	0,009 mm
Beton	0,012 mm
Eisen	0,012 mm
Kupfer	0,016 mm
Messing	0,018 mm
Aluminium	0,024 mm
Zink	0,027 mm
Eis	0,037 mm

Körper (1-m-Stab)	Ausdehnung bei Erwärmung von 0 °C auf 100 °C
Porzellan	0,3 mm
Granit	0,5 mm
Glas	0,9 mm
Platin	0,9 mm
Sandstein	1,0 mm
Marmor	1,1 mm
Beton	1,2 mm
Eisen (Stahl)	1,2 mm
Gold	1,4 mm
Kupfer	1,6 mm
Messing	1,8 mm
Silber	1,95 mm
Aluminium	2,4 mm
Zink	2,7 mm
Asphalt	20,0 mm

Wärmeausdehnung gasförmiger Körper

Wird ein Gas um 1 °C erwärmt, so nimmt sein Volumen um $^1/_{273}$ seines Volumens bei 0 °C zu.

Wärmeausdehnung flüssiger Körper

Körper (1 l = 1 dm³)	Ausdehnung bei Erwärmung um 1 °C
Wasser	0,2 cm³
Quecksilber	0,2 cm³
Alkohol	1,1 cm³
Benzol	1,2 cm³

Dichte einiger Stoffe
in g/cm³ bei 18 °C

Stoff	Dichte
Aluminium	2,7
Zink	7,1
Zinn	7,3
Eisen	7,9
Kupfer	8,9
Silber	10,5
Blei	11,3
Gold	19,3
Platin	21,5
Balsaholz	0,1
Kork	0,2-0,4
Holz	0,4-0,8
Eis (0 °C)	0,9
Gummi	0,9-1,0
Sand	ca. 1,5
Glas	ca. 2,4
Marmor	2,5-2,8
Benzin	ca. 0,7
Äther	0,7
Alkohol	0,8
Terpentinöl	ca. 0,9
Wasser (+ 4 °C)	1,0
Glycerin	1,3
Schwefelsäure, konz.	1,8
Quecksilber	13,6

Schmelz- und Siedetemperaturen einiger Stoffe

Stoff	Schmelztemperatur	Siedetemperatur
Alkohol	−115 °C	78 °C
Benzol	5,5 °C	80 °C
Blei	327 °C	1740 °C
Graphit	3650 °C	4827 °C
Glycerin	18 °C	290 °C
Jod	114 °C	184 °C
Kochsalz	801 °C	1413 °C
Quecksilber	−39 °C	357 °C
Schwefel	119 °C	445 °C
Spiritus	−98 °C	65 °C
Wasser	0 °C	100 °C
Zinn	232 °C	2260 °C

Literaturhinweise für Schülerinnen und Schüler

Aebli, Fritz: Raten, denken, lachen und noch andere Sachen. Aarau: Verlag Sauerländer

Allison, Linda: Langeweile hab ich nie. Entdecken, Spielen und Experimentieren im Haus. Ravensburg: Otto Maier Verlag

Bermann, Lucy: Die Natur dachte zuerst daran. Hamburg: Tessloff Verlag

Cherrier, François: Physik macht Spaß. Esslingen: Verlag F. J. Schreiber

de Vries, Leonhard: Vom Basteln zum Experiment. München: dtv

Faraday, Michael: Naturgeschichte einer Kerze, (reprinta historica didacta 3). Bad Salzdethfurth: Verlag Barbara Franzbecker KG

Goldstein, Kevin: Experimente spielend leicht. 80 Versuche mit alltäglichen Dingen. Freiburg: Herder Verlag

Graeb, Gerhard: Das große Experimentierbuch. München: Moderne Verlagsgesellschaft

Kaufmann, Joe: Mein erstes Technikbuch. Ravensburg: Otto Maier Verlag

Keen, Martin L.: Magnetismus. Hamburg: Tessloff Verlag. (Was ist was? 39)

Leokum, Arkady: Unsere Welt. (wie was warum?) Hamburg: Tessloff Verlag

Leokum, Arkady: Wie es begann. (wie was warum?) Hamburg: Tessloff Verlag

Leokum, Arkady: Wie es funktioniert. (wie was warum?) Hamburg: Tessloff Verlag

Liberty, Gene: Die Zeit. Hamburg: Tessloff Verlag (Was ist was? 22)

Magnetspiele, Stuttgart: Kosmos Franckh'sche Verlagshandlung W. Keller & Co. (Kosmos Experimente)

Neal, Charles: Elektrizität. Hamburg: Tessloff Verlag. (Was ist was? Experimentierbuch)

Notkin, Jerome, und Gulkin, Sidney: Elektrizität. Hamburg: Tessloff Verlag. (Was ist was? 24)

Notkin, Jerome, und Gulkin, Sidney: Mechanik. Hamburg: Tessloff Verlag. (Was ist was? 46)

Paton, John: Erste Wissenschaft und Technik für Kinder. Hamburg: Tessloff Verlag

Perelman, J. I.: Unterhaltsame Aufgaben und Versuche. Thun, Frankfurt am Main: Verlag Harri Deutsch

Podendorf, Illa: Das große Experimentierbuch. Hamburg: Tessloff Verlag

Press, Hans Jürgen: Der Natur auf der Spur. Ravensburg: Otto Maier Verlag

Press, Hans Jürgen: Geheimnisse des Alltags. Ravensburg: Otto Maier Verlag

Press, Hans Jürgen: Spiel – das Wissen schafft. Ravensburg: Otto Maier Verlag

Sutton, Felix: Der Mond. Hamburg: Tessloff Verlag. (Was ist was? 21)

Sach- und Namenverzeichnis